石经研究

（第三辑）

房山石经博物馆
房山石经与云居寺文化研究中心 编

華夏出版社

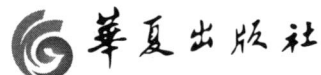

图书在版编目（CIP）数据

石经研究．第三辑/房山石经博物馆，房山石经与云居寺文化研究中心编．
－－北京：华夏出版社有限公司，2020.7

ISBN 978－7－5080－9937－8

Ⅰ.①石… Ⅱ.①房… ②房…Ⅲ.①佛教－石经－房山区－文集 Ⅳ.①K877.434－53

中国版本图书馆 CIP 数据核字（2020）第 079625 号

石经研究（第三辑）

编　　者 房山石经博物馆　房山石经与云居寺文化研究中心
责任编辑 贾洪宝
特约编辑 王　宇
外文编辑 陶小玲
封面设计 殷丽云

出版发行 华夏出版社有限公司
经　　销 全 国 新 华 书 店
印　　装 三河市少明印务有限公司
版　　次 2020 年 7 月北京第 1 版　2020 年 7 月北京第 1 次印刷
开　　本 880×1230　1/16 开本
印　　张 19.25
字　　数 500 千字
定　　价 198.00 元

华夏出版社有限公司　社址：北京市东直门外香河园北里 4 号　邮编：100028
网址：www.hxph.com.cn　电话：010－64663331（转）
投稿合作：010－64672903；986762145@qq.com

若发现本版图书有印装质量问题，请与房山石经与云居寺文化研究中心联系调换。

房山石经与云居寺文化研究中心地址：北京市房山区大石窝镇水头村南云居寺文物管理处（邮编：102407）

《石经研究》编辑委员会

主　任

罗　炤

副主任

孙英民　谢　飞　赖　非

赵力光　杨海峰　王德军

委　员

LewisLancaster　LotharLedderose

RobertHarrist　СолонинКирилл

王　毅　王金华　手岛一真　气贺泽保规

龙达瑞　叶少勇　北岛信一　刘淑芬　尕藏加

孙　华　李良松　李裕群　朱越利　杨亦武

吴元真　吴梦麟　张　总　张天虹　张永强

胡新立　桐谷征一　黄克忠　蔡穗玲　魏广平

编辑说明

2019年9月8日—12日，由房山石经与云居寺文化研究中心主办的纪念房山石经回藏20周年国际学术研讨会在北京市房山区云居寺召开，中国、德国、日本、奥地利、美国等40多位学者与会，提交了30多篇论文，在多个领域均有重要的突破性进展。本辑收录了其中的19篇。

北京市房山云居寺现藏一尊鎏金铜铸的“合美菩萨”像，可能制作于元仁宗延祐二年（1315年）前后，融汇印度－尼泊尔式的金刚萨埵像、度母像与汉传佛教的水月观音像而成。罗炤的《房山云居寺收藏的“合美菩萨”像》一文记述了作者自2012年开始的研究过程，列举了这尊造像完成于延祐二年前后的依据，简略回顾了中国古代的著名雕塑和绘画作品，并与欧洲近500年来的杰出美术作品进行了概括性对比，初步论述了云居寺“合美菩萨”像在中国和世界美术史上的地位。

杨辛先生是中国现代成就卓著的美学家和书法家，《杨辛先生论云居寺“合美菩萨”像》一文记述了这位98岁高龄的杰出美学家对“合美菩萨”像艺术成就的精辟评析。衷心感谢杨辛先生苦心孤诣的指教，敬祝老人家寿比南山！

吴志勇等人的《宗教传播学视野下的〈房山石经〉版式设计初探》一文，从一个前所未有的新技术视角观察房山石经的表现形式，为石经研究开辟了新的领域。希望今后有更多的新技术专家参加到石经研究工作中来！

释贤世、释贤超等人撰写的两篇论文，汇集了北京龙泉寺法师和居士们多年的研究成果，分别在佛教律典和佛经版本校勘领域取得了非常重要的研究成果。1956—2000年期间，房山石经的拓印、整理和研究工作一直主要由中国佛教协会的专家们进行，取得了丰硕成果，做出了历史性的贡献。盼望佛教界的大德、贤士今后赐予我们更多的佳作。

魏广平的《石鼓文刻于“元魏说”再研究》一文汇集了作者对于中国极其重要的石鼓文近40年的探究，尤其着力于石鼓文镌刻工具的科技问题。本辑特予发表，以期引发更深入的研究和争鸣。

本辑收录的外国学者论文，均为高质量佳作，分别在多个领域有重要的创获，谢谢他们的辛勤努力！其中日本学者辛嶋静志和北岛信一特为本次会议撰写的论文都是他们长时间研究的力作，分别在佛经版本和书法史的研究领域具有珍贵的价值。辛嶋静志先生的梵文和汉文佛经版本研究成就卓著，对中国文化和中国学者满怀真挚的感情，没有想到他在完成本次会议论文不久即与世长辞，让我们深感悲痛！馨香祷祝辛嶋静志先生亡灵圆满超度，上升九品莲台！

我们竭诚欢迎今后有更多的中外学者参与石经研究，赐予本刊佳作。稿件题材和学科范围由作者自定，投稿注意事项及撰稿体例要求请参见卷末附录。

房山石经与云居寺文化研究中心

2020年5月

目　录

房山云居寺收藏的“合美菩萨”像 …………………………………………………… 罗　炤（1）

杨辛先生论云居寺“合美菩萨”像 …………………………………… 施韵莲（记录整理）（23）

宗教传播学视野下的《房山石经》版式设计初探 ………… 吴志勇　莫　茜　杜文杰　李思念（26）

房山石经中的几种律典 …………………………………………………………… 王邦维（52）

房山石經本《四分大尼戒本》特徵及其作者研究 ………………………………… 釋賢世（55）

《六十華嚴》三字以上孤立異文研究——以房山石經爲例

………………………………………………………… 釋賢超　魏慶彬　張敏麗　范中義（108）

説一切有部對漢譯法藏部《長阿含經·十上經》的“侵蝕” …〔日〕辛嶋静志　裘雲青　譯（144）

唐末房山石经分栏版式源流考 ………………………………………………… 陈婷婷（162）

涿州云居寺与云居寺塔 ………………………………………………………… 杨卫东（175）

《镌葬藏經總經題字號目録》中金代施經人略考

——以張玄徵及其夫人高氏爲例 ……………………………………〔奥〕莊惠萍（185）

房山石刻中的《六祖壇經》與《永樂南藏》及其捐資人趙琦美 ………………〔美〕龍達瑞（196）

天书与北齐石经 …………………………………………………〔日〕北岛信一　魏广平　译（209）

山東等地刻《文殊師利所説摩訶般若波羅蜜經》九十八字節文 ………………〔德〕温狄娅（224）

作爲禮儀道場的四川安岳臥佛院 ……………………………………………… 蔡穗玲（235）

杭州九曜山五代吴越国洞窟刻经遗迹 ………………………………………… 赖天兵（244）

《每月十斋记》并《心经》碑考述 …………………………………………… 曹元琪　张　总（253）

藏地石经传统略述 ……………………………………………………………… 萨尔吉（264）

石鼓文刻于“元魏说”再研究 ………………………………………………… 魏广平（270）

赵道德事迹——墓志所见高欢家族的鹰犬人生 ……………………………… 刘　勇（291）

附录：《石经研究》投稿注意事项及撰稿体例要求 ……………………………………（295）

房山云居寺收藏的“合美菩萨”像

罗　炤

摘　要　北京市房山区云居寺现藏一尊鎏金铜铸的“合美菩萨”像，是现存元朝时期印度－尼泊尔式金铜“西天梵相”中最大的一尊，可能制作于元仁宗延祐二年（1315年）前后，融汇印度－尼泊尔式的金刚萨埵像与度母像以及汉传佛教的水月观音像而成。本文记述了笔者自2012年开始的对其认识过程，列举了该作品完成于延祐二年前后的依据，简略回顾了中国古代的著名美术作品，并与欧洲近500年来的杰出美术作品进行了概括性对比，初步论述了云居寺“合美菩萨”像在美术史上的地位。

关键词　房山云居寺“合美菩萨”像　元仁宗　延祐二年　刘元《蒙娜丽莎》《思想者》

北京市房山区云居寺现藏一尊鎏金铜铸菩萨像，高1.1米（1103毫米），两膝间宽0.82米（823毫米），像底前后最大厚度0.6米，像身多处残留黑色涂漆，头顶发髻及装饰品、宝冠上方中部与左部部分组件、双肩外侧所插莲茎与莲花以及像座均已缺失，两耳外之飘飞缯带亦各缺失一小部分。连同缺失的像座及发髻，估计原像可能通高1.6米左右（图1－1）。

1985年，云居寺修复工作全面展开，北京市政府决定从大钟寺存放的铜铸佛像中选择数尊移至云居寺殿内供奉，现在的这尊“合美菩萨”像即其中之一。但是，当时它和一起请来的其他五尊大像都被认为是明朝时期制作之物，一直没有得到特别重视，更没有进行深入研究。2012年5月，房山区政府成立房山石经与云居寺文化研究中心，聘请笔者主持工作，自此笔者得以长期在云居寺居住，有条件细致地观察和研究寺院中的文物，这尊菩萨像开始受到笔者关注。下面报告七年来对它的认识过程和初步研究。

一、认识过程

首先引起笔者注意的是它的面相——这是一幅带有一些10世纪乃至10世纪以前的汉传佛教造像特征的菩萨面相，特别是眼角上翘的丹凤眼和樱桃小口，以及脸部的轮廓，都有唐宋时期菩萨像的痕迹。当时它被认定为藏传佛教的“度母像”，供奉在“度母殿”。1983—1985年，笔者在西藏考察过很多寺庙，看到不少度母像，没有见过云居寺这样的具有汉传佛教特征的度母面相。2001—2008年，笔者在云南、四川、陕西三省和大足、龙门两大石窟做过较长时间的佛教考古工作，对唐宋时期汉传佛教的菩萨像留有较深的印象，因此注意到云居寺这尊菩萨像面部的汉传佛教造像特征。藏传佛教的度母像大多是从波罗王朝（统治范围包括今孟加拉国和印度比哈尔邦大部）和尼泊尔传来的，或是在藏区按照波罗王朝

图1－1　云居寺藏“合美菩萨”像（宗同昌摄）

和尼泊尔式样制作的，均严格遵照制作佛像的经典所规定的形态和尺寸，其面相基本上是南亚人或带有南亚人轮廓的模样，特别是它们的眼睛大多具有尼泊尔佛像的特征——上眼皮中部是一个轻微向下的弧形。云居寺此像的面相特别是它的眼睛，和尼泊尔及藏传佛教的造像有较大的差别。

再细看，这尊菩萨像的面容端庄俊美，特别是它的微笑，近似达·芬奇的名画《蒙娜丽莎》，但又展现出一种难以言传的庄严和怜爱，一种发自内心的悲悯和欣慰，这样的感觉是《蒙娜丽莎》所不能带给人的。这让笔者开始意识到：云居寺的这尊像可能具有尚未认识到的价值，需要进一步的深入研究。

进一步观察，这尊菩萨像上身全部裸露，其丰盈健美的双乳，是一位豆蔻年华、尚未婚育的汉族少女才有的形态，不是南亚和中亚的女像中常见的巨乳或仅仅是圆形盔盖式的图案，如果没有一位活生生的、发育良好的少女做模特儿，雕塑家不可能做出如此真实生动的乳房。唐朝时期的太原天龙山石窟、洛阳龙门石窟和敦煌莫高窟，有一些菩萨像也雕塑出乳房，但没有云居寺这尊像如此形态逼真且完整展示的事例。中国古代汉族地区的女性艺术形象（包括女性化的菩萨像），无论是平面的绘画还是立体的雕塑，大部分是平胸，不表现乳房。这是由长期居统治地位的儒家思想和衣冠礼制决定的，以致刘海粟等人近百年前在上海引入欧洲的人体模特儿美术教育时，引发轩然大波，甚至需要他们冒着生命危险去保卫模特儿教学的正当性。由此看来，云居寺这尊裸露上身、形态逼真、很有可能需要青春少女做模特儿才能完成的菩萨像，大概是一件破纪录的作品，中国美术家运用女性人体模特儿教学和创作的历史可能要提前数百年。

再往下看，云居寺这尊菩萨像的身腰同样极富特色。首先，它的腰部比正常的人体比例伸长很多，目测大约长出 20% 左右，同时又像刚刚发育成熟的少女一样，身段苗条，没有一丝赘肉，完全是现代女性梦寐以求的标准体形。虽然它是一尊坐像，但因为腰部伸长了，依然呈现出亭亭玉立的形象。尤具韵味的是，由于这尊菩萨像的左手拄地（座），它的身腰微微左倾，如果不仔细看很难察觉。这个微微左倾的身形，也是需要有真实的模特儿做示范，雕塑家才能准确把握的。

以上认识，是笔者在 2012 年至 2015 年的不断观察中，陆陆续续产生的，而且，笔者越来越觉得云居寺这尊菩萨像能和《维纳斯》《蒙娜丽莎》等世界著名的美术作品媲美。但是，笔者不是学美术的，而且分辨红绿颜色的视觉能力低下，拿这尊像和《维纳斯》《蒙娜丽莎》来比，是天大的事情，同时还涉及文物的安全，因此未对任何人讲起。2015 年夏天在云居寺见到多年未见的老友、故宫博物院著名的佛像摄影艺术家宗同昌先生，连忙拉他去看这尊像。当天“度母殿”没有开放，宗先生只能隔着门上的玻璃看，当即说：“故宫没有这样的像。”这让笔者心里增加了底气。2016 年 4 月，首都博物馆研究藏传佛像的专家黄春和先生来云居寺，笔者又拉他看这尊像，黄先生脱口而出：“这是元朝的像！”（2019 年 10 月 11 日，美术大家、徐悲鸿先生 1946 年招收的高足侯一民先生一看到此像的图版，也脱口而出：“元朝的像！”）宗、黄两位权威人物的评断大大增强了笔者的信心，2016 年 6 月邀请北京地区研究藏传佛像的专家来云居寺考察、论证这尊菩萨像。故宫博物院王家鹏和宗同昌、首都博物馆黄春和、中国藏学研究中心当增扎西等先生在现场仔细观察了这尊像，此后认真讨论，一致给予高度评价。一位专家提出此像膝腿间的衣纹带有明朝初期的特征，应当稳妥地、有所保留地确定它的年代。最后专家们认定：云居寺的这尊像是元末明初的宫廷造像，属于国家重要文物。

《藏传佛教金铜佛像图典》的编著者王家鹏先生在讨论中指出，这尊像有可能是阿尼哥的中国弟子造的。这一意见给我留下了深刻印象，此后特别注意元朝时期的佛教造像，在杭州飞来峰第 3 龛的元世祖至元十九年（1282 年）的华严三圣像、第 53 龛至元二十五年（1288 年）的坏相金刚像和第 99 龛至元二十九年（1292 年）的无量寿佛及文殊、救度佛母三尊像上，均看到与云居寺此菩萨像膝腿间近似的衣纹，因此感觉需要循着王家鹏先生指示的方向进一步深入研究。

在这次考察、论证中，笔者提出了云居寺这尊像的艺术特点及其在美术史上的地位问题，并且将它与欧洲美术史上的几件杰作做了一些比较。但是，由于请来的专家们主要从事文物鉴定工作，他们的专业不是美术创作和研究，所以研讨的焦点集中在这尊像的制作年代问题上，没有探讨此像的艺术价值和在美术史上的地位，略有遗憾。

为了确切地认识云居寺这尊菩萨像的艺术价值及其在美术史上的地位，我们又请青年学者魏来和于佩宏帮助工作。他们系统地查阅了欧洲美术史的大量资料，将西方的很多著名雕像和油画作品与云居寺这尊菩萨像仔细比对，更加真切地感受到它是一件非凡的艺术杰作，可以和欧洲最著名的几尊（幅）造像并列为世界美术史上的巅峰作品。魏来和于佩宏的帮助，进一步增强了笔者的信心。

2018 年 9 月，我们邀请布达拉宫研究部原主任、藏族学者平措次旦先生来云居寺合作研究房山石经。平措次旦先生不仅是研究藏文佛经的专家，而且精通藏传佛教造像，曾经全面调查研究布达拉宫壁画，编著出版的《布达拉宫壁画》一书在国内外引起广泛关注。因此，笔者特别请他瞻仰这尊菩萨像，听取他的指教。直到这时，我们大家都还认为此像是“度母像”，一直将它供奉在“度母殿”。平措次旦先生虔诚参拜、恭敬瞻仰了这尊像，认真思考之后，告诉笔者：“这尊菩萨像的左手拄地（座），这是内地菩萨的样子，度母像没有这样的手印。”仅仅一句话，立刻让笔者想到唐宋以来汉族地区著名的水月观音像左手是拄地的。平措次旦先生的提示，让我们对云居寺这尊菩萨像的身份认识发生了关键性的转变。后来，笔者查阅了国内外很多度母像，确实没有左手拄地的事例，首都博物馆元朝时期的金刚萨埵金铜像（图 1－2），其右手式样和云居寺这尊像非常接近，而度母像却是右臂下垂、右手掌朝外伸展的“与愿印”形态（图 1－3），与云居寺此像的右手大相径庭。

图 1－2　首都博物馆收藏的元朝金刚萨埵像①

不过，北京故宫博物院收藏的一尊“乾隆四十七年正月初三日收达赖喇嘛进”、公元 8 世纪东北印度制作的自在观音铜像②，左手也是拄座，而且右手的手印和云居寺此像有一些相近之处。北京故宫博物院收藏的另一尊公元 8 世纪东北印度制作的观音菩萨铜像③，左手同样拄座。值得注意的是，8 世纪东北印度制作的这两尊观音菩萨铜像的形态，和宋朝及其以后在汉传佛教中流行的水月观音像相近，都是左手拄座、左腿半跏趺坐、右

① 图 1－2 采自首都博物馆编《古代佛像艺术精品展》，北京出版社，2006 年第 2 版，第 48－49 页。

② 王家鹏《藏传佛教金铜佛像图典》第 61 页图版 57、第 420—421 页，文物出版社，1996 年。

③ 同上书第 64 页图版 60、第 422 页。

图 1 – 3　清朝时期蒙古族美术家制作的“史上最美度母像”（正面、侧面）[①]

腿偏斜下垂踩石或莲瓣。由此看来，宋朝以后的汉传佛教水月观音像有可能源自印度。不过，结合云居寺此像的眼睛、耳朵、嘴、乳房、披帛、裙腰以及宝冠和璎珞上的祥云图案等中国元素观察，其左手拄地的形象应该来源于汉传佛教的水月观音像，而不是直接取自印度。此外，此像左右两上臂外侧均附着一个直角形短小柱体，对照印度—尼泊尔和藏传佛教的度母像可知，柱上原插莲梗荷花，现已丢失。这一特征显示，云居寺这尊菩萨像虽然不是度母像，但吸取有度母像的成分。

李翎在《美术》2002 年第 11 期发表《水月观音与藏传佛教观音像之关系》一文，最后的“结论”认为：“水月观音的造像样式，受到来自印度而在西藏后弘初期广为盛行的持花思维相观音，即如意轮观音的影响。在宗教意义上，同属于西藏流行的‘空行’类观音。”需要指出，这一“结论”可能与历史事实不符。理由如下：

第一，张彦远《历代名画记》卷十记载，水月观音像是中唐时期著名画家周昉“妙创”的：“周昉，字景玄，官至宣州长史。初效张萱画，后则小异，颇极风姿。全法衣冠，不近闾里。衣裳劲简，彩色柔丽。菩萨端严，妙创水月之体。”周昉的艺术活动主要在大历至贞元年间（766—805 年），《历代名画记》成书于大中元年（847 年），距离周昉生前不足半个世纪，而且张彦远家族收藏丰赡，足以媲美皇宫内府，曾经招致唐宪宗眼红勒索，张彦远本人见闻广博，艺术修养深厚，因而《历代名画记》的记述一向受到高度重视，其所记周昉“妙创水月之体”传承一千多年，几乎无人置疑。

第二，现存最早的水月观音像在四川绵阳圣水

① 图 1 – 3 采自任南红山文化网。

寺的唐僖宗中和五年（885年）造像龛（图1－4）内，龛内右壁须菩提像上方明确雕刻“敬造水月观音菩萨一身”和“中和五年二月廿三日”题记（图1－5）。这尊水月观音像虽然双手交叉于左腿前，左手不是后世流行的拄地（拄座）形态，但双腿是自在坐，全身为汉传佛教造像式样，没有掺入藏传佛教的造像元素。绵阳圣水寺的中和五年水月观音像距离《历代名画记》成书不到40年，应当和周昉的“妙创水月之体”存在着比较近的传承关系。

图1－4　四川绵阳圣水寺水月观音菩萨造像龛①

第三，在吐蕃占领敦煌期间遗存的文物中，没有水月观音像。同时，敦煌莫高窟和榆林窟遗存的水月观音像，包括最早的五代时期造像及其以后的图像，均为汉传佛教的形象，没有藏传佛教的元素和影响痕迹。

基于以上三个方面的事实，应当可以确定，唐宋时期及其以后在中国和东亚广泛流行的水月观

图1－5　四川绵阳圣水寺水月观音造像龛唐朝题记②

音像，与藏传佛教没有关系，权威的文献记载和丰富可靠的实物遗存均不能支持《水月观音与藏传佛教观音像之关系》一文的“结论”。

至此笔者意识到，云居寺这尊菩萨像是以金刚萨埵菩萨像为主体，融合了汉传佛教的水月观音像和印度密教度母像的特征，是将印度波罗王朝—尼泊尔艺术、汉传佛教与藏传佛教艺术汇为一体、熔于一炉的杰作，不是传统意义上的印度—尼泊尔佛教、汉传佛教以及藏传佛教中的任何一尊菩萨，无论从身份上，还是从艺术特征上都具有多元性，雕塑家注重从美、从艺术效果的视角制作此像，在很大程度上摆脱了宗教仪轨和传统规范的束

①② 图1－4、图1－5均采自互联网“天府社区·绵阳论坛”2014年9月24日刊载的李戴《魏城圣水寺——唐代石窟艺术的殿堂和历代祈雨圣地》。

缚，从而在中国美术史上创作出这一尊精美绝伦的艺术形象，因此名之为“合美菩萨”像。

2019年4月，为了更加清晰、详尽地掌握云居寺“合美菩萨”像的艺术特征和数据、细节等基础性情况，我们邀请绘图、摄影和三维激光扫描专家来云居寺，将此像从狭小的原供奉地“度母殿”中请出，在更宽敞的场地全面开展工作。直到这时我们才能够前后左右、上上下下地在光线充足的环境中就近观察，感觉它比以前在“度母殿”中时更美了。

经过绘图、摄影和扫描，云居寺这尊“合美菩萨”像的美更加清晰地展现了出来，我们可以有条件请教更多的高明人士。4月底，首先寄出多幅能够充分展示此像的图版，请北京大学著名美学家、书法家杨辛先生指教。杨先生在1946年以第一名的成绩考进徐悲鸿先生主持的国立北平艺术专科学校（今中央美术学院前身），亲炙于徐悲鸿、董希文先生门下，如今虽然98岁高龄，但身体健康，精神矍铄，创作激情迸发，艺术成就登上新的高峰。他和我国当代雕塑大师钱绍武先生为同窗挚友，70多年的交谊极其深厚，在艺术上他们有非常深入的交流与合作，因此杨先生虽然专注于美学研究和书法创作，但对雕塑艺术也有非常透彻的了解。他看到云居寺的“合美菩萨”像，长久端详，从细节到整体都极其认真地探究，有透辟的认知。为此，我们专程赴杨先生的海南岛居所聆教，对“合美菩萨”像在艺术成就上的认识产生了飞跃性的提高（见本辑第2篇杨辛先生教示）。

此后，我们又请毕业于中央美术学院的北京大学梵文学家叶少勇副教授来云居寺考察“合美菩萨”像。叶教授不仅绘画功底深厚，而且有禅定的历练，很快看出“合美菩萨”像的双腿不是结跏趺坐的规范静态坐姿，而是正在转换坐姿的动态形象。（9月11日，长期坚持禅定修炼的中国佛学院庆心法师看到“合美菩萨”像也说：“这是一尊双腿正在动的像。”）叶教授的这一提示如醍醐灌顶，给笔者极大的教益。笔者随即查阅了大量的雕塑和绘画菩萨像，无论是结跏趺坐、半跏趺坐、半跏趺倚坐、自在坐或游戏坐的菩萨像，几乎没有一尊是和云居寺“合美菩萨”像一样的坐姿。我们又仔细端详水月观音像，再拿金刚萨埵像与“合美菩萨”像反复对照，发现确如叶教授的洞察，云居寺这尊像模塑的是金刚萨埵菩萨先将左手移到拄座的位置，因而腰身微向左倾，随后抬起结跏趺坐的双腿，先把左腿移到右腿下面，再移动右腿准备垂下，转换成水月观音像“自在坐”的坐姿，“合美菩萨”像表现的正是右腿刚开始移动、右脚仰掌近45度指向斜下方、左小腿和左脚的大部分被不规范地压在右小腿下面的瞬间状态，连右脚在开始移动时脚趾上翘、脚掌肌肉收缩的状态都表现出来了（图1－6）。此时，菩萨的身体形态已经由金刚萨埵的男身变成了观音菩萨的女身。

图1－6 “合美菩萨”像右脚掌形态（宗同昌摄）

在西藏收藏的梵文贝叶经中，有一部名为《无二平等经》的密教经典，其第4章有两处述及金刚萨埵与观音（观自在）菩萨的关系：“又于法曼拏罗中，谛心观想观自在。彼从金刚萨埵生，广于世界现变化。”“又于法曼拏罗中，想现最胜观自在。金刚萨埵真实生，五处相应依法观。”① “合美菩萨”像塑造的正是观自在（观音）菩萨“从金刚萨

① 范慕尤：《梵文写本〈无二平等经〉的对勘与研究》，上海中西书局，2011；第131—132页。此2页并行刊载了此2段、8句偈颂的梵文本及藏译本原文（罗马字母转写）。

埵生，广于世界现变化”的过程中，从结跏趺坐向自在坐转变、由男身变女身的动态形象。

这让我们进一步相信，雕塑家在完成这件杰作的过程中，一定选有模特儿进行真人演示，不然不可能如此生动、全面、真实地塑造出腰身微微左倾、双腿双脚均不规范地坐置、右脚掌正在用力的动态特征。

我们还邀请了清华大学艺术博物馆常务副馆长杜鹏飞和专家谈晟广先生来云居寺考察“合美菩萨”像。他们二位看到此像头冠上的图案，同时脱口而出：“也是棕榈叶！”此前尚未有人注意到这一特征，笔者连忙请教。他们说清华大学艺术博物馆正在展出阿富汗国家博物馆珍藏文物，其中有在公元前3世纪的阿伊哈努姆宫殿区遗址出土的很多棕榈叶形瓦檐饰，它们的来源非常古老。在古代巴比伦、埃及、亚述等广大地区，棕榈树及树叶被赋予各种宗教上的象征意义，常被采用作为建筑装饰图案，后来被古代希腊吸收，棕榈树成为太阳神阿波罗的神圣标志，因而棕榈叶形图案又成为古代希腊建筑装饰系统的一种典型风格。[①]公元前4世纪亚历山大远征，侵入巴克特里亚（今兴都库什山以北的阿富汗东北部地区）和印度河流域，巴克特里亚成为其东方领地的统治中心，此后建立起希腊人的巴克特里亚王国，有大批希腊人和马其顿人移居此地，带来了古代希腊的文化艺术。巴克特里亚的阿伊哈努姆宫殿区，是希腊塞琉古王国的安条克一世大约在公元前280年开始营建的，其建筑“也有希腊化城市的所有标志”。[②]公元1世纪，在巴克特里亚和今巴基斯坦北部形成希腊式的佛教艺术——犍陀罗艺术，对后世的佛教造像影响巨大，因此佛像中自然会留下古代希腊的文化特征。但是，没有想到一千多年以后的“合美菩萨”像宝冠上仍然保留着希腊文化的痕迹，这是必须高度重视的事情。于是，我们请摄影家拍摄、请绘图专家绘出“合美菩萨”像宝冠上的纹路图案（图1－7），果然看出对称的、美化

① 清华大学艺术博物馆编：《器服物配好无疆——东西文明交汇的阿富汗国家宝藏》，上海书画出版社，2019年，第34—35页。

②《器服物配好无疆——东西文明交汇的阿富汗国家宝藏》，第14页。

图1－7 “合美菩萨”像宝冠花叶上美化的棕榈叶图案（宗同昌摄，贺志军绘）

了的变形棕榈叶线条；同时追索国内外现存的佛教造像上是否有相同或相近的棕榈叶图案，发现美国旧金山亚洲艺术博物馆收藏的犍陀罗佛像（图1－8），以及云冈石窟第6、7、10、11、18窟等处的菩萨像宝冠均有棕榈叶或类似棕榈叶的装饰图案，房山云居寺北塔基座北面的一方砖雕正中一上一下雕刻一小一大两幅棕榈叶图案（图1－9），首都博物馆收藏的一尊吐蕃分治时期（9—13世纪）的莲花手菩萨金铜像，花冠上更是极其规整地装饰棕榈叶图案（图1－10）。至此，我们进一步认识到，犍陀罗艺术中的希腊元素，一直传承到云居寺“合美菩萨”像身上，它不仅融汇了印度—尼泊尔和中国汉族地区两种文化元素，而且继承了巴比伦、埃及、亚述和希腊等地区极其古老的文化传统，真正是一尊熔亚洲、非洲和欧洲悠久文化精粹于一身的“合美菩萨”像！

图1－8　美国旧金山亚洲艺术博物馆收藏的犍陀罗佛像中的棕榈叶图案（右一手执）（魏广平摄）

图1－9　房山云居寺北塔基座北面砖雕中部的棕榈叶图案（惠亮摄）

图1－10　首都博物馆收藏的吐蕃分治时期（9—13世纪）莲花手菩萨像，花冠叶上规整分布棕榈叶图案①

二、“合美菩萨”像可能创作于1315年前后

云居寺“合美菩萨”像头上的五叶宝冠、鸟翅状的冠结和向上飘飞的宝缯，在元朝以前中国汉族地区的菩萨像中没有出现过，但在13世纪末杭州飞来峰的元世祖至元后期藏传佛教造像中普遍出现。同时，明朝永乐年间（1403—1424年）宫廷制作的藏传佛教菩萨像，披帛都是垂于双腿外侧，而云居寺“合美菩萨”像的披帛却是波浪般地流布于盘坐的双腿之间（这一特征为王家鹏先生教示）。此外，“合美菩萨”像的头冠、面相、胸前璎珞和腰身，也和永乐年间的藏传佛教菩萨像有显著

① 采自首都博物馆编《古代佛像艺术精品展》第40页。

差别，特别是永乐时期的菩萨像额前白毫已经是圆形或椭圆形，而非“合美菩萨”像那样的长方形，但首都博物馆收藏的吐蕃分治时期莲花手菩萨像和元朝时期的金刚萨埵像、北京故宫博物院收藏的14世纪金刚萨埵像，额前白毫均为长方形①，显示出长方形白毫是永乐时期以前的印度—尼泊尔和藏传佛教菩萨像所具有的特征。

与飞来峰的元朝造像以及永乐时期宫廷制作的藏传佛教菩萨像前后对照，可以确定，云居寺的“合美菩萨”像是元朝时期的作品。

云居寺“合美菩萨”像这种类型的、在元朝以前的汉族地区没有出现过的佛像，是由元世祖时的帝师、西藏萨迦派领袖八思巴和尼泊尔杰出的艺术家阿尼哥传入内地的，这是历史文献明确记载、学术界和美术界早已知晓的事情。但是，在14世纪及其以前的印度—尼泊尔和藏传佛教的菩萨像中，没有“合美菩萨”像身披的那样宽幅的，而且是对称地、波浪般从两臂和两腿间穿过的帛带。14世纪以前的印度—尼泊尔和藏传佛教菩萨像的身上或者没有披帛，或者所披之带的质料和形状均与“合美菩萨”像显著不同。杭州飞来峰的藏传佛教菩萨像有的也没有披帛，有披帛的则质料和形状与“合美菩萨”像比较相近，显然是受到汉族地区盛产丝绸的影响。此外，印度—尼泊尔和在西藏制作的菩萨像，裙腰都是平整的，腰带之上没有凸起的衣折，但云居寺“合美菩萨”像的裙腰上面有凸起的柔美衣折，这是汉族地区的造像特征，杭州飞来峰第79龛的藏传佛教摩利支天像和龙泓洞第33龛的汉传佛教杨枝观音像，裙腰上方都有卷起的衣折。② 云居寺“合美菩萨”像胸前璎珞共有颈、胸、腹部三重，其中胸部的璎珞最为华贵绚丽，且镶嵌有多面体的钻石状珍宝，而印度—尼泊尔和在西藏制作的菩萨像胸前璎珞一般只有一到两重，即使偶有三重者（最下一重为斜披，与“合美菩萨”像显著不同），也没有“合美菩萨”像胸部这样华美、繁缛的极品制作。长期研究杭州飞来峰造像的赖天兵先生还特别指出，云居寺“合美菩萨”像的胸前璎珞和宝冠正中，有汉族地区常见的祥云图案。

以上披帛、裙腰和璎珞的特征，显示云居寺“合美菩萨”像的整体形象虽然出自八思巴和阿尼哥带来的印度密教菩萨式样，但明显掺入了汉族地区的诸多元素。尤其是眼睛，“合美菩萨”像的双眼均眼角上翘，是汉族人钟爱的丹凤眼，而尼泊尔造像自古至今的特点是上眼皮中部略向下弯曲。如果是阿尼哥本人或忠实按照阿尼哥带来的尼泊尔样式制作此像，不大可能做成丹凤眼的模样。

更重要的是“合美菩萨”像的双腿。古今中外的佛教造像，凡是坐姿，极少如云居寺此像这样的双腿坐式。结合它的双手形态考察，“合美菩萨”像的手印和坐姿不合任何菩萨像的仪轨和历史上形成的规范，如果按照严格的宗教规制要求，这是一尊不知确切身份的造像。可是，正如叶教授和庆心法师慧眼发现的，其表现的是动态的身形——从印度密教的金刚萨埵菩萨向汉传佛教的水月观音菩萨转变过程中的瞬间状态。在佛、菩萨的造像中，云居寺“合美菩萨”像是一尊极其罕见的孤品、绝品，和元朝及其以后的永乐、宣德时期同类造像相比，其体量和精美程度均臻极致，无疑属于宫廷造像。

宫廷造像为什么会出现这样奇异的形态？考察至此，笔者意识到，研究工作不能仅仅限于“合美菩萨”像自身了，需要联系元朝的上层建筑和统治集团的意识形态变化，整体性地通盘考虑，才有可能比较透彻和相对准确地认识这尊非同寻常的菩萨像。

元朝建立以后，蒙古统治者崇信藏传佛教，特别是其中的萨迦派。萨迦派非常重视金刚萨埵

---

① 首都博物馆编：《古代佛像艺术精品展》，第40—41页、48—49页，北京出版社，2005年；王家鹏：《藏传佛教金铜佛像图典》，第217、467页。

② 赖天兵著：《汉藏瑰宝——杭州飞来峰造像研究》第218页图5－2－23、341页，北京：文物出版社，2015年。

修法①，元朝时期编译的《大乘要道密集》卷三最后一篇为集中传授金刚萨埵（西夏译为"金刚勇识"）修法的《解释道果逐难记》，由西夏后期的"甘泉大觉圆寂寺沙门宝昌传译"，其原文作者即萨迦派初祖萨钦衮噶宁波（西夏译为"康法师""极喜真心师"）②，由此可见萨迦派对于金刚萨埵菩萨的崇拜。元朝和永乐时期制作的众多金刚萨埵金铜像，应该与萨迦派的信仰及其修行的密法关系密切（永乐时期最早为皇帝制作藏传佛教仪像的班丹坚错、班丹扎释师徒皆为萨迦派传人）。③

将云居寺"合美菩萨"像与金刚萨埵菩萨像对照，可以看出，"合美菩萨"像将金刚萨埵像曲臂持金刚铃或宝珠的左手改为直臂拄座，将金刚萨埵像持金刚杵或金刚橛的右手改为空手（因此右拇指由上翘改为平伸），双腿则由结跏趺坐改为移动状态，并且右脚脚趾传递出了向下移动的态势。再结合以上列举的披帛、裙腰、璎珞和眼睛的差别，便显示出创作"合美菩萨"像的雕塑家力图将汉传佛教水月观音像的诸多元素融入印度－尼泊尔式的密教金刚萨埵像的意向，并且切实塑造出由金刚萨埵变生水月观音的过程中的动态形象。

在崇信藏传佛教的蒙古族皇帝宫廷中，而且是在特别敬奉金刚萨埵菩萨的萨迦派居支配地位的朝代，为什么会力图将金刚萨埵菩萨像转换成汉传佛教水月观音菩萨像，并且要掺入汉族地区的诸多文化元素？

追寻元朝时期精神文化演变发展的脉络，其中有一个能够对云居寺"合美菩萨"像的特异形象产生直接和重要影响的重大事件，就是科举制度的恢复。科举制度自隋炀帝创兴，到唐朝时期逐渐发展完备，至宋朝进一步形成严密的体系，成为人才选拔、国家治理和精神统治的根本性制度，对全社会都具有决定性的影响。科举考试以汉文化的主体——儒学为核心，凝聚着儒学的灵魂，极大地巩固和增强了儒家在思想文化领域的统治地位。然而，自1234年（金天兴三年）蒙古灭金、统治了中原地区以后，蒙元统治者一直压制汉族文化，特别是元世祖忽必烈尊八思巴为帝师、蒙古人整体崇信藏传佛教以后，汉族文化与士人进一步受到压抑，涉及国家吏治与精神文化根本的科举考试，虽然在朝廷屡经论议，但一直停顿。这是自隋炀帝大业元年（605年）兴科举至清光绪三十一年（1905年）废科举的整整一千三百年间绝无仅有的一个时段，对汉文化的巨大打击和对汉族社会的破坏性影响，是今人无法想象得到的。然而，汉文化顽强的生命力又是任何力量也扼杀不了、抑制不住的，蒙古人和色目人中越来越多的精英人物喜爱甚至醉心于汉文化，因而恢复科举考试的呼声在忽必烈建立元朝以后不断响起。到至大四年（1311年）正月，元武宗死，二月元仁宗尚未正式即位，就以储君身份"命中书平章李孟领国子监学，谕之曰：'学校人材所自出，卿等宜数诣国学课试诸生，勉其德业。'"④到他即位的第二年，皇庆改元（1312年）三月，《元史·王约传》记载："（王）约又建议行封赠、禁服色、兴科举。皆著为令甲（法令的首篇或首条——引者）。"此时元朝最高层才真正开始准备恢复科举考试。《元史·仁宗本纪一》记载：皇庆二年十一月"甲辰，行科举。诏天下以皇庆三年八月，天下郡县兴其贤者、能者，充贡有司。次年二月会试京师，中选者亲试于廷，赐及第、出身有差。帝谓侍臣曰：'朕所愿者，安百姓以图至治，然匪用儒士，何以致此？设科取士，庶几得真儒之用，而治道可兴也。'"《元史·选举一》对此次恢复科举始末记载得更加详细："皇庆二年十月，中书省臣奏：'科举事，世祖、

① 参见尹立：《萨迦派金刚萨埵忏悔法的精神分析初探》，载《宗教学研究》2018年第4期。

② 参见陈庆英《<大乘要道密集>与西夏王朝的藏传佛教》一文，《中国藏学》2003年第3期，第105页。

③ 见张润平、苏航、罗炤编著：《西天佛子源流录——文献与初步研究》图13、图15，第163—164页，中国社会科学出版社，2012年。

④ 《元史·仁宗本纪一》"至大四年二月"条。

裕宗累尝命行，成宗、武宗寻亦有旨，今不以闻，恐或有沮其事者。夫取士之法，经学实修己治人之道，词赋乃摘章绘句之学，自隋、唐以来，取人专尚词赋，故士习浮华。今臣等所拟将律赋、省题诗、小义皆不用，专立德行明经科，以此取士，庶可得人。’帝然之。十一月，乃下诏曰：‘惟我祖宗以神武定天下，世祖皇帝设官分职，征用儒雅，崇学校为育材之地，议科举为取士之方，规模宏远矣。朕以眇躬，获承丕祚，继志述事，祖训是式。若稽三代以来，取士各有科目，要其本末，举人宜以德行为首，试艺则以经术为先，词章次之。浮华过实，朕所不取。爰命中书，参酌古今，定其条制。其以皇庆三年八月，天下郡县，兴其贤者能者，充赋有司，次年二月会试京师，中选者朕将亲策焉。’”诏书中还具体规定了科举考试的标准、程序和内容，最后要求：“经明行修，庶得真儒之用；风移俗易，益臻至治之隆。咨尔多方，体予至意。”各地、各级官员认真按照仁宗诏书规定的时间进行选拔，经过一年多的逐级考试，准时于“延祐二年春三月，廷试进士，赐护都答儿、张起岩等五十有六人及第、出身有差”。随后元仁宗还进一步地隆重旌表本朝的儒家宗师，封授孔子后裔和孟子父母，以推动社会风气改变。《元史·仁宗本纪二》记载：延祐二年（1315年）五月“戊寅，京兆为故儒臣许衡立鲁斋书院，降玺书旌之”。十二月“己亥，敕中书省定议孔子五十三代孙当袭封衍圣公者，以名闻”。延祐三年“六月乙亥，制封孟轲父为邾国公，母为邾国宣献夫人”。

元仁宗极其重视汉文化，不仅推崇儒学，而且优礼汉传佛教。北京市房山区周口店镇瓦井村宝严寺遗址泰定二年（1325年）树立的碑刻《故昭文馆大学士荣禄大夫司徒佛性圆觉大禅师领东山宗事松豁和公长老大和尚碑并序》记载：“皇庆改元仲夏，仁宗宠赉佛门，留心释典，兴弊起新，眷香山之门刹，居燕蓟之胜游，给匠百名，赐钞万锭，至于殿堂廊庑、厨库斋寮，寺所宜有者，靡不毕具。金碧璀璨，若图画然，上幸之甚悦，仍赐宝券计五千缗。……上以师德粹行淳，加昭文馆大学士、荣禄大夫、司徒、领东山宗、佛性圆觉大禅师，授银章白麻。”①

元朝时期的汉传佛教僧人获得如此丰厚、崇高的赐封，反映出最高统治者已经不是一心拜倒在藏传佛教门下了。碑文中记述的“仁宗宠赉佛门，留心释典”，指的是汉文“释典”，北京市现存文物证明确有其事。20世纪80年代北京智化寺文物保管所在清理该寺如来殿大佛藏的时候，发现几种刻本卷轴佛经，包括三种元代藏经，其中《大金色孔雀王咒经》卷首保存了半个牌记和一幅尚能看出完整形象的释迦牟尼供养图。该牌记上有“大元延祐丙辰三月日”字样。专家们研究认定，这三种元代藏经属于前此未闻的《延祐藏》。“延祐丙辰”为延祐三年（1316年），恰在此前一年，云居寺内的《大都房山县小西天石经山云居禅寺藏经记》巨碑上有“皇元之有天下，列圣相承，崇重佛法，琅函玉轴，列刻争辉。仁宗御宇，尤笃深信，万机之暇，躬亲讨论，镂印经像，创建招提，皆设官以董之。今银青荣禄大夫、中书平章政事、太禧宗禋等院使明理董阿，时为密迩亲信大臣，特承顾问，凡所以弘护佛氏、兴隆三宝者，公盖有力焉。延祐二年春，御建佛会于涿郡，公奉旨赍香往为代礼，因闻房山白带之东山有石经，厥绩甚懋……公故临观焉，徘徊顾眺，爱其山水奇秀，寺宇靖深，可为皇家祈福之所，而藏教缺然，僧徒无以转读。归，以是奏得经、律、论一大藏，藏于寺。”此碑所记元仁宗“尤笃深信”佛法、“镂印经像”、赐云居寺“经、律、论一大藏，藏于寺”之事，恰可与上述《松豁和公长老大和尚碑并序》所记“仁宗宠赉佛门，留心释典”以及智化寺发现的3卷《延祐藏》相互印证，元仁宗赐云居寺的“经、律、论一大藏”，很可能就是他“镂印经像”中的《延祐藏》。

---

① 杨亦武编：《房山碑刻通志》卷四·城关街道、周口店镇，第175页，北京：社科文献出版社，2018年。

另一方面，对于元朝开国之初由忽必烈制定，一直延续到元武宗时期几乎无限制地尊崇乃至放纵藏传佛教的大政方针和举措，元仁宗在居东宫太子位时即有所匡正。《元史·释老志》记载：“至大元年，上都开元寺西僧强市民薪，民诉诸留守李璧。璧方询问其由，僧已率其党持白梃突入公府，隔案引璧发，捽诸地，捶扑交下，拽之以归，闭诸空室，久乃得脱，奔诉于朝，遇赦以免。二年，复有僧龚柯等十八人，与诸王合儿八剌妃忽秃赤的斤争道，拉妃堕车殴之，且有犯上等语。事闻，诏释不问。而宣政院臣方奏取旨：‘凡民殴西僧者，截其手；詈之者，断其舌。’时仁宗居东宫，闻之，亟奏寝其令。”

《元史·仁宗本纪三》评赞：“仁宗天性慈孝，聪明恭俭，通达儒术，妙悟释典，尝曰：‘明心见性，佛教为深；修身治国，儒道为切。’又曰：‘儒者可尚，以能维持三纲五常之道也。’”事实证明，这样的评价比较符合元仁宗治国理政的实际情况，并非全是虚妄的溢美之词。

元仁宗不仅崇重儒学，扶植汉传佛教，而且极其喜爱汉族地区的艺术作品，在至大年间（1308—1311 年）做皇太子时期即与汉族艺术家多有交游，大画家赵孟頫、王振鹏等人均为他作过画。台北故宫博物院收藏的王振鹏《龙池竞渡图》有画家亲笔款识：“至大庚戌（1310 年）钦遇仁庙青宫，千春节尝作此图进呈，题曰‘……储皇简淡无嗜欲，艺圃书林悦心目……’”（图 1－11）当时元仁宗尚为太子，故王振鹏题诗中称“储皇”，此图此诗让我们清楚知晓元仁宗在登基之前已经对“艺圃书林”的汉文化高度欣赏。他的亲胞姐大长公主祥哥剌吉同样痴迷汉文化，收藏了很多珍贵的书画作品，是元朝最著名的收藏家，多次举办艺术沙龙“雅集”，展出自己的藏品，招待文人雅士。传世至今的不少中国古代书画“神品”、至宝，都曾经是元仁宗及大长公主祥哥剌吉姐弟二人的收藏。

此外，另有一事能够鲜明地显示元仁宗醉心汉文化之深。著名的王羲之《快雪时晴帖》在延祐年间（1314—1320 年）为元仁宗内府之物，卷后现存延祐五年四月赵孟頫、刘赓、护都沓儿的《奉敕恭跋》，其中护都沓儿的跋语特别说：

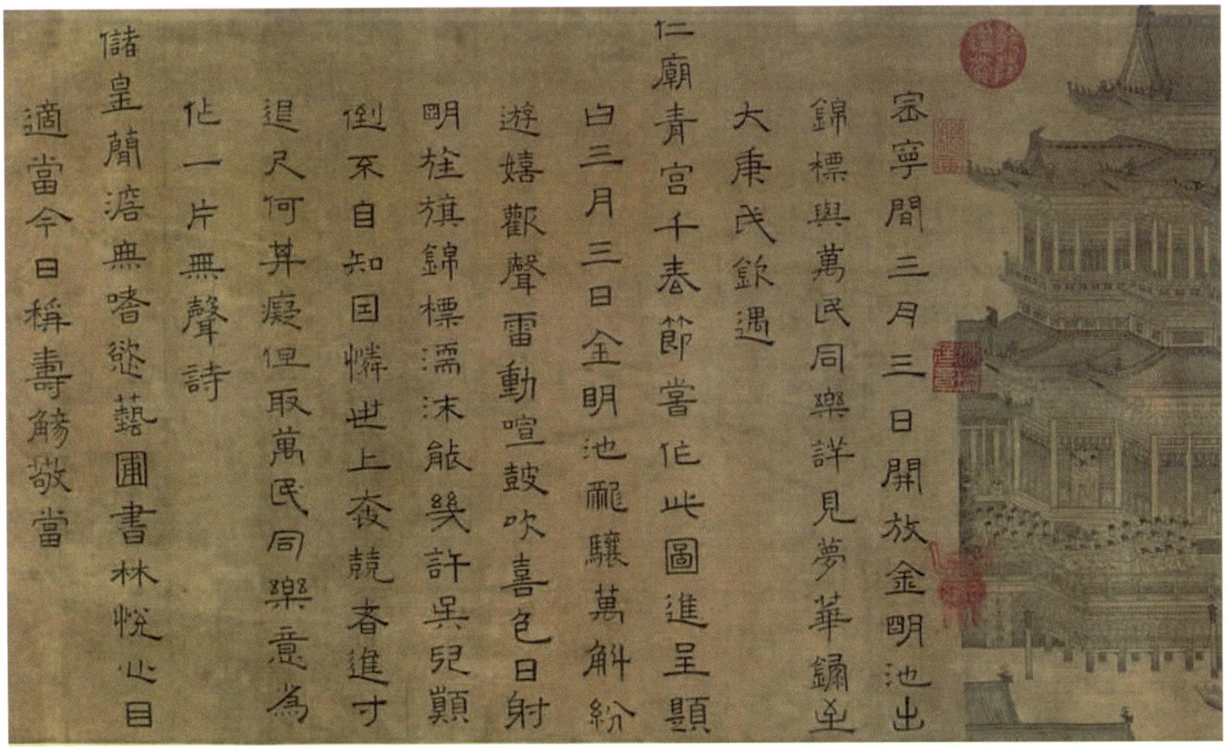

图 1－11　台北故宫博物院收藏的王振鹏《龙池竞渡图》作者题跋（局部）

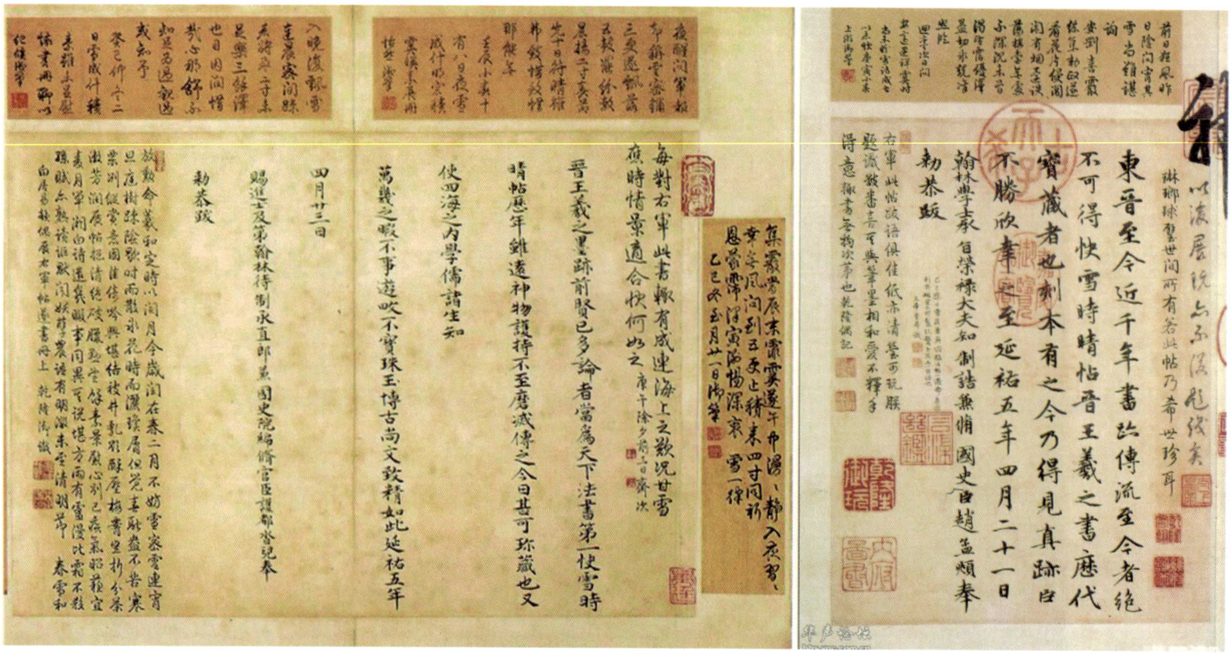

图 1－12　台北故宫博物院收藏的王羲之《快雪时晴帖》（延祐五年赵孟頫、护都沓儿题跋）

“……《快雪时晴帖》历年虽远，神物护持，不至磨灭，传之今日，甚可珍藏也。又使四海之内学儒诸生，知万几之暇，不事游畋，不宝珠玉，博古尚文，致精如此！”（图 1－12）这位蒙古族官员写下的文字更加真实可靠地印证了元仁宗在登上皇位以后仍然十分钟爱汉文化。①

有元仁宗这样“艺圃书林悦心目”的皇帝崇尚和护持，延祐年间的书法和雕塑俱臻元朝时期极顶，就容易理解了。元仁宗尊礼大书画家赵孟頫，“圣眷甚隆，字而不名”的情事久已为美术与书法界熟知。元朝最杰出的雕塑家刘元同样受到元仁宗的推重和优宠，当时的大文豪虞集特为刘元撰《刘正奉塑记》一文（载其《道园学古录》卷三），详记刘元艺术成就及朝野追慕的盛况：“正奉先事青州杞道箓，传其艺非一。及被召，又从阿尔尼格（即阿尼哥——引者）国公学西天梵相，神思妙合，遂为绝艺。凡两都名刹，有塑土、范金、抟换为佛者，一出正奉手，天下无与比者。由是上两赐宫女为之妻，又命以官长其属。迨今四十余年，凡行幸，无所不从。今上皇帝犹重象教，尝敕正奉：非有旨，不许擅为人造它神像者。其见贵异如此。”直到清朝时期，刘元的雕塑作品仍然被奉为至宝，以致乾隆皇帝特别赋诗赞颂，呵护维修。

元仁宗在位期间，是元朝精神文化的转折时期，其间影响最大的关键性事件是恢复科举考试。唐朝以后，科举考试是上层建筑领域最重要的制度建设，不仅在政治上决定着统治的质量，而且在精神文化上导引着民众的方向，因此在国家机器运转和社会生活中发挥着越来越重要的作用。蒙古灭金以后，北方地区的科举考试停顿了八十年之久。元灭宋以后，南方地区也有整整四十年取消了科举考试。对比 1977 年在经历十年“文化大革命”后中国恢复高考的社会影响，可以想见延祐二年元仁宗亲自殿试进士这一举措对当时朝野产生了多么大的

① 按：这位护都沓儿是延祐二年三月元朝初次恢复科举考试之廷试进士及第的状元，《元史·选举一》作“护都答儿”。2013 年 3 月 29 日《聊城日报》刊载沙春建《聊城元朝状元护都沓儿》一文，引录元朝时期曹伯启《曹文贞诗集》卷六中的一首诗，诗题：“道过东昌，申仲礼佥司暨状元呼都克岱尔诸父台辅贤昆仲厚意相邀，别后以诗寄谢。”曹伯启此诗作于延祐三年，其中的呼都克岱尔，为乾隆时期编《四库全书》修改之名，即元朝“护都答儿”—“护都沓儿”。

冲击和震撼！自此，汉文化在元朝摆脱了受压抑、被边缘化的困境，虽然还达不到以后明清时期的显赫地位，但已经是巨大的转变了。中国儒学史、佛教史和美术史的记录早已显示，延祐二年前后元仁宗推崇儒学、扶植汉传佛教、宝爱汉族文化艺术，为元朝美术和书法的发展提供了上佳的条件和氛围。云居寺“合美菩萨”像能够局部改变印度—尼泊尔和藏传佛教造像的正统仪轨，添加进一些实质性的汉传佛教和汉族文化元素，应该与元仁宗时期文化环境的巨大变化紧密关联，否则宫廷的、原属于藏传佛教系统的造像不可能允许出现这些变化。

推定云居寺“合美菩萨”像制作于元仁宗延祐二年前后，除了以上列举的宏观上的历史文化变迁背景之外，还有三个具体的依据。

（一）阿尼哥于元成宗大德十年（1306 年）逝世。如果阿尼哥在世，他可能不会允许，至少不大高兴其中国弟子制作这样有违印度—尼泊尔规制的“西天梵相”。他不在了，中国的弟子们按照自己的意愿进行创作的自由度便大大增加了。

（二）现存被认定为刘元创作的作品有两处：一为山西省晋城市泽州县金村镇玉皇庙后院西庑奉祀的十二元辰真君塑像，被一些论著认定为刘元的作品；二为北京西山八大处的四处大悲寺大雄宝殿内的十八罗汉塑像，是刘元在元成宗大德二年（1298 年）塑造。这两处塑像均为汉族人形象，衣服阔大厚重，多数是男像，和云居寺“合美菩萨”像难以准确比照。晋城玉皇庙塑像有几尊女像面部与“合美菩萨”像比较接近，塑造得十分精美，但她们大体上是同一个模样，缺乏个性显现和形象变化，神韵比不上云居寺“合美菩萨”像。大悲寺的十八罗汉，有的衣纹和下摆与“合美菩萨”像有相似或相近之处，有的手势与“合美菩萨”像比较接近，它们确有可能是刘元的作品。不过，与“合美菩萨”像相比，八大处大悲寺的十八罗汉像尚有不尽完美之处。《刘正奉塑记》的记载告知我们，刘元创作的巅峰时期是元仁宗在位期间。“合美菩萨”像的造型主体属于印度波罗王朝风格，同时天衣无缝地融入了汉传佛教和中国文化的诸多元素，材质是一尊鎏金铜像，其绝美的形象无与伦比地端居中国美术史的巅峰宝座。《刘正奉塑记》记载刘元“从阿尔尼格（即阿尼哥——引者）国公学西天梵相，神思妙合，遂为绝艺。凡两都名刹，有塑土、范金、抟换为佛者，一出正奉手，天下无与比者”，云居寺“合美菩萨”像妙相庄严的实存状况，与虞集笔下的这些文字几乎完全吻合。

（三）无独有偶，在镇江市现存的元朝时期建造的西津渡过街塔内，有一幅和云居寺“合美菩萨”像时间相近的图像，同样是融汇了不同身份的菩萨，它们能够相互印证。西津渡过街塔大约完工于元武宗至大元年（1308 年）或二年之间①，元朝俞希鲁编纂的《至顺镇江志》卷九《僧寺》收录赵孟頫奉元武宗敕命撰写的《金山寺般若院碑记》记载：元武宗于大德十一年（1307 年）五月登基，随即遣官“乘驿驰喻江浙等处行中书省，曰：‘也里可温擅作十字寺于金山地，其毁拆十字，命前画塑白塔寺工刘高往，改作寺殿屋壁佛、菩萨、天龙图像。官具给须用物，以还金山。’庚辰，荐降玺书，护持金山：‘也里可温子子孙孙勿争，争者坐罪以重论。’十有一月庚戌，都功德使臣海音都特奉玉音：‘金山地，外道也里可温倚势修盖十字寺，即除拆所塑，其重作佛像，绘画寺壁，永以为金山下院。’命臣孟頫为文，立碑金山，传示无极。……金山田地为也里可温所夺，历二十有七年，乃复得二寺为下院。”《至顺镇江志》卷九《僧寺》还收录翰林学士潘昂霄同一时期奉敕撰写的金山寺般若禅院碑文，进一步具体记述：“今皇践祚，敕宣政臣婆闾等，即寺故像撤去之，仿京刹梵像，朱金绀碧，一新清供。”在现

① 温玉成《镇江市西津渡过街塔考》一文认定西津渡过街塔“大约完工于至大四年（1311 年）”。（见《宿白先生八秩华诞纪念文集（下）》第 615 页，北京：文物出版社，2002 年。）按照《至顺镇江志》卷九所载赵孟頫《金山寺般若院碑记》的相关记载和过街塔的体量，西津渡过街塔的完工时间似应早于至大四年两到三年。

今的镇江金山寺大范围内，元朝时期“仿京刹梵像”所造之物，仅有西津渡过街塔，形制与阿尼哥主持建造的北京市内著名的白塔寺白塔十分接近。据赵孟頫、潘昂霄二碑可以确定，此过街塔是由元武宗“命前画塑白塔寺工刘高往”金山寺建造的。

镇江西津渡过街塔内藏有两件圆形铜板，一件雕刻《黄财神曼荼罗图》，一件雕刻《女财神－观世音菩萨曼荼罗图》（图1－13）。后者的九尊女相菩萨像完全是印度波罗－尼泊尔式样，但加上了汉传佛教观音菩萨左手持杨枝的形象，杨枝的枝头还有一只鸟，是否表现的是元朝前后汉传佛教观音菩萨像中常常出现的鹦鹉？待考。

图1－13　镇江西津渡过街塔内铜盘女财神－观世音菩萨曼荼罗线刻画①

温玉成《镇江市西津渡过街塔考》一文认为，铜板上的这一幅图是《观音菩萨曼荼罗图》②。长期研究杭州飞来峰造像的赖天兵先生在与笔者讨论中，根据图像的女性特征、藏传佛教图像的黄财神与女财神成双成对出现的规例，以及这幅曼荼罗图中央主尊左膝下的钱袋，认为这一幅图像应该是《女财神曼荼罗图》。笔者认为，这幅图像的主体形象应该是波罗－尼泊尔风格的女财神，其中央主尊左膝下显著的钱袋清楚显示了身份，但其左手所持物则显示的是汉传佛教观音菩萨的特征。此外，紧邻过街塔的南北两座建筑物门楣分别题署“观音洞”和“救生会”，过街塔云台青石盖板的“南北立面上，镌刻梵文六字真言及吉祥语，为元代所刻”。③ 这些都是与观音菩萨密切相关的特征。杭州飞来峰龙泓洞主洞口对面岩石上第33龛元朝时期杨枝观音像的龛外右壁，即镌刻梵汉合璧的六字真言④。西津渡过街塔的建造者刘高参加过元大都妙应寺（今白塔寺）白塔的建设，熟稔阿尼哥带来的“西天梵相”，过街塔内铜板上的两幅波罗－尼泊尔风格浓郁的曼荼罗图像，无疑出自刘高之手，而其中的女像曼荼罗图之主尊则将女财神和观音菩萨的特征融汇于一体，因此名为《女财神－观世音菩萨曼荼罗图》可能更接近于实际情况。这幅曼荼罗图反映出元武宗时期的宫廷御用艺术家即已开始在波罗－尼泊尔和藏传佛教的菩萨像中注入汉传佛教菩萨像的艺术元素，开云居寺“合美菩萨”像融汇多尊菩萨不同特征之先河。

西津渡过街塔内这幅《女财神－观世音菩萨曼荼罗图》，为推定云居寺“合美菩萨”像制作于延祐二年——1315年前后提供了重要的旁证。

综上所述，笔者认为云居寺“合美菩萨”像制作于元仁宗延祐二年（1315年）前后的可能性较大。

---

① 图1－13采自《宿白先生八秩华诞纪念文集（下）》中的温玉成《镇江市西津渡过街塔考》一文图13。

② 温玉成《镇江市西津渡过街塔考》，见《宿白先生八秩华诞纪念文集（下）》第619、622、623、625页。

③ 温玉成《镇江市西津渡过街塔考》，见《宿白先生八秩华诞纪念文集（下）》第616页。

④ 赖天兵《汉藏瑰宝》第217、218页，北京：文物出版社，2015年。

三、云居寺“合美菩萨”像在中国和世界美术史上的地位

“合美菩萨”像通体柔美流畅，腰身紧致修长，虽然是一尊坐像，但依然呈现出亭亭玉立的形象，700年前的古代作品却极其符合现代人的审美观念。依据它的腿长和形体比例估量，全身高度大约有1.80—1.85米左右。从其胸前丰盈的双乳和挺秀的身腰研判，雕塑家很有可能参照了现实中一位鲜活灵动的美女模特儿，同时特意超比例加长了腰身。

人们看到这尊像，首先感受到的是它的面容既庄严又柔美，特别是它的微笑与《蒙娜丽莎》有近似的神韵，但仔细看，它的双眼是微微俯视的，而《蒙娜丽莎》的眼睛是平视的。“合美菩萨”像显示出的是一种俯视人间的、神性的悲悯和欣慰，让人感受到的不仅只是人世间的美，还有尘世之上的庄严和慈爱。这种超凡脱俗、抚慰心灵的感受，是以“神秘的微笑”著称的《蒙娜丽莎》不曾带给人们的（图1－14）。

图1－14　“合美菩萨”像与《蒙娜丽莎》

与“合美菩萨”像相比，意大利文艺复兴时期的另一位巨匠拉斐尔最著名的圣母像，也显现出人性化有余，神圣性的庄严感略为不足（图1－15、图1－16）。诚然，在人类文化史上，文艺复兴时期的艺术作品最突出的特色和最高的价值是其人文主义理念的强烈表达，是长期宗教压抑下人本精神的张扬。然而，与欧洲长期的教权高于政权、神权统治社会的历史文化显著不同，中国从未出现过神权统治，皇权至高无上和礼法人治是中国社会政治和历史文化的基本特征。这样的政治与社会环境决定了儒家思想是中国人精神意识的主导。儒家的主旨是以人为本，道家、墨家、法家等派别也都是以人为本，差别仅在于侧重点不同；儒、道、法、佛诸家思想共同熏陶着中国美术，人文主义思

图 1－15　拉斐尔《西斯廷圣母》

图 1－16　拉斐尔《花园中的圣母》

想一直主导着中国美术。两千多年来，自秦始皇兵马俑（图 1－17）、汉朝的画像砖/石（图 1－18）和人物俑（图 1－19），至清末的“泥人张”（图 1－28），包括历代众多的人物画、山水画、花鸟画乃至宗教画（图 1－23、图 1－25、图 1－27），中国的美术作品一直秉承着人文主义的传统。尽管中国古代艺术所蕴含的人文主义与意大利文艺复兴时期的人文主义在内涵上存在着差异，但在形式上却都是以表现人的生活和情感为主旋律。秦朝以后，中国美术创造出的人物形象生动活泼，个性鲜明，即使是在佛教传入中国之后出现的佛像，仍然饱含人的气息。公元 6 世纪中叶，中国北齐时期的青州佛像已经展现出极其亲切、生动活泼的人性面容（图 1－20）。此后，唐朝时期的龙门石窟和敦煌莫高窟，进一步创造出闻名世界的、更加美妙、更加人性化的佛和菩萨像（图 1－21、图 1－22）。到 11—13 世纪，宋朝的晋祠和

图 1－17　秦始皇兵马俑之跪射俑

图 1－18　山东嘉祥武氏祠汉代画像石

图 1－20　北齐时期的青州佛、菩萨像

图 1－19　汉朝说唱俑

图 1－21　洛阳龙门石窟唐高宗时期的卢舍那大佛

大足，分别在中国的南北两地塑造和雕刻出完美的、纯人性化的宗教形象（图 1－24、图 1－26），攀上了中国人文主义艺术的巅峰。在宋朝炉火纯青的造型艺术的基础上，云居寺这尊“合美菩萨像”又充分汲取了阿尼哥传来的新式“西天梵相”的营养，在中国人文主义造型艺术的巅峰上绽放出一朵最美、最绚丽的仙葩！与《蒙娜丽莎》以及拉斐尔的圣母像相比，“合美菩萨”像的女性特

图 1－22　敦煌莫高窟唐朝彩塑菩萨像

图 1－23　中唐时期周昉的《簪花仕女图》（局部）

图 1－24　太原晋祠北宋塑像

图 1－25　北宋李公麟的《维摩演教图》（局部）

征更加突出，更加鲜明。然而，最令人不可思议的是，“合美菩萨”像竟然能够在浓重的人性中，含蕴着庄严、慈悲的神性。这样的艺术手法，真正称得上出神入化。相比之下，拉斐尔的圣母像似乎未能从温馨的人性中完美地升华出庄严的神性。

图 1－26　重庆大足北山南宋前期的 136 窟菩萨像

图 1－27　明唐寅《临李公麟饮中八仙图》(局部)
(采自中华古玩网)

19 世纪晚期至 20 世纪初,法国雕塑家奥古斯特·罗丹创作的《思想者》系列雕像，引起了巨大的社会反响，成为西方美术史上米开朗基罗之后最杰出的人体造像（图 1－29)。在考察云居寺"合美菩萨"像的时代性特征、审别其在中国和世界美术史上的地位接近结束的时候,笔者突然联想起罗丹的这座著名雕像。这是两座几乎在各方面都完全相反的造像:"合美菩萨"像是女性形象,《思想者》塑造的是男人;"合美菩萨"像柔美,《思想者》刚劲;"合美菩萨"像细腻,《思想者》粗犷;"合美菩萨"像微笑,《思想者》忧思;"合美菩萨"像身份华贵,《思想者》地位低微;"合美菩萨"像虽然是盘腿坐姿，但身体是舒展、稳重的，《思想者》的双足虽然有力地踩踏地面，但身体是蜷缩、欹斜的;"合美菩萨"像包容了古代埃及、美索不达米亚、希腊、印度、尼泊尔和中国等多元文化,《思想者》仅赤条条一身;"合美菩萨"是神，却关注人间,"思想者"是人，却忧虑神的事务……

图 1－28　泥人张彩塑

林语堂在其名著《吾国与吾民》中说，中国的语言和文化具有女性的特点，而英国语言学权威极司潘逊（Jespersen）的名著《英吉利之生长及构成》讨论到英国语言的雄性品质。30 年前看到的《吾国与吾民》第三章“女性型”节的这个论断，至今仍然清晰地留在我的脑海里。由“合美菩萨”像联想到罗丹的《思想者》，可能与林语堂指出的中西文化的这种特点有关系，也可能与笔者曾经较长时间在海德堡大学艺术史研究所讲学沾一点边，反复思考，觉得这两座像确实能够在一定程度上反映中国和欧美文化各自不同的特点，特别是20 世纪中期以前的特点：中国文化属于农业文明，敬畏天—大自然，安土重迁，保守传统，以和为贵，以忍让为美德，确实有女性特质，欧美文化中的海洋文明成分很重，敢于冒险犯难，开拓进取，但海盗的基因时常冒出，战争掠夺、侵略扩张是常有的事情，富有雄性色彩；中国文化以人的伦理关系和团体依存为中心，欧美文化以信仰上帝和张扬个性为中心；中国文化包容性较强，在相当长的时间里能够接受外来文化，欧美文化自基督教占主导地位以后，强烈排斥异质文化，极力压制和同化其他文明；中国人爱面子，讲排场，语言婉转，表达含蓄，欧美人重实力，少讲排场，表达直率，明求利益；中国人以现实理性对待宗教，求神拜佛多与实际利益联系在一起，欧美人特别是20 世纪以前的欧美人，精神文化以基督教为中心，宗教信仰相对虔诚单纯，与“原罪”联系密切，与现实利益的联系相对较少；“合美菩萨”像表现出的慈悲、怜悯、柔美，反映的是中国人功利性的宗教信仰和愿望，祈求菩萨救苦救难、赐子赐福，同时又映显出了中国人对于善与美的渴望和追求，恰恰体现了中国文化的女性特征——母爱，仁慈，关怀家人，乐于助人，没有侵略和掠夺性，《思想者》则反映出欧洲知识界埋头钻研非功利性学术和批判性思维的传统，但又力量袒露，没有舒展和善的神情，忧思中蕴藏着可怕的爆发；等等。这些不同的文化特质，在“合美菩萨”像和《思想者》中都能体现出来，这两座像几乎能够成为代表中国和欧美文化各自形象的“大使”。笔者的这些认识是否符合人类历史的实际情况？当代的雕塑家能否创造出一座融汇“合美菩萨”和《思想者》的崭新艺术杰作？谨此提出问题，敬请国内外人士思考、批评。

图 1－29　罗丹《思想者》雕像

插图说明及致谢

本文插图凡未注明出处者，皆取自出版物和新媒体，无法确知并标注其初始版权。所有人可以联系房山石经与云居寺文化研究中心，以便奉致稿酬。

杨辛、韩庆明、唐淑荣、杨海峰、王家鹏、宗同昌、黄春和、魏来、于佩宏、平措次旦、李仁举、叶少勇、胡清、杜鹏飞、谈晟广、施韵莲等先生对云居寺“合美菩萨”像的研究给予了宝贵的帮助，云居寺文物管理处多年来大力协助，谨此致以衷心的感谢！

杨辛先生论房山云居寺“合美菩萨”像

2019年4月27日

编者按 杨辛先生是我国著名美学家、书法家，北京大学哲学系教授。1922年生，1946年考入北平国立艺术专门学校，师从徐悲鸿、董希文先生。1956年任教北京大学哲学系，长期主持美学专业的教学与研究工作，书法成就非凡。杨先生高度关心、热情支持房山云居寺“合美菩萨”像的研究工作，长期认真观察并深入细致地解析其艺术特征。2019年4月26日，罗炤、宗同昌、施韵莲等三人专程赴海南聆教。本文为4月27日上午杨辛先生在保亭县寓所对三人谈话的要点记录（记录整理人施韵莲），特于本辑发表，谨以此向杨先生致以衷心的感谢和敬意！

我觉得这件作品真是精品。我就先从具体的细节谈起，有两类细节。一类细节是与传神紧密联系的。首先是这个嘴，她的嘴是微笑的嘴，她完全是内心在笑，是迄今为止我看见的做得最好的。微笑是一种心灵语言的刻画，是一种心灵的表达，是心灵的花朵。这个微笑的特点是中国的，是古代追求的笑不露齿，很含蓄，不露牙齿，露牙齿就高兴得多了一些。笑不露齿是很难处理的。雕塑家处理得非常好。好在什么地方？他对于嘴角的处理，微微的有点向上。嘴角的两个点，挖得很深，这一深呢，她笑得就有深度了，但是很细，笑得很自然，真正是在内心发出来的。另外，上下嘴唇处理非常细致，上嘴唇比较薄一些，像两片柳叶，下嘴唇比较宽厚一点，上嘴唇和下嘴唇结合得非常的轻松自然，闭合非常轻松，而且有一条线，没有闭死，闭死就呆板了。上下嘴唇中间这道线是非常重要的，这个嘴唇我看了以后啊，感觉雕塑家真是精心地观察，平常看嘴唇谁看这么细啊！嘴的微笑这个细节非常好。另外是这个嘴唇和周围肌肉的关系，他处理得非常好。特别是这个嘴唇，和面部也就是腮部、面颊，和这个腮部联系，这中间有一种非常微妙的变化，就是笑的时候肌肉要轻松地往上提。微笑这种肌肉的往上收缩是很轻微的，但是感觉得到，要具体地说哪一个点是往上提的，还很难把握，但是她有这个变化，这就需要雕塑家去把握。而且，她不单是嘴角笑，人中都不一样，鼻翼也不一样，这都是很微小的变化，微笑的时候鼻翼稍微鼓一点，也是在变化。她这个微笑就不光是一个嘴的变化，而且和整个面部肌肉的那种微妙的变化都是统一的。嘴角与面颊之间的窝状变化，鼻翼微凸，人中微显，就很自然，整个是非常协调的，是统一的。内在的情绪是什么、精神是什么，她外在的东西都相应地有变化。

另外就是眼睛，讲传神要讲眼睛。这尊像的眼睛表现的不是看见了一个什么东西，或者看见一个人，或者看见一棵树，在那里聚精会神，不是这样的，她不是集中在一个具体的物象上，她是一种冥想，就是在倾听。她的眼神看的对象若有若无，不是具体看一个东西，而是在听，这个眼睛是在聚精会神地听。她的眼神不是那种表现一个人很有精神、目光炯炯，不是这样。这里的眼神表现的是似看非看、微俯、倾听、凝神，若有若无，是一种比较虚的内在的东西。但是这个眼睛也是有点微笑，眼角也是有点微微向上，与微笑相呼应，所以她这个微笑啊，是在所有部分都有反映，与耳听完美结合。

很妙的地方在耳朵。人的耳朵都是顺着往后翻的，她的耳朵是往前翻的，而且左边的耳朵比较大，往前翻得更多，感觉雕塑家有意地突出左边的耳朵，突出她是在听，她倾听了苦难的众生求救的声音。这尊菩萨像没有强调眼睛真正看见了什么，她是听声音，所以这里的耳朵是往前翻。听了以后，这里有众生得救以后的情怀，得到一种欣慰，产生了微笑，这种微笑和眼睛、耳朵都是一个整体。

还有就是手。这个手啊是心灵产生的花朵，卷曲，舒展，变化，轻柔，与微笑相呼应，也是心花，形体与空间、喜怒哀乐都在手上表现。手是心灵的语言，梅兰芳表演手态有上百种表情。愤怒的时候就握拳，最愤怒的时候就紧紧地握拳，悲哀的时候是这样的（做了一个手无力下垂的动作），高兴的时候是这样的（手舒展上扬）。手的语言是最丰富的。所以说画人难画手，为什么难画呢？难在表情，难在变化。一个是手要有表情，一个真正的人物画家不会画手，他是不能完整地表达人物神态的。所以说手是第二个重点，第一个是眼睛。手是第二个面部表情，是面部表情的一个补充。手为什么难画呢？因为手指头变化太多。这尊菩萨像的手像兰花手，有曲有伸，有半曲半伸，有变化。这一变化，在雕塑里是一种形体的语言，就要在空间里面去展现。雕塑与绘画的区别：雕塑的形体是在空间中展现，形成空间美、形体美；绘画的形体是在平面上表现。手本来就是立体的，小的空间变化很多。这尊菩萨像的手有曲有卷，有半曲半卷，手势非常柔和。西方的蒙娜丽莎像，她的手是这样（做了一个两手交叉放置的手势），也是很柔和的一种姿态。所以这尊菩萨像的手，也是她的微笑的一个补充。

还有鼻子。这个鼻子的处理，我觉得是表现了这个雕塑家的聪明。当然这里头有个问题，就是外来的文化吸收的时候，吸收了异域的特点吧，把它综合在一起，这是一方面的因素。但是我觉得在这个地方他的处理非常有创造性，在表现菩萨这种神态上有一种提高的独特的作用。这个独特的作用在什么地方啊？就是慈祥当中体现了庄严。为什么，在整个全身从下到上，找不出一根直线，全是曲线，全是圆点，就只有这个鼻梁这两根，还有一个就是额头上这个白毫，长方形的白毫是直线，这个直线我觉得是一种表现力，这个表现力是表现庄严。如果观音菩萨浑身都是曲线，没有这两根直线，这个庄严的内涵就缺少了一点。而且这个直线妙就妙在它和眉毛结合起来。鼻子轮廓的两道直线分别与两边弧形的眉毛连接延伸，这个是连成一个整体从下往上延伸升华，这个长方形的白毫是在额头的中间，这就好像一种东西在向上升华，升到这个白毫。它的体量虽小，但很有分量。佛教讲从这个白毫放大光明，照亮三千大千世界，救度一切众生。它表现的是一种精神境界，因为在整个全身的中轴线当中，上身从肚脐到嘴巴、鼻子、眉毛上升额头，它就在额头的中下方，再往上就是头发了，所以这个地方、这个空间我有一个联想，这个地方就好像故宫中轴线上太和殿的广场，是一个精神境界的集中体现。这些细节就直接表达了观音的那种精神状态、她的情感，就像母亲对孩子的挽救一样，关爱、慈祥，所以她是女性的。在艺术上、造型艺术上，讲究以形写神，神形兼备，神君形臣，推崇传神、意境。这一部分的细节就是以形写神，直接用形来表达神态，直接来表达一种精神状态，形和神紧密结合在一起，这是一类。

还有一类，它也是和神的表现紧密联系在一起的，但是它不是直接的表达，而是一种气氛，一种氛围，这个就比如说，衣纹。这个衣纹啊，它都是一种流畅的、柔和的线条，而且是一组一组的，富有变化，就像行云流水一样，无方折。

衣纹组合有收有放，安排有序，有音乐感，都是完美的弧线，有的是由外面流过来，有的是从底下向上飘过去。这些都是一组一组的线条，我觉得它是和那种微笑的心情相协调的，它是舒畅的，没有那种方正的线条。要表现力士、金刚，它方正的东西多，而这尊菩萨像全是行云流水。这个是衣纹的表现，而且变化很多，有的粗有的细，方向都富有变化。这个衣纹还有助于表现雕塑的立体感，它或者从外到内，或者从左到右、从上到下，它不是一个平面，加强了立体的空间感觉。

这尊菩萨像身上的璎珞、璎珞上面的珠宝，是非常有变化的，有节奏感，中间中轴线上比较大，两侧的慢慢地小一些，从大到小，至少有四五种变化。璎珞上的珠宝形态也多种多样，有的是圆的，有的是橄榄形的，有的是多面体，但它们的排布井然有序，有的聚集在一起，有的松散开，有聚有散，像花心和花瓣一样的组合，不仅华美，而且格调高雅，雍容大度，品位超凡脱俗，美学眼光真让人叹服！

在整体安排上，这尊像要表现雕塑空间的变化，空间的变化在雕塑作品中是很重要的。这就像书法中的布白。过去黄宾虹给林散之提了意见，说他“会写有字的字，但是没有注意没有字的字”，就是空白，在雕塑作品里就是没有实体的空间。你看，手这么一放，这个空间出来了。这个东西很重要。雕塑作品是一个立体的东西，不仅是看它的实体，而且要看它的布白，就是它的空间的变化。这种空间看起来很小，其实都很有表现力。比如“合美菩萨”有了右手的这个空间，就能显出她的细腰。没有这个空间，就表现不出来了。她的整个形体，下面结跏趺坐是宽的，然后逐渐往上收窄，然后又放，然后又收，然后又放。像这种变化，胸部的丰满、腰部的纤细、柔美的线条，都是靠这个空白来表现的，这些地方处理得非常自然。

头部的宝冠，上头的装饰物非常繁密，这种繁密对于烘托面部很重要，没有这个繁密的东西，面部就没有任何覆盖。这些既美观，又有一些实际的功用，像这些就是属于第二类的细节，但是这些细节对表达整体的神态还是加强了氛围，让你有一种强烈的感受。

看了“合美菩萨”像以后，我真正地体会到观世音给人留下的心境：她救了众生，自己感到欣慰，产生一种仁爱、怜悯和慈悲，在微笑当中显出她的庄严。佛学里头讲的养心，南宋孝宗皇帝的《原道论》讲“以佛修心，以老养身，以儒治世”。以老治身，道教是修炼身体。养心呢，她拯救世界就是从养心这个地方做起。你怎么脱离苦海，怎么摆脱这一切苦难？就是要养心，就是要懂得人生的事情不要太执着，心要清净，要有对这个世界的认识，有缘，缘来了万物就生，缘尽了以后万物就尽。我记得在云居寺看见一个塔里头有一个砖雕就是讲这个。把你的心安好了，你就可以苦海无边回头是岸。通过这个艺术啊，我也是学习了。

在人生当中，就是皇帝也离不开这三样。故宫、景山顶上就是佛像；内庭、御花园的前面就是道观；太和殿就是儒家思想，就是太和。养心，养心殿，真正治理国家、处理国家大事的地方是养心殿。

我觉得艺术里头任何美的东西都是整体的和谐，多样的细节必须统一于一个整体，就是要多样而不杂乱，很有秩序；统一而不单调，既要统一、既要集中，又要避免单调，就是多样而避免杂乱，统一而避免单调，在艺术上把多样和统一结合起来，细节的分析和处理是很重要的。

从更宏观的角度来看这个作品，我觉得这件雕塑在传神方面，是非常成熟的。艺术就怕专门搞细节而忽略整体，过去评价就叫“谨毛失貌”。谨毛就是拘谨在那个细小的地方，过于拘谨，过于繁琐；失貌就是整体要表达的东西却失掉了。像汉代的东西就不是这样的，包括画像砖，你看那个马，都是整体生动，非常丰富，它不是谨毛失貌。这尊“合美菩萨”像整体和细节都结合得很好，虚实结合，刚柔结合，非常和谐。

宗教传播学视野下的房山石经版式设计初探*

吴志勇　李思念　杜文杰**

摘　要　房山石经的版式设计简洁大方，图文精美。此文以房山石经的尺寸、文字、题记、插图等设计要素为对象，从宗教传播内容可视化视角，探讨从唐代到辽金的、从传统石碑向纸本刻本、从传统碑刻走向现代出版的版式变革现象及其所包含的传播意义和宗教价值。

关键词　房山石经　宗教传播学　版式设计

一、引　言

自隋朝大业年间到清代的一千年中，房山石经共刻经近15000方、3500余卷①。以房山石经为主题或题名进行模糊匹配检索，CNKI有文献约150篇。研究房山石经的主要学科为宗教、考古和中国古代史。关键词主要有房山石经、佛教、辽代、幽州、唐代、铭刻、版式等。妻木植良②、中国佛教图书文物馆房山石经整理研究组③、张畅耕、毕素娟④、何梅⑤、罗炤⑥、柳富铉⑦、竺沙

*本文系湖北省教育厅人文社会科学研究一般项目“基于项目流程管理与数字资产管理的悉昙梵文文献整理研究”（项目编号：16Y013）湖北大学协同教学理念下慕课教学资源管理的优化机制研究（项目编号：201977）、湖北大学新闻传播学课程改革教学团队（项目编号：2018F03）研究成果之一。

**吴志勇，湖北大学新闻传播学院讲师，北京电影学院访问学者，研究方向：可视化传播、图像与动画。杜文杰，湖北大学新闻传播学院研究生。李思念，湖北大学新闻传播学院2016广告学学生。

① 罗炤．中国佛教石经概述〔J〕．石窟寺研究，2017（00）：86－96．

② 〔日〕妻木植良．《论契丹雕造大藏经の事实》，载《东洋学报》第2卷第3号，1912年9月。

③ 中国佛教图书文物馆房山石经整理研究组．房山石经与《契丹藏》〔J〕，法音．1981（03）：10—15．按，该文后来又以周绍良先生的名义收录于《北京辽金文物研究》，详见北京辽金城垣博物馆编：《北京辽金文物研究》，北京：北京燕山出版社，2005：53—58．

④ 张畅耕、毕素娟．论辽朝大藏经的雕印〔J〕，中国历史博物馆馆刊，1986（09）．

⑤ 何梅．房山石经与《随函录》《契丹藏》《开元录》的关系之探讨〔J〕，佛学研究，1996（00）．

⑥ 罗炤．《契丹藏》与《开宝藏》之差异〔J〕．文物，1993（8）：59—65．

⑦ 柳富鉉．论《高丽再雕藏》中所见的《契丹藏》〔J〕．藏外佛教文献，2008．

雅章①、徐时仪②等学者研究了《契丹藏》《开宝藏》《高丽藏》等藏经的版式中所包含的卷数、版本、雕印年代等要素来推演彼此间关系。

版式设计是一种重要的视觉传达语言，要求合理组织不同的构成元素表达特定的视觉主题。版式设计是视觉传达设计、印刷包装工程等领域的重要内容。一般意义上认为，版式指书刊等的版面格式，版面指的是报刊、书籍的整页，包括对版心、排式、用字、行距、标题、引文以及标点符号等版面布局因素的安排。在考古学领域——以类型学为基本研究方法的学科背景下，千字文帙号是鉴别是否大藏经的重要依据，版式是判别刻本佛经的重要依据。据此，学界认为《契丹藏》版本有两个以上，③ 小字册装《契丹藏》是卷装本《契丹藏》的复刻藏，诠明和觉苑分别是卷装大字本《契丹藏》不同时期的主持人。④

美国传播学奠基人拉斯韦尔提出的5W传播模式⑤，对社会传播活动进行了分析。该模式由社会传播的五个基本要素组成，阐述了社会传播的基本过程，即Who（谁）、Says What（说了什么）、In Which channel（通过什么途径）、To who（向谁说）、With What effect（取得了什么效果）。唐晓峰⑥提出宗教传播包括传播主体、传播内容、传播媒介和传播对象等四个要素。这个模式也适用于从宗教传播视角分析房山石经的版式设计的变革。

本文研究样本为学界认可的1974年在山西应县木塔发现的10卷《契丹藏》印本、1987年在河北丰润天宫寺塔发现的7种册装本、3卷卷装本《契丹藏》以及房山云居寺石经等三种文献。本文试图从传播学和版式设计视角，对房山石经的图文版式进行研究，试图从宗教传播内容可视化视角对唐代至辽代的版式发展进行解读。

---

① 尤李．辽代佛教研究评述〔J〕，中国史研究动态，2009（02）．

② 徐时仪．《开宝藏》和《辽藏》的传承渊源考〔J〕．宗教学研究，2006（01）：51—56．

③ 1982年，阎文儒、傅振伦、郑恩淮等人在《山西应县佛宫寺释迦塔发现的〈契丹藏〉和辽代刻经》文中提出应县木塔《契丹藏》残卷为12卷，其他辽代刻经35卷，并给出详细表格和说明文件。罗炤教授先后在《〈契丹藏〉的雕印年代》（1983年）和《有关〈契丹藏〉的几个问题》（1992年）中，根据版式以及相关文献分析，提出应县木塔《契丹藏》残卷为10卷，1、7、8、9、10、11、12和2、3、4分别属于两种不同的版式，应县木塔中的《称赞大乘功德经》《妙法莲华经卷第二》的为单刻佛经，天宫寺的《佛说大乘圣无量寿决定光明王如来陀罗尼经》是另一种版式的辽代刻经。2000年，日本佛教学者竺沙雅章在《宋元佛教文化史研究》中提出附有千字文帙号之刻经可分为四类：1、7、9号，8、10号，11、12号，2、3、4、5、6号，只有前3类的7卷属于《契丹藏》。2003年，李富华、何梅教授等人在《汉文佛教大藏经研究》中提出木塔所出《契丹藏》残卷共有12卷。2005年，方广锠教授在《〈辽大字藏〉的定名与存本》中提出木塔发现的12卷刻经真正属于“辽大字藏”的只有7卷，即1、7、8、9、10、11、12。2015年，方广锠教授在《辽藏版本及〈辽小字藏〉存本》中提出，丰润县发现的辽代刻经中，唯有《大乘本生心地观经》可视为“辽小字藏”印本。“辽小字藏”可能是“辽大字藏”的改版复刻本。

④ 蒋金玲．论辽代汉人与《契丹藏》的雕印〔J〕．贵州社会科学，2017（09）：58—62．

⑤ 哈罗德·拉斯韦尔．社会传播的结构与功能［M］．谢金文译．上海：复旦大学出版社，2003．

⑥ 唐晓峰．从宗教传播诸要素看东正教在中国的传播〔J〕．世界宗教文化，2012（6）：30—35．

二、房山石经刊刻的时间发展脉络与刻经工程项目管理

（一）房山石经刊刻的时间发展脉络

由于房山石经先后经历了隋、唐、辽、金、元、明、清等七朝，在1000多年的刻经中，朝代更替、各方参与刊刻的僧俗官民不仅影响了刻经进程，也极大影响了版式中的各种设计要素。吕铁钢①等学者对石经雕造历史进行了分期研究。结合近年来学界专家们对云居寺的石刻以及应县木塔和天宫寺的辽代佛经残卷等文献的勘查、拓印和整理，我们可以大致厘清参与房山石经的政府官员、僧俗人众以及相关的时间线索。

图3－1使用甘特图表示房山石经的刊刻时间线，用竖线标示出有明确时间点的典型事件。部分跨年度刻经在甘特图上占用宽度多，为了避免重叠，图中单独作为一行，如唐代大般若波罗蜜多经。大量刻经用时较短，因而在Null中表现出大量细线。②

从图3－1可见，从隋大业十二年（616年）到唐武德八年（625年）静琬法师完成第一部佛经《涅槃经》，到明天启三年（1623年）吴兴沙门真程劝募葛一龙等居士在北京石灯庵镌刻《大方广佛华严经》40卷为止，刻经工程千年不辍。从甘特图可见，整个工程中，花费时间最长的有《大般若波罗蜜多经》（唐代52年、辽代15年）、《增一阿含经》（35年）、《观佛三昧海经》（28年）、《杂阿汉经》（25年）、《大宝积经》（15年）、《金刚顶经曼殊室利菩萨五字心陀罗尼品》（12年）、《华严经》（六十卷）（10年）等，10年内完成的佛经有17部，其余103部佛经都是在1年内完成的。上图中，跨年度完成的佛经主要集中在辽代，其次是金代和唐代。其原因主要是刊刻卷数较多的佛经，需要得到传播者、传播内容、传播媒介、传播受众等诸多因素的支持，具体来说就是，在皇帝（唐、辽、金代）以及幽州③地方政府官员支持下，参与刊刻的僧俗传播者既能得到准确的原始法本（信息源），又能在刊刻技术、工匠、财力等方面得到大力支持。

（二）刻经工程项目管理

尽管目前尚无文献记载刻经的项目管理，但是从碑铭、题记以及历史文献中，可以看到，石经工程牵涉面广，参与人众多，不同时期石经的版式风格既有继承又有创新。下面分别从静琬法师及其弟子时期、唐代、辽代、金代等时间段，对刻经工程项目加以说明。

从表3－1可见，隋大业元年（605年），静琬法师开始在房山云居寺石经山刻经并营建雷音洞。静琬大师在石经山镌刻了《妙法莲华经》《华严经》（六十卷）《金刚经》《胜鬘经》《维摩经》等佛经，历经隋炀帝、唐高祖、唐太宗三位皇帝，共完成刻经120—130卷。唐贞观十三年（639年）至唐天宝年间（756年），静琬法师弟子玄导、僧仪、惠暹和玄法法师主持镌刻石经，共完成230卷左右，完成了“护正法石经一十二部”的刻经计划。玄导法师时期，参与校勘的有僧惠度（瀛州常乐寺）、僧惠茂、尼法成、尼智琼等都检校，以及海安龙华寺尼善遇、善贤、善威，净光寺尼善胜等人。僧仪法师时期，惠暹法师和玄法法师等人先后负责校勘。

---

① 吕铁钢．房山辽刻石经概观．《房山石经研究》第一辑〔M〕，台湾：中国佛教文化出版有限公司，1999．

② 清代刻经竖立在云居寺殿前，但是尚无准确时间，因此本图中未作为研究对象。

③ 幽州是指盛唐以来形成的“幽州卢龙镇”，其辖区大体包括幽州、蓟州、营州、涿州、平州、檀州、妫州、瀛州、莫州等九州。〔宋〕欧阳修、宋祁：《新唐书》卷66《方镇》三，开元二年（714年），置幽州节度、诸州军管内经略、镇守大使，领幽、易、平、檀、妫、燕六州，治幽州；宝应元年（762年），易州划归成德镇。

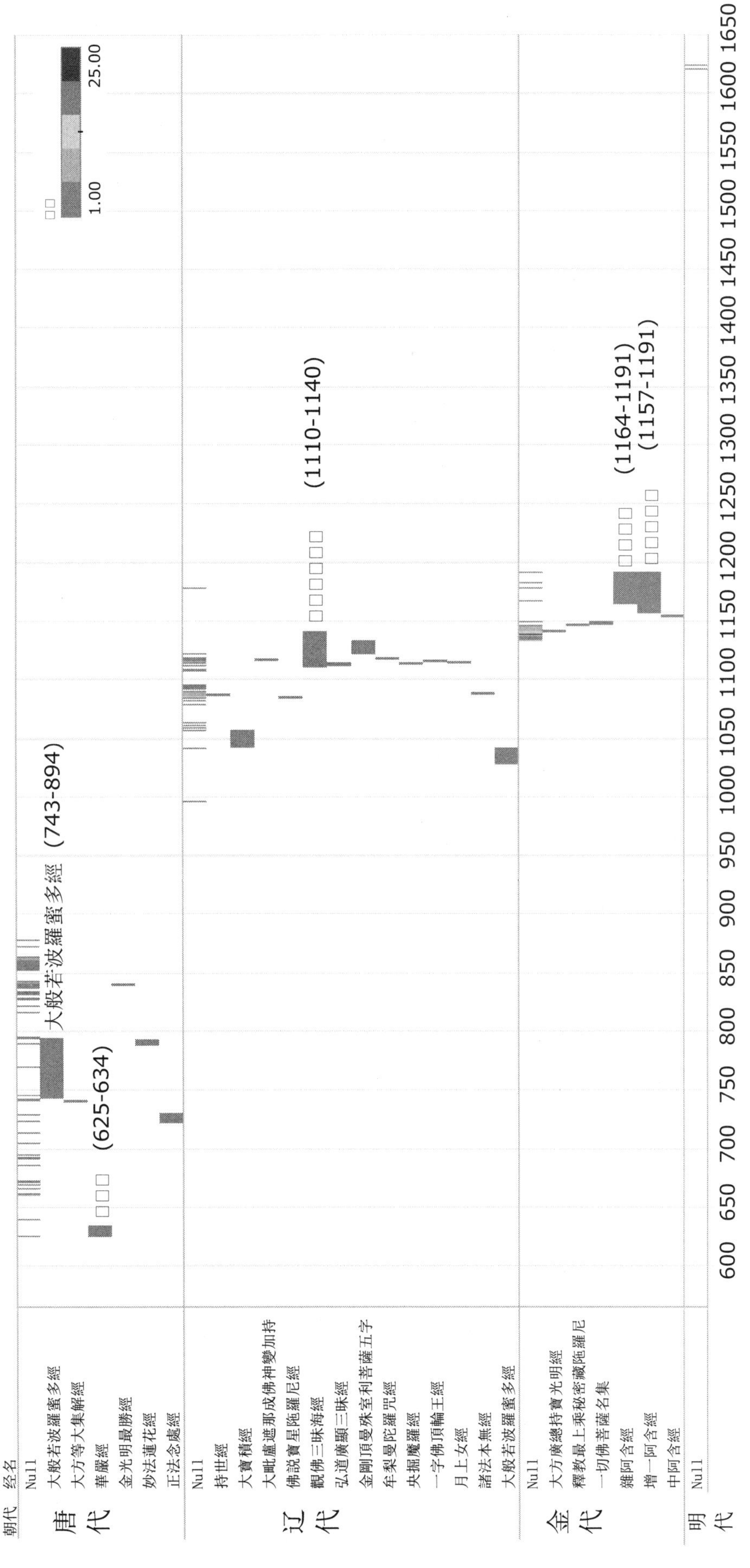

图3-1 房山石经刊刻时间线（数据来源：《房山石经题记汇编》）

表 3－1　静琬法师及其弟子时期刻经工程

时间	项目	皇帝	主持人	寺庙	校勘	书经	雕刻	施经
605 大业元年	静琬法师开始刊经	已完成	已完成	已完成	已完成	已完成	已完成	已完成
		隋炀帝	静琬法师	云居寺	静琬法师	静琬法师	静琬法师	
625 武德八年	静琬法师完成《涅槃经》	已完成	已完成	已完成	已完成	已完成	已完成	已完成
		唐高祖	静琬法师	云居寺	静琬法师	静琬法师	静琬法师	
634 贞观八年	静琬法师完成《华严经》	已完成	已完成	已完成	已完成	已完成	已完成	已完成
		唐太宗	静琬法师	云居寺	静琬法师	静琬法师	静琬法师	
639 贞观十三年	玄导法师续刻石经	已完成	已完成	已完成	已完成	已完成	已完成	已完成
		唐太宗	玄导法师	云居寺	僧惠度 僧惠茂 尼法成 尼智琼			
685—756 垂拱、天宝年间	僧仪、惠暹法师和玄法法师刻经	已完成	已完成	已完成	已完成	已完成	已完成	已完成
		唐玄宗	僧仪法师	云居寺	惠暹法师	玄法法师		

表 3－2　唐代刻经工程

时间	项目	皇帝	主持人	寺庙	校勘	书经	雕刻	施经
742—849 天宝元年到大中三年	刊刻《大般若经》	已完成	已完成	已完成	已完成	已完成	已完成	已完成
		唐玄宗 唐昭宗	玄法	云居寺		刘公则 刘纬 王全行 张若芳 张存约 颜守中		李仙药 刘济
788—792 贞元四年到贞元八年	刊刻《妙法莲华经》	已完成	已完成	已完成	已完成	已完成	已完成	已完成
		唐德宗		云居寺				僧道秀 张四娘 忧昙
785—810 贞元元年到元和五年	幽州节度使刘济参与刊经	已完成	已完成	已完成	已完成	已完成	已完成	已完成
		唐德宗 唐宪宗	刘济	云居寺	宋庭照 赵崇晖			刘济
826—831 宝历二年到大和五年	幽州节度使李载义参与刊经	已完成	已完成	已完成	已完成	已完成	已完成	已完成
		唐敬宗 唐文宗		云居寺				李载义

续表

时间	项目	皇帝	主持人	寺庙	校勘	书经	雕刻	施经
831—834 大和五年到大和八年	幽州节度使杨志诚参与刊经	已完成	已完成	已完成	已完成	已完成	已完成	已完成
		唐文宗		云居寺				杨志诚
834—841 大和八年到会昌元年	幽州节度使史元忠参与刊经	已完成	已完成	已完成	已完成	已完成	已完成	已完成
		唐文宗 唐武宗		云居寺				史元忠
850—872 大中四年到咸通十三年	幽州节度使张允伸参与刊经	已完成	已完成	已完成	已完成	已完成	已完成	已完成
		唐宣宗 唐懿宗		云居寺		杨君亮		张允伸
876—885 乾符三年到光启元年	幽州节度使李可举参与刊经	已完成	已完成	已完成	已完成	已完成	已完成	已完成
		唐僖宗		云居寺				李可举
886—893 光启二年到景福二年	幽州节度使李匡威参与刊经	已完成	已完成	已完成	已完成	已完成	已完成	已完成
		唐僖宗 唐昭宗		云居寺				李匡威
894—907 乾宁元年到天佑四年	幽州节度使刘仁参与刊经	已完成	已完成	已完成	已完成	已完成	已完成	已完成
		唐昭宗 昭宣帝		云居寺				刘仁恭

开元二十八年（740 年），沙门智升从长安护送4000余卷官本新旧译经到房山云居寺，刻经活动便依照《开元大藏经》的次序逐帙展开。《开元大藏经》提供了规范和缜密的参照法本，从天宝元年（742 年）到天佑四年（907 年），刘济等 9 位幽州地区节度使以及邑主僧道秀等人都先后参与，宋庭照、赵崇晖等人任过检校造经官，杨君亮等人负责过镌刻。唐代负责房山石经的主要是地方政府、社邑组织等，刻经的目的往往是祈福禳灾、积累功德，[①]中央政府并没有组织正式的刊刻行为，因而在管理上略显混乱。刻经的对象、数量、进度往往依施造人的意愿与信仰而不同。唐代刊经偏爱大乘经典，律、论二藏很少，如幽州节度张允伸任职期内，施造了玄奘版《称赞净

① 管仲乐. 房山石经研究〔D〕. 东北师范大学，2019.

土佛摄受经》《佛说长寿王经》（859年、861年）《金刚三昧本性清净不坏不灭经》《造塔功德经》（860年）《佛说延年益寿经》（860年）《佛说造立形像福报经》（861年）。由于缺乏统一规划，《大般若经》用了50多年还没完成，石经版式设计也是风格多样。

表3－3　辽代刻经工程

时间	项目	皇帝	主持人	寺庙	校勘	书经	雕刻	施经
995 统和十三年	云居寺刊刻辽代经版《般若心经》	已完成	已完成	已完成	已完成	已完成	已完成	已完成
		辽圣宗		云居寺				
1027—1041 太平七年到重熙十年	涿州刺史韩绍芳参与刊经	已完成	已完成	已完成	已完成	已完成	已完成	已完成
		辽圣宗		云居寺	瑜伽大师			辽圣宗
1040—1056 重熙九年到清宁二年	8位知涿州军州事先后参与提点石经	已完成	已完成	已完成	已完成	已完成	已完成	已完成
		辽兴宗 辽道宗	吴克荷 龚湜 刘湘 魏永 萧昌顺 萧惟忠 杨皙 萧惟平	云居寺	季香	王诠 高准 李慎言	何济 宫善 宫恒 宫太奴	辽兴宗 辽道宗
1084—1086 大康十年至大安二年	相国杨遵勖梁颖等参与刊经	已完成	已完成	已完成	已完成	已完成	已完成	已完成
		辽道宗	季令法师 通圆大师	云居寺				辽道宗
1093—1095 大安九年到寿昌元年	通理大师刻经	已完成	已完成	已完成	已完成	已完成	已完成	已完成
		辽道宗	通理大师崇默	云居寺	志妙 可选 志经 崇育 志瑕 玄敷 门善定 志鲜 善雍 道窘 慧济 善伏	孟士端	邵师教 吴世準	通理大师
1118 天庆八年	善锐穿地为穴安置石经	已完成	已完成	已完成	已完成	已完成	已完成	已完成
		辽天祚帝	善锐	云居寺				

从表3－3可见，辽代刻经工程是中央政府积极参与的、地方组织的宗教传播活动。辽代先后完成两个版本的《契丹藏》：统和本和重熙－咸雍本①。辽代刻经的特点主要有：①刻本底本的选择，重熙十三年（1042年），《大宝积经》中首次出现千字文编号，标志着《契丹藏》修纂竣工、印刷流通，也表明房山石经开始以官修藏579帙的重熙－咸雍本为底本。②工程管理上，辽圣宗、辽兴宗和辽道宗期间，由政府出资、官员提点，进行组织化、系统化的刊刻②。辽圣宗太平七年（1027年），辽朝枢密直学士韩绍芳知牧涿州，“取出经碑，验名对数”，将房山石经上奏，辽圣宗“赐普度坛利钱”，命瑜伽大师可玄“提点镌修，勘讹刊谬，补缺续新”。8位知涿州军州事吴克荷、龚湜等，按照辽兴宗“委郡牧相承提点”的政策先后参与提点房山石经。辽道宗丞相杨遵勖、梁颖高度关注刊经事业。“奏闻道宗皇帝，赐钱造经四十七帙”。辽道宗大安九年（1093年），通理大师及其弟子募资镌刻，并进行版式革新。这些刊刻经验对后期房山石经规范化有一定积极影响。通理大师所刻经及其以后的辽金刻经，绝大多数埋于云居寺南塔下，版式一致，整齐规范，俨然一座图书馆。③刊刻内容上，辽代完成的《大般若经》《大宝积经》《华严经》《涅槃经》等“四大部经”以及通理大师所刻佛经44帙，③基本为大乘经律。辽代漏刻小乘佛经，无意中造成了石经的阙帙现象。④刻经人员上，分工协作。太平七年到重熙十年间（1027—1041年），在补

---

① 罗炤．再谈《契丹藏》的雕印年代〔J〕．文物，1988（08）：73－81．

② 房山石经博物馆，房山石经与云居寺文化研究中心编．石经研究 第一辑〔M〕．北京：北京燕山出版社，2016（12）：195；蒋金玲．论辽代汉人与《契丹藏》的雕印〔J〕．贵州社会科学，2017（09）：58—62．

③ 陈燕珠．《房山石经》中通理大师刻经之研究〔M〕．台北：觉苑出版社．

阙唐刻《大般若经》的80卷帙中，高孚、郭泰等人参与抄写。重熙九年到清宁二年（1040—1056年）刻经中，不仅有提点官（吴克荷、龚湜等人）、校勘（季香），还有抄写人（王诠等人）以及刻工（何济、宫善等人）等。大安九年到大安十一年（1093—1095年），通理大师及其弟子善伏依照《契丹藏》的帙号顺序和经本内容进行刊刻，在刻石形制上仿照了纸本《大藏经》，此时刻经，在众多的提点（崇默等人）、校勘（志妙、可选等人）、书经（孟士端等人）、刻经（邵师教等人）的支持下，短短两年，就刻佛经44帙。

表3－4　金代刻经工程

时间	项目	皇帝	主持人	寺庙	校勘	书经	雕刻	施经
1123—1137金天会元年到天会十五年	玄英及俗弟子史君庆刻经	已完成	已完成	已完成	已完成	已完成	已完成	已完成
		辽天祚帝	玄英史君庆	云居寺	智觳	惟和季连	义志志同惠休惠玉惠昪志德志珣志桐志恒善擢吴世準	
1132—1149金天会十年到皇统九年	张玄征刘庆余等续刻石经	已完成	已完成	已完成	已完成	已完成	已完成	已完成
		金太宗金熙宗	张玄征高氏张企徵萧张氏刘庆余耶律氏玄英史君庆	云居寺	惠进善畯	惟和季连	义志志同惠休惠玉惠昪志德志珣志桐志恒善擢吴世準	张玄征与夫人刘庆余
1136金天会十四年	沙门见嵩造石经	已完成	已完成	已完成	已完成	已完成	已完成	已完成
			见嵩	圆福寺	智觳			
1146—1147金皇统六年到皇统七年	刊刻《释教最上乘秘密陀罗尼集》30卷	已完成	已完成	已完成	已完成	已完成	已完成	已完成
		金熙宗		云居寺		惟和	道遵同蓝	褚妻阿买男山和尚

续表

时间	项目	皇帝	主持人	寺庙	校勘	书经	雕刻	施经
1149—1190金皇统九年到金明昌元年	刊刻《长阿含经》	已完成	已完成	已完成	已完成	已完成	已完成	已完成
		金章宗		云居寺				刘丞相夫人韩氏程献花刘庆余张守仁皇伯汉王
1153—1155金天德五年到金贞元三年	刊刻《中阿含经》	已完成	已完成	已完成	已完成	已完成	已完成	已完成
		金熙宗		云居寺				齐显武齐陶齐信武
1157—1191金正隆二年到金明昌二年	刊刻《增一阿含经》	已完成	已完成	已完成	已完成	已完成	已完成	已完成
		金陵宗金世宗		云居寺				圆定皇伯赵王杨圆足刘丞相夫人韩氏
1164—1191金大定四年到金明昌二年	刊刻《杂阿含经》	已完成	已完成	已完成	已完成	已完成	已完成	已完成
		金世宗		云居寺				杨圆足刘丞相夫人韩氏冯贞善圆善莹广时德暹裕祥善庆意聪法诠姚秀才孙三郎妻史氏张让等
1161—1196金正隆六年到金明昌七年	开穴埋入金代新刻大小乘经	已完成	已完成	已完成	已完成	已完成	已完成	已完成
		金世宗		云居寺				

从表3－4可见，金代延续了辽代刻经，其主要特点有：①刊刻内容，主要是补刻前代的阙

帙①。金代完成了几部跨年度的大型佛经，如《长阿含经》（1149—1190年）、《中阿含经》（1153—1155年）、《增一阿含经》（1157—1159年）、《杂阿含经》（1164—1191年）、《释教最上乘秘密陀罗尼集》（1146—1147年）等。上述法本的选择，不是唐代或辽代的大乘佛经，而是印度原始佛教经典（如四阿含）以及唐宋新译的密教经典。②工程管理上，延续了辽代政府刻经的惯例，地方官吏（如知涿州军州事张企徵、静江军节度使知慈州军州事刘庆余、奉国上将军燕京管内都商税点检程献花、女真贵族皇伯赵王——后称汉王）更多的是受命执行上级政策。③参与人员上，云居寺的宗教传播影响力不断增强，吸引了众多寺庙僧人（奉圣州保宁寺沙门玄英及俗弟子史君庆、燕京圆福寺沙门见嵩等人）、官员家属（张玄征夫人高氏、张企徵夫人萧张氏等人）和普通信众参与刻经。

三、房山石经的版式设计

（一）房山石经的栅格系统

和现代版式设计类似，房山石经的刊经也包含两个重要环节：书丹和镌刻。书丹者类似于现代平面设计师，他们负责将纸本原版经文在石板上进行合理布局。

云居寺北塔院北塔之东北角的开元十年（722年）塔，东壁镌刻的《大唐易州新安府折冲李公石浮图之铭》中提到“遂城县书助教梁高望书”，按唐朝官制为九品下，表明文字书法是有专人负责完成的。房山石经应该也有专人设计、书丹和镌刻。隋唐时代的部分碑文，如《佛说造立形像福报经（一卷）》、《金刚般若波罗蜜经（一卷）》、《妙法莲华经观世音菩萨普门品第二十五（一卷）》、《金光明最胜王经（四卷）》等，图文结合，石板的正面、背面、侧面都有文字和装饰。镌刻者虽然不参与整体设计，但是他们作为设计作品的执行者，在石刻制作中也会提出建议。房山石经的版式大致为左中右三栏划分区域，如表3－5和图3－3—4所示。

表3－5　房山石经的碑文版式②

时期	版式	尺寸	文字	题记	样本
隋唐	碑式与《开元录》本类似	大碑经版，宽55—58cm，高232—242cm	正反两面连续镌刻，很多都是刻满正面，再在背面镌刻	书者、施者、镌者时有时无	《大般涅槃经》③ 《大般若波罗蜜多经》④
辽金	小碑经版与《契丹藏》在版式上类似，只是从卷轴式改为石经版	中碑经版（“莱”—“可”帙）（1059—1094年），宽62cm，高160cm 小碑经版：宽74—80cm，高30—42cm	两面刻字，每面行数、字数大体相同 小碑经版，大致为每纸27行或28行，每行17字	石刻头部经题区：经题、卷次、帙号、页数 石刻尾部题记区：数量、时间、作者、镌者、校勘等	《大佛顶如来密因修证了义诸菩萨万行首楞严经》⑤ 《释教最上乘秘密藏陀罗尼》⑥

① 金天眷三年（1140年），沙门玄英和俗弟子史君庆撰写《镌葬藏经总经题字号目录》，记述了辽金两代所刻二十七帙目录，对比《契丹藏》，可见辽末金初补刻的内容。

② 陈燕珠.《房山石经》中通理大师刻经之研究〔M〕. 台北：觉苑出版社，1993年，第5页，第15页。

③ 中国佛教协会／中国佛教图书文物馆 编.《房山石经》〔M〕. 北京：华夏出版社，2000.（1）：149—228.

④ 中国佛教协会／中国佛教图书文物馆 编.《房山石经》〔M〕. 北京：华夏出版社，2000.（4）：1、（5）：1、（6）：1.

⑤ 中国佛教协会／中国佛教图书文物馆 编.《房山石经》〔M〕. 北京：华夏出版社，2000.（13）：162—236.

⑥ 中国佛教协会／中国佛教图书文物馆 编.《房山石经》. 北京：华夏出版社，2000.（28）：1—250.

隋唐时期，碑刻风格基本都是按照《大般若经》的格式来完成的，在经题、卷数、条数、碑面（背）等版面布局上基本稳定，直至辽代《大宝积经》卷三十一才开始增加千字文帙号。在行列与字数上，如图3－2盒须图①所示，隋唐早期刊刻的经文变化较多，最少的有13行37字，最多的有33行103字，比较稳定的字数是每行37字，比较稳定的行数是20行。静琬法师亲自镌刻的《大般涅槃经》行数上边缘、中位数、下边缘数值分别为26、20、15，字数上边缘、中位数、下边缘数值分别为103、102、92，行与行、字与字差异值偏移较小。《大方广佛华严经》行数上边缘、中位数、下边缘数值分别为27、18.5、10，字数上边缘、中位数、下边缘数值分别为25、23、21，行与行差异偏移值较大，字与字差异偏移值很小。造成这种总体均衡、稳中有变的原因，可能是石料选择与切割、打磨与雕刻工艺、雕刻工具性能等尚不完善，以及早期刊经政府支持力不够等。

自辽代通理大师刻经改版后，石刻的版式与雕版刻本的版式，与《契丹藏》的布局特别类似。下面就石经中最典型的布局进行解说。如图3－3所示，右边为石刻头部经题区，基本是经题（如“释教最上乘秘密藏陀罗尼”）、卷次（如“卷第三十”）、页数（如“十二”，大佛顶陀罗尼共有十八页）、帙号（如“密”，是按照千字文顺序编目，各朝代基本依据此标准进行）。由于石刻所依据的底本不一，因此在这一部分出现了多种不同的组合，如“摩诃般若波罗蜜经雨不和合品第四十七卷第二十一　咸　后秦三藏鸠摩罗什译”、“摩诃般若波罗蜜经卷第三十六　河　后秦三藏鸠摩罗什译　摩诃般若波罗蜜经善达品第七十九”、“摩诃般若波罗蜜经卷第九　薑　摩诃般若波罗蜜经发趣品第二十　后秦三藏鸠摩罗什译”等。②据黄炳章先生③的研究，最早发现千字文帙号的经版是《大宝积经》卷三十一、“鸟”号，年代为重熙十三年，帙号刻在经碑上端中间，即一般碑额的位置。到《大宝积经》卷五十一的背面，才开始在经题下面刻千字文“人”号，以后皆沿用此序号，直到“宁”字止。此时已完成《契丹藏》中的五百六十八帙，尚有十三帙未刻。④

中间区域为主要区域，刻写的经文或咒语编排比较复杂。基本采用对照方式进行竖排，汉译读音采用标注进行拟音（如大量的“二合”、“上”、“引”等），咒语均有序号（如“一”“二”“四百八十七”等）。由于石料大小、梵汉对照、题记区域等因素，主要区域部分行数与字数也会随之进行匹配。如《瑜伽师地论》100卷，是每面28行、每行17字的格式。《成唯识论》10卷，每行18字居多，拿第一卷第一版来说，共24行，前9行每行17字，后15行每行18字居多；第二版共27行，前12行每行17字，后15行每行18字（间有17字或19字的）。《长阿含经》卷一，每面26—28行不等，间有29行或30行的。明代天启、崇祯时期的刻经碑版尺寸并不是很大，每块碑版均为50列，每列37字左右。这些刻经的字行布局大小适宜、疏密得当、虚实相安、首尾相接、照应严谨，达到舒畅和谐、富有节奏的效果。石刻的标注均采用小一号的字体进行镌刻。有趣的是，虽然绝大多数小写的标注采用双排并列，但是仍有个别标注为单行，而且几乎每个页面都有这种“浪费”版面空间的现象，不知道是何缘故（图3－4并排的标注与单行的标注）。

右边区域为题记区域，题记的字数、位置、内容、形式，基本是根据整体画面的空白和需要来考虑，以不破坏整体章法为原则。辽金刻经的最大特点是经末多刻有题记，举凡提点官吏、校勘僧众、施主姓名、刻造年月、写经人、刻经人、施金多少、刻石几片、几卷、几部、每

① 数据来源：《房山石经题记汇编》。

② 何梅．房山石经与《随函录》《契丹藏》《开元录》的关系之探讨〔J〕，佛学研究，1996：00.

③ 黄炳章．房山石经辽金两代刻经概述〔J〕．法音，1987（05）：11—21.

④ 罗炤．《契丹藏》的雕印年代〔J〕，中国国家博物馆馆刊，1983.

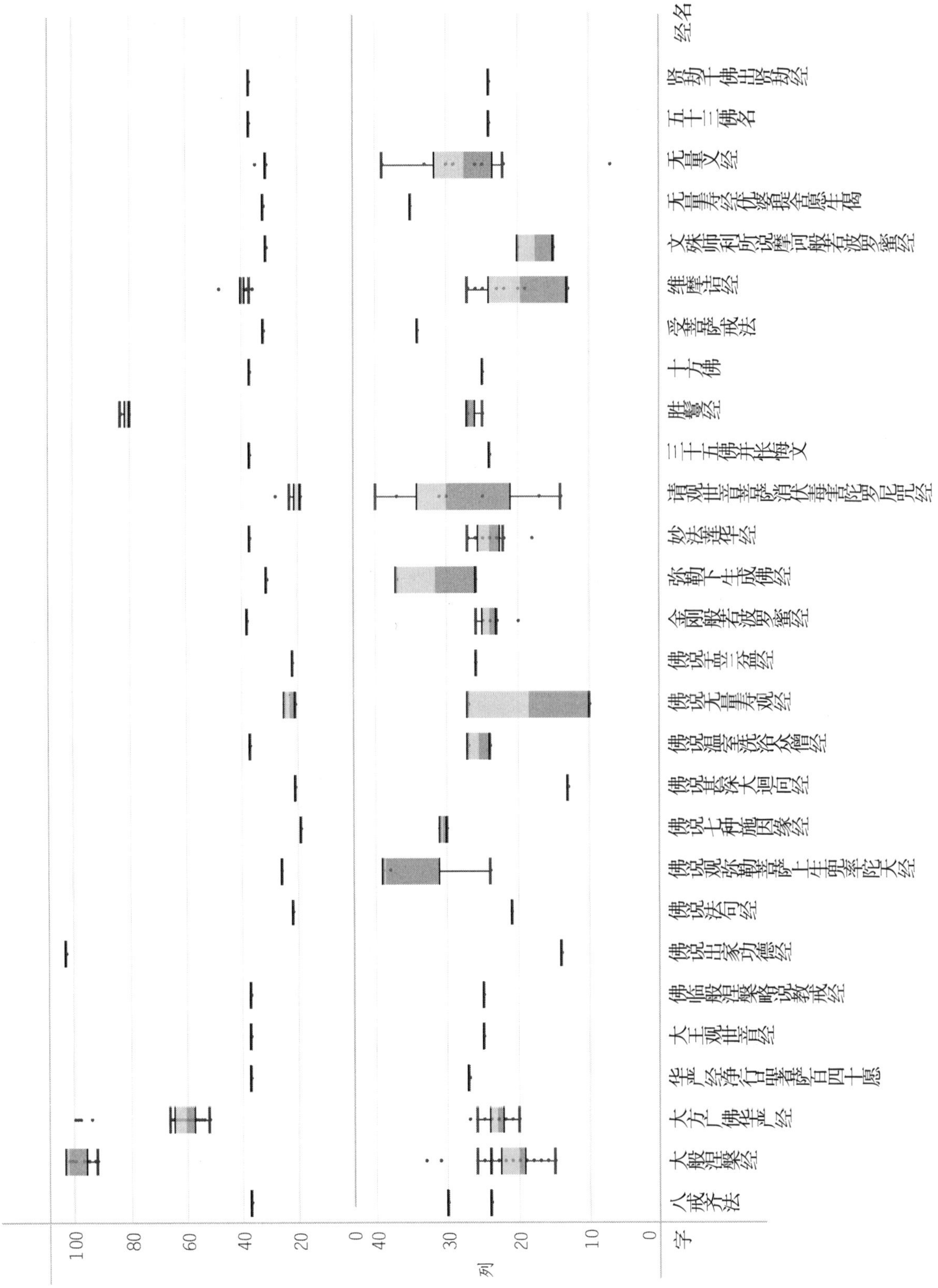

图3-2 唐代大碑刻经行数与字数

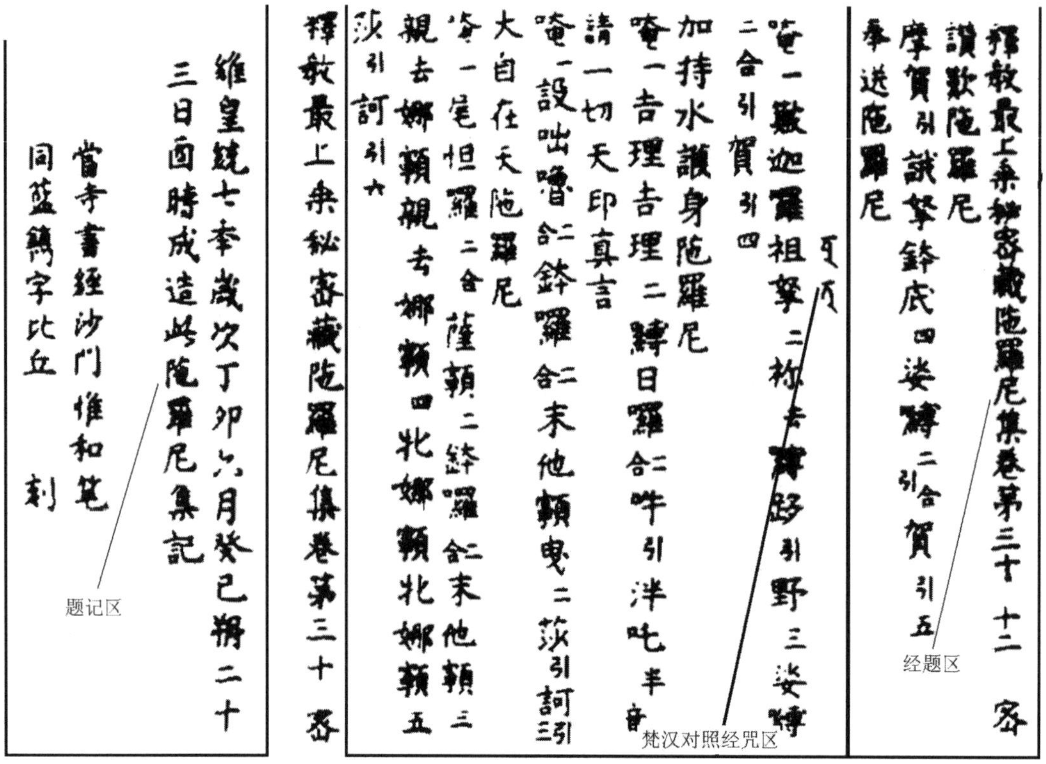

图 3－3　《房山石经》的版式设计

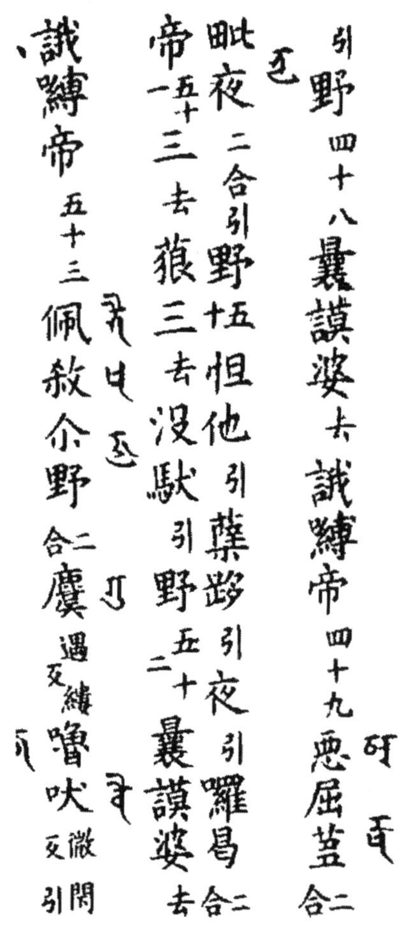

图 3－4　并排的标注与单行的标注

石刻字多少均有记录。① 任杰②、包世轩③、冯国栋④等人从题记部分的线索，推断出通理大师的生平行事等直接信息，唐耕耦⑤、梁丰⑥等人从房山石经的题记对唐代邑社组织、佛道融合进行了探讨，刘琴丽⑦研究了唐代幽州军人与佛教

---

① 黄炳章.《房山石经》辽金两代刻经概述〔J〕, 法音, 1987 (05).

② 任杰. 略述房山石经概况及其价值〔J〕. 佛教文化, 1989 (00): 32—37.

③ 包世轩. 辽代云居寺刊刻石经史事丛考〔C〕. 地域文化与城市发展国际学术研讨会. 2009.

④ 冯国栋, 李辉.《俄藏黑水城文献》中通理大师著作考〔J〕. 文献, 2011 (03).

⑤ 唐耕耦. 房山石经题记中的唐代社邑〔J〕. 文献, 1989 (01): 76—108.

⑥ 梁丰. 从房山“石经题记”看唐代的邑社组织〔J〕. 中国历史博物馆馆刊, 1987: 67—70.

⑦ 刘琴丽. 唐代幽州军人与佛教——以《房山石经题记汇编》为中心〔J〕. 世界宗教研究, 2011 (06): 28—36+198.

关系，庄惠萍①研究了辽代题记的价值。这部分材料如果采用现代大数据方法进行分析，一定能挖掘出更有价值的信息。

（二）房山石经的书法艺术

从书法艺术的角度看，房山石经的文字拥有传统写经体的唐楷风格，融入了隋唐书法艺术的精髓，具有极高的成就。清代查礼的《游莎题、上方二山日札》中对石经书法记载说："石经洞宽广如殿，中供石佛，四壁皆碑石垒砌，即隋静琬法师所刻佛经也。字画端好，有欧褚楷法，无一笔残缺。"② 嵌于洞壁或陈列于石经堂中的碑石字体多为端正的小楷，书法工整，苍劲秀丽，堪称书法艺术中的珍品。张铭先生③认为，《妙法莲华经》结字特点与唐贞观六年（632 年）欧阳询书丹的"九成宫醴泉铭"有相似之处：楷书中锋行笔稳重，以藏锋为主，藏露结合；字势纵向伸展，方中寓圆。据统计，辽代通理大师 44 帙刻经的书经者有 30 多人，刻经者有 120 多人，提点与校勘有 10 多人。比较有趣的是，金代所镌刻的《增一阿含经》前后历时 33—35 年（1157—1189 或 1191 年）之久，前 13 卷笔法"端正秀丽"，④ 后 14—35 卷笔法"潇洒奔放"，特色迥异，别具一格。虽然经过多人书写镌刻，但是书法字体、刻工工艺几乎一致，只有严格的规范、高效的组织才能完成如此精湛细腻的书法艺术，这既有信众对佛法尊敬的缘故，也体现了中国书法和镌刻艺术的成熟。

（三）房山石经的插图研究

在现代版式设计中，图片具有极其重要的地位，图片绕排，往往构成骨格型、满版型、上下分割型、左右分割型、中轴型、曲线型、倾斜型、对称型、重心型、三角型、并置型、自由型和四角型等 13 种典型的结构。下面试图从现代版式设计原理的视角来研究房山石经。

一万多块房山石经石板，带有插图的不过数十块，而且基本是隋唐时期的作品。主要有如下五种：

表 3－6　房山石经的插图

结构	时期	特征	案例
上下分割结构	隋唐	碑首与碑身相连，碑首为立体云纹雕刻，佛龛中有佛像或刻经人。碑身正面以及侧面都是经文	《佛说造立形像福报经》（卷一）、《金刚般若波罗蜜经》（卷一）、《妙法莲华经观世音菩萨普门品第二十五》（卷一）、《佛说般若波罗蜜多心经》（卷一）（残片）
上中下分割结构	唐开成四年到五年（839—840 年）	碑首顶部为梯形。碑首不再采用立体雕刻，在经文标题左右是普通的线稿佛像。正面的底部区域有一幅装饰画，内容是一个小型的莲台和云饰	《金光明最胜王经》（卷四）
上下分割结构	辽代	碑首顶部为椭圆	《大般若波罗蜜多经》（卷第五百三十五）
左右分割结构	金代	文字竖排，配图也相应为竖直结构。插图为咒轮、画像、曼荼罗等	《尊胜佛顶真言修瑜伽法》（卷上、卷下）
图文绕排结构	金代	插图元素（地支、莲花、五轮图）根据内容需要呈现重心、平行布局。	《十二缘生祥瑞经》（卷上） 《尊胜佛顶真言修瑜伽法》（卷上）

第一种采用上下结构，带有更多典型的石碑风格，如图 3－5 所示。隋唐时期《佛说造立形像福报经》（卷一）、《金刚般若波罗蜜经》（卷一）、

---

① 庄惠萍. 辽代房山石经题记探讨之一二，房山石经博物馆、房山石经与云居寺文化研究中心编.《石经研究》（第 1 辑）〔M〕. 北京：北京燕山出版社，2016（12）：194—199.

② 陈左高：《历代日记丛谈》〔M〕，上海：上海画报出版社，2004 年，第 50 页。

③ 张铭. 房山石经刻石书风视觉形式演变的分期研究〔C〕. 中国创意设计年鉴论文集 2012. 成都蓉城美术馆，2013：268—271.

④ 陈燕珠.《房山石经》中辽末与金代刻经之研究〔J〕，台北：觉苑出版社，1995：549.

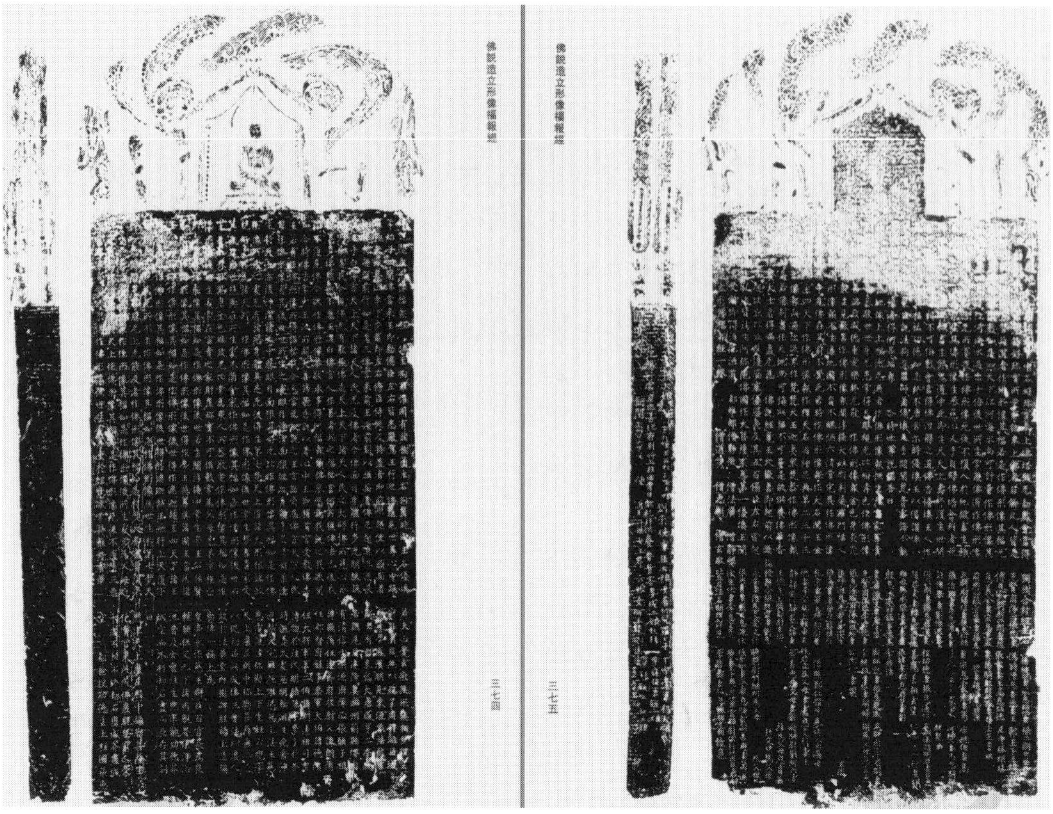

图 3－5　《佛说造立形像福报经》（卷一）

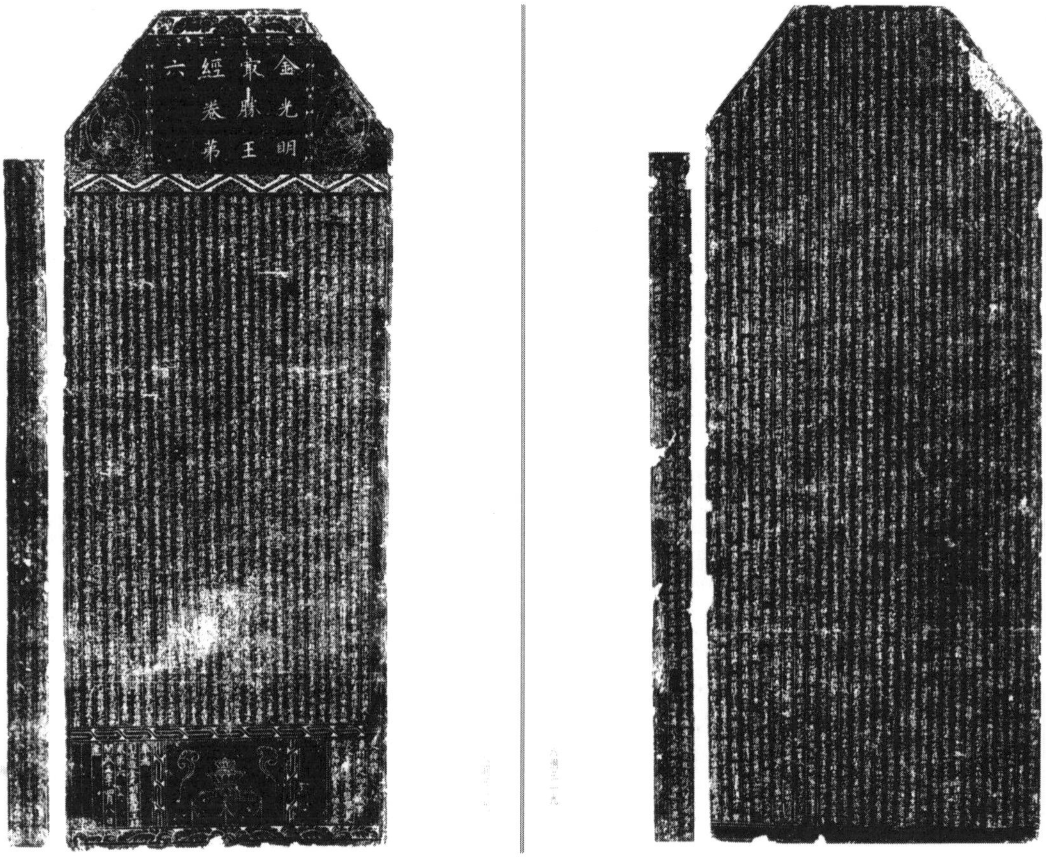

图 3－6　《金光明最胜王经》（卷四）

图 3－7　《大般若波罗蜜多经》(卷第五百三十五)

《妙法莲华经观世音菩萨普门品第二十五》（卷一）、《佛说般若波罗蜜多心经》（卷一）（残片）等采用大碑，碑首与碑身相连，碑首为立体云纹雕刻，佛龛中有佛像或刻经人。碑身正面及侧面都是经文。这种石碑体积厚重，形状不规则，可能在早期是安置在户外殿前，后期为了保存才将它们迁移到藏经洞中。

第二种，采用上中下结构，但是碑首顶部为梯形，华夏出版社出版的《房山石经》① 第 3 册记载了很多这种样式的碑石，其基本结构如图 3－6 所示的《金光明最胜王经》（卷四）。可以看作是第一种的简化。碑首不再采用立体雕刻，在经文标题左右是普通的线稿佛像。正面的底部区域有一幅装饰画，内容是一个小型的莲台和云饰。

第三种，也采用上下结构，碑首顶部为椭圆，如图 3－7 所示《房山石经》② 第 6 册的《大般若波罗蜜多经》（卷第五百三十五），也是第一种的简化。

第四种，采用左右结构，图文各占一半版面。《房山石经》③ 第 27 册中，《尊胜佛顶真言修瑜伽法》（上卷）（下卷）共有 5 张图，分别为咒轮、画像、曼荼罗等，如图 3－8 所示。采用这种图文布局的主要原因是石料为小块，文字采用竖排，配图也相应为竖直结构。从图片来看，主体形象四周均为空白，从而使主体形象更加鲜明突出。

第五种，采用随文插图结构，根据经文要求进行补充。在目前所整理的 30 册《房山石经》④

① 中国佛教协会 / 中国佛教图书文物馆 编.《房山石经》〔M〕. 北京：华夏出版社，2000. 5.

② 中国佛教协会 / 中国佛教图书文物馆 编.《房山石经》〔M〕. 北京：华夏出版社，2000. 5.

③ 中国佛教协会 / 中国佛教图书文物馆 编.《房山石经》〔M〕. 北京：华夏出版社，2000. 5.

④ 中国佛教协会 / 中国佛教图书文物馆 编.《房山石经》〔M〕. 北京：华夏出版社，2000. 5.

中，仅有2张这种排版的插图。在第26册《十二缘生祥瑞经》（卷上）中，将“子丑寅卯”等十二地支呈辐射状绕排在二十四瓣莲花的周围（图3－9）。第27册《尊胜佛顶真言修瑜伽法》（卷上四）中，为了便于观想，特地绘制了地轮、水轮、火轮、风轮、空轮的五轮图（图3－10）。和现代排版不同的是，经文中，并没有标注插图的名称及来源等。

这些饱含着官员、士大夫、普通信众和施刻者的信愿而刻造的带有插图的石经，虽然在万余石刻中比例较小，但无论是栩栩如生的碑额、线刻花纹图案、佛菩萨天王佛像造像、随文插图，还是简洁大方的版式设计，都体现了各族劳动人民的智慧和才能。

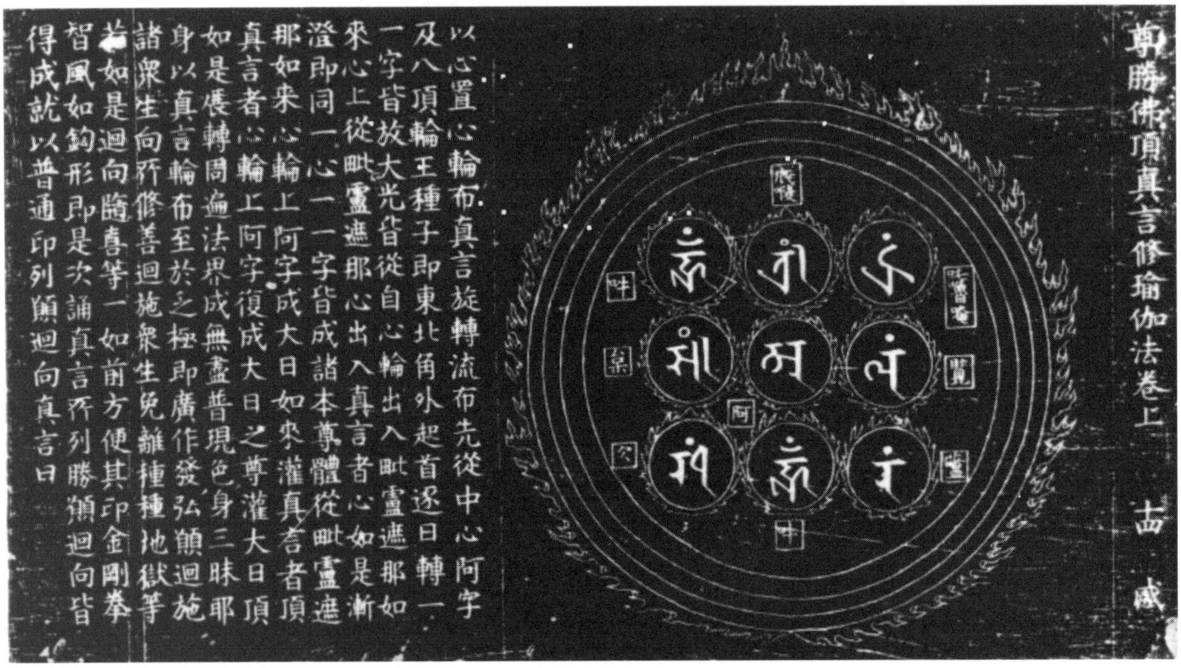

图3－8　《尊胜佛顶真言修瑜伽法》（卷上·十四）

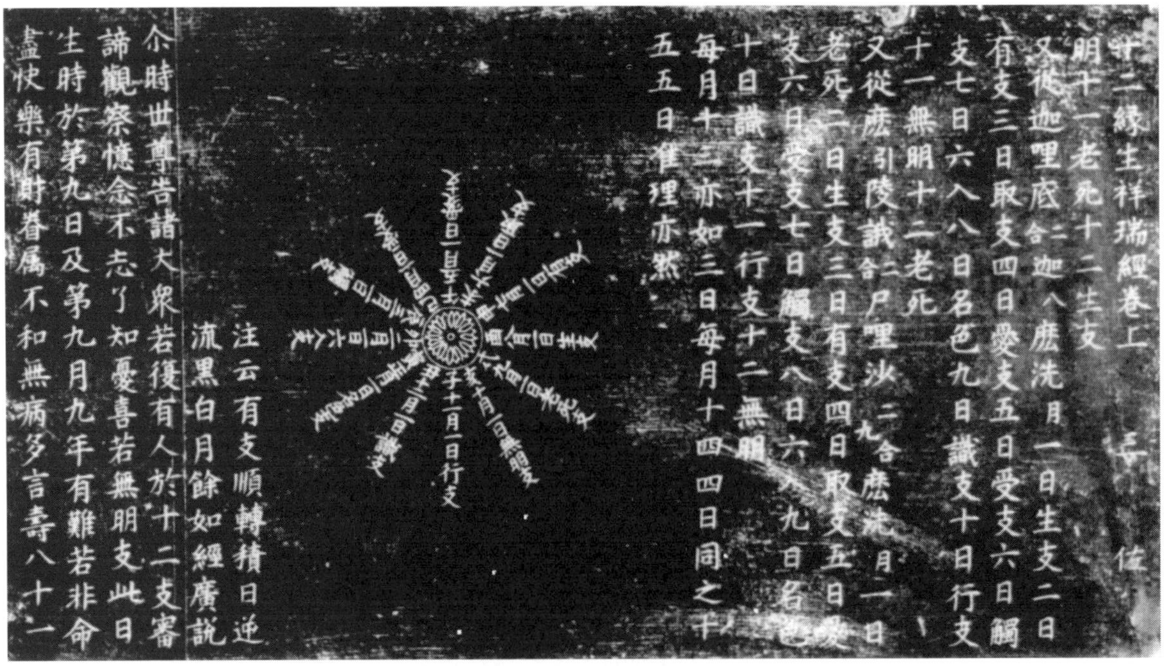

图3－9　《十二缘生祥瑞经》（卷上）

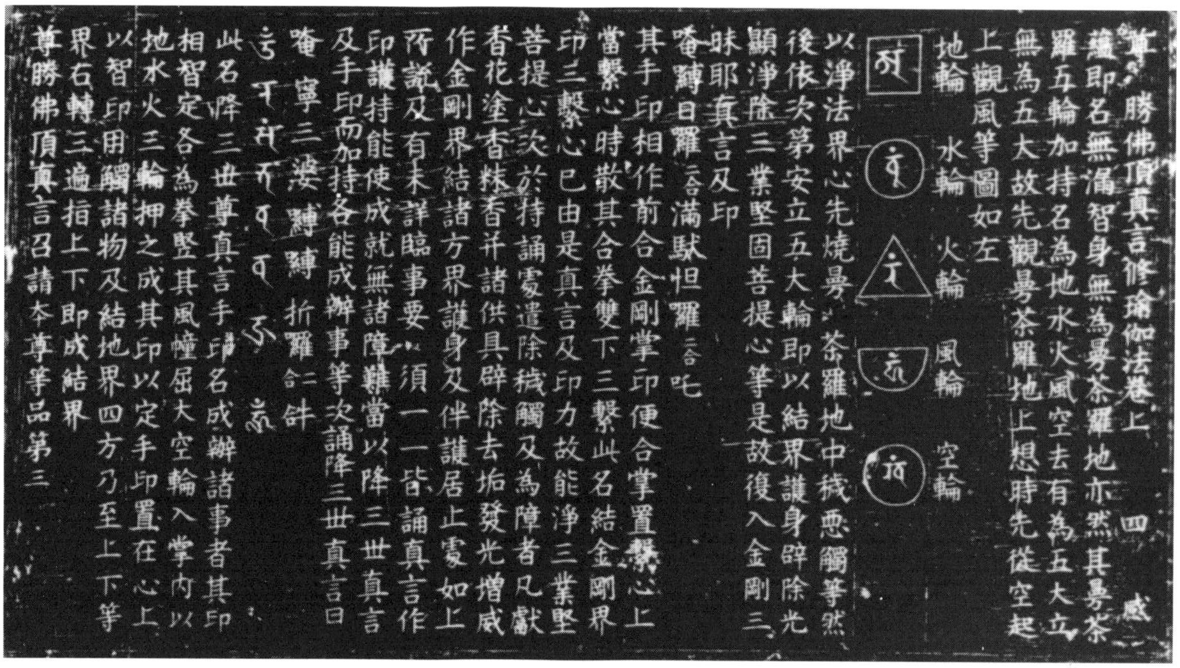

图 3－10 《尊胜佛顶真言修瑜伽法》（卷上·四）

三、房山石经的版式设计变革对彰显佛法的传播价值与意义

雷音洞门左壁之唐贞观二年（628 年）静琬法师刻经题记中写道：

“释迦如来正法、像法凡千五百余岁，至今贞观二年，已浸末法七十五载，佛日既没，冥夜方深，瞽目群众，从兹失导。静琬为护正法，率己门徒知识及好施檀越，就此山顶刊《华严经》等一十二部，冀于旷劫济度苍生，一切道俗同登正觉。”① 写出了石经的传播者（静琬、门徒知识及好施檀越）、受众（苍生、一切道俗）、传播的媒介（镌刻经文的石材、石碑、石板等）、传播内容（《华严经》等一十二部）、传播目的（冀于旷劫济度苍生，一切道俗同登正觉）。

（一）石经的传播者是主导石经版式的最重要因素

石经的发起、选材、选法本、刊刻、入库等等都需要大德大能主持完成。从石经的题记看，这些佛法的传播者、石经的倡导者、版式的追随者和创新者，既有来自寺庙的僧尼，如花严寺妙严大德赐紫比丘尼圆定，也有来自朝廷的皇族，如隋代萧皇后及其弟萧瑀，唐代金仙公主，金女真贵族皇伯赵王（汉王），还有地方官员（如唐代幽州节度使李载义、杨志诚、史元忠、张仲武、张允伸、李可举、李匡威、刘仁恭；金代涿州官员张企徵、慈州官员刘庆余）、云游僧人、佛法追随者等。作为传播领域的“意见领袖”，静琬、守臻、通理等幽州佛教界的核心人物，带领弟子以及千万信众不断延续着刻经事业。

从前文刻经工程项目管理表格中可见，房山石经的刻经是有一定组织关系和任务分工的：

都检校僧惠度僧惠茂僧玄导大经主徐君逻卢龙镇副阎去愁供养卷一十五条四十四（《大般若经·摩诃般若波罗蜜经》）

幽州卢龙两节度检校司空同中书门下平章事张允伸咸通三年四月八日建造中军突将勾当石作杨君亮（《佛说受岁经》）

① 北京图书馆金石组，中国佛教图书文物馆石经组：《房山石经题记汇编》〔M〕，北京：书目文献出版社，1987：2.

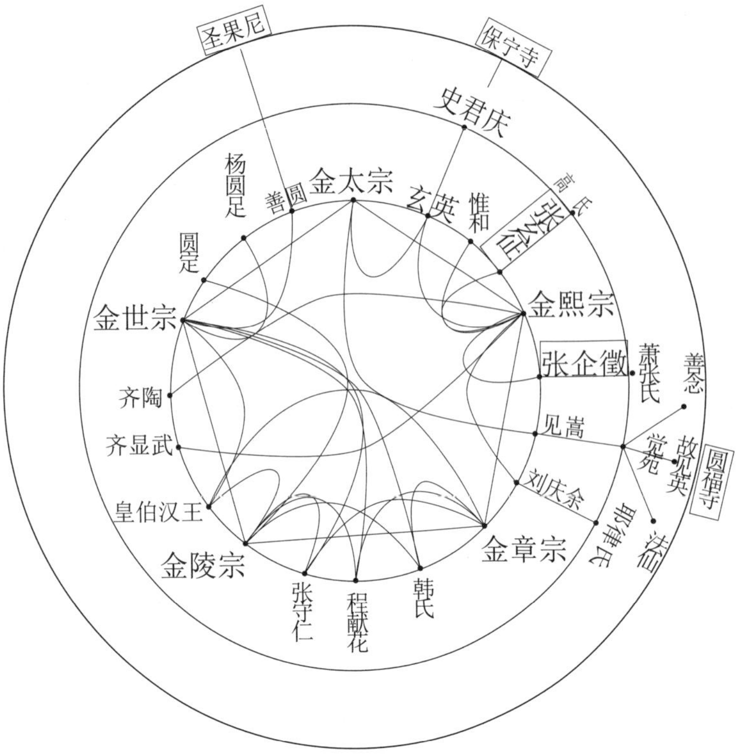

图 3－11　房山石经传播者社会网络关系（金代）

李慎言书吴永石经寺讲经论校勘沙门季香吴永卷五条七（九・三三五）静江军节度使检校太傅知涿州军州事萧知善提点朝请大夫行尚书吏部郎中通判军州事邓愿同提点石经寺讲经论校勘沙门季香条十五（九・三一四）（《放光般若波罗蜜经》）。①

房山石经题记主要记载着供养人清单，少量具体的分工名称（如：都检校僧、检校、石作、讲经论校勘沙门、提点）分散在题记中的不同地方。这些人是如何团结在云居寺周围，他们如何影响石经的版式要素，从相关文献中无法获知细节，但是从最终的石刻成品可见，房山石经作为一个浩大工程，一经、一卷、一石必然是多工种严谨规划、协同努力的结果。

石材的质地，石经刊刻的面积、装饰、书法等要素的精美程度在一定程度上反映了信众的政治影响力、经济地位以及传播意见领袖的活动范围。路易斯・兰卡斯特②认为，捐资人的地位和威望决定了隋唐时期所选择的石料的大小和装饰，甚至佛经内容的选择，如《金刚经》《大般若波罗蜜多》《作佛形象经》的多个复刻本就是典型。

辽大安九年（1093 年），名僧通理大师举行传戒法会，获施钱万余镪，继续刻造石经。经版形式改大碑为小碑，“面背俱用，镌经两纸”。通理大师的刻经改革吸收了雕版印刷刻本的优点，保留了原版的精华，版式简洁大方、风格统一。为了检索方便，经题区增加了详细的标注。这种方式更有利于叠层放置、保存经典而不是早期的竖立瞻仰、宣教传播功能。这是房山刻经史上的重大变革，规范的制定既便于选材、搬运，又便于镌刻校勘，而且还能与原版风格一致，极大地提高了刻经的效率和速度。这一风格一致延续到金代末年（1189 或 1191 年），短短一百年，便完

① 北京图书馆金石组，中国佛教图书文物馆石经组：《房山石经题记汇编》〔M〕，北京：书目文献出版社，1987.

② 路易斯・兰卡斯特．房山石经：未来发展的模式．房山石经博物馆，房山石经与云居寺文化研究中心编．石经研究 第 1 辑〔M〕．北京：北京燕山出版社，2016（12）：110—114.

成了131帙。通理大师在房山石经版式变革中起到了极其重要的作用，他自募金钱，规范版式，组织了一个颇具现代出版行业规范的，组织严密、分工协作的高效率团队。据题记实名统计，长期固定的校勘、书经、刻经的僧众工匠人员就有200多人，如果再加上后勤团队，在北京房山云居寺乃至整个幽州地区的僧众信徒共办石经、弘法奔走的壮观景象可见一斑。

来自皇室的赞助和支持是石经雕刻规范化的最重要因素。石经山上的刻经事业，先后得到了隋炀帝的萧皇后、活跃于隋唐两朝的萧皇后的弟弟萧瑀、唐玄宗、金仙公主、辽金诸位皇帝等人的大力支持。唐代幽州地区历任节度使中，刘济等9位先后参与刊经。唐代后期，题记部分越来越少出现个人捐资的名单，地方官吏受皇家委托接管了镌刻新佛经的工作后，石经的版式逐渐规范化，石经内容也越来越倾向于做一部完整的大藏经，而不是重复镌刻某一部流行的佛经。进入辽金时期后，辽圣宗“赐普度坛利钱”，辽兴宗“出御府钱，委官吏伫之，岁析轻利，俾供书经镌碑之价”，道宗“赐钱造经四十七帙”。随着政府的直接介入，石经的编目、内容、大小和版式发生了根本变革。皇室的支持，一方面让云居寺得到了集全国僧众之力校勘编辑的法本，另一方面，也得到了雕刻、印刷、书丹、镌刻等方面的技术和人才，同时在皇室的号召力之下，信众的各类资源也绵绵不绝地投入到这个为备法灭而刻经的事业中。

（二）房山石经的版式设计风格呈现从传统碑铭碑刻走向刻本雕本的特点

这种传播媒介和传播形式上的革新对佛法传播具有深远的影响。

从版面分割来看，欧洲中世纪手稿和古板书使用范德格拉夫原理①将页面划分为较为舒适的比例，现代设计与出版行业按照黄金分割或根号2的方式来进行纸张裁剪分割。房山石经所采用的石料本身经过了“大碑—中碑—小碑”的调整过程，隋唐早期宽高比大致为1:2.5、1:3.7、1:1.5、1:2.7、1:2.2，辽代通理大师改用小型石板后，辽金两代一直沿用的是1:1.8的比例，明代石灯庵刻经则采用了1:2.6的比例。这个比例与现代设计和出版行业的纸张大小、版面分割都不同，更多体现了碑铭或雕本的中国特色。从石碑大小与比例的变化趋势看，刊经的媒介也在不断走向成熟。

从房山石经与《契丹藏》的关系看，房山石经的版式设计与《契丹藏》有类似的设计要素。根据1974年应县木塔中首次发现的辽代经本以及1987年河北丰润天宫寺塔中发现方册本蝴蝶装“纸薄字密”② 的辽代经本来看，《契丹藏》有其固定的版式。从表7两种《契丹藏》刻本与房山石经的版式比较可见，除经题、卷次、纸次、施刻者等时代信息以外，房山石经的辽金部分，即有千字文帙号那部分刻经与10卷《契丹藏》藏经的每卷经名、译者、千字文编号、版面数、行数、字数、文本内容等版式设计要素相似。何梅、阎文儒③、李富华、朱子方、罗炤、董宝莹、刘均合、陈少伟、郑绍宗、雷德侯等学者都对此做过详细研究，在此不做赘述。

雷德侯先生在2004年龙门石窟国际学术研讨会④上提出，书丹人将《契丹藏》的经文在石板上临摹、放大，并合理布局，调整字数、行数，这种转换导致石刻本与木刻本在版式上有所不同。如《中阿含经卷第三十六》，石刻本和木刻本都

---

① Tschichold, Jan. *The Form of the Book*〔M〕, Hartley & Marks, 1991.

② 高丽僧人宓庵在其《高丽国新雕大藏经校正别录》中提到大藏经：“帙简部轻，函未盈于二百；纸薄字密，册不满于一千。”参见毛春翔《古书版本常谈》〔M〕，北京：中华书局，1962年，第40页。

③ 阎文儒，傅振伦，郑恩淮．山西应县佛宫寺释迦塔发现的《契丹藏》和辽代刻经〔J〕．文物，1982，卷缺失（6）：11—21，104.

④ 李振刚. 2004年龙门石窟国际学术研讨会文集〔M〕. 河南人民出版社，2006.

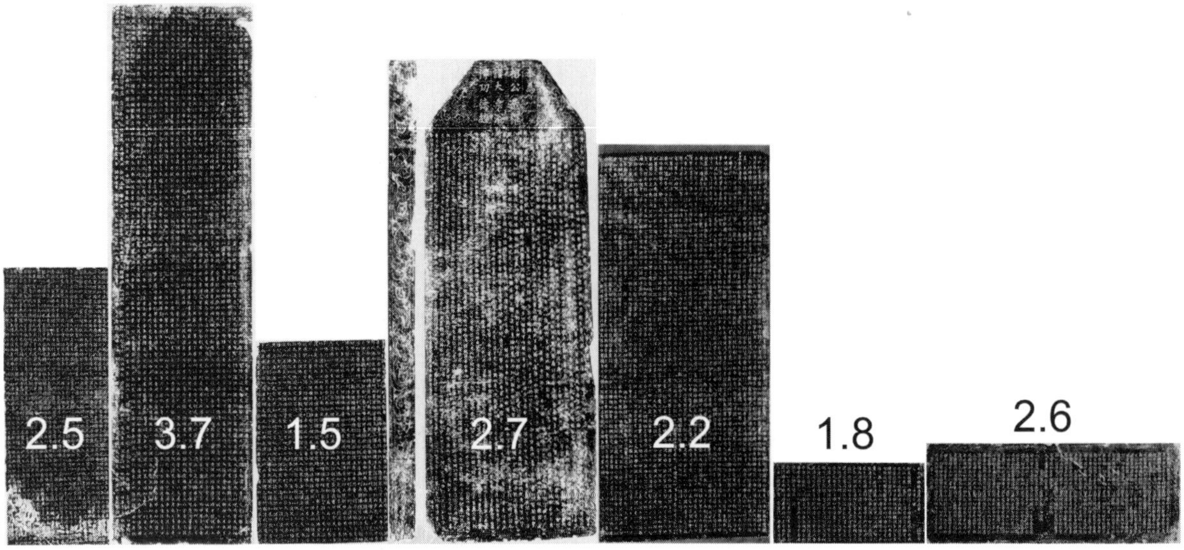

图 3－12　房山石经石碑大小与比例示意图

表 3－7　房山石经版式与《契丹藏》版式比较

编号	应县木塔佛经版式	天宫寺塔佛经版式	房山石经版式
1	《大方广佛花严经卷四十七》硬黄纸卷轴装。每纸行数 27，每行字数 17—18。四周单线边框。卷首画：护法天王像。帙号：垂。版片号：位于版片右端（第 12 纸无）。	《大方广佛花严经》重熙十一年（1042 年）雕刻。1 帙 8 册，每册 10 卷，共 80 卷。经纸纵高 26.5mm、半叶宽 17.5mm。经版框高 23.9mm、宽 30.1mm。经文半叶 12 行，每行 30 字。蝴蝶装。上下单边粗栏，左右子母栏。白口。版心空白。帙号分别为：平、章、爱、育、黎、首、臣、伏。	《大方广佛华严经》唐贞观八年。碑版为 20—25 行，每行 55—63 字。有经题。无帙号，无版片序号。无外框，版心无栅格。无题记。
2	《大方广佛花严经卷第二十四》硬黄纸卷轴装。每纸行数 28，每行字数 15。上下双线边框。帙号：爱。版片号：位于该版一二行之间。		《大方广佛华严经卷第二十四》明天启三年。碑版为 50 行，每行 25 字。有经题，无帙号，有版片序号。上下左右外框，版心无栅格。有题记（丽水居士吕邦耀）。

①山西省文物局中国历史博物馆．应县木塔辽代秘藏〔M〕．文物出版社，1991．

续表 1

编号	应县木塔佛经版式	天宫寺塔佛经版式	房山石经版式
3	《大方广佛花严经卷二十六》硬黄纸卷轴装。每纸行数 28，每行字数 15。上下双线边框。帙号：爱。版片号：位于该版一二行之间。		《大方广佛华严经卷二十六》明天启三年。碑版为 50 行，每行 25 字。有经题，无帙号，有版片序号。上下左右外框，版心无栅格。有题记（闽中孙昌裔）。
4	《大方广佛花严经卷五十一》硬黄纸卷轴装。每行字数 15（无整纸，无法获知每纸行数）。上下双线边框。帙号：首。版片号：位于该版一二行之间。		《大方广佛华严经》唐贞观八年。碑版为 20—25 行，每行 55—63 字。有经题，无帙号，无版片序号。无外框，版心无栅格。无题记。
5	《妙法莲华经卷第二》现存 5—15 纸，6 纸残缺。框高 21.8mm，版广 54.6mm，纸纵 28mm。[1]每纸行数 28，每行字数 17。四周单线边框。原为卷子，当时已改为经折装，并用纸补加书口，墨画边框。帙号：在。版片号：位于该版一二行之间。		《妙法莲华经卷第二》唐贞元四年。碑高 2.80mm、宽 1.97mm。青石质，单面镌刻。碑版为 25 行，每行 37 字（静琬），碑版为 25 行，每行 91 字（唐代）。无帙号。

续表2

编号	应县木塔佛经版式	天宫寺塔佛经版式	房山石经版式
6	《称赞大乘功德经一》 统和二十一年（1003年）刻于燕京。硬黄纸卷轴装。每纸行数28，每行字数16—17。四周单线边框。帙号：女。版片号：第一纸位于首题下，第二、第三纸位于该版一二行之间，第四纸无，第五纸位于第六行后。		《称赞大乘功德经》 唐，无具体时间。碑首顶部为梯形。有经题（佛像、经名）。正面刻经28行，侧面有花纹，有题记（幽州卢龙节度使检校司空同中书门下平章事张允伸）。
7	《大法炬陀罗尼经卷第十三》 硬黄纸卷轴装。每纸行数27，每行字数17—18。四周单线边框。卷首画：弥勒菩萨说法图。背面有朱印。帙号：靡。版片号：位于版片右端。		《大法炬陀罗尼经卷第十三》 辽，无具体时间。碑版为25行，每行74字。有经题，有帙号（靡），有版片序号。四周无边框，版心无栅格。
8	《大方便佛报恩经卷第一》 硬黄纸卷轴装。每纸行数27，每行字数17—18。四周单线边框。帙号：欲。版片号：位于版片右端。		《大方便佛报恩经卷第一》 辽，无具体时间。碑版为29行，每行17字。有经题，有帙号（欲），有版片序号。四周无边框，版心无栅格。
9	《中阿含经卷第三十六》 硬黄纸卷轴装。木刻印纸为21张，长53.5mm的纸粘贴而成，经卷高22.3mm。每纸行数27，每行字数17。四周单线边框。卷首画：佛说法图。背面有朱印。帙号：清。版片号：位于版片右端。		《中阿含经卷第三十六》 金贞元元年至三年。碑版为29行，每行17字。有经题，有帙号（清），有版片序号。四周无边框，版心无栅格。有题记（施主齐信武）。

续表3

编号	应县木塔佛经版式	天宫寺塔佛经版式	房山石经版式
10	《阿毗达磨发智论卷第十三》 硬黄纸卷轴装。每纸行数27，每行字数17。四周单线边框。卷首画仅存一残边。帙号：弟。版片号：位于版片右端。		房山石经无此经。
11	《佛说大乘圣无量寿决定光明王如来陀罗尼经一卷》 硬黄纸卷轴装。每纸行数27，每行字数16—18字。卷首画：仅存一残边。帙号：刻。版片号：位于版片右端。	《佛说大乘圣无量寿决定光明王如来陀罗尼经》①经文共4纸，每纸行数32，每行字数21。卷轴装。卷首画残。帙号：刻。	《佛说大乘圣无量寿决定光明王如来陀罗尼经一卷》 金天眷三年（1140年）。碑版为26—29行，每行16字。有经题，有帙号（刻），有版片序号。四周无边框，版心无栅格。有题记（施主新城县、施主张阿吕小名十姐）。
12	《一切佛菩萨名集卷第六》 硬黄纸卷轴装。木刻印纸为21张，长55.2mm、高28.9mm。每纸行数28，每行字数12—21。四周单线边框。帙号：勿。版片号：位于版片右端。	《一切佛菩萨名集卷第六》 1帙6册，每册3—4卷，共22卷。经纸纵高26.8mm、叶宽15.7mm。经版框高23.1mm、宽25.9mm。经文半叶12行，每行30字。蝴蝶装。帙号：勿。	《一切佛菩萨名号集》 金皇统七年至九年（1147—1149年）。碑版为29行，每行17字。有经题，有帙号（勿、多），有版片序号。四周无边框，版心无栅格。有题记（施主苑平县燕京警巡使嗣弼、福寿，燕京管内都商税点检程献花、保宁寺讲经沙门玄英、石经寺僧善权、固安县沙门法存、骠骑上将军刘庆余，提点韩志德）。

①罗炤．有关《契丹藏》的几个问题〔J〕．《文物》．1992（11）1，认为：天宫寺塔的《佛说大乘圣无量寿决定光明王如来陀罗尼经》不属于官版《契丹藏》。它既可能是单刻经，也可能是辽代所刻另一部大藏经的零卷。方广锠．辽藏版本及《辽小字藏》存本〔J〕．文献，2015（2），认为：该经并非“辽大字藏”，也并非辽代所刻另一部大藏经的零卷，只能是一部单刻经。该单刻经以《辽大字藏》经本为底本，故保留辽藏帙号。

续表4

编号	应县木塔佛经版式	天宫寺塔佛经版式	房山石经版式
13		《大乘本生心地观经》1帙3册，每册2—3卷，共8卷。经纸纵高26.5mm、宽15.5mm。经版框高21mm、宽25mm。经文半叶10行，每行20字。蝴蝶装。帙号：壁。①	《大乘本生心地观经》辽，无具体时间。碑版为28行，每行17字。有经题，有帙号（壁），有版片序号。四周无边框，版心无栅格。有题记（纸数、字数）。

是9178字，但是石刻本仅用了20张纸，木刻本则用了21张纸。就版式来说，《开宝藏》《金藏》《高丽藏》的基本版式为每版23行，每行14字。与最初的石碑刻经相比，通理法师所采用的原版复刻方式更能确保纸本焚毁或遗失时能直接用石经还原出原始的佛经，实现静琬法师的刻经初衷，在版式设计上具有从传统的碑刻向刻本过渡的特征。

从版面设计对阅读的影响看，静琬法师对页面布局的贡献很大。1987年日本学者桐谷征一②结合塚本善隆③等人的研究，提出雷音洞的经文共有19种。

根据唐武德八年（625年）雷音洞前石栏板下发现的《涅槃经》题记残石所记载：④

总作六行北头第一行（十七石第二）行廿石第三行十八石（第四行十一石第五）行十二石第六行三石第一行如是我闻为始次第番背读之还至第一石南五行例皆同尔其石注畔即是经文并行次上题头具显分明若后取传写讫愿还次第安置经本愿勿出之

从刻经的页面布局来看，隋唐时期，静琬法师最初采用单面刻经，后来在镌刻《涅槃经》以及《华严经》（前7石）时则采用分组的方式，每10块或20块为一组（如《涅槃经》共6组，分别为17石、20石、18石、11石、12石、3石）。先完成该组正面（阳面），再完成该组背面（阴面），形成"正1正2正3正4正5正6正7正8正9正10"—"背10背9背8背7背6背5背4背3背2背1"的页面格局。青石的密度一般是每立方米2.6—2.8吨，这些石碑体积巨大（宽55—58mm、高232—242mm），因此无论是竖立、搬运，还是储藏、阅读，都需要花费大量的人力物力，而且一旦摆放次序错乱，就会产生困扰。而单块石材的正反面文字前后相续更符合人们的阅读习惯，方便在华严堂中静修的僧人诵读石经。从《华严经》第8石以后，开始采用"正1背1"—"正2背2"—"正3背3"的页面格局，后期房山石经的刻经一直依照这个模式进行。这种刻经方法流程更为简单，有利于点校检索，而且与纸本的页面数量几乎一致，容易管理。

从版式设计中的骨格与栅格等辅助排版工具看，房山石经的制作工艺是不断走向成熟的。方广锠先生提出，刻本藏经与写本藏经的最大差别，在于采用刻板印刷的方式。⑤ 从房山云居寺所收藏的石经来看，各时期在版式上特征不同。离房山云居寺仅百里之遥的河北邯郸响堂山、涉县蜗皇宫的北朝时期石经直接镌刻在石壁之上，被现代学者称之为"摩崖石刻"。房山石经则是以青石板为"纸"，经文镌刻在上面，储存起来。房山石经

---

① 方广锠．辽藏版本及《辽小字藏》存本〔J〕．文献，2015（2）．提出：三册《大乘本生心地观经》的帙号"壁"在《千字文》用字中排位第487，已溢出《开元大藏》，而又与《房山石经》同经的帙号相同，证明《辽小字藏》与《辽大字藏》帙号相同，结构相同。得出《辽小字藏》可能是《辽大字藏》改版复刻本的结论。

② 桐谷征一．房山雷音洞石经考，野村耀昌博士古稀纪念论集，佛教史佛教学论集〔C〕，东京社1987：163—198.

③ 塚本善隆．房山云居寺的大藏经〔M〕．塚本善隆著作集卷五，大东出版社1975：375—418。

④ 黄炳章．房山石经静琬刻成《涅槃经》题记残石考〔J〕．法音，1990（09）：28—30.

⑤ 方广锠．辽藏版本及《辽小字藏》存本〔J〕．文献，2015（2）．

的刻经时间跨度长，从刻经的排版方式来看，隋唐时期碑石较大，个别石刻为了版式整齐，甚至还在上面刻画出竖行栅格，然后再在其中镌刻文字。如《房山石经》第3册中，从《佛说八阳神咒经》（卷一）到《佛说舍利弗问经》绝大多数都刻有栅格。随着制作工艺的成熟与工匠手艺的提高，大量石刻都没有了可见的栅格。20世纪30年代，在设计领域，特别是建筑设计中，网格系统得到普遍关注。运用数字精准规划比例，把版面划分成统一的网格，将文字和图片等视觉元素放置其中后，抽掉网格使其整体感觉秩序化、条理化，保持版面的整洁性。

（三）版式的变革决定媒介的使用与选择

从传播媒介看，伴随着口语、文字、印刷等传播形式的需要，佛法的传播媒介先后经历了讲经布道、结集成文（笔录、传抄、碑铭、题录）、刻本流通（石刻、刊刻）等变革。

中国秦汉时期的邑社、里社就竖立石碑来承担献祭、纪念、表彰等功能，碑首有圭形、平首、柱形、圆首、螭首等形制。① 公元五世纪末左右，佛教传播中吸收了本土的立碑宣教传统，② 并进一步演变，或刻于河床（泰山《金刚经》），或刊于崖壁（鼓山《维摩诘经》），或镌于石柱（风峪《华严经》）等，此外还可参考儒经刻石等经验。厚重、庞大、裸露于野的记录载体和传播媒介受到环境和工艺的制约，不能刊刻整部佛经，因此北朝时期，山上的摩崖石刻逐渐向洞内转移，如中皇山娲皇宫摩崖石刻便具有这种过渡特征。河北曲阳八会寺刻经、山东长清灵岩寺遗址石刻、河南宝山大住圣窟③等地佛经应该也是基于此类考虑。此外，在经像布局上，唯有内置于石窟中的佛经才能配合一些宗教仪式，比如坐禅。李裕群④提出，小南海石窟的窟外刻经（《四念处法》）与窟内佛像是为配合凿建者僧众修禅所营造。

前代刻经的实践为静琬法师提供了诸多理念和方法。唐贞观八年（634年），静琬法师在题记中写道："此经为未来佛法难时，拟充经本，世若有经，愿勿辄开。"⑤

从上述引文可见，刻经的目的，一是为了传播佛法，二是作为法本备份，以备法难。传播媒介是"劫火不焚"的石壁。

从石经山雷音洞的建筑元素布局看，越来越

---

① 王静芬．中国石碑：一种象征形式在佛教传入之前与之后的运用〔J〕，北京：商务印书馆，2011：50.

② 参见张铭心《十六国时期碑形墓志源流考》〔J〕．文史，2008。汉和西晋時期的碑形墓志没有统一的名称，有"碑""墓碑""柩""墓中之表""铭""铭表""墓"等自称，在形制上有圆首碑形、圭首碑形（西晋时期还有方首碑形），书刻形式方面有单面阴刻，也有双面或者四面阴刻的，在字数上少者四十余字，多者超过千字。然而到了东晋十六国时期，其情况却有所不同。比如除了东晋的张镇墓志外，它们在名称上都自称"墓表"，在形制上都是圆首碑形，在书刻形式上都是单面阴刻（梁阿广墓表背面虽然也刻有铭文，但是与正面铭文性质有别），在字数上都少于百字。然而进入北朝以后，以上各项又开始出现变化，比如在墓志名称上也开始出现变化，有称"墓表"者，而更多的是"墓志"和"墓志铭"，在形制上也是圆首、圭首和方首都有。

③ 罗炤．房山石经之源与静琬的传承〔J〕．文物，2003（3）：86—92.

④ 李裕群．邺城地区石窟与刻经〔J〕．考古学报，1997（4）：443—479.

⑤ 北京图书馆金石组，中国佛教图书文物馆石经组：《房山石经题记汇编》〔M〕，北京：书目文献出版社，1987：2.

多的学者认为这是一座精心设计、人工建构的佛殿。[①] 罗炤教授认为雷音洞经石与宝山灵泉寺大住石窟经石的功能内容、信仰一致，属于同一礼忏系统。[②]

雷音洞没有一般石窟或佛殿那样的佛像或壁画，在壁画区域的90%为佛教经典文字，以及少量高僧修行的注文，中央有四根供信徒绕行礼拜的千佛柱，1981年发现佛舍利即是在四根千佛柱构成的区域中央的地面下出世。这些石经大小形制不一，被镶嵌在雷音洞的四壁上。从表3－8可见，如果从雷音洞刊刻的《妙法莲花经》石经念诵次序看，则是从北壁上层第一石开始，向左直到第19石，然后到西壁中层念诵20到33石，继续行进到南壁中层念诵34到38石，再回到北壁下层的39到57石，西壁下层的58到70石，南壁的71到77石。这种布局与古籍从上往下，从右往左的阅读次序一致。雷音洞四壁经版因地制宜统一营划布局，镌刻经文的经版同时是构造四壁的建筑材料。[③] 如果把雷音洞看成一本书，只有在整体规划、合理切割版面（石块）的情况下，19部经文的布局才能达到如此的精确无误。

种种迹象表明，雷音洞不仅仅是一个藏经洞，实际上还承担着法难后重启传播之时仪轨传教、法本重建等重要功能。

（四）房山石经的受众影响着石经版式设计

传播学领域中，受众一般是指传播活动的对象或受传者。静琬法师及其弟子刊经的对象是末法来临或者法难时的信众（“未来之世一切道俗”[④]）。如何给未来的身处苦海中的受众提供原始法本，显然在刻经规划中需要考虑法本转录、抄写、刻印的便利性。

静琬和玄导法师两代刻经主要以存护经本（石室经碑）、拜忏诵习（雷音洞四壁刻经）为主，大多并无碑额及边纹修饰，部分石经甚至需要石经主持者亲自书丹。随着捐经、刻经者逐步向私人或民间团体转化，镌造经碑也多以获取福报为

表3－8　雷音洞的经文布局（局部）[⑤]

北　壁		
法华19	←	法华1
法华57	←	法华39
西　壁		
法华33	←	法华20
法华70	←	法华58
南　壁		
法华38	←	法华34
法华77	←	法华71

目的，因而多为一碑一经，正反面刊刻，碑侧甚至碑顶往往刻写供养人的名字，如《大般若波罗蜜经卷第四百八十一》碑顶写着“奉为王添采寮

① 饶沛．北京房山云居寺发现我国最早佛殿，中国民族报〔N〕，2012（09）：5。2012年8月至11月，北京房山区云居寺文物管理处、北京房山石经及云居寺文化研究中心和浙江大学文化遗产研究院三方联合考古调查得出结论：雷音洞是一座利用天然崖洞通过人工营造、具有内部空间、仿木结构、四壁用镌刻佛经的石板构造的石作殿堂建筑。

② 罗炤．宝山大住圣窟刻经中的北方礼忏系统〔J〕．石窟寺研究，2010.

③ 数据来源：北京房山石经山雷音洞的考古调查报告（2017．12）.

④ 北京图书馆金石组，中国佛教图书文物馆石经组：《房山石经题记汇编》〔M〕，北京：书目文献出版社，1987.

⑤ 数据来源：北京房山石经山雷音洞的考古调查报告（2017．12）.

法界有情 同沾此福”，碑侧写着“中和三年四月八日史红太男君会……”供养人把参与佛经雕造作为一种累积功德的行为，来表达自己对佛陀的敬仰、对皇家的忠诚、对官吏的敬重、对父母的孝顺和对亲人的思念。

据罗炤教授考证，云居寺的石碑是在离云居寺8公里左右的独树村磨碑寺完成采石、书写、校对、雕刻的，最后运送到石经山。石碑形制往往较大，花纹、雕饰造型精美，碑额底座俱全，题记信息丰富，具有典型的唐代碑刻特征。

在传播学领域，满足受众的需求是传播的首要任务。官刻雕版藏经给僧俗信众提供了方便诵读、抄写的法本。作为法本的备用版，也必须与时俱进，更新为最便捷的记录媒介。小经版、新版式的刊造理念，既节约了法本储存空间，又便于检索清点，在采石、刻碑、运输上节约了大量的人力或畜力，节度使刘济那样“万人齐力，……或推之，或摇之”的场景不复存在，这是一个伟大的变革。

清康熙年间，高僧溟波大师超古等云居寺住持，刻造五通经碑，刊刻《金刚经》《药师琉璃光如来本愿功德经》《阿弥陀经》《观世音菩萨普门品》等经典佛经，树立于云居寺寺内殿前。高大、庄严、肃穆的经碑，给来云居寺礼敬三宝、读诵受持的受众提供便捷阅读的法本。

在宗教传播领域，信众并不是被动的信息接受者，他们接受佛教理论，参与宗教仪式，完成自我提升和功德回向。参与石经刊刻，显然是极佳的自我饶益和饶益他人的途径。

五、结　论

加拿大传播学者M·麦克卢汉说，媒介即信息。① 从静琬法师在雷音洞四壁刻石开始，直至清代康熙年间，在1000多年的刻经过程中，石经刊刻在石碑，镶嵌在石壁，保存在藏经洞，瘗埋在地穴，竖碑于殿前，记录和传播石经的媒介的变革也带来了版式编排的变革。其版面设计受制作工艺，特别是雕版技术进步的影响，从传统石碑风格转变为纸本刻本风格，同时随着传播媒介的变革，不断走向工艺规范和审美的完美结合，最终达到快速高效保存法本、弘法济世的目的。

上世纪50年代，中国佛教协会投入大量精力对房山石经进行发掘、拓印、整理，《房山石经》30卷和《房山石经题记汇编》两套巨著圆满收录了房山石经的所有经碑拓本。随着宗教传播媒介向数字化、网络化的发展，随着受众群体对电子佛典的需求不断增加，一些机构已经着手进行藏经数字化项目。房山石经作为目前官刻经藏的复制品，这个无价宝藏如何开展数字化，数字化后如何进行版式设计，这既是新的挑战，也是新的机遇。

致　谢

房山石经与云居寺文化研究中心罗炤先生、魏来先生给本文提出了很多宝贵意见，罗炤先生、魏广平先生、桐谷征一先生为本文提供了部分珍贵文献，在此致以诚挚的敬意。

附录 房山石经刊经工程主要参与人社会网络关系图

（数据来源：《房山石经题记汇编》）

① 齐特罗姆. 传播媒介与美国人的思想〔M〕. 中国广播电视出版社，1991.

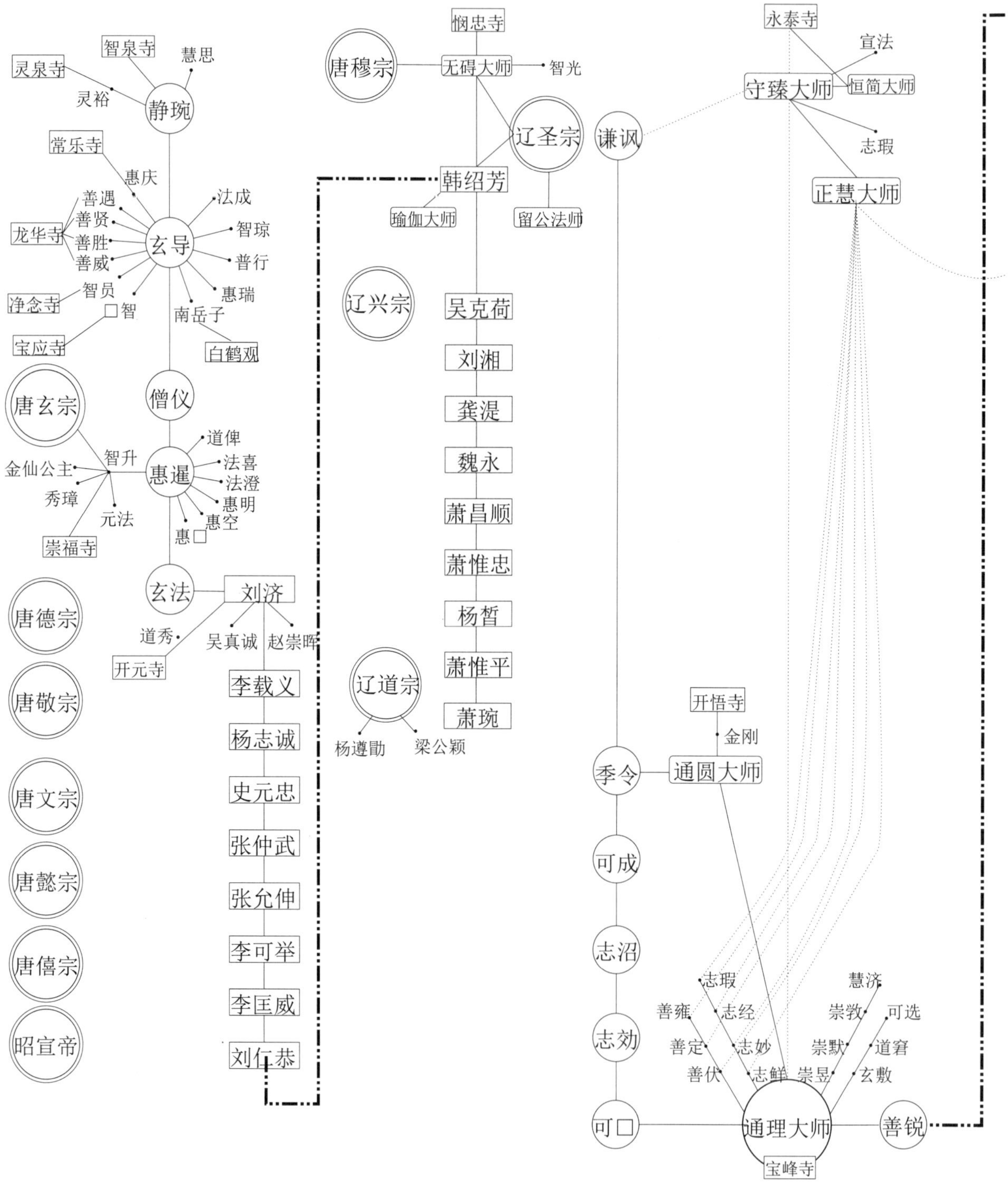
灵泉寺
智泉寺
慧思
灵裕
静琬
常乐寺
惠庆
善遇
善贤
龙华寺
善胜
善威
玄导
法成
智琼
普行
惠瑞
净念寺
智员
□智
南岳子
宝应寺
白鹤观
唐玄宗
僧仪
道俾
智升
金仙公主
惠暹
法喜
法澄
秀璋
惠明
元法
惠空
惠□
崇福寺
玄法
刘济
道秀
吴真诚
赵崇晖
开元寺
李载义
杨志诚
史元忠
张仲武
张允伸
李可举
李匡威
刘仁恭
唐德宗
唐敬宗
唐文宗
唐懿宗
唐僖宗
昭宣帝
悯忠寺
唐穆宗
无碍大师
智光
辽圣宗
韩绍芳
瑜伽大师
留公法师
辽兴宗
吴克荷
刘湘
龚湜
魏永
萧昌顺
萧惟忠
杨皙
萧惟平
萧琬
辽道宗
杨遵勖
梁公颖
永泰寺
宣法
守臻大师
恒简大师
谦讽
志瑕
正慧大师
开悟寺
金刚
季令
通圆大师
可成
志沼
志瑕
慧济
善雍
志经
崇敦
可选
志劝
善定
志妙
崇默
道窘
善伏
志鲜
崇昱
玄敷
可□
通理大师
善锐
宝峰寺

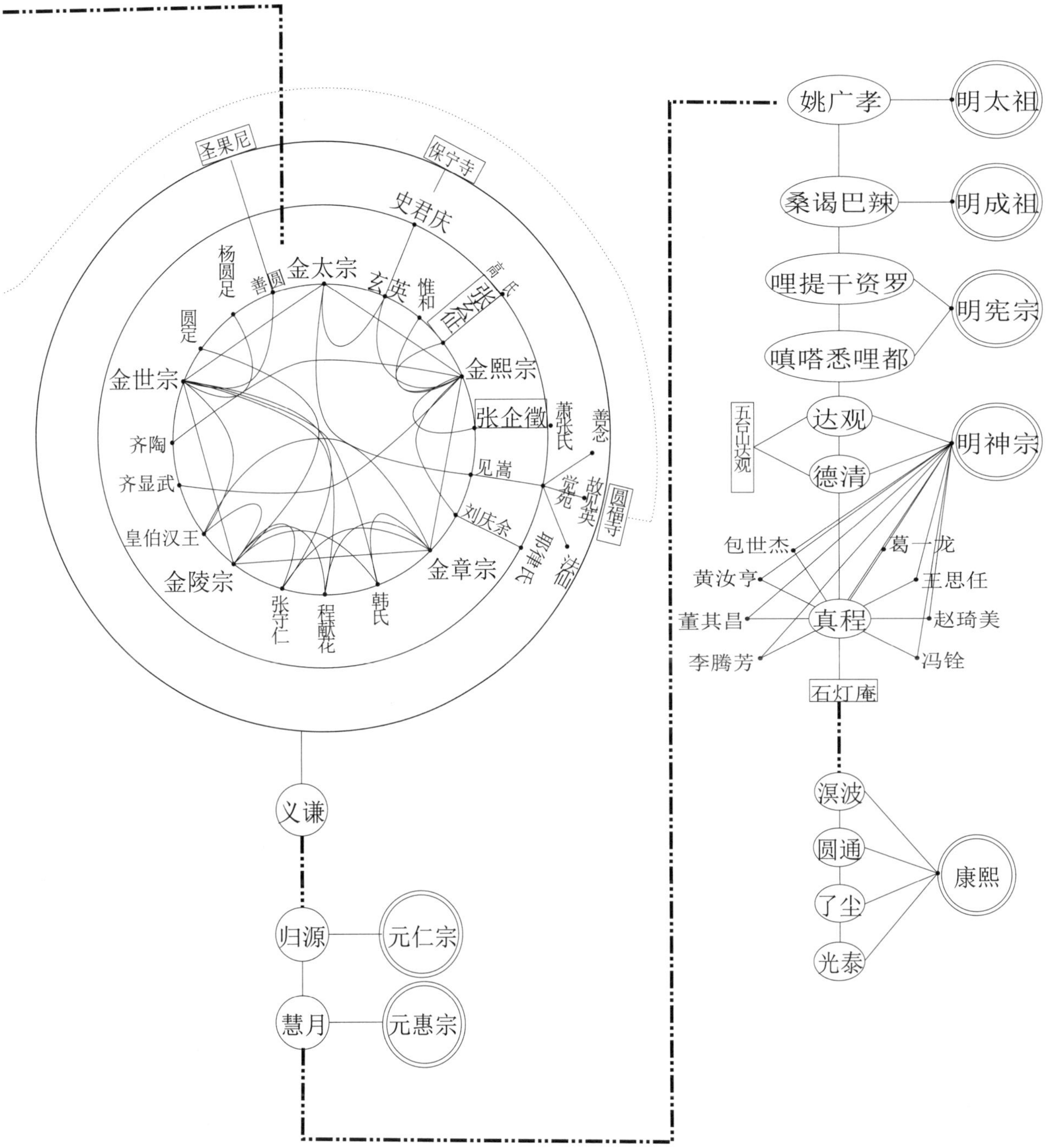
圣果尼
保宁寺
史君庆
杨圆足
善圆
金太宗
玄英
惟和
张企
圆定
金世宗
金熙宗
张企徽
萧张氏
善念
齐陶
齐显武
见嵩
皇伯汉王
刘庆余
故
圆福寺
耶律氏
金陵宗
金章宗
张守仁
程献花
韩氏
义谦
归源
元仁宗
慧月
元惠宗
姚广孝
明太祖
桑谒巴辣
明成祖
哩提干资罗
明宪宗
嗔嗒悉哩都
五台山达观
达观
德清
明神宗
包世杰
葛一龙
黄汝亨
王思任
董其昌
真程
赵琦美
李腾芳
冯铨
石灯庵
溟波
圆通
康熙
了尘
光泰

房山石经中的几种律典

王邦维[*]

北京房山云居寺的石经，是世界上开凿最早、经典最多、保存也最好的石刻大藏经。刻经的规模，以国内做比较，远远超过北齐的响堂山摩崖石经、泰山经石峪刻经以及其他一些地方的石刻佛经。以国外做比较，也超过缅甸曼德勒的巴利文石经。

房山的石经中，经最多，占了绝大部分，有关戒律的经典很少，论也很少，这是为什么，又反映了什么呢？

一个最简单的解释是：经、律、论三种经典中，律最不宜公开，因此房山石经中律就很少见。这样的解释，有一定的道理，但房山石经中律虽然少见，还是有，说明这样的解释只能在一定条件下成立。有，说明律是可以刻的。少，则说明律流通的范围有限，因此即使有需求，需求也不高。当然，这些假设和条件，都是针对刻造石经的僧人们而言。

下面具体讨论房山石经中的这些与戒律有关的经典。讨论依据的是由中国佛教协会与中国佛教图书文物馆编、华夏出版社2000年出版的《房山石经》一书。这套书目前最容易找到。全书共30册，其中第30册是《总目录》。

《房山石经》著录的律典一共8种，分列如下，列出的第一个数字是《房山石经》书中的编号，每种经的年代则依书中的判定。

10.《受菩萨戒法》，一卷，出《菩萨地持经》，昙无谶译，编入第1册，隋、唐，印本模糊。

35.《四分戒本》，一卷，后秦佛陀耶共竺佛念译。编入第2册，第367－373页。字体极佳，经末有刻经日期“唐麟德二年二月八日”，是唯一留有明确刻制时间的一种。

39.《四分大尼戒本》，一卷，佛陀耶译，唐。编入第2册，第376－385页。

40.《僧羯磨经》，一卷，曹魏昙谛译，唐。编入第2册，第385－393页。

41.《比丘尼羯磨经》，一卷，刘宋求那跋摩译，唐。编入第2册，第393－399页。

58.《菩萨戒法羯磨文》，一卷，弥勒菩萨造，玄奘译，唐。编入第2册，第415－416页。

71.《梵网经卢舍那佛所说心地品》第十，一卷，唐。编入第2册，第479－481页。

1087.《梵网经菩萨戒》，一卷，鸠摩罗什译，辽金。编入第29册。

目录共1099个编号，约1000多种经典，其中律典占的比例很小，百分之一不到。

从镌刻的时间讲，除一种镌刻于辽金时代外，其余都镌刻于隋唐时代。

从经典的内容和性质讲，没有广律，仅有两种戒本，一种比丘戒本，一种比丘尼戒本，都属于《四分律》系统，也就是佛教法藏部的戒律系统。再有就是菩萨戒法，一共六种，这属于所谓

[*] 作者单位为北京大学东方文学研究中心。本文为国家社科基金项目“中国东方学学术史研究”阶段性成果的一部分。

的“大乘律”。以上简单的分析可以说明些什么问题呢？我以为至少可以反映出当年房山地区的僧人们宗教信仰的形态。当年的僧人们，刻经时选择什么经典，不可能完全是随机的。隋唐时代镌刻这些经典的僧人，显然属于当时以《四分律》为根本戒本的僧团。

中国佛教僧人应用的戒律，不同的历史时期有所不同，起初大多依照的是《摩诃僧祇律》和《十诵律》，因此《摩诃僧祇律》和《十诵律》的影响较大。但到了隋唐时代，应用《四分律》的渐渐多了起来。这种情况，在佛教文献中其实有好些记载，《续高僧传》卷二十一《洪遵传》：

先是关内素奉《僧祇》，习俗生常，恶闻异学，乍讲《四分》，人听全稀。还是东川，赞击成务。遵欲广流法味，理任权机，乃旦剖《法华》，晚扬法正，来为开（闻）经，说为通律。屡停炎澳（燠），渐致附宗。开导《四分》，一人而已。迄至于今，《僧祇》绝唱。

洪遵为隋代僧人，大业四年卒，年七十九。同书卷二十二《智首传》：

关中专尚素奉《僧祇》。洪遵律师创开《四分》，而兼经通诲，道俗奔随。

又同书同卷《法砺传》：

又往江南，游览《十诵》。①

智首和法砺都是隋唐间僧人，都去世于唐贞观九年，去世时一位年六十九，一位年六十七。时间稍晚一点，唐高宗时代著名的高僧义净，对汉地戒律应用的情况因此做了一个总结：

然东夏大纲，多行法护。关中诸处，僧祇旧兼。江南岭表，有部先盛。②

这里的“法护”，指的是《四分律》。“僧祇”指的是《摩诃僧祇律》。“有部”则指的是《十诵律》。因为这三种戒律分别属于“法护部”，又称“法藏部”，“摩诃僧祇部”以及“说一切有部”，简称“有部”。

《房山石经》的《四分戒本》，镌刻的时间，是唐麟德二年二月八日，这个时候《四分律》流行的地域和影响正在增加。《宋高僧传》卷十四《道岸传》：

江表多行《十诵律》，东南僧坚执，罔知《四分》。岸请帝墨敕执行南山律宗。伊宗盛于江淮间者，岸之力也。

道岸是唐初的僧人，开元五年卒，年六十四，正与义净同时。③ 房山石经中的律典，虽然数量不多，现存的几种，恰恰说明了这种情形。

至于房山石经中有关“菩萨戒”，则是中国大乘佛教特有的戒法。印度佛教的历史上，并没有大乘律的说法。印度佛教的大乘，涉及的基本上只是教义，在戒律方面，没有像更早的佛教的几个部派一样，单独发展出自己完整的一套律的系统，即所谓的“广律”。大乘实际上没有一部称得上是律的著作。现存的梵文佛教典籍中，也没有发现过一部如同部派律一样的大乘的律的著作，只有 Śāntideva 的*Śikṣāsamuccaya* 多少比较集中地讲了大乘僧人在宗教生活中应该遵守的规则。但这部书不能算是一部真正的律。④ 汉译的所谓几种大乘律，其中最重要的如《梵网经》，经过研究，

---

①《大正藏》，第 50 册，第 615 页下。

②《大正藏》，第 54 册，第 205 页中。

③《大正藏》，第 50 册，第 797 页中。道岸还是有名的鉴真法师的老师，曾为鉴真授菩萨戒。

④ Śāntideva, *Śikṣāsamuccaya* , edited by C. Bendall, Bibliotheca Buddhica, St. Petersburg, I, 1897, II, 1898, III, 1901, IV, 1902。梵文原本是 Bendall 在尼泊尔发现的。Śāntideva 一般认为大约是七世纪末的人，也有人认为他是八世纪初的人。见 D. Seyfort Ruegg, *The Literature of the Madhyamaka School* , Wiesbaden, 1981. p. 82。*Śikṣāsamuccaya* 在中国赵宋时有一个汉译本，题名《大乘集菩萨学论》，二十五卷，法护译。但原作者题名法称（Dharmakīrti）。译文本身也很差。

多数学者都认为是所谓的“伪经”。① 另一种《菩萨戒本》，实际上是《瑜伽师地论》中的一部分，是论不是律。② 上面列出的房山石经第10号《受菩萨戒法》，就出自题为昙无谶翻译的《菩萨地持经》，第58号《菩萨戒法羯磨文》则出自玄奘翻译的《瑜伽师地论》，第1087号《梵网经菩萨戒》则出自题为鸠摩罗什翻译的《梵网经》，虽然《梵网经》究竟是一部什么性质的经典在学术界还存在一些争论。③

不过，房山石经中有这几种“菩萨戒”的经典，也说明了一点，当年房山的僧人，完全依大乘佛教的规矩，不仅以《四分律》作为根本律典，也以中国通行的大乘经典——中国僧人称之为“大乘律”——为律仪的根据。

最后，似乎可以做一个小小的总结：房山的石经中，虽然有关戒律的经典很少，但如果做仔细的考察，也反映出与石经相关的佛教史方面的一些问题：当年在房山组织或者参与刻经的僧团，究竟是什么类型的僧团？从僧团的类型，是不是可以进一步做出推断？当年刊刻石经的僧人，是在什么样的背景下，出于什么样的动机，最终选择了这些经本？这些石经，除了收藏，有实用的意义吗？所有这些，无疑都是我们今天应该了解的问题。

至于其他有关的一些细节，例如石经上所镌刻的这几种经典的文字，与流传的抄本与印本上的文字是否有差异，如果有，说明什么，石经的底本来自何处，这一系列问题，如果能够再做深入一些的讨论，在学术上也不无意义。但手边的《房山石经》书中影印的拓片不是很清楚，因此难以进行这样的工作，只有留待以后有条件时再做了。

---

① 见汤用彤《汉魏两晋南北朝佛教史》，中华书局，1983年版，下册，页594－595。此外，Śāntideva在*Sikṣāsamuccaya*里一点也未提到这部书，也可算是一个佐证。印度学者N. Dutt注意到了这一点，但不知道《梵网经》是伪经，因此只认为这证明在Śāntideva时代《梵网经》并不流行。见其*Aspects of Mahāyāna Buddhism and its Relation to Hīnayāna*，London，1930，p. 294.

② 《梵网经》因为被看作是大乘戒律中最重要的著作，也被称为《菩萨戒本》。另有两种《菩萨戒本》，一种是昙无谶译，一种玄奘译，都出自传为弥勒所说的《瑜伽师地论》。吕澂先生把这类著作称作“经中之律”。见其《印度佛学源流略讲》，上海人民出版社，1979，页183。

③ 具体的讨论参考拙著《南海寄归内法传校注》前言，北京：中华书局，1995年，第84—87页。

房山石經本《四分大尼戒本》特徵及其作者研究

釋賢世*

摘　要　房山石經本《四分大尼戒本》呈現出與收録入漢文大藏經中懷素本《四分比丘尼戒本》差異很大的內容和特征。通過將其與趙城本、磧砂本、北敦5453號、北敦14039號、伯2310號四分比丘尼戒本的對照，記録並分析異文中文句、段落及戒條、譯語等差異，可知其並非為懷素所出。根據對唐之前出現過的四分比丘尼戒本的整理和分析，可推知其作者乃隋代汾晉地區律學高僧法願。

關鍵詞　房山石經　四分律　比丘尼　戒本　法願

《房山石經》裡收有静琬弟子玄導所刻的《四分大尼戒本》一卷。此戒本與大藏經中懷素本《四分比丘尼戒本》在內容上頗有不同之處，並顯現出一些值得關注的特征。這些不同，並非簡單的版本之間的文字差異，而是顯示出此戒本作者另有其人。由這些特征和對戒本作者的推測，可更加確認《房山石經》刻經發起人静琬師承靈裕的事實。本文嘗試對此做一些討論。

一、戒本的産生

戒本，也被稱爲戒經，是集合世尊爲比丘、比丘尼所制定的所有學處而成，爲比丘、比丘尼受持所用。其內容大體分爲波羅夷法、僧殘法、尼薩耆波逸提法、波逸提法、波羅提提舍尼法、眾學法、七滅諍法幾部分（各部分名稱的譯語隨各部律而有差異）。戒本集合了廣律中關於學處最核心的部分。

在古印度，隨著部派分裂，産生了多個部派的廣律和戒經。傳入中國的，分别有説一切有（分十誦和根本説一切有兩種）、法藏（四分）、大眾（僧祇）、化地（五分）、飲光（解脱戒）等部。

漢文本戒經的來源，大體可分爲三種：第一，從梵本（胡本）直接翻譯而來，如佛陀耶舍譯《四分僧戒本》，佛馱什等譯《彌沙塞五分戒本》等；第二，從廣律中抄出，如梁建初沙門明徽從《五分律》中集出《五分比丘尼戒本》；第三，由後人對前人翻譯或集出之戒本再修訂而成，如慧光修訂佛陀耶舍戒本而成之四分比丘戒本。

以上各部律傳入中國後，分别通過不同方式産生了爲數眾多的比丘和比丘尼戒本。而其中，後來得到廣弘、受持最多的，則是法藏部之四分戒本。《房山石經》中所收藏的，即是屬於法藏部四分律的比丘尼戒本。

---

* 作者單位為北京龍泉寺。

二、《房山石經》中《四分大尼戒本》的一些特征

爲了探明《房山石經》中所收《四分大尼戒本》之特征，有必要將其内容與其他相關的戒本作一對比。在歷代的漢文大藏經中，收録有四分比丘尼戒本的，只有唐懷素集《四分比丘尼戒本》和北宋元照集《四分刪定比丘尼戒本》兩種。因爲元照律師所集時間較晚，且只收録在《卍續藏經》中，故此處只用懷素所集《四分比丘尼戒本》爲參照。另外，也選了北敦5453號、北敦14039號和伯2310號三份内容完整的比丘尼戒本同步比對。所用來比對的各本簡況分别説明如下：

房山石經本《四分大尼戒本》，戒本石碑藏于房山雲居寺藏經洞第三洞中，碑文收録于華夏出版社影印本《房山石經》第二冊376—385頁，全文完整。第383頁眾學法部分，因石碑磨損嚴重，大面積看不清。其他内容基本清晰可讀。首題“四分大尼戒本一卷”，無作者，無作者序，無尾題。① 石經本大尼戒本刻於唐高宗咸亨年間(670—672年)。②

趙城本《四分尼戒本》，收于《趙城金藏》外字函，全文收録于中華書局版《中華大藏經》第四十一冊346—360頁。首題“四分尼戒本（并序)”，作者題“西太原寺沙門懷素集”，有作者序，尾題“四分尼戒本一卷”。

磧砂本《四分比丘尼戒本》，收于《磧砂藏》外字函，全文收録于線裝書局影印《磧砂大藏經》第七十一冊311—333頁。首題“四分比丘尼戒本（出曇無德部律)”，作者題“大唐西太原寺沙門懷素依律集出”，無作者序，尾題“四分比丘尼戒本”。磧砂本尼戒本刻於元大德十年（1306年)。

北敦5453號《四分律尼戒本》，全文收録于《國家圖書館藏敦煌遺書》第七十三冊262—276頁。首題“四分律尼戒本一卷”，無作者，無作者序，尾題“四分尼戒本”。

北敦14039號《四分戒本》，全文收録于《國家圖書館藏敦煌遺書》第一一九冊171—188頁。首題“四分戒本”，無作者，無作者序，尾題“四分戒本”。③

伯2310號《四分尼戒本》，全文收録于《法國國家圖書館藏敦煌西域文獻》第十一冊228—239頁。首題“四分尼戒本（並序)”，作者題“西太原寺沙門懷素集”，有作者序，尾題“四分尼戒本”。

爲了對比方便，此處的戒本用CBETA2014收録的T1431號《四分比丘尼戒本》爲基準。因CBETA是《大正藏》的電子録入成果，而《大正藏》則由《高麗藏》再雕本而來（除極少數地方不同之外，《大正藏》與《高麗藏》均保持一致。這些不同處，CBETA已作了修正)，故而此處的基準是按照《大正藏》及《高麗藏》，將以上六種戒本全文與之對照，不記録異體字、通假字和漫漶不清處，其他都記録入表，共得到異文1020條。每一本所出異文數量如表5－1。

表5－1　六種戒本全文異文數量

	趙城本	磧砂本	石經本	北敦5453	北敦14039	伯2310
異文數	69	276	416	499	237	256

① 結尾處有一段文，部分模糊：當持□□戒精進，倸忍辱譬□□月滿星中猶明曜。以上比丘尼戒訖。

② 林元白在《唐代房山石經刻造概況》中提到：“玄導在刻了以上幾部大乘經典之後，到了咸亨年間（670—672年）又刻了許多戒本和羯磨經。計有《僧羯磨經》五石、《比丘尼羯磨經》五石、《佛説四分戒本》一卷、《比丘戒本》一卷、《比丘尼戒》一卷、《四分大尼戒本》一卷、《菩薩受戒法羯磨文》一卷等七種。”張曼濤主編：《現代佛教學術叢刊17·大藏經研究彙編（下)》第112頁，台北：大乘文化出版社，1977年。

③ 《國家圖書館藏敦煌遺書》中命名有誤，錯寫成了“四分僧戒本”，實際為四分比丘尼戒本。

由上表中的異文數可以看出，趙城本與大正藏本差異很小，其次是磧砂本、北敦14039號和伯2310號。因爲伯2310號中有明確的作者及懷素所寫序，而磧砂本也有明確的作者，可知北敦14039號雖然没有作者和戒序，但依然應該是懷素所集《四分比丘尼戒本》，從異文内容上也可以看出來，並没有大的出入。問題在石經本和北敦5453號二者，異文數量明顯比其他各本均多，① 並且没有明確的作者和戒序。爲了更清晰知道異文的内容與概況，以下摘録幾條明顯的異文以作分析。

（一）起首皈敬頌部分

大正藏本《四分比丘尼戒本》起始處是以下這兩首偈頌：

稽首禮諸佛，及法比丘僧，今演毘尼法，令正法久住。

戒如海無涯，如寶求無厭，欲護聖法財，衆集聽我説。②

其他各本和大正藏本相同。然而，石經本卻只有以下這首：

戒如海無涯，如寶求無厭，欲護聖法財，衆集聽我説。

即没有了以上兩首頌文中前一首“稽首禮諸佛，及法比丘僧，今演毘尼法，令正法久住”，戒本起始處第一句即不在。作爲比丘尼每半月都需要讀誦的對象，戒本的内容應該被當時的僧團所廣爲熟知，更何况直接繼承了地論派重律傳統的静琬、玄導，③ 不應該對戒本内容非常生疏，故而這裡的特征表現得相當突出。關於這一句有無的相關問題，後面會作詳細討論。

（二）前方便部分

大正藏本與石經本差異較大，見表5-2。

大正藏本中所有的注文，石經本中均没有。起始處的“僧集”和“和合”兩句，二者順序正好相反。大正藏本中“説戒”“和合説戒”，石經本中均作“布薩説戒”。

表5-2　大正藏本與石經本差異

大正藏本《四分比丘尼戒本》	石經本《四分大尼戒本》
“僧集?”（答云：“僧集。”） “和合?”（答云：“和合。”） “未受大戒者出?”（有者，遣出。遣已，答言：“已出。”無者，答：“無。”）	“和合?” “僧集會?” “未受大戒者出?”
“不來諸比丘尼，説欲及清净?”（有，依法説。無，答言：“無。”）	“不來諸比丘尼，説欲及清净?”
“僧今和合何所作爲?”（答言：“説戒羯磨。”）	“諸大姊！今僧何所作爲?”
“大姊僧聽！今十五日，衆僧説戒。若僧時到僧忍聽，和合説戒。白如是。”（“作白成不?”答云：“成。”）	“大姊僧聽！今僧十五日布薩説戒。若僧時到僧忍聽，布薩説戒。白如是。”

① 北敦5453號之所以異文比石經本多，其中部分異文來自其在衆學法之前的各條戒後面，均寫了該戒的犯戒比丘尼名字（其他戒本没有），故而數量多出來很多。這是其突出的特征，與其他各本均不相同。

② 大正藏本《四分比丘尼戒本》校勘記顯示，聖語藏本没有“稽首”這首頌文，并在之前有一段夾註説明：“今除‘稽首’頌者，為非本文，斯是律序，後德取來。又此戒經雖彰律部，頌旨既别，不可妄增。”金剛寺本《四分尼戒本》與聖語藏本相同。伯2310號《四分尼戒本》在這首偈前同樣有此段小字夾註，但卻有“稽首”頌，斯2806號與之相同。趙城本、磧砂本、北敦14039、北敦5453均有此“稽首”頌，但没有註文。

③ 現在尚有持静琬師承慧思的舊説者，此説法已經羅炤教授考證為錯誤，静琬師承實為靈裕。見羅炤：《房山石經之源與静琬的傳承》，《文物》2003年3期。

（三）戒經序部分

兩者差異也很多。如表5－3所示。

表5－3　大正藏本與石經本戒經序部分差異

大正藏本《四分比丘尼戒本》	石經本《四分大尼戒本》
諸大姊！我今欲説波羅提木叉戒。汝等諦聽，善思念之。若自知有犯者，即應自懺悔；不犯者，默然。默然者，知諸大姊清净。若有他問者，亦如是答。如是比丘尼在衆中，乃至三問，憶念有罪，不懺悔者，得故妄語罪。故妄語者，佛説障道法。若彼比丘尼，憶念有罪，欲求清净者，應懺悔。懺悔得安樂。諸大姊！我已説戒經序。 今問諸大姊：是中清净不？（如是至三）諸大姊！是中清净，默然故。是事如是持。	諸大姊！我今欲説戒。衆集現前，默然聽，善思念之。若有犯者，當發露；無犯者，默然。默然故，當知僧清净。若有他舉者，即應如實答。如是，諸比丘尼在於衆中，乃至三唱，憶念有罪，不發露者，得故妄語罪。佛説故妄語罪是障道法。彼比丘尼自憶知有罪，欲求清净，當發露。發露則安隱。不發露，罪益深。諸大姊！我已説戒經序。 今問諸大姊：是中清净不？（如是三説）諸大姊！是中清净，默然故。是事如是持。

大正藏本中“説波羅提木叉”，石經本作“説戒”；大正藏本中“汝等諦聽”，石經本作“衆集現前，默然聽”；大正藏本中所有的“懺悔”，石經本均作“發露”；大正藏本中“三問”，石經本作“三唱”；大正藏本中“如是至三”，石經本作“如是三説”。

（四）譯語及戒條的差異

表5－4　大正藏本與石經本譯語及戒條差異

大正藏本《四分比丘尼戒本》	石經本《四分大尼戒本》
懺悔	悔過
應當學	式叉迦羅尼
平鉢受食，應當學。 平鉢受羹，應當學。	平鉢受羹食， 式叉迦羅尼。
不得以飯覆羹，更望得，應當學。 不得視比坐鉢中食，應當學。	不得視比坐鉢中食起嫌心，式叉迦羅尼。 不得以飯覆羹，更望得，式叉迦羅尼。

在四波羅提提舍尼法中，大正藏本所有的“懺悔”，石經本均作“悔過”；① 衆學法中，大正藏本所有的“應當學”，石經本均作“式叉迦羅尼”。譯語的差異，是判斷戒本譯出時期不同的重要指標。② 故而，此處譯語的不同，並非簡單的不同戒本間文字不同，而是體現了不同作者的取捨不一樣。將以上兩種譯語，對照四分律的廣律和各戒經，就會發現這種特點。如下頁表5－5。

四波羅提提舍尼部分，因爲四分廣律中比丘尼律用了“懺悔”的譯語，故而懷素本尼戒本也用了“懺悔”，但石經本卻用了“悔過”；而廣律比丘律部分用了“悔過”，各戒本均保持一致。衆學法部分，因爲四分廣律中比丘尼律部分没有衆學法，表示和比丘律保持一致，而佛陀耶舍譯《四分僧戒本》用了“應當學”的譯法，使得懷素本比丘、比丘尼戒本均用了“應當學”，但石經本大尼戒本和道宣本含注戒本卻用了“式叉迦羅尼”，和廣律比丘律部分保持一致。

戒條部分，大正藏本“平鉢受食，應當學”、“平鉢受羹，應當學”兩條戒，石經本中對應只有“平鉢受羹食，式叉迦羅尼”一條戒；大正藏本“不得以飯覆羹，更望得，應當學。不得視比坐鉢

① 如大正藏本《四分比丘尼戒本》：“若比丘尼，不病，乞酥食者，犯應懺悔可呵法。應向餘比丘尼説言：‘大姊！我犯可呵法，所不應為。我今向大姊懺悔。’”《大正藏》22冊1038頁下欄。石經本《四分大尼戒本》作：“若比丘尼，無病，乞□□者，犯應懺可呵法。應向餘比丘尼説言：‘大姊！我犯可呵法，所不應為。我今向大姊悔過。’”《房山石經》第二冊382頁倒數第4行，北京：華夏出版社，2000年。其他三條與此相似。

② 見平川彰：《律蔵の研究Ⅰ·第二章 漢訳律典翻訳の研究》中“四大広律の訳語”第177—187頁，東京：春秋社，1999年。根據作者總結，在十誦、四分、僧祇、五分四部廣律中，只有四分用了“式叉迦羅尼”這種譯法，其他均用了“應當學”。且在各部律中，也只有四分律系統才使用“式叉迦羅尼”的譯語。

表5－5 四分廣律與各戒經四提舍尼及眾學法譯語差異

（比丘尼戒用楷體顯示）

篇名	所出經	譯語
四波羅提提舍尼法	石經本《四分大尼戒本》	悔過
	大正藏本《四分比丘尼戒本》（懷素）	懺悔
	大正藏本《四分律比丘戒本》（懷素）	悔過
	《四分律·比丘律》	悔過
	《四分律·比丘尼律》	懺悔
	《四分僧戒本》（佛陀耶舍）	悔過
	《四分律比丘含注戒本》（道宣）	悔過
眾學法	石經本《四分大尼戒本》	式叉迦羅尼
	大正藏本《四分比丘尼戒本》（懷素）	應當學
	大正藏本《四分律比丘戒本》（懷素）	應當學
	《四分律·比丘律》	式叉迦羅尼
	《四分律·比丘尼律》	無①
	《四分僧戒本》（佛陀耶舍）	應當學
	《四分律比丘含注戒本》（道宣）	式叉迦羅尼

中食，應當學”兩條戒，石經本順序相反，變成了“不得視比坐鉢中食起嫌心，式叉迦羅尼。不得以飯覆羹，更望得，式叉迦羅尼”。但對照廣律，順序與大正藏本相同。故可知這兩處戒條的差異，應是石經本出現錯訛所致。②

由上面分析可見，石經本《四分大尼戒本》，呈現出與懷素集《四分比丘尼戒本》差異很大的一些內容，其作者可以肯定並非是懷素，而另有其人。

三、對《四分大尼戒本》作者的一些推測

石經本《四分大尼戒本》的作者有可能會是誰呢？

因爲石經本是在唐高宗咸亨年間刻出的，爲了確定其作者，首先需要整理唐之前所出現過的四分律比丘尼戒本。

目前可知，收録入歷代藏經的，唯有懷素與元照集《四分比丘尼戒本》兩種，這在上面已經説過。除了以上兩種尼戒本外，還有哪些戒本曾出現過呢？

從歷代經録中看，《出三藏記集》卷二中提到當時出現的比丘尼戒本有：

竺法護出《比丘尼戒》一卷，今闕。釋僧純出《比丘尼大戒》一卷。釋法穎撰《十誦比丘尼戒本》一卷。覔歷所傳《大比丘尼戒》一卷，是疑經，今闕。③

裡面有僧純從拘夷國帶來的比丘尼戒本一卷，但這本戒本是屬於一切有部系統的，④ 在《出三藏記集》卷十一還收録有其序文。⑤

隋費長房《歷代三寶紀》卷十四記録有“四分尼戒本一卷”，⑥ 隋彥崇《眾經目録》卷一記録有“四分比丘尼戒本一卷”，⑦ 唐静泰《眾經目録》卷一有“四分比丘尼戒本一卷（二十一紙）”，⑧ 唐道宣《大唐内典録》卷七有“四分比丘尼戒本（三十一紙）”。⑨《大周刊定眾經目録》卷十提到有“《四分比丘尼戒本》一卷。右天監三年靈曜寺沙門僧威出，見《寶唱録》”，⑩ 明確梁

---

① 四分廣律中比丘尼律没有眾學法篇，和比丘律保持一致。

② 大正藏本及再雕高麗藏本，也有出現錯誤的可能。但對廣律中這幾條戒，目前並無資料顯示順序與石經本相同。故此結論依然成立。石經本中這種特點，可能在其依據的底本中已經是如此了。

③ 見《大正藏》55 冊 14 頁下欄。“竺法護出比丘尼戒”最後的“戒”字，據校勘記宋、元、明本增加。

④ 見平川彰：《律蔵の研究 II》第 78 頁，東京：春秋社，2000 年。

⑤ 見《大正藏》55 冊 79 頁下欄《比丘尼戒本所出本末序第十（出戒本前晉孝武帝世出）》。

⑥ 見《大正藏》49 冊 119 頁中欄。

⑦ 見《大正藏》55 冊 155 頁下欄。

⑧ 見《大正藏》55 冊 188 頁中欄。

⑨ 見《大正藏》55 冊 300 頁下欄。

⑩ 見《大正藏》55 冊 432 頁中欄。

天監三年（504 年）由沙門僧威集出一本比丘尼戒本。這是否即是上面各經録中所提到的《四分比丘尼戒本》，不得而知。《開元釋教録》中只收録了懷素所集戒本一種。懷素所集戒本中，有“後秦三藏佛陀耶舍譯”這行，似乎可以説明懷素是根據佛陀耶舍所譯戒本整理而成，故而推測佛陀耶舍也曾譯出一本比丘尼戒本。①

再看北宋元照律師《芝園遺編》卷三，記録了道宣律師所作戒本兩種：

《四分律注比丘尼戒本》二卷。貞觀中出。本一卷，後為二卷。未見。

《四分律删定尼戒本》一卷。永徽二年出。見行。②

以上經録中作者不明的《四分比丘尼戒本》和僧威出的戒本，因没有説明内容特征，無法判斷石經本是否即是此本。佛陀耶舍所譯比丘尼戒本也已不存，但可以通過其所譯《四分僧戒本》作對比，看兩者的異同之處。將上面比較明顯有差異的地方，和佛陀耶舍本《四分僧戒本》對比，如表 5－6 所示。

表 5－6　佛陀耶舍僧戒本與石經本異同

佛陀耶舍譯《四分僧戒本》	石經本《四分大尼戒本》
稽首禮諸佛，及法比丘僧，今演毘尼法，令正法久住。戒如海無涯，如寶求無厭，欲護聖法財，衆集聽我説。	戒如海無涯，如寶求無厭，欲護聖法財，衆集聽我説。
“和合？” “僧集會？” “未受大戒者出？” “不來諸比丘，説欲及清净？” “誰遣比丘尼來受教誡？” “僧今和合何所作爲？”（答言：“説戒羯磨。”） “大德僧聽！今僧十五日布薩説戒。若僧時到僧忍聽，和合説戒。白如是。”	“和合？” “僧集會？” “未受大戒者出？” “不來諸比丘尼，説欲及清净？” “諸大姊！今僧何所作爲？” “大姊僧聽！今僧十五日布薩説戒。若僧時到僧忍聽，布薩説戒。白如是。”
諸大德！我今欲説戒，衆集現前，默然聽，善思念之。若有犯者，當發露；無犯者，默然。默然故，當知僧清净。若有他舉者，即應如實答。如是，諸比丘在於衆中，乃至三唱，憶念有罪，當發露；不發露者，得故妄語罪。佛説故妄語是障道法。彼比丘自憶念知有罪，欲求清净，當發露。發露則安隱。不發露，罪益深。諸大德！我已説戒經序。 今問諸大德！是中清净不？（如是三説） 諸大德！是中清净，默然故，是事如是持。	諸大姊！我今欲説戒。衆集現前，默然聽，善思念之。若有犯者，當發露；無犯者，默然。默然故，當知僧清净。若有他舉者，即應如實答。如是，諸比丘尼在於衆中，乃至三唱，憶念有罪，不發露者，得故妄語罪。佛説故妄語罪是障道法。彼比丘尼自憶知有罪，欲求清净，當發露。發露則安隱。不發露，罪益深。諸大姊！我已説戒經序。 今問諸大姊：是中清净不？（如是三説） 諸大姊！是中清净，默然故。是事如是持。
悔過	悔過
應當學	式叉迦羅尼

從上表中可見，前方便和戒經序的内容，兩者相似性很高，幾乎保持一致。説明石經本戒本和佛陀耶舍譯出戒本有很深的淵源關係。然而，起首的歸敬偈和後面衆學法的譯語兩者有明顯差别，故而也不能將作者當成同一人。

道宣律師所出《四分律注比丘尼戒本》，應是和《四分律比丘含注戒本》相似的著作，其編寫方式是在戒本中夾了注文，和石經本不同。《四分律删定尼戒本》，和律師另一本《新删定四分僧戒本》應是相近的。將《新删定四分僧戒本》和石經本對比，可知其中也有皈敬頌前兩首頌文，《新删定四分僧戒本》前方便和戒經序與懷素本近似，③ 衆學法中的譯語作“應當學”，和石經本相差較大。可知，石經本也非道宣律師所出《四分律删定尼戒本》。

① 雖然也可以推測懷素律師是根據廣律而集出，但根據前方便、戒經序及其中譯語和佛陀耶舍本《四分僧戒本》的關聯，及和廣律的差異，應可推測佛陀耶舍也曾譯出尼戒本。

② 見《卍續藏》59 冊 649 頁上欄。

③ 見《卍續藏》39 冊 263 頁上欄。

除了以上幾種外，唐定賓律师在《四分比丘戒本疏》卷一中提到古來四分比丘戒本時，列舉了以下幾種：

靈帝已後北天竺有五沙門，創與此方五人授戒。支法領口誦戒本一卷，今時古戒本是也。……又至姚秦，有于填三藏佛馱耶舍譯四分大律并重校古戒本，方於經首加以歸敬。後有晉國沙門支法領，從于填來達秦國，並重校定。又至元魏世，惠光律師刪改其本亦存歸敬。依齊世，法願律師謹勘大律，又生一本，除其歸敬，扶昔漢世古本故也。①

即支法領古戒本、佛陀耶舍戒本、惠光律師戒本、法願律師戒本四種。道宣律師《新刪定四分僧戒本》自序也提到這點，只是没有古戒本：

自戒本之行東夏也，曹魏中世，法護創傳，羯磨乃明，戒本盍闕。姚秦關輔，方譯廣文，覺明法師首開律部，因出戒本，附譯傳寫。高齊御曆，盛昌佛日，三方釋侶二百餘萬，法上大統總而維之。沙門慧光當時僧望，聯班上統，攝御是圖。以夫振紐提綱，修整煩惑，非戒不立，非戒不弘。更以義求，纂緝遺逸，重出一本，廣流于世，則其本首題“歸敬”者是也。隋運，并部沙門法願鄙光所出，宗理爽文，後學憑附，卒難通允，乃準的律部，連寫戒心，通被汾晉，最所傾重，則其本首題“戒德”者是也。②

這裡對佛陀耶舍本、慧光律師本、法願律師本的特征作了説明，提到佛陀耶舍本、慧光律師本在經首都有“歸敬”，而法願律師本則刪除了“歸敬”，首題“戒德”。這裡提到的“歸敬”“戒德”具體含義所指爲何呢？

由道宣律師和元照律師等的解釋可知，此處“歸敬”即指“稽首禮諸佛，及法比丘僧，今演毘尼法，令正法久住”一偈，而“戒德”則指其次的“戒如海無涯，如寶求無厭，欲護聖法財，眾集聽我説”等。③

因爲這一首“稽首禮諸佛”偈，實際來自四分廣律第一卷起首處的歸敬偈，其文前後約有四十六偈，首尾是：

稽首禮諸佛，及法比丘僧；今演毘尼法，令正法久住。

優波離為首，及餘身證者；今説戒要義，諸賢咸共聽。

……

如來立禁戒，半月半月説。已説戒利益，稽首禮諸佛。④

第一句和懷素戒本中第一句完全吻合。爲什麼這句會單獨出現在戒本中呢？在四分廣律的這段歸敬偈結束時，後面括號中有句補充説明：“此偈非是迦葉千眾集律時人所造，乃是後五部分張各據所傳。即是居一眾之首者，將欲爲眾辨釋律相故，先偈讚，然後説之。”即表明四分廣律起首這四十六首頌文並非是在第一次結集時所造，而是在部派分裂後，四分律主曇無德尊者爲了辨明律相而在起首加的歸敬讚偈。這便可以解釋何以佛陀耶舍本、慧光律師本起首都有“稽首禮諸佛”偈，但法願律師則刪除了此偈，而成爲以讚歎戒德開始的“戒如海無涯”偈，因爲此偈並非古來

---

① 見《大正藏》40 冊 464 頁中欄。這裡起首提到支法領口誦出古戒本，下面又有支法領校定佛陀耶舍本，前一處記録似有誤。

② 見《卍續藏》39 冊 262 頁中欄。

③ 見《四分律含注戒本疏行宗記》卷一：

“【疏】元魏季歷，慧光律師隨義約文，重出一本，首題‘歸敬’者是也。此與姚秦覺明所出，頗得相符。

“【記】……‘題歸敬’者，即‘稽首’一偈。……

“【疏】高齊末祀，法願律師誦律計文，又出一本，略於‘歸敬’，首題‘戒德’者是也。

“【記】願師本中。……‘題戒德’者，直云‘戒如海無涯’等。二師德業，並見《僧傳》。又唐懷素律師，亦出《戒本》，見存大藏。”《卍續藏》39 冊 711 頁下欄。

④ 見《大正藏》22 冊 567 頁中欄。

所有，是曇無德律主所造，法願律師以恢復古本原貌爲目的刪除了這首偈。

雖然此處只提到法願律師曾集出比丘戒本，而没有提比丘尼戒本，[①]但根據以上種種特征，似可以推測，石經本尼戒本應該是法願律師所出。除了經首有以“戒如海無涯”偈開始的特征之外，石經本前方便、戒經序和佛陀耶舍本非常相近，而定賓和道宣律師均提到法願律師曾依大律出了戒本，可知他也曾參考佛陀耶舍本集出過戒經，如此兩者相似是合理的。另外，據《續高僧傳》載，他曾受敕命，任大莊嚴、石窟二寺上座，後又任并州大興國寺主，上面也提到他新修的比丘戒本“通被汾晉，最所傾重”，是當時汾晉一帶的律學領袖。如此，則依止他受學的比丘尼肯定也不會少，而專門爲比丘尼集出戒本，也在情理之中。

還有一點值得注意的是，石經本尼戒本的刻經人玄導，乃是静琬弟子，而静琬則師承靈裕，靈裕恰恰是北齊後期及隋前期地論派最重要的巨擘，繼承了地論派重律的傳統，操守嚴謹，舉國聞名，甚而被人稱爲“裕菩薩”。據《續高僧傳·靈裕傳》記載，靈裕曾隨慧光門人曇隱、道憑、法上受學。[②] 而據《續高僧傳·法願傳》載，法願即由法上剃度，並曾得到法上的器重而多加講授。[③] 如此，靈裕和法願有著同門的法誼。而静琬則師承於靈裕，對當時專精四分一門，著作多種律疏，“立破眾家”，“莫敢當其鋒鋭”，被稱爲“律虎”的法願一定不陌生，也許還有相當的欽慕。作爲静琬的門人，玄導選擇將其所出戒本刻出，是可以理解的。故而可以説，石經本《四分大尼戒本》的作者，應該是法願律師。傳承關係見圖5－1所示。

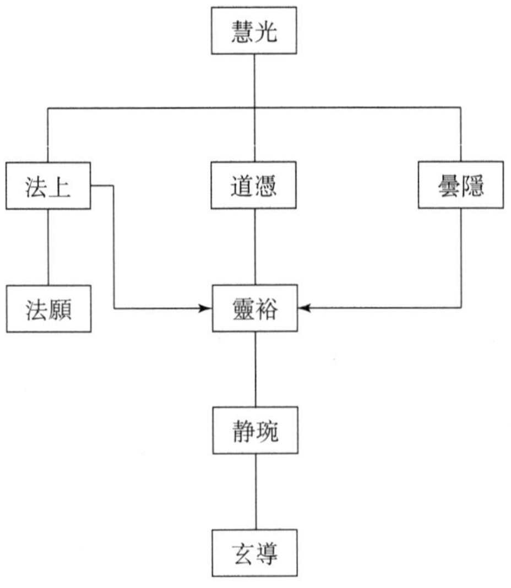

圖5－1　石經本尼戒本刻經人傳承關係

① 一般經録和歷代藏經目録及僧傳等中，對某個作者的著作，常會有遺漏的情況發生。

② 《續高僧傳》卷九《隋相州演空寺釋靈裕傳》：“後南遊漳滏，於隱公所偏學四分。隨聞尋記，五卷行之。又以地論初興，惠光開悟之元匠，流衍弘導。道憑即光師之所親承，憑、光並有別傳。裕依憑法席，晨夜幽通，發奇剖新者，皆共推揖。有齊宣帝盛弘釋典，大統法上勢覆群英，學者望風。嚮附用津僥倖，唯裕仗節專貞，卓然不偶倫類，但慮未聞所聞，用為翹結耳。後上統深委高亮，欽而敬之，自此專業華嚴、涅槃、地論、律部，皆博尋舊解穿鑿新異。”《大正藏》50冊495頁下欄。

③ 《續高僧傳》卷二十一《隋大興國寺釋法願傳》：“釋法願，姓任，西河人也。性警達，頗自高上，而拔致窮玄，不偶儕侶。東觀道化，遂達鄴都。形廁白衣，言揚緇服。齊昭玄大統法上嘉其神慧，與語終朝，深通志梗，因攝而剃落。日賜幽奧，橫勵時倫。乃恣其遊博，願勇思風馳，周行講席，求法無怠，問道新奇。後乃仰蹤波離，專經律部，網羅佛治，舟逕僧猷。自東夏所傳四部律本，並製義疏，妙會異同。當有齊之盛，律徒飈舉，法正一部，各競前驅。雲公創敘綱模，暉上刪其纖芥。法願霜情啟旦，孤映群篇，挫拉言初，流威滅後，所以履歷談對，眾皆杜詞。故得立破眾家，百有餘計，並莫敢當其鋒鋭也。時以其彭亨罕敵，號之為‘律虎’焉。”《大正藏》50冊610頁上欄。

四、結　語

由上可知，房山石經本《四分大尼戒本》與通行的藏經中懷素本《四分比丘尼戒本》差異較大，並非同一內容。根據其內容特征，可推測其作者應該是法願。這點也間接證明了静琬師承靈裕的合理性。同時，因爲各戒本中大量段落和字句相似度很高，對歷史上所流傳下來的各種寫本、刻本，如果不加小心辨别，很有可能導致張冠李戴的錯誤發生，①進而遺漏很多歷史上重要律師所傳下來的律著。

① 這點在敦煌本中尤其常見和突出。如北敦14039號，錯題作《四分僧戒本》，實際是四分比丘尼戒本；伯4505號，錯題作《四分律比丘戒本》，實際與斯797號相同，屬某一古譯十誦比丘戒本（眾學法有107條，各篇聚名譯語與通行的十誦戒本差異極大）；羽594號，《敦煌秘笈》錯題作《十誦比丘尼波羅提木叉》，實際與北敦00198號、北敦00895號、上博02號、大谷大學藏比丘尼戒本同屬十誦系統的比丘尼戒本（眾學法有110條，《十誦比丘尼波羅提木叉戒本》眾學法是106條）；浙敦112號（浙博087號），錯題作《十誦比丘尼波羅提木叉戒本》，實際與斯797相同，屬古譯十誦比丘戒本。等等。

附录　《四分比丘尼戒本》異文對照表

經　名：《四分比丘尼戒本》

各校本特征：趙城本（全，有序）、磧砂本（全，無序）、房山石經本（全，無序）、北敦5453號（首尾全，無序）、北敦5453號（首尾全，無序）、北敦14039號（首尾全，無序）、伯2310號（首尾全，有序）

各符號標誌：#：相同。X：無。&：連接分段处。“下标”：夹注，如“日羅反”。

CBETA	趙城	磧砂	房山石經	北敦5453	北敦14039	伯2310
T22n1431_p1030c14 ‖〔8〕四	#	#		【北敦5453從此處缺】	【北敦14039從此處缺】	#
T22n1431_p1030c14 ‖〔8〕四分尼戒本（并序）	#	出曇無德部律				#
T22n1431_p1030c14 ‖〔8〕四分尼戒本（并序）	#	#	四分大尼戒本一卷			#
T22n1431_p1030c16 ‖西	#	大唐西				#
T22n1431_p1030c16 ‖西太原寺沙門懷素	#	素依律				#
T22n1431_p1030c16 ‖西太原寺沙門懷素集	#	集出				#
T22n1431_p1030c16 ‖西太原寺沙門懷素集	#	#	X			#
T22n1431_p1030c17 ‖夫	#	【磧砂從此處缺】	【石經從此處缺】			#
T22n1431_p1030c20 ‖行，總有四本，據其理雖同	#					復同
T22n1431_p1030c23 ‖戒心，依於正文録之如左	#					右
T22n1431_p1030c23 ‖戒心，依於正文録之如左，庶使順菩提之〔9〕沙	妙					妙

CBETA	趙城	磧砂	房山石經	北敦5453	北敦14039	伯2310
T22n1431_p1030c24 ‖業、成實相之嘉謀，作六**趣**	#					#
T22n1431_p1030c25 ‖軌躅者也	#	X【以上戒序151字無】	X【以上戒序151字無】	X【以上戒序151字無】	X【以上戒序151字無】	也。今除稽首頌者為非本文，斯是律序，後德取來，又此戒經雖彰律部，頌旨既別，不可妄增。
T22n1431_p1031a02 ‖〔1〕**四**	#			【從此處開始】	【從此處開始】	#
T22n1431_p1031a02 ‖〔1〕**四分比丘尼戒**〔2〕**本**	X	X	X	四分律尼戒本一卷	四分戒本	X
T22n1431_p1031a04 ‖〔3〕**後秦三藏佛陀耶舍譯**	X	【磧砂譯者缺，下段開始有】	X【石經譯者缺，下段開始有】	大姊僧聽	四分戒本	X
T22n1431_p1031a05 ‖〔4〕**稽首禮諸佛，及法比丘僧，& 今演毘尼法，令正法久住。**	#	#	X	#	#	#
T22n1431_p1031a06 ‖今演毘	#	#	#	#	比	#
T22n1431_p1031a07 ‖戒如海無**涯**	#	#	崖	崖	#	#
T22n1431_p1031a10 ‖障三十	#	寸	#	#	#	#
T22n1431_p1031a11 ‖毘婆尸式棄，毘舍**拘**	#	#	#	枸	#	俱

CBETA	趙城	磧砂	房山石經	北敦5453	北敦14039	伯2310
T22n1431_p1031a11 ‖毘婆尸式棄，毘舍拘〔5〕**樓**	#	留	#	#	#	#
T22n1431_p1031a12 ‖拘那含牟尼，迦**葉**	#	#	#	#	攝	#
T22n1431_p1031a17 ‖欲得生天上，若生人〔6〕**間**	#	中	#	#	#	#
T22n1431_p1031a19 ‖如御入嶮道，失〔7〕**轄折**	#	#	#	#	析	#
T22n1431_p1031a26 ‖眾星月爲最，眾聖**佛為**	#	#	#	X	#	#
T22n1431_p1031a29 ‖〔9a〕**“僧集?”（答云:“僧集。”）**〔9b〕**“和合?”（答云:“和合。”）**	和合僧集會	和合僧集會	和合僧集會	和合僧集會	和合僧集會	和合僧集會
T22n1431_p1031a29 ‖〔9a〕“僧集?”（答云:“僧集。”）〔9b〕“和合?”（答云:“和合。”）“未受大戒**者**	#	#	#	#	#	X

CBETA	趙城	磧砂	房山石經	北敦5453	北敦14039	伯2310
T22n1431_p1031a29 ‖〔9a〕“僧集?”(答云:“僧集。”)〔9b〕“和合?”(答云:“和合。”)&“未受大戒者出?”(〔10〕**有者,遣出。遣已,答言:“已出。”**	#	有者,依言遣出。		X	#	#
T22n1431_p1031a29 ‖〔9a〕“僧集?”(答云:“僧集。”)〔9b〕“和合?”(答云:“和合。”)“未受大戒者出?”(〔10〕**有者,遣出。遣已,答言:“已出。”**&**無者,答:“無。”**)	#	#	X	X	#	#
T22n1431_p1031b01 ‖ 無者,**答**	#	言	#	#	#	#
T22n1431_p1031b01 ‖ 無者,答:“無。”)“不來諸比丘尼,説欲及清净?”(〔11〕**有,依法説。無,答言:“無。”**	#	有者,依言説之,無,答云無説戒者。	#	#	#	#
T22n1431_p1031b01 ‖ 無者,答:“無。”)“不來諸比丘尼,説欲及清净?”(〔11〕**有,依法説。無,答言:“無。”**)“**僧**&**今和合**	#	#	諸大姊,今僧	今僧	#	#
T22n1431_p1031b01 ‖ 無者,答:“無。”)“不來諸比丘**尼**	#	#	#	#	X	#
T22n1431_p1031b02 ‖今和合何所作爲?”〔12〕(答**言**	#	#	#	#	云	#
T22n1431_p1031b02 ‖今和合何所作爲?”〔12〕(**答言:“説戒羯磨。”**	【模糊】	#	X	如是三说	#	#
T22n1431_p1031b02 ‖今和合何所作爲?”〔12〕(答言:“説戒羯磨。”)“大姊僧聽!**今**	#	#	今僧	今僧	#	#
T22n1431_p1031b03 ‖〔13〕**日,**	#	日前半月云白月十五日,後半月云黑十五日,小盡云十四日。【小字夾註】	#	#	#	#
T22n1431_p1031b03 ‖〔13〕日,**衆僧**	#	#	布薩	布薩	#	#
T22n1431_p1031b03 ‖〔13〕日,衆僧説戒。若僧時到僧忍聽,**和合**	#	#	布薩	布薩	#	#
T22n1431_p1031b04 ‖白如是。”〔14〕(**“作白成不?”答云:“成。”**	#	X	X	X	X	X
T22n1431_p1031b04 ‖白如是。”〔14〕(“作白成不?”答云:“成。”)諸大姊!我**今**	#	#	#	X	#	#
T22n1431_p1031b04 ‖白如是。”〔14〕(“作白成不?”答云:“成。”)“諸大姊!我今欲説**波羅提木**&**叉**	#	#	X	X	#	#

CBETA	趙城	磧砂	房山石經	北敦5453	北敦14039	伯2310
T22n1431_p1031b05 ‖ 叉戒。〔15〕**汝等**	#	諸比丘尼共集在一處當	#	#	#	#
T22n1431_p1031b05 ‖ 叉戒。〔15〕**汝等**〔16〕**諦**	#	#	眾集現前默然	集眾現前默然	#	#
T22n1431_p1031b05 ‖ 叉戒。〔15〕汝等〔16〕諦聽，善〔17〕**思**	心	#	#	#	#	心
T22n1431_p1031b05 ‖ 叉戒。〔15〕汝等〔16〕諦聽，善〔17〕思念之。若〔18〕**自知**	#	X	X	X	#	#
T22n1431_p1031b06 ‖ 者，〔19〕**即應自懺**	#	應懺	#	#	#	#
T22n1431_p1031b06 ‖ 者，〔19〕**即應自懺悔**	#	#	當發露	當發露	#	#
T22n1431_p1031b06 ‖ 者，〔19〕即應自懺悔；〔20〕**不**	#	無	無	无	#	#
T22n1431_p1031b06 ‖ 者，〔19〕即應自懺悔；〔20〕不犯者，默然。默然〔21〕**者**	#	故	故當	故當	#	#
T22n1431_p1031b07 ‖ **諸大姊**	#	#	僧	僧	#	#
T22n1431_p1031b07 ‖諸大姊清净。若有**他問**	#	#	舉	舉	#	#
T22n1431_p1031b07 ‖諸大姊清净。若有他問者，〔22〕**亦如是答**	#	即應如實答	即應如實答	即應如實答	#	#
T22n1431_p1031b08 ‖〔23〕**比**	#	諸比	諸比	諸比	#	#

CBETA	趙城	磧砂	房山石經	北敦5453	北敦14039	伯2310
T22n1431_p1031b08 ‖〔23〕比丘**尼在**	#	尼在於	尼在於	尼在於	在於	尼在於
T22n1431_p1031b08 ‖〔23〕比丘尼在〔24〕眾中，乃**至三問**	#	#	唱	唱	#	#
T22n1431_p1031b08 ‖〔23〕比丘尼在〔24〕眾中，乃至三問，**憶**	#	#	億	#	#	#
T22n1431_p1031b08 ‖〔23〕比丘尼在〔24〕眾中，乃至三問，憶念有罪，不〔25〕**懺&悔**	#	發露	發露	發露	#	#
T22n1431_p1031b09 ‖ 悔者，得故妄語罪。〔26〕**故妄語者，佛説**	#	佛説妄語是	佛説故妄語罪是	佛説故妄語罪是	#	#
T22n1431_p1031b10 ‖**若**	#	#	X	X	#	#
T22n1431_p1031b10 ‖若彼比丘尼，〔27〕**憶念**	#	自憶知	自憶知	自憶知	#	#
T22n1431_p1031b10 ‖若彼比丘尼，〔27〕憶念有罪，欲求清净**者**	#	#	X	X	#	#
T22n1431_p1031b10 ‖若彼比丘尼，〔27〕憶念有罪，欲求清净者，〔28〕**應**	#	當	#		#	#
T22n1431_p1031b10 ‖若彼比丘尼，〔27〕憶念有罪，欲求清净者，〔28〕**應懺&悔。懺悔**〔29〕**得安樂**	#	#	發露則安隱，不發露罪益深	當發露則安隱，不發露罪益深	#	#

CBETA	趙城	磧砂	房山石經	北敦5453	北敦14039	伯2310
T22n1431_p1031b11 ‖悔。懺悔〔29〕**得**	#	則	#	#	#	#
T22n1431_p1031b12 ‖“今問諸大姊：是中清净不？(〔30〕**如是至三**	#	三説	如是三説	如是三説已前序分【如是三説已”爲小字夹注】	#	#
T22n1431_p1031b13 ‖“諸大姊！是**中**	#	#	#	#	#	#
T22n1431_p1031b14 ‖“諸大姊！是**八**	#	#	#	#	#	#
T22n1431_p1031b13 ‖“諸大姊！是中清净，默然故。是事如是**持**	#		#	持稽首礼諸佛至是事持是序分	#	#
T22n1431_p1031b14 ‖“諸大姊！是八波羅夷法，半月半月**説**	#	#	X	X	#	#
T22n1431_p1031b15 ‖中**來**	#	#	説	#	#	#
T22n1431_p1031b16 ‖“若比丘尼，〔32〕**作婬欲**	#	#	欲作	欲作婬欲法	#	#
T22n1431_p1031b17 ‖比丘尼波羅**夷**	#	#	#	#	X	#
T22n1431_p1031b18 ‖“若比丘尼，在聚落、若空〔33〕**閑處**	#	處	#	處	處	閑處阿蘭若處
T22n1431_p1031b18 ‖“若比丘尼，在聚落、若空〔33〕閑處，**不與**	#	#	不與物	#	#	#
T22n1431_p1031b19 ‖隨所**盜物**	#	#	不與取法	#	#	#

CBETA	趙城	磧砂	房山石經	北敦5453	北敦14039	伯2310
T22n1431_p1031b19 ‖隨所盜物，若爲王、**若**	#	#	X	#	#	#
T22n1431_p1031b19 ‖隨所盜物，若爲王、若王大臣所**捉**，	#	捉，若殺	#	#	#	#
T22n1431_p1031b20 ‖**殺**	#	#	煞	煞	煞	#
T22n1431_p1031b20 ‖殺、若驅出國：‘**汝**	#	汝是	汝是	#	若	汝是
T22n1431_p1031b22 ‖“若比丘尼，故自手斷人命，**若**	#	#	X	#	#	#
T22n1431_p1031b22 ‖“若比丘尼，故自手斷人命，若持刀授與人，**若 & 歎死、譽死、勸死**	#	#	歎譽死快勸死	若歎死譽快勸死	#	#
T22n1431_p1031b24 ‖作**如是**	#	#	此	#	#	#
T22n1431_p1031b24 ‖作如是**心念**	#	#	思惟	#	#	#
T22n1431_p1031b24 ‖作如是心念，無數方便，**歎死、譽死、勸死**	#	#	歎譽死快勸死	#	#	#
T22n1431_p1031b24 ‖作如是心念，無數方便，歎死、譽死、勸死。**此**	#	#	是	#	是	是
T22n1431_p1031b26 ‖“若比丘尼，實無所知，自**歎譽**	#	#	稱	#	#	#
T22n1431_p1031b26 ‖“若比丘尼，實無所知，自歎譽言：‘我得**過**	#	#	上	#	#	#

CBETA	趙城	磧砂	房山石經	北敦5453	北敦14039	伯2310
T22n1431_p1031b26 ‖ "若比丘尼，實無所知，自歎譽言：'我得過人**法**，	#	法，我已	法，我已	#	#	#
T22n1431_p1031b27 ‖〔37〕入聖**智**	#	#	知	知	#	#
T22n1431_p1031b28 ‖ 問、若不問，欲〔38〕**求**	#	#	自	#	#	#
T22n1431_p1031b28 ‖ 問、若不問，欲〔38〕求清净故，作〔39〕如是**言：'諸大姊**	#	#	説	#	#	#
T22n1431_p1031b28 ‖ 問、若不問，欲〔38〕求清净故，作〔39〕**如**	#	X	#	#	#	#
T22n1431_p1031b29 ‖ 我實不知、不見，**而言我知、我見，虛、誑**	#	#	言知言見，虛、誑	言知我見，虛、詐	#	#
T22n1431_p1031c01 ‖ 增上慢。是比丘**尼**	#	尼得	#	#	#	#
T22n1431_p1031c01 ‖ 增上慢。是比丘尼〔40〕波羅夷，不共**住**	#	#	#	住已上四戒同僧【"住"後爲小字夾注】	#	#
T22n1431_p1031c02 ‖ "若比丘尼，染**污**	#	#	#	#	惡	#
T22n1431_p1031c02 ‖ "若比丘尼，染汙心，**共**	#	#	與	#	#	#
T22n1431_p1031c03 ‖ 膝已上，**身相觸。若捉摩、若牽、若推、若上摩、若&下摩、若舉、若下、若捉、若捺**	#	#	若摩，若捺，若逆摩，若順摩，若牽，若推，若舉，若下，若捉，若急捺	上身相觸若捺若摩、若牽、若推、若上摩、若下摩、若舉、若下、若捉、若捺	身相觸若捺若摩、若牽、若推、若上摩、若下摩、若舉、若下、若捉、若捺	身相觸若捺若摩、若牽、若推、若上摩、若下摩、若舉、若下、若捉、若捺
T22n1431_p1031c05 ‖ 不共住。**是身相觸〔42〕也**	#	是身相觸故	X	是身相觸	身相觸也	#
T22n1431_p1031c06 ‖ "若比丘尼，染汙心，**知男子染汙心，受**	#	#	與染汙心男子共	知男子染汙心，受授	#	#
T22n1431_p1031c07 ‖ 衣、**入屏處、共立**	#	#	至屏處立	#	#	#
T22n1431_p1031c07 ‖ 衣、入屏處、共立、**共語、共行、或身相倚、或共期**	#	#	屏處共語，若共行，坐，若相倚，若身相近，若共期	#	#	#
T22n1431_p1031c08 ‖ 是比丘尼波羅夷，不共住。犯此八事**故**	#	#	#	故已上二戒因偷羅難陁	#	#
T22n1431_p1031c09 ‖ "若比丘尼，知**比丘尼**	#	#	#	他	#	#
T22n1431_p1031c09 ‖ "若比丘尼，知比丘尼犯波羅夷，不自**發露**	#	#	#	舉	舉	舉
T22n1431_p1031c10 ‖ **不語衆人，不白大衆**	#	#	亦不白僧，不語人令知	不白僧，不語人	#	#

CBETA	趙城	磧砂	房山石經	北敦5453	北敦14039	伯2310
T22n1431_p1031c10‖不語眾人，不白大眾。**若**	#	#	後	後	#	#
T22n1431_p1031c10‖不語眾人，不白大眾。若於異時，**彼**	#	#	此	#	#	#
T22n1431_p1031c10‖不語眾人，不白大眾。若於異時，彼比丘尼**或&命終、或眾中〔43〕舉、或休道**	#	#	若休道，若滅擯，若作不共住	或休道，若滅擯，若眾僧遮	#	#
T22n1431_p1031c11‖命終、或眾中〔43〕舉、或休道、**或入外道眾**	#	#	若入外道	若入外道	#	#
T22n1431_p1031c11‖命終、或眾中〔43〕舉、或休道、或入外道眾，後作**是**	#	#	如是	#	#	#
T22n1431_p1031c12‖言：'我先**知有**	#	#	知此人有	#	#	知
T22n1431_p1031c12‖言：'我先知有如是如是**罪**	#	#	#	X	#	#
T22n1431_p1031c12‖言：'我先知有如是如是罪。'**是**	#	#	X	#	#	#
T22n1431_p1031c13‖不共住。**覆藏**	#	#		X	#	#
T22n1431_p1031c13‖不共住。覆藏重罪**故**	#	#		故此戒抵舍難陁犯	#	#
T22n1431_p1031c14‖"若比丘尼，知比丘，**僧為作舉**	#	#	爲僧所舉	爲僧所舉	#	#
T22n1431_p1031c14‖"若比丘尼，知比丘，僧爲作舉，如法**如律**	#	#	知毗尼	#	#	#
T22n1431_p1031c15‖所教，不順從，不懺悔，僧未與作共住；**而順從**	#	#	便隨順彼比丘	#	#	#
T22n1431_p1031c16‖諸比丘尼**語言**	#	#	諫此比丘尼言	比丘尼語言	#	#
T22n1431_p1031c16‖諸比丘尼語言：'大姊！**此**	#	#	彼	#	#	#
T22n1431_p1031c17‖法如**律**	#	#	毗尼	#	#	#
T22n1431_p1031c17‖法如律，如佛所教，**不順從，不懺悔**	#	#	犯威儀未懺悔	#	#	#
T22n1431_p1031c17‖法如律，如佛所教，不順從，不懺悔，僧未與**作**	#	#		X	#	#
T22n1431_p1031c18‖**共住**	#	#				X
T22n1431_p1031c18‖共住；汝莫**順從**	#	#	隨順	#	#	#
T22n1431_p1031c18‖共住；汝莫順從。'**如是**	#	#	彼	#	#	#
T22n1431_p1031c18‖共住；汝莫順從。'如是比丘尼諫**彼**	#	#	此	#	#	#
T22n1431_p1031c18‖共住；汝莫順從。'如是比丘尼諫彼比丘**尼**	#	#		X	#	#
T22n1431_p1031c19‖〔44〕**時，**	時，是事	#	#	時，是事	時，是事	時，是事

CBETA	趙城	磧砂	房山石經	北敦5453	北敦14039	伯2310
T22n1431_p1031c19 ‖〔44〕時，堅持不捨。彼比丘尼應〔45〕**第二、第三諫**	乃至第二第三諫	乃至第二第三諫	乃至三諫	乃至第二第三諫	乃至第二第三諫	乃至第二第三諫
T22n1431_p1031c19 ‖〔44〕時，堅持不捨。彼比丘尼應〔45〕第二、第三諫，**令**	#	#	X	#	#	#
T22n1431_p1031c20 ‖捨此事〔46〕**故。**	故。若	#	#	故。若	故。若	故。若
T22n1431_p1032a01 ‖比丘尼波羅夷，不共住。犯隨舉〔1〕**故**	#	#	#	此戒因尉次比丘尼【爲小字夾注】	X	X
T22n1431_p1032a02 ‖“諸大姊！我已説八波羅夷**法**	#	#	#	#	X	#
T22n1431_p1032a03 ‖一波羅夷法，不得與諸比丘尼共住如前，**後**	#	後犯	#	#	#	#
T22n1431_p1032a04 ‖〔2〕**亦**	#	亦爾（尒）	#	#	#	#
T22n1431_p1032a04 ‖〔2〕亦如是，〔3〕**是比丘尼**	#	#	X	#	#	#
T22n1431_p1032a05 ‖問諸大姊：是中清净不？（〔*〕**如是至三**	#	三説	如是三説	如是三説【爲小字夾注】	三説	#
T22n1431_p1032a06 ‖清净，默然故。是事如是**持。**	#	#	八波羅夷竟	#	#	#
T22n1431_p1032a07 ‖“諸大姊！是十七僧伽婆尸沙法，半月半月**説**	#	#	X	X	#	#

CBETA	趙城	磧砂	房山石經	北敦5453	北敦14039	伯2310
T22n1431_p1032a08 ‖戒經**中來**	#	#	中説	#	來	#
T22n1431_p1032a09 ‖“若比丘尼，**媒嫁**	往来彼此媒嫁	#	往來彼此媒嫁	#	#	#
T22n1431_p1032a09 ‖“若比丘尼，媒嫁，持男**語**	#	#	意	#	#	#
T22n1431_p1032a09 ‖“若比丘尼，媒嫁，持男語語女，持女**語**	#	#	意	#	#	#
T22n1431_p1032a10 ‖爲成婦事，〔4〕**若**	#	及爲	若爲	若爲	若爲	若爲
T22n1431_p1032a10 ‖爲成婦事，〔4〕若私通〔5〕**事**	X	#	X	X	#	X
T22n1431_p1032a10 ‖爲成婦事，〔4〕若私通〔5〕事，乃至〔6〕須**臾**	#	臾頃	#	臾頃	#	#
T22n1431_p1032a11 ‖尼犯初法應捨，僧伽婆尸**沙**	#	#	#	沙此戒同僧因迦羅比丘	#	#
T22n1431_p1032a13 ‖**破**	#	#	壞	#	#	#
T22n1431_p1032a13 ‖破彼清净行。後於異時，若問、若不問，	#	問知	問知	#	問知	問知
T22n1431_p1032a13 ‖破彼**清净行**	#	#	比丘尼净行	#	#	#
T22n1431_p1032a14 ‖無根，説：‘我瞋恚**故，**	#	#	故作	#	故作	故作
T22n1431_p1032a15 ‖法應捨，僧伽婆尸**沙**	#	#	#	沙此戒同僧因慈地比丘犯	#	#

CBETA	趙城	磧砂	房山石經	北敦5453	北敦14039	伯2310
T22n1431_p1032a17 ‖羅夷比丘尼，以無根波羅夷法謗，欲**破**	#	#	壞	#	壞	#
T22n1431_p1032a17 ‖羅夷比丘尼，以無根波羅夷法謗，欲破彼人 & **梵行**	#	#	比丘尼浄行	#	#	#
T22n1431_p1032a18 ‖梵行。後於異時，若問、若不問，**知**	#	#		如	#	#
T22n1431_p1032a19 ‖取片。彼比丘尼住瞋〔9〕**恚**	#	恚法	法	恚法	恚法	恚法
T22n1431_p1032a19 ‖取片。彼比丘尼住瞋〔9〕恚故，作如是**說**	#	#	語	#	#	#
T22n1431_p1032a20 ‖丘尼犯初法應捨，僧伽婆尸沙	#	#	#	沙同前	#	#
T22n1431_p1032a21 ‖“若比丘尼，詣官**言**	#	#	#	言人若	言人若	言人若
T22n1431_p1032a21 ‖“若比丘尼，詣官言居士、**若**	#	#	#		X	X
T22n1431_p1032a23 ‖**頃**	#	#	#	X	#	#
T22n1431_p1032a23 ‖頃。是比丘尼犯初法應捨，僧伽婆尸**沙**	#	#	#	沙此戒阿蘭比丘尼犯	#	#
T22n1431_p1032a24 ‖“若比丘尼，先**知**	#	#	如	#	#	#
T22n1431_p1032a24 ‖“若比丘尼，先知是賊**女**	#	#	#	X	#	#
T22n1431_p1032a24 ‖“若比丘尼，先知是賊女，罪應死，**人**	#	#	#	多人	多人	多人
T22n1431_p1032a25 ‖王、大臣、不問種**姓**	#	#	#	性	#	#
T22n1431_p1032a25 ‖王、大臣、不問種姓，便度出家受**具足**	#	#	X	X	#	#
T22n1431_p1032a27 ‖“若比丘尼，知比丘尼爲僧所舉，如法如**律**	#	#	毗尼	#	#	#
T22n1431_p1032a28 ‖佛所教，不〔10〕**順**	#	隨	#	#	#	#
T22n1431_p1032a28 ‖佛所教，不〔10〕順從，未懺悔，僧未與作共**住**	#	#	住僧未與作	#	#	#
T22n1431_p1032b01 ‖解罪。是比丘尼犯初法應捨，僧伽婆尸**沙**	#	#	#	沙尉次比丘尼及偷羅難陁	#	#
T22n1431_p1032b03 ‖〔11〕**是比丘尼**	X	X	X	X	#	#
T22n1431_p1032b03 ‖〔11〕是比丘尼犯初法應捨，僧伽婆尸**沙**	#	#	#	沙偷羅難陁比丘尼在後行犯	#	#
T22n1431_p1032b06 ‖伽婆尸**沙**	#	#	#	沙同前	#	#
T22n1431_p1032b08 ‖染汙心、無染汙心，能〔12〕**那**	#	奈	#	#	#	#
T22n1431_p1032b08 ‖染汙心、無染汙心，能〔12〕那汝何？汝自**無**	#	#	有	有	#	#

CBETA	趙城	磧砂	房山石經	北敦5453	北敦14039	伯2310
T22n1431_ p1032b10 ‖犯初法應捨，僧伽婆尸**沙**	#	#	#	沙此戒提舍難陀六群比丘犯偷羅難陁比丘尼犯	#	#
T22n1431_ p1032b11 ‖ “若比丘尼，欲壞和合僧，〔13〕**勸**	X	X	X	X	X	X
T22n1431_ p1032b15 ‖歡喜不諍，同一師學，如水乳合，於佛法**中**	#	#	#	X	#	#
T22n1431_ p1032b16 ‖〔14〕增**益**	#	#	#	#	X	#
T22n1431_ p1032b18 ‖三諫，捨者善。**不**	#	#	#	若不	#	#
T22n1431_ p1032b19 ‖僧伽婆尸沙〔15〕(**一十**	#	十	X	X	X	X
T22n1431_ p1032b21 ‖乃至無數。彼比丘尼語是**比丘尼**	#	#	#	#	比丘	#
T22n1431_ p1032b22 ‖莫諫此比丘尼，此比丘**尼，**	尼，是	#	尼，是	#	#	#
T22n1431_ p1032b25 ‖言：‘大姊！莫作是說！言：“此比丘尼，**是**	#	#	#	X	#	#
T22n1431_ p1032b26 ‖尼，律語比丘尼。此比丘尼所說，我等**憙**	#	喜	心喜	心喜	喜	#
T22n1431_ p1032b28 ‖說，非法語，**非律語**	#	#	#	#	#	X
T22n1431_ p1032b28 ‖說，非法語，非律語。大姊！莫欲**破**	#	#	X	#	#	#

CBETA	趙城	磧砂	房山石經	北敦5453	北敦14039	伯2310
T22n1431_ p1032b29 ‖樂欲和合僧。大姊！〔17〕與僧和合，**歡喜**	#	#	#	#	#	憙
T22n1431_ p1032c01 ‖一師學，如水乳合，於佛法中有**增益**	#	#	#	#	#	#
T22n1431_ p1032c01 ‖一師學，如水乳合，於佛法中有增益安樂**住**	#	#	#	#	#	#
T22n1431_ p1032c02 ‖是比丘尼**諫彼比**	#	#	#	#	應三諫	#
T22n1431_ p1032c04 ‖者，是比丘尼犯三法應捨，僧伽婆尸**沙**	#	#	#	沙此二戒同僧犯因提婆達多犯？主亦同	#	#
T22n1431_ p1032c05 ‖ “若比丘尼，依城邑、若村落住，**汙他家，行惡&行**	#	#	行惡行，汙他家	#	#	#
T22n1431_ p1032c06 ‖行。〔18〕行惡行，亦見亦聞；汙他家，亦見亦聞。〔19〕**是**	#	諸	#	#	#	#
T22n1431_ p1032c07 ‖比丘尼**諫**	#	#	語	#	#	#
T22n1431_ p1032c09 ‖姊！汝**污**	#	#	#	汙	惡	汙
T22n1431_ p1032c09 ‖姊！汝汙他家，行惡行，今可〔20〕**離**	#	遠	#	#	#	#
T22n1431_ p1032c09 ‖姊！汝汙他家，行惡行，今可〔20〕**離此村**	#	聚	#	#	#	#

CBETA	趙城	磧砂	房山石經	北敦5453	北敦14039	伯2310
T22n1431_p1032c10‖須住此。'〔21〕**彼**	#	是	#	#	#	#
T22n1431_p1032c10‖須住此。'〔21〕彼比丘尼語〔22〕**此**	#	彼	#	#	#	#
T22n1431_p1032c10‖須住此。'〔21〕彼比丘尼語〔22〕此比丘尼〔23〕**作是**	#	X	#	#	#	#
T22n1431_p1032c10‖須住此。'〔21〕彼比丘尼語〔22〕此比丘尼〔23〕**作是**	#	#	如是	#	#	#
T22n1431_p1032c11‖姊！〔24〕**諸比丘尼**	#	今僧	#	#	#	#
T22n1431_p1032c12‖**同**	#	等同	#	#	#	#
T22n1431_p1032c12‖同罪比丘尼，有驅者，有不驅者。'〔26〕**是**	#	X	X	#	#	#
T22n1431_p1032c13‖〔27〕**語彼比丘尼**	#	諫	#	#	#	#
T22n1431_p1032c13‖〔27〕語彼比丘尼言：'大姊！莫作是〔28〕**語**	#	語言	#	#	#	#
T22n1431_p1032c13‖〔27〕語彼比丘尼言：'大姊！莫作是〔28〕語："**有愛、有恚**	#	#	有愛語、有恚語	#	#	#
T22n1431_p1032c14‖有怖、有癡。"〔29〕**亦莫言**	#	X	#	#	#	#
T22n1431_p1032c16‖**恚**	#	應	#	#	#	#
T22n1431_p1032c17‖不**驅者。**	者。何以故？而諸比丘尼不愛、不恚、不怖、不癡	#	#	#	#	#
T22n1431_p1032c17‖不驅者。大姊！汙他家，**行惡行**	#	#	#	#	#	#
T22n1431_p1032c18‖亦聞；〔32〕**汙他家，亦見亦聞**	#	X	#	#	#	#
T22n1431_p1032c18‖亦聞；〔32〕汙他家，亦見亦聞。'**是比丘尼**	#	尼如是	#	#	#	#
T22n1431_p1032c18‖亦聞；〔32〕汙他家，亦見亦聞。'是比丘尼〔33〕**諫彼比＆丘尼**	#	X	#	#	#	#
T22n1431_p1032c19‖丘尼時，堅持不捨。**是**	#	彼	#	#	#	#
T22n1431_p1032c21‖法應捨，僧伽婆尸沙	#	#	#	沙同僧犯因阿湿婆富那婆差犯	#	#
T22n1431_p1032c22‖"若比丘尼，惡**性**	#	#	#	#	#	#
T22n1431_p1032c22‖"若比丘尼，惡性不**受人**	#	#	#	#	X	#
T22n1431_p1032c23‖尼如法諫已，自身不受諫語，言：'〔34〕大姊！〔35〕**汝**	#	X	#	#	#	#

CBETA	趙城	磧砂	房山石經	北敦5453	北敦14039	伯2310
T22n1431_p1032c24 ‖莫向我說若好、若惡，我亦不向〔36〕**汝**	#	諸大姊	#	#	#	#
T22n1431_p1032c25 ‖惡。諸〔37〕大〔38〕姊**止**	#	且止	#	#	且止	且止
T22n1431_p1032c25 ‖惡。諸〔37〕大〔38〕姊止！**莫**	#	莫數	#	#	#	#
T22n1431_p1032c25 ‖惡。諸〔37〕大〔38〕姊止！莫〔39〕諫我。’〔40〕**是**	#	彼	#	#	#	#
T22n1431_p1033a01 ‖〔*〕**彼**	#	是	#	#	#	#
T22n1431_p1033a01 ‖〔*〕彼比丘尼言：‘大姊！〔*〕**汝**	#	X	#	#	#	#
T22n1431_p1033a03 ‖諸比丘尼亦當如法**諫**	#	諫諸	#	#	#	#
T22n1431_p1033a02 ‖大姊！自身當受**諫**	諫	#	#	#	#	#
T22n1431_p1033a04 ‖**得**	#	#	#	#	等	#
T22n1431_p1033a05 ‖丘尼如是諫時，堅持不捨。〔*〕**是**	#	彼	#	#	#	#
T22n1431_p1033a06 ‖諫，捨此事故。乃至三諫，捨者善。**不**	#	#	若不	#	#	#
T22n1431_p1033a07 ‖丘尼犯三法應捨，僧伽婆尸**沙**	#	#	#	沙同僧犯。尊者禪陁犯	#	#

CBETA	趙城	磧砂	房山石經	北敦5453	北敦14039	伯2310
T22n1431_p1033a10 ‖姊！汝等莫相親近，**共**	#	#	#	X	#	#
T22n1431_p1033a15 ‖**沙**	#	#	#	沙此戒因蘇摩比丘犯	#	#
T22n1431_p1033a16 ‖“若比丘〔1〕尼，**僧**	比丘尼僧	比丘尼僧	比丘尼僧	#	比丘尼僧	比丘尼僧
T22n1431_p1033a17 ‖**是**	#	#	#	#	是如是	#
T22n1431_p1033a20 ‖‘大姊！汝莫教餘比丘尼言：“汝等莫別**住**	#	#	住，當共住	#	#	#
T22n1431_p1033a21 ‖見餘比丘尼共**住**	#	#	相親近	#	#	#
T22n1431_p1033a22 ‖相覆罪。僧以恚故，**教**	#	#	#	#	#	X
T22n1431_p1033a23 ‖丘尼共住，**共**	#	#	作	X	#	#
T22n1431_p1033a24 ‖無**有餘**	#	#	餘者	餘	#	#
T22n1431_p1033a25 ‖安樂住。’是比丘尼**諫彼**	#	#	#	#	#	彼比丘尼諫彼
T22n1431_p1033a26 ‖是比丘尼應三諫，〔3〕**令**	#	X	X	#	#	#
T22n1431_p1033a28 ‖尸**沙**	#	#	#	沙此戒因六群比丘尼及偷蘭難陀犯	#	#
T22n1431_p1033b05 ‖佛、捨法、捨僧。不獨有此沙門釋子，亦更有**餘**	#	#	#	#	敷	#

CBETA	趙城	磧砂	房山石經	北敦5453	北敦14039	伯2310
T22n1431_p1033b07 ‖行。”’**若**	#	#	X	#	#	#
T22n1431_p1033b08 ‖比丘尼	#	#	#	#	#	#
T22n1431_p1033b09 ‖善。**不**	#	#	若不	#	#	#
T22n1431_p1033b10 ‖**沙**	#	#	#	沙此戒六群比丘尼犯	#	#
T22n1431_p1033b12 ‖**是**	#	#	如是	#	#	#
T22n1431_p1033b12 ‖是語：‘僧有愛、有恚、有怖、有癡。’**是**	#	#	#	#	X	#
T22n1431_p1033b13 ‖彼比丘尼言：‘〔5〕**姊**	#	大姊	姊	#	#	#
T22n1431_p1033b19 ‖**沙**	#	#	#	沙此戒因黑比丘尼犯	#	#
T22n1431_p1033b20 ‖“諸大姊！我已說十七僧伽婆尸沙法，**九初犯&罪，八乃至三諫**	#	#	X	#	#	#
T22n1431_p1033b21 ‖罪，八乃至三諫。若比丘尼犯一一法，**應**〔7〕**半&月**	#	應	應在	應强與半月半月	#	#
T22n1431_p1033b22 ‖月〔8〕**二部僧**〔9〕**中**〔10〕**行摩那**〔11〕**埵**	#	二部僧中强與半月行摩那埵法	二部僧中半月行摩那埵	摩那埵	#	#
T22n1431_p1033b22 ‖月〔8〕二部僧〔9〕中〔10〕行摩那〔11〕埵。行摩那埵已，〔12〕**餘&有**	#	應與	#	#	#	#

CBETA	趙城	磧砂	房山石經	北敦5453	北敦14039	伯2310
T22n1431_p1033b23 ‖有出罪，〔*〕**應**	#	當	#	#	#	#
T22n1431_p1033b23 ‖有出罪，〔*〕應二部**四十**〔13〕**人**	#	#	X	X	#	#
T22n1431_p1033b23 ‖有出罪，〔*〕應二部四十〔13〕人〔14〕**僧**	#	大	#	#	#	#
T22n1431_p1033b23 ‖有出罪，〔*〕應二部四十〔13〕人〔14〕僧中，**出是比丘尼&罪**	#	#	#	各廿人	#	#
T22n1431_p1033b24 ‖罪。若少一〔15〕人，**不滿四十眾**	#	#	#	X	#	#
T22n1431_p1033b24 ‖罪。若少一〔15〕人，不滿四十眾，〔16〕**出**	#	X	#	#	#	#
T22n1431_p1033b24 ‖罪。若少一〔15〕人，不滿四十眾，〔16〕**出是比丘尼罪**	#	#	X	#	#	#
T22n1431_p1033b25 ‖〔17〕**是比丘尼**〔18〕**罪**	#	X	#	#	#	#
T22n1431_p1033b26 ‖是〔**事>時**〕	#	時	時	時	時	時
T22n1431_p1033b26 ‖是〔事>時〕。“〔19〕今問諸**大姊**	#	#	#	姊大	#	#

CBETA	趙城	磧砂	房山石經	北敦5453	北敦14039	伯2310
T22n1431_p1033b26 ‖ 是〔事 > 時〕。"〔19〕今問諸大姊：是中清净不？（〔*〕**如是至三**	#	三說	如是三說	如是三說【爲小字夹注】	如是三說	#
T22n1431_p1033b28 ‖ "諸大姊！是**三十**	#	#	卅	卅	#	#
T22n1431_p1033b29 ‖**說**	#	#	X	X	#	#
T22n1431_p1033b29 ‖說，戒經中**來**	#	#	說	#	#	#
T22n1431_p1033c02 ‖〔20〕經十日不净**施**	#	#	#	X	#	#
T22n1431_p1033c02 ‖〔20〕經十日不净施，得**持**	#	#	#		X	畜
T22n1431_p1033c02 ‖〔20〕經十日不净施，得持。〔21〕若〔22〕**過**	#	#	過畜者	#	過者	#
T22n1431_p1033c07 ‖"若比丘尼，衣已竟，迦絺那衣已〔23〕捨，〔24〕**若**	#	若比丘尼	#	#	#	#
T22n1431_p1033c09 ‖若不足者，得**畜**	#	#	畜遅	#	#	#
T22n1431_p1033c10 ‖薩耆波逸**提**	#	#	#	提。此三同僧因六群犯。	#	#
T22n1431_p1033c11 ‖"若比丘尼，從非親里居**士**	#	士若	#	#	#	#
T22n1431_p1033c12 ‖餘時，尼薩耆波逸提。〔27〕**是中**	#	餘	#	#	餘	餘
T22n1431_p1033c13 ‖衣、燒衣、漂衣，是〔28〕**名時。**	#	謂餘時。	#	名時。同僧跋難陁犯。	#	#
T22n1431_p1033c14 ‖"若比丘尼，〔29〕**奪衣、失衣**	#	失衣奪衣	#	#	#	#
T22n1431_p1033c14 ‖"若比丘尼，〔29〕奪衣、失衣、燒衣、漂衣，〔30〕**是**	#	若	#	從	若	若
T22n1431_p1033c15 ‖士、〔31〕**若**	#	X	#	#	#	#
T22n1431_p1033c16 ‖足受衣。若過〔32〕**者**	#	#	受	X	受	受
T22n1431_p1033c16 ‖足受衣。若過〔32〕者，尼薩耆波逸**提。**	#	#	#	提。同僧因六群尼犯。	#	#
T22n1431_p1033c17 ‖"〔*〕若**居士**	比丘尼居士	比丘尼居士	若比丘尼若	#	比丘尼居士	比丘尼居士
T22n1431_p1033c17 ‖"〔*〕若居士、居士婦爲比丘尼**辦**	#	#	#	辯	辯	#
T22n1431_p1033c17 ‖"〔*〕若居士、居士婦爲比丘尼辦衣價：'**具**	#	#	持	#	#	#
T22n1431_p1033c18 ‖**衣**	#	#	#	#	依	#
T22n1431_p1033c19 ‖請，到居士家，**作**	#	#	#	X	#	#
T22n1431_p1033c20 ‖〔34〕如是**如是衣〔35〕價**	#	衣故	#	如是衣買	衣價	#

CBETA	趙城	磧砂	房山石經	北敦5453	北敦14039	伯2310
T22n1431_p1033c20 ‖〔34〕如是如是衣〔35〕價與我。’爲好〔36〕**故**	#	衣	#	#	#	#
T22n1431_p1033c21 ‖尼薩耆波逸**提**。	#	#	#	提。同僧。	#	#
T22n1431_p1033c22 ‖“〔*〕若**二居士**	比丘尼二居士	比丘尼二居士	比丘尼二居士	#	#	比丘尼二居士
T22n1431_p1033c26 ‖〔37〕**衣**	衣者	衣者	衣者	#	衣者	衣者
T22n1431_p1033c26 ‖〔37〕衣，尼薩耆波逸**提**。	#	#	#	提。此戒因跋難陁比丘犯，同僧。	#	#
T22n1431_p1033c29 ‖與某甲比丘尼。’彼使至比丘尼所〔38〕**語**	#	語比丘尼	#	#	#	#
T22n1431_p1034a01 ‖〔1〕姨！〔2〕**為汝送**	#	今爲汝故送是	#	#	#	#
T22n1431_p1034a02 ‖是言：‘我不應受此衣**價**	#	#	買	買	#	#
T22n1431_p1034a04 ‖不?’須衣比丘尼〔4〕**言**	#	應語言	#	#	應言	應言
T22n1431_p1034a05 ‖塞，此是比丘尼執事人，常**為**	#	爲諸	#	#	#	#
T22n1431_p1034a06 ‖〔6〕彼使〔7〕**至**	#	便往	詣	#	#	#
T22n1431_p1034a08 ‖價。大姊！知時，往彼當得〔8〕衣。’**比丘尼**	#	須衣比丘尼	#	#	#	#

CBETA	趙城	磧砂	房山石經	北敦5453	北敦14039	伯2310
T22n1431_p1034a09 ‖者，當往〔9〕**彼**	#	X	#	#	X	X
T22n1431_p1034a11 ‖衣，四反、五反、六反在前默然〔10〕**住**	#	立	#	#	立	立
T22n1431_p1034a14 ‖得**衣**	#	#	#	衣者	#	#
T22n1431_p1034a14 ‖得衣，隨**使**	#	#	彼使	#	彼使	彼使
T22n1431_p1034a14 ‖得衣，隨使所來處，若自往、若遣〔11〕**使**	#	信	#	#	#	#
T22n1431_p1034a15 ‖‘汝先遣〔*〕**使**	#	信	#	#	#	#
T22n1431_p1034a16 ‖竟不〔12〕**得**	#	得衣	得衣	#	得衣	得衣
T22n1431_p1034a17 ‖“若比丘尼，自〔13〕取**金、銀、若**〔14〕**錢**	#	取錢，若金銀	#	#	#	#
T22n1431_p1034a18 ‖可**受**	#	#	#	#	#	受者
T22n1431_p1034a19 ‖“若比丘尼，種種〔15〕**買賣**	#	賣買	販賣	#	#	#
T22n1431_p1034a20 ‖“若比丘尼，種種販賣〔16〕**者**	#	X	#	#	#	#
T22n1431_p1034a21 ‖“若比丘尼，〔17〕**鉢**	#	畜鉢	#	#	#	#
T22n1431_p1034a22 ‖故，尼薩耆波逸提。是比丘尼當持**此鉢**	#	#	#	新鉢	#	#

CBETA	趙城	磧砂	房山石經	北敦5453	北敦14039	伯2310
T22n1431_p1034a22 ‖故，尼薩耆波逸提。是比丘尼當持此鉢，於**尼**	#	#	X	#	#	#
T22n1431_p1034a25 ‖“若比丘尼，自〔19〕**求縷**	#	乞縷線	#	#	#	#
T22n1431_p1034a25 ‖“若比丘尼，自〔19〕求縷，使非親**里**	#	#	理	#	#	#
T22n1431_p1034a26 ‖〔*〕**者**	#	X	#	#	#	#
T22n1431_p1034a27 ‖“若比丘尼，居士、居士婦使**織**	#	#	#	X	#	#
T22n1431_p1034a28 ‖作衣，彼比丘尼先不受自恣請，便往〔20〕**到彼**	#	織師	#	#	#	#
T22n1431_p1034a29 ‖語〔21〕**織師**	#	X	#	#	#	#
T22n1431_p1034a29 ‖語〔21〕織師言：‘此衣爲我織，〔22〕**極**	#	與我極	#	#	#	#
T22n1431_p1034b01 ‖緻，〔24〕**齊整好**	#	X	#	#	#	#
T22n1431_p1034b01 ‖緻，〔24〕齊整好，我當〔25〕**少多**	#	多少	#	#	#	#
T22n1431_p1034b01 ‖緻，〔24〕齊整好，我當〔25〕少多與汝**價**	#	#	#	賈	價直	#
T22n1431_p1034b02 ‖**價**	#	#	衣價	賈	#	僧
T22n1431_p1034b02 ‖價，乃至一〔27〕**食**	#	食直若	#	#	食直	食直
T22n1431_p1034b02 ‖價，乃至一〔27〕食，**得衣者**	#	#	#	#	X	#
T22n1431_p1034b02 ‖價，乃至一〔27〕食，得衣者，尼薩耆波逸**提。**	#	#	#	提。已上七戒因跋難比丘犯。	#	#
T22n1431_p1034b03 ‖“若比丘尼，〔28〕**與**	#	先與	先與	#	#	#
T22n1431_p1034b03 ‖“若比丘尼，〔28〕與比丘尼衣**已**	#	#	X	#	#	#
T22n1431_p1034b05 ‖衣；〔30〕**彼取衣**	#	若取衣	取衣	#	#	X
T22n1431_p1034b04 ‖教人奪取：‘還我衣來，不與汝。’〔29〕**是**	#	彼	#	#	#	#
T22n1431_p1034b05 ‖衣；〔30〕彼取衣者，尼薩耆波逸**提。**	#	#	#	提。此戒因跋難陁弟子犯，同僧。	#	#
T22n1431_p1034b06 ‖“若〔31〕**諸病比丘尼**	#	比丘尼有病	#	#	比丘尼有諸病	比丘尼有諸病
T22n1431_p1034b06 ‖“若〔31〕諸病比丘尼，〔32〕畜藥：〔33〕酥、油、生〔*〕酥、蜜、石蜜，**得 & 食殘宿，乃至七日得服**	#	#	齊七日得服	#	#	#
T22n1431_p1034b07 ‖食殘宿，乃至七日得服。若過七日〔34〕**服**	#	服者	#	#	#	#

CBETA	趙城	磧砂	房山石經	北敦5453	北敦14039	伯2310
T22n1431_p1034b07‖食殘宿，乃至七日得服。若過**七日**〔34〕**服**	#	#	服者	#	#	#
T22n1431_p1034b08‖耆波逸**提**。	#	#	#	提。此戒因畢陵伽德衆犯同僧。	#	#
T22n1431_p1034b09‖“若比丘尼，十日未〔35〕**滿**	#	竟	#	#	#	#
T22n1431_p1034b09‖“若比丘尼，十日未〔35〕滿夏三月，〔36〕**若有**	#	諸比丘尼得	#	#	#	#
T22n1431_p1034b10‖比丘尼**知**	#	#	如	#	#	#
T22n1431_p1034b10‖比丘尼知是急施衣，〔37〕**應**	#	當	#	#	#	#
T22n1431_p1034b10‖比丘尼知是急施衣，〔37〕應受；受〔38〕**已**	#	竟	#	#	#	#
T22n1431_p1034b11‖**應**	#	#	#	#	X	#
T22n1431_p1034b11‖應畜。若過畜〔*〕**者**	X	#	X	X	#	#
T22n1431_p1034b11‖應畜。若過畜〔*〕者，尼薩耆波逸**提**。	#	#	#	提。同僧因六群犯。	#	#
T22n1431_p1034b12‖“若比丘尼，知物向僧，自求入己〔*〕**者**	X	#	#	X	#	#
T22n1431_p1034b13‖逸**提**。	#	#	#	提。因跋難犯，同僧。	#	#

CBETA	趙城	磧砂	房山石經	北敦5453	北敦14039	伯2310
T22n1431_p1034b14‖“若比丘尼，欲索是，更索**彼**	#	#	#	X	#	#
T22n1431_p1034b14‖“若比丘尼，欲索是，更索彼〔*〕**者**	#	X	#	#	#	#
T22n1431_p1034b14‖“若比丘尼，欲索是，更索彼〔*〕者，尼薩耆波逸**提**。	#	#		提。因偷蘭難陁比丘。	#	#
T22n1431_p1034b15‖“若比丘尼，知檀越所爲僧施異，迴作**餘**	#	#	#	#	X	#
T22n1431_p1034b15‖“若比丘尼，知檀越所爲僧施異，迴作餘用〔*〕**者**	#	X	#	#	#	#
T22n1431_p1034b16‖尼薩耆波逸**提**。	#	#	#	提。偷多羅比丘尼犯	#	#
T22n1431_p1034b17‖“若比丘尼，所爲施物異，自求爲僧，**迴**	#	#	#	#	#	#
T22n1431_p1034b18‖者，尼薩耆波逸**提**。	#	#	#	提。因安隱比丘尼犯。	#	#
T22n1431_p1034b19‖“若比丘尼，檀越**所施物異**	#	#	所爲施物異作別房	#	#	#
T22n1431_p1034b20‖耆波逸**提**。	#	#	#	提。同前。	#	#
T22n1431_p1034b21‖“若比丘尼，檀越所〔39〕**為**	#	X	#	#	#	#

CBETA	趙城	磧砂	房山石經	北敦5453	北敦14039	伯2310
T22n1431_p1034b21 ‖ **“若比丘尼，檀越所〔39〕為施物異，自求為僧，迴作＆餘用者，尼薩耆波逸提。**	#	#	#	X	#	#
T22n1431_p1034b22 ‖ 餘用**者**	#	#	X	#	#	#
T22n1431_p1034b23 ‖ “若比丘尼，畜**長鉢**	#	#	#		長鉢者	長鉢者
T22n1431_p1034b23 ‖ “若比丘尼，畜長鉢，尼薩耆波逸**提**。	#	#	#	提。同六群比丘尼犯。	#	#
T22n1431_p1034b24 ‖ “若比丘尼，**多**	#	#	#	X	#	#
T22n1431_p1034b24 ‖ “若比丘尼，多畜好色器者，尼薩耆波逸**提**。	#	#	#	提。同前。	#	#
T22n1431_p1034b25 ‖ “若比丘尼，許**他**	#	#	X	X	#	#
T22n1431_p1034b26 ‖ 耆波逸**提**。	#	#	#	提。旃檀輸那比丘尼。	#	#
T22n1431_p1034b28 ‖ 逸**提**。	#	#	#	提。因六群比丘。	#	#
T22n1431_p1034c01 ‖ 取、若使人**奪**	#	#	奪取	#	#	#
T22n1431_p1034c01 ‖ 取、若使人奪：‘〔40〕妹！還我衣來，**我**	#	#	X	#	X	X
T22n1431_p1034c02 ‖ 屬汝，我衣〔41〕還我。’者，尼薩耆波逸**提**。	#	#	#	提。因偷羅難陁比丘尼。	#	#
T22n1431_p1034c04 ‖ **耆**	#	#	者	#	#	#
T22n1431_p1034c05 ‖ “若比丘尼，〔42〕**欲**	#	X	#	#	#	#
T22n1431_p1034c05 ‖ “若比丘尼，〔42〕欲乞輕衣，極**至價**	#	#	#	買	重價	重價
T22n1431_p1034c06 ‖ 者，尼薩耆波逸**提**。	#	#	#	提。已上二戒因迦羅比丘等三人犯。	#	#
T22n1431_p1034c07 ‖ “諸大姊！我已說**三十**	#	#	卅	卅	#	#
T22n1431_p1034c07 ‖ “諸大姊！我已說三十尼薩耆波逸提**法**	#	#	法竟	#	#	#
T22n1431_p1034c08 ‖ 諸大姊：是中清净不？（〔*〕**如是至三**	#	三說	如是三說	如是三說	#	#
T22n1431_p1034c10 ‖ “諸大姊！是**一**	#	#	#	X	#	#
T22n1431_p1034c11 ‖ **說**	#	#	X	X	#	#
T22n1431_p1034c11 ‖ 說，**戒經中來**	#	#	說	#	#	#
T22n1431_p1034c12 ‖ “若比丘尼，故妄語**者**	#	#	#	X	#	#
T22n1431_p1034c12 ‖ “若比丘尼，故妄語者，波逸**提**。	#	#	#	提。同僧象力比丘犯。	#	#

CBETA	趙城	磧砂	房山石經	北敦5453	北敦14039	伯2310
T22n1431_p1034c13‖“若比丘尼，毀〔43〕**呰語**	#	#	語者	#	語者	語者
T22n1431_p1034c14‖“若比丘尼，兩舌**語**	#	#	語者	#	語者	語者
T22n1431_p1034c14‖“若比丘尼，兩舌語，波逸**提**。	#	#	#	提。此二戒因六群比丘，同僧。	#	#
T22n1431_p1034c15‖“若比丘尼，與男子同室宿**者**	#	#	X	#	#	#
T22n1431_p1034c15‖“若比丘尼，與男子同室宿者，波逸〔44〕**提**。	#	#	#	提。阿那律犯。	#	#
T22n1431_p1034c16‖“若比丘尼，共未受**戒**	#	#	#	具戒	大戒	大戒
T22n1431_p1034c16‖“若比丘尼，共未受戒女人同**一**	#	#	#	X	#	#
T22n1431_p1034c16‖“若比丘尼，共未受戒女人同一室宿，〔45〕**若**	#	#	X	#	#	#
T22n1431_p1034c17‖**宿**	#	#	夜	#	#	宿者
T22n1431_p1034c17‖宿，波逸提。	#	#	#	提。此戒因六群比丘同僧犯。	#	#
T22n1431_p1034c18‖“若比丘尼，**與**	#	#	共	共	#	#
T22n1431_p1034c18‖“若比丘尼，與未受〔46〕**具**	#	大	大	X	#	#
T22n1431_p1034c18‖“若比丘尼，與未受〔46〕具戒人共誦**法**	#	#	X	#	#	#
T22n1431_p1034c21‖除僧羯磨，波逸**提**。	#	#	#	提。此二同前。	#	#
T22n1431_p1034c23‖是，我見是〔47〕實。’者，波逸**提**。	#	#	#	提。並如上初篇。	#	#
T22n1431_p1035a01‖人，波逸**提**。	#	#	#	提。因迦留陁夷犯。	#	#
T22n1431_p1035a02‖“若比丘尼，**自**	#	#	#		自手	自手
T22n1431_p1035a02‖“若比丘尼，自掘地、若教人掘〔*〕**者**	X	X	#	X	#	#
T22n1431_p1035a02‖“若比丘尼，自掘地、若教人掘〔*〕者，波逸**提**。	#	#	#	提。十。因六群比丘犯。	#	提。十
T22n1431_p1035a03‖“若比丘尼，壞鬼神村〔*〕**者**	X	X	#	#	X	#
T22n1431_p1035a04‖“若比丘尼，妄作異語，惱他者，波逸**提**。	#	#	#	提。因闡陁比丘。	#	#
T22n1431_p1035a05‖“若比丘尼，嫌**罵**	#	#	#	罵他	罵他	罵他
T22n1431_p1035a05‖“若比丘尼，嫌罵者，波逸**提**。	#	#	#	提。慈地比丘犯。	#	#

CBETA	趙城	磧砂	房山石經	北敦5453	北敦14039	伯2310
T22n1431_p1035a06 ‖ “若比丘尼，取僧繩床、若木床、若臥具、坐**褥**	#	#	蓐	蓐	#	#
T22n1431_p1035a07 ‖ 地自敷、若教人敷；捨去，不自舉、不教人舉〔*〕**者**	X	X	#	X	X	#
T22n1431_p1035a08 ‖ 波逸**提**。	#	#	#	提。此戒十七群比丘犯。	#	#
T22n1431_p1035a10 ‖ 敷，**在中**	#	#	#			X
T22n1431_p1035a11 ‖ 人舉者，波逸**提**。	#	#	#	提。此戒客比丘犯。	#	#
T22n1431_p1035a12 ‖ “若比丘尼，知比丘尼先住處，後來於**中**	#	世	#	#	#	#
T22n1431_p1035a12 ‖ “若比丘尼，知比丘尼先住處，後來於中間〔1〕**强**	X	X	#	X	X	X
T22n1431_p1035a14 ‖ 作如是因緣，非餘，非威儀，波逸**提**。	#	#	#	提。因六群比丘#犯。	#	#
T22n1431_p1035a16 ‖ 出、若教人牽出者，波逸**提**。	#	#	#	提。同前。	#	#
T22n1431_p1035a17 ‖ “若比丘尼，若**在**	#	#	在房	在僧房	#	#
T22n1431_p1035a18 ‖ 坐、若臥，波逸**提**。	#	#	#	提。因比丘犯。	#	#
T22n1431_p1035a21 ‖ “若比丘尼，作大房，戶**扉**	扇	#	排	排	扇	#
T22n1431_p1035a21 ‖ “若比丘尼，作大房，戶扉窓牖及餘〔3〕**莊**	#	莊具	#	#	#	#
T22n1431_p1035a22 ‖ **授**	#	#	受	#	#	#
T22n1431_p1035a22 ‖ 授覆苫齊二、三節。若過者，波逸**提**。	#	#	#	提。廿。此二戒因闡陁比丘犯。	#	提。廿。
T22n1431_p1035a24 ‖ 過**受者**	者受	#	#	#	#	#
T22n1431_p1035a24 ‖ 過受者，波逸**提**。	#	#	#	提。因六群比丘犯。	#	#
T22n1431_p1035a25 ‖ “若比丘尼，别眾食，除餘時，**波逸提。餘時**	#	#	#	#	X	#
T22n1431_p1035a26 ‖ 時、作衣時、**若**	#	#	#	#	X	X
T22n1431_p1035a26 ‖ 時、作衣時、若施衣時、〔4〕**道行**	行道	#	行道	#	行道	行道
T22n1431_p1035a26 ‖ 時、作衣時、若施衣時、〔4〕道行時、船**上**	#	#	行	行	#	#
T22n1431_p1035a27 ‖ 時、沙門施食時，此是**時**。	#	#	#	提。因提婆達多犯。	#	#
T22n1431_p1035a28 ‖ “若比丘尼，至檀越家，**慇懃**	#	#	殷勤	殷勤	殷勤	殷勤
T22n1431_p1035a28 ‖ “若比丘尼，至檀越家，慇懃請與餅、麨**食**	#	#	#	#	飯	飯

CBETA	趙城	磧砂	房山石經	北敦5453	北敦14039	伯2310
T22n1431_p1035a29 ‖丘尼欲須者，**二**	#	#	#	#	當二	當二
T22n1431_p1035b01 ‖比丘尼食。若比丘尼無病，過**三**	#	#	#	#	#	二三
T22n1431_p1035b01 ‖比丘尼食。若比丘尼無病，過三鉢**受**	#	#	#	受食	#	#
T22n1431_p1035b02 ‖**中**	#	#	內	內	#	#
T22n1431_p1035b02 ‖中，**不分**	#	#	X	#	#	#
T22n1431_p1035b02 ‖中，不分與餘比丘尼食**者**	#	#	X	#	#	#
T22n1431_p1035b02 ‖中，不分與餘比丘尼食者，波逸**提**。	#	#	#	提。因眾多比丘犯。	#	#
T22n1431_p1035b03 ‖“若比丘尼，非時〔5〕**食**	#	噉食	#	#	噉食	噉食
T22n1431_p1035b03 ‖“若比丘尼，非時〔5〕食者，波逸**提**。	#	#	#	提。此戒跋難陀犯。	#	#
T22n1431_p1035b04 ‖“若比丘尼，**殘宿食噉**	#	#	食殘宿食	#	#	#
T22n1431_p1035b04 ‖“若比丘尼，殘宿食噉〔6〕者，波逸**提**。	#	#	#	提。因伽羅比丘犯。	#	#
T22n1431_p1035b05 ‖“若比丘尼，不受食，**及**	#	#	若	#	#	#
T22n1431_p1035b05 ‖“若比丘尼，不受食，及藥著口中，除水、〔7〕**及**	X#	#	#	#	X	X

CBETA	趙城	磧砂	房山石經	北敦5453	北敦14039	伯2310
T22n1431_p1035b06 ‖**枝**	#	#	#	#	#	枝者
T22n1431_p1035b06 ‖枝，波逸**提**。	#	#	#	提。糞掃衣比丘犯。	#	#
T22n1431_p1035b07 ‖“若比丘尼，先受請已，若前食、**後食**	#	#	若後食	若後食	#	#
T22n1431_p1035b09 ‖時、作衣時、**施衣時**	#	#	#	#	X	#
T22n1431_p1035b09 ‖時、作衣時、施衣時，此是**時**。	#	#	#	時。此戒跋難陀比丘犯。	#	#
T22n1431_p1035b10 ‖“若比丘尼，食家中有寶，强安坐者，波逸**提**。	#	#	#	提。此戒迦留陁夷犯。	#	#
T22n1431_p1035b13 ‖**提**。	#	#	#	提。卅。此二戒犯主同前。	#	提。三十。
T22n1431_p1035b14 ‖“若比丘尼，語比丘尼如是〔9〕**言**	語	#	語	語	X	語
T22n1431_p1035b15 ‖聚落，當與汝食。’彼比丘**尼**	#	尼隨至聚落	#	#	#	#
T22n1431_p1035b15 ‖聚落，當與汝食。’彼比丘尼〔10〕竟不**教**	#	X	#	#	#	#
T22n1431_p1035b15 ‖聚落，當與汝食。’彼比丘尼〔10〕竟不教與**是比丘&尼**	#	X	#	#	#	#
T22n1431_p1035b16 ‖尼食，**如是**	#	而卻語	#	#	#	#

CBETA	趙城	磧砂	房山石經	北敦5453	北敦14039	伯2310
T22n1431_p1035b16 ‖ 尼食，如是言：‘**大姊**	#	汝	#	#	#	#
T22n1431_p1035b16 ‖ 尼食，如是言：‘大姊去！我與汝一處共坐、**共**	#	#	#	#	#	X
T22n1431_p1035b18 ‖ **去**	#	#	去者	#	#	去者
T22n1431_p1035b18 ‖ 去，波逸**提**。	#	#	#	提。因跋難陁犯。	#	#
T22n1431_p1035b19 ‖ “若比丘尼，〔11〕**四月**	#	請四月	#	四月請	請比丘尼四月	請比丘尼四月
T22n1431_p1035b20 ‖ 過受，除常請、更請、**分請**	#	#	#	#	分請分請	#
T22n1431_p1035b20 ‖ 過受，除常請、更請、分請、盡形〔12〕**請**	#	請者	請者	請者	#	請者
T22n1431_p1035b21 ‖ “若比丘尼，往觀軍陣，除**時**	#	#	餘時	#	#	#
T22n1431_p1035b22 ‖ “若比丘尼，有因緣至軍中，若**二宿**	#	#	#	X	#	#
T22n1431_p1035b22 ‖ “若比丘尼，有因緣至軍中，若二宿、**三**	#	#	若三	#	#	#
T22n1431_p1035b24 ‖ “若比丘尼，軍〔13〕**中**	#	中住	#	#	中住	中住
T22n1431_p1035b24 ‖ “若比丘尼，軍〔13〕中，若二宿、三宿，**或時**	#	#	時或	#	#	#

CBETA	趙城	磧砂	房山石經	北敦5453	北敦14039	伯2310
T22n1431_p1035b25 ‖ 戰，若觀遊軍、象、馬勢**力**	#	#	力者	力者	#	力者
T22n1431_p1035b25 ‖ 戰，若觀遊軍、象、馬勢力，波逸**提**。	#	#	#	提。此四戒因六群比丘犯。	#	#
T22n1431_p1035b26 ‖ “若比丘尼，飲酒〔*〕**者**	X	X	#	#	#	#
T22n1431_p1035b26 ‖ “若比丘尼，飲酒〔*〕者，波逸**提**。	#	#	#	提。此戒因婆伽陁比丘犯。	#	#
T22n1431_p1035b27 ‖ “若比丘尼，水中戲者，波逸**提**。	#	#	#	提。因十七群比丘犯。	#	#
T22n1431_p1035b28 ‖ “若比丘尼，以指相擊攊〔14〕者，波逸**提**。	#	#	#	提。六群犯。	#	#
T22n1431_p1035b29 ‖ “若比丘尼，不受諫者，波逸**提**。	#	#	#	提。因闡陁比丘犯。	#	#
T22n1431_p1035c01 ‖ “若比丘尼，〔15〕**恐**	#	恐怖	【漫漶不清】	#	恐怖	恐怖
T22n1431_p1035c01 ‖ “若比丘尼，〔15〕恐他比丘尼者，波逸**提**。	#	#	#	提。四十。那伽羅比丘犯。	#	提。四十。
T22n1431_p1035c03 ‖ **受**	#	#	#	X	#	#
T22n1431_p1035c03 ‖ 受，除餘時，波逸提。餘時者：熱時、病時、作時、**大&風時**	#	#	風時	#	風	風

CBETA	趙城	磧砂	房山石經	北敦5453	北敦14039	伯2310
T22n1431_p1035c05 ‖ “若比丘尼，無病，爲炙〔16〕**身**	X	#	#	X	#	#
T22n1431_p1035c06 ‖ 然，**除餘**	#	#	#		X	#
T22n1431_p1035c07 ‖ “若比丘尼，藏〔17〕**他**	X	X	#	X	#	#
T22n1431_p1035c07 ‖ “若比丘尼，藏〔17〕他比丘尼**若鉢、若衣、若坐具、針&筒**	#	#	衣鉢坐具針筒	#	#	#
T22n1431_p1035c08 ‖ 筒，**自藏**	#	#	若自藏若	#	#	#
T22n1431_p1035c08 ‖ 筒，自藏、教人藏，下至戲**笑**	#	#	笑者	#	笑者	笑者
T22n1431_p1035c09 ‖ “若比丘尼，净施比丘、比丘尼、**式叉摩那**	#	#	#	#	式叉摩那尼	式叉摩那尼
T22n1431_p1035c11 ‖ “若比丘尼，得新衣，當作三種染壞色：**青**	#	#	#	清	#	#
T22n1431_p1035c12 ‖ 蘭。若比丘尼得**新**	#	#	#	#	X	#
T22n1431_p1035c13 ‖ 木蘭，**新衣**	#	#	#	著新衣	#	#
T22n1431_p1035c13 ‖ 木蘭，新衣持者，波逸**提**。	#	#	#	提。此五戒同六群比丘犯。	#	#
T22n1431_p1035c14 ‖ “若比丘尼，故斷畜生命者，波逸**提**。	#	#	#	提。此戒同迦留陁夷比丘犯也。	#	#

CBETA	趙城	磧砂	房山石經	北敦5453	北敦14039	伯2310
T22n1431_p1035c15 ‖ “若比丘尼，知水有蟲，飲〔18〕**用**	#	#	#	X	X	X
T22n1431_p1035c15 ‖ “若比丘尼，知水有蟲，飲〔18〕用者，波逸**提**。	#	#	#	提。因六群比丘犯。	#	#
T22n1431_p1035c16 ‖ “若比丘尼，故惱他比丘尼，乃至少時不**樂**	#	#	樂者	樂者	#	#
T22n1431_p1035c18 ‖ “若比丘尼，知比丘尼有**麁罪**	#	#	#		麁惡罪	麁惡罪
T22n1431_p1035c18 ‖ “若比丘尼，知比丘尼有麁罪，覆藏者，波逸**提**。	#	#	#	提。此戒因跋陁比丘犯。	#	#
T22n1431_p1035c19 ‖ “若比丘尼，知〔19〕**僧**	X	X	X	X	#	#
T22n1431_p1035c20 ‖ 者，波逸**提**。	#	#	#	提。五十。因六群比丘犯也。	#	提。五十。
T22n1431_p1035c21 ‖ “若比丘尼，知是賊伴，**共**	#	#	#		共期	共期
T22n1431_p1035c21 ‖ “若比丘尼，知是賊伴，共一道行，乃至**一聚落**	#	#	聚落	聚落者	#	#
T22n1431_p1035c22 ‖ 波逸**提**。	#	#	#	提。因眾多比丘犯。	#	#
T22n1431_p1035c23 ‖ “**若**	#	#	X	#	#	#
T22n1431_p1035c24 ‖ **非是**	#	#	X	#	道是	#
T22n1431_p1035c26 ‖ 尊不作是語。世尊**無數**	#	#	所	#	#	#

CBETA	趙城	磧砂	房山石經	北敦5453	北敦14039	伯2310
T22n1431_p1035c27 ‖ 法，**犯〔21〕婬者是障道法**	#	犯婬欲者是障道法	X	犯婬障道法	犯婬者是障道法婬者是障道法	#
T22n1431_p1035c28 ‖ 時，堅持不捨。彼比丘尼**乃至三諫，令捨是事**	#	#	應三諫捨是事故	乃至三諫令捨是事故	#	#
T22n1431_p1035c29 ‖乃至三諫**時**	#	#	X	#	#	#
T22n1431_p1035c29 ‖乃至三諫時，捨者善。不捨者，波逸**提。**	#	#	#	提。因阿利吒比丘犯。	#	#
T22n1431_p1036a01 ‖"若比丘尼，知如是語人未作法，如是〔1〕**惡邪**	#	邪見	邪見	#	邪見而	邪見而
T22n1431_p1036a02 ‖ 捨，若畜，同一羯磨、同一止**宿**	#	#	#	宿者	#	宿者
T22n1431_p1036a02 ‖ 捨，若畜，同一羯磨、同一止宿，波逸**提。**	#	#	#	提。同前。	#	#
T22n1431_p1036a03 ‖"**若沙彌尼〔2〕作**	#	#	若比丘尼知沙彌尼	若沙彌尼	若比丘尼知沙彌尼作	若比丘尼知沙彌尼作
T22n1431_p1036a03 ‖"若沙彌尼〔2〕作如是**言**	#	#	#	#	語	語
T22n1431_p1036a05 ‖ 是語，莫誹謗世尊，誹謗**世〔3〕尊**	#	世尊者	世尊者	世尊者	世尊者	#
T22n1431_p1036a06 ‖作是語。沙彌尼！世尊無數方便**說**	#	#	說行	#	#	#
T22n1431_p1036a07 ‖ 道法，**犯婬欲者是障道法**	#	#	X	#	犯婬欲者障道法	#
T22n1431_p1036a08 ‖彌尼時，堅持不捨。彼比丘尼應〔4〕**乃至三〔5〕呵&諫**	#	三諫	三諫	#	#	#
T22n1431_p1036a09 ‖ 諫，捨此事故。乃至三諫**時**	#	#	X	#	#	#
T22n1431_p1036a09 ‖ 諫，捨此事故。乃至三諫時，**若捨者善。不捨者**	#	#	捨者善若不捨者	#	#	#
T22n1431_p1036a10 ‖彼比丘尼應語**是**	#	#	#	#	X	#
T22n1431_p1036a10 ‖彼比丘尼應語是沙彌尼言：'**汝自今**	#	#	#	#	汝汝自	#
T22n1431_p1036a11 ‖佛弟子。不得隨餘**比丘尼**	#	#	#	#	比丘尼行	比丘尼行
T22n1431_p1036a11 ‖佛弟子。不得隨餘比丘尼，**如諸沙彌尼**	#	#	#	如是諸沙彌	#	#
T22n1431_p1036a12 ‖比丘尼**二宿**	#	#	#	二宿三宿	二三宿	二三宿
T22n1431_p1036a12 ‖比丘尼二宿，汝今無是事。汝〔6〕**出**	X	#	#	#	X	X
T22n1431_p1036a12 ‖比丘尼二宿，汝今無是事。汝〔6〕出去！**滅去**	#	#	#	#	#	X
T22n1431_p1036a13 ‖須此中住。'**若**	#	#	#	X	#	#

CBETA	趙城	磧砂	房山石經	北敦5453	北敦14039	伯2310
T22n1431_p1036a13 ‖須此中住。’若比丘尼，知**如**	#	#	#	#	X	X
T22n1431_p1036a13 ‖須此中住。’若比丘尼，知如是〔7〕**被**	X	X	X	X	#	#
T22n1431_p1036a14 ‖畜，共同**止宿**	#	#	止宿者	止宿者	至宿者	止宿者
T22n1431_p1036a14 ‖畜，共同止宿，波逸**提**。	#	#	#	提。同跋難陁犯。	#	#
T22n1431_p1036a16 ‖戒，乃至問有智慧持**律**	#	#	戒律	#	#	#
T22n1431_p1036a16 ‖戒，乃至問有智慧持律者，**當**	#	#	我當	#	#	#
T22n1431_p1036a17 ‖若爲求解，應〔9〕**當**	X	X	#	#	#	X
T22n1431_p1036a17 ‖若爲求解，應〔9〕當難**問**。	#	#	#	問。因闡陁比丘犯。	#	#
T22n1431_p1036a18 ‖◎〔11〕“若比丘尼，說戒時，**如是語**	#	#	#	#	#	作如是語
T22n1431_p1036a18 ‖◎〔11〕“若比丘尼，說戒時，如是語：‘大姊！**用**	#	#	何用	#	#	#
T22n1431_p1036a19 ‖戒爲？說是戒**時**	#	#		#	#	時時
T22n1431_p1036a19 ‖戒爲？說是戒時，令人惱愧懷疑。’**輕毀**	#	#	呵	#	#	#
〕T22n1431_p1036a20 ‖逸**提**。	#	#	#	提。此戒六群比丘犯。	#	#
T22n1431_p1036a21 ‖“若比丘尼，說戒時，作如是語：‘大姊！我**今**	#	#	#	X	#	#
T22n1431_p1036a22 ‖是**戒**	#	#	法是戒經	#	#	#
T22n1431_p1036a22 ‖是戒，半月半月**說**	#	#	X	#	#	#
T22n1431_p1036a22 ‖是戒，半月半月說，戒〔12〕經**來**	#	中來	中說若	#	中來	中來
T22n1431_p1036a24 ‖無知無解，若犯罪，應如法治，更重**增**	#	#	#	憎	#	#
T22n1431_p1036a24 ‖無知無解，若犯罪，應如法治，更重增無知**法**	#	#	罪	#	#	罪
T22n1431_p1036a25 ‖‘大姊！汝無利，**得不善**	#	#	#	不善得	#	#
T22n1431_p1036a26 ‖一心〔13〕**攝**	兩	兩	#	兩	兩	兩
T22n1431_p1036a28 ‖尼隨親**厚**	#	#	#	友	#	#
T22n1431_p1036a28 ‖尼隨親厚，以**衆**	#	#	X	#	#	#
T22n1431_p1036a29 ‖“若比丘尼，僧斷事時，不與**欲**	#	#	#	#	浴	#
T22n1431_p1036b01 ‖**提**。	#	#	#	#	#	提。六十。

CBETA	趙城	磧砂	房山石經	北敦5453	北敦14039	伯2310
T22n1431_p1036b02 ‖“若比丘尼，與欲**竟**	#	#	已	#	#	#
T22n1431_p1036b02 ‖“若比丘尼，與欲竟，後更呵〔14〕**者**	X	X	#	#	#	#
T22n1431_p1036b02 ‖“若比丘尼，與欲竟，後更呵〔14〕者，波逸**提**。	#	#	#	提。六十。	#	#
T22n1431_p1036b03 ‖“若比丘尼，比丘尼共鬪諍後，聽此語已，**欲向&彼説**	#	#	向彼説者	欲向彼説者	欲向彼説者	欲向彼説者
T22n1431_p1036b05 ‖“若比丘尼，瞋**恚**	#	#	X	X	#	#
T22n1431_p1036b05 ‖“若比丘尼，瞋恚故不喜，打**彼**	#	#	X	#	X	X
T22n1431_p1036b07 ‖“若比丘尼，瞋恚**故**	#	#	X	#	#	#
T22n1431_p1036b07 ‖“若比丘尼，瞋恚故不喜，以手〔15〕**搏**	#	#	#	#	愽	愽
T22n1431_p1036b07 ‖“若比丘尼，瞋恚故不喜，以手〔15〕搏比丘尼**者**	#	#	#	#	#	X
T22n1431_p1036b09 ‖“若比丘尼，瞋**恚**	#	#	X	X	#	#
T22n1431_p1036b10 ‖〔16〕**法**	#	X	#	X	X	X

CBETA	趙城	磧砂	房山石經	北敦5453	北敦14039	伯2310
T22n1431_p1036b10 ‖〔16〕法謗者，波逸**提**。	#	#	#	提。此七戒因六群比丘犯。	#	#
T22n1431_p1036b12 ‖若入〔18〕**宮過**	#	過宮	#	#	#	過宮
T22n1431_p1036b12 ‖若入〔18〕**宮過門閾**	#	#	過宮門閣	#	#	#
T22n1431_p1036b12 ‖若入〔18〕宮過門閾者，波逸**提**。	#	#	#	提。此戒伽留夷犯。	#	#
T22n1431_p1036b13 ‖“若比丘尼，**寶**	#	#	若寶	#	若寶	#
T22n1431_p1036b13 ‖“若比丘尼，寶及寶莊飾**具**	#	#	#	X	#	#
T22n1431_p1036b13 ‖“若比丘尼，寶及寶莊飾具，**自捉**	#	#	若自捉	#	#	#
T22n1431_p1036b14 ‖僧伽藍中**及**	#	#	乃至	及至	#	#
T22n1431_p1036b15 ‖寄宿處，若寶、若以寶莊飾**具**	#	#	#	X	#	#
T22n1431_p1036b15 ‖寄宿處，若寶、若以寶莊飾具，自捉、**若**	#	#	#			X
T22n1431_p1036b16 ‖若**識者**	#	#	#			有識者
T22n1431_p1036b16 ‖若識者當取，**如是**	#	#	#			作如是
T22n1431_p1036b16 ‖若識者當取，如是因緣，非**餘**。	#	#	#	餘。因外道弟子故制。	#	#

CBETA	趙城	磧砂	房山石經	北敦5453	北敦14039	伯2310
T22n1431_p1036b17 ‖ "若比丘尼，非時入聚**落**，	落又	#	#	落又	落又	落又
T22n1431_p1036b17 ‖ "若比丘尼，非時入聚落，〔19〕不〔*〕囑**比丘尼**	#	#	餘比丘尼者	比丘尼者	比丘尼者	比丘尼者
T22n1431_p1036b18 ‖**提**。	#	#	#	提。因跋難陁犯。	#	#
T22n1431_p1036b19 ‖ "若比丘尼，作繩床、若木床，足應高**佛**	#	#	如來	X	如來	如來
T22n1431_p1036b20 ‖**入**	#	#	#	X	#	#
T22n1431_p1036b20 ‖ 入〔20〕梐孔上。**若**	#	#	#	#	X	X
T22n1431_p1036b20 ‖ 入〔20〕梐孔上。若截竟，過者，波逸**提**。	#	#	#	提。迦留陁夷犯。	#	#
T22n1431_p1036b21 ‖ "若比丘尼，**持**	#	#	#	#	#	作
T22n1431_p1036b21 ‖ "若比丘尼，持兜羅綿，〔21〕? **作**	#	貯作	紵	X	#	貯作
T22n1431_p1036b21 ‖ "若比丘尼，持兜羅綿，〔21〕?作繩床、木床、若臥**具**	#	#	#	X	#	#
T22n1431_p1036b22 ‖坐**具**	#	#	蓐者	X	#	褥
T22n1431_p1036b22 ‖ 坐具，波逸**提**。	#	#	#	提。因六群比丘犯。	#	提。七十。
T22n1431_p1036b23 ‖ "若比丘尼，噉蒜者，波逸**提**。	#	#	#	提。七十。	#	#
T22n1431_p1036b26 ‖ 過者，波逸**提**。	#	#	#	提。因偷蘭難陁犯。	#	#
T22n1431_p1036b27 ‖ "若比丘尼，以胡膠作**男根**	#	#	男根內女根中者	男根者	男根者	男根者
T22n1431_p1036b28 ‖ "若比丘尼，共相〔23〕拍〔*〕**者**	X	X	#	#	#	#
T22n1431_p1036b28 ‖ "若比丘尼，共相〔23〕拍〔*〕者，波逸**提**。	#	#	#	提。此二戒因六群比丘尼。	#	#
T22n1431_p1036b29 ‖ "若比丘尼，**比丘無病**	#	#	比丘無病食	比丘尼無病食	#	無病食
T22n1431_p1036b29 ‖ "若比丘尼，比丘無病時，供給水，以扇**扇**	X	#	#	#	#	#
T22n1431_p1036c01 ‖ 逸**提**。	#	#	#	提。此戒因長老比丘犯。	#	#
T22n1431_p1036c02 ‖ "若比丘尼，乞**生**	#	#	#	#	坐	#
T22n1431_p1036c02 ‖ "若比丘尼，乞生穀**者**	#	#	乃至大小麥一切	#	#	#
T22n1431_p1036c03 ‖ "若比丘尼，在生草上大小**便**	#	#	便者	#	#	便者
T22n1431_p1036c04 ‖ "若比丘尼，〔24〕**夜**	#	#	#	#	夜便	夜便

CBETA	趙城	磧砂	房山石經	北敦5453	北敦14039	伯2310
T22n1431_p1036c04 ‖ "若比丘尼，〔24〕夜大小便器中，**晝**	#	#	晝日	#	#	#
T22n1431_p1036c06 ‖ "若比丘尼，往觀〔25〕**看**	#	聽	X	聽	#	#
T22n1431_p1036c06 ‖ "若比丘尼，往觀〔25〕看伎樂者，波逸**提**。	#	#	#	#	#	提。八十。
T22n1431_p1036c07 ‖ "若比丘尼，入村內，與男子**在**	#	#	X	#	#	#
T22n1431_p1036c07 ‖ "若比丘尼，入村內，與男子在屏處共立、**共語**	#	#	共語者	共語者	語者	語者
T22n1431_p1036c08 ‖ 波逸**提**。	#	#	#	提。八十。	#	#
T22n1431_p1036c09 ‖ "若比丘尼，與男子共入屏障處者，波逸**提**。	#	#	#	#	#	提若比丘尼與男子共入屏處者波逸提
T22n1431_p1036c10 ‖ "若比丘尼，入村**內巷**〔26〕**陌**	#	#	巷	內巷	#	#
T22n1431_p1036c11 ‖與男子**共立**	#	#	#	#	#	X
T22n1431_p1036c11 ‖與男子共立耳語者，波逸**提**。	#	#	#	提。此五戒因六群尼犯。	#	#
T22n1431_p1036c12 ‖ "若比丘尼，**入**	#	#	#	#	#	X
T22n1431_p1036c14 ‖ "若比丘尼，入白衣家內，不語主人，輒坐床**座**	#	#	X	X	X	X

CBETA	趙城	磧砂	房山石經	北敦5453	北敦14039	伯2310
T22n1431_p1036c17 ‖ 宿者，波逸**提**。	#	#	#	提。因眾多比丘尼。	#	#
T22n1431_p1036c18 ‖ "若比丘尼，與男子共入闇室中者，波逸**提**。	#	#	#	提。因六群比丘尼。	#	#
T22n1431_p1036c19 ‖ "若比丘尼，不審諦受〔28〕**師**	#	X	X	X	#	#
T22n1431_p1036c19 ‖ "若比丘尼，不審諦受〔28〕師語，**便向人説**	#	#	便向人説者	便向人説者	便向人説者	者
T22n1431_p1036c19 ‖ "若比丘尼，不審諦受〔28〕師語，便向人説，波逸**提**。	#	#	#	提。此戒因提舍難陁比丘尼。	#	#
T22n1431_p1036c20 ‖ "若比丘尼，有小**因緣**	#	#	#	#	#	因
T22n1431_p1036c20 ‖ "若比丘尼，有小因緣事，便〔29〕**呪詛**	呪咀	呪咀	呪咀若呪咀他	呪咀	向咀	#
T22n1431_p1036c21 ‖生佛法中。若**我**	#	#	#	#	汝	#
T22n1431_p1036c21 ‖生佛法中。若我有如是事，**墮**	#	#	亦墮	#	亦墮	亦墮
T22n1431_p1036c22 ‖ 法中；若**汝**	#	#	#	#	我	#
T22n1431_p1036c22 ‖ 法中；**若汝有如是事，亦墮三惡道，不生佛法&中**	#	#	#	#	#	者
T22n1431_p1036c23 ‖**中**	#	#	中者	中者	中者	#

CBETA	趙城	磧砂	房山石經	北敦5453	北敦14039	伯2310
T22n1431_p1036c24 ‖ "若比丘尼，**共**	#	#	共他	#	#	#
T22n1431_p1036c24 ‖ "若比丘尼，共鬪諍，不善憶持諍事，〔30〕**搥胸**	#	推胸	推匈	推匈	推胷	推匈
T22n1431_p1036c26 ‖ "若比丘尼，無病，二人**共**	#	#	#	#	#	共同
T22n1431_p1036c26 ‖ "若比丘尼，無病，二人共床**臥**	#	#	臥者	臥者	臥者	臥者
T22n1431_p1036c26 ‖ "若比丘尼，無病，二人共床臥，波逸**提。**	#	#	#	提。九十。	#	#
T22n1431_p1036c27 ‖ "若比丘尼，**共一蓐，同**	#	共一褥同	#	#	共同一褥	#
T22n1431_p1036c27 ‖ "若比丘尼，共一蓐，同一被臥，**除餘時**	#	#	#	除餘時者	除時者	#
T22n1431_p1036c28 ‖ "若比丘尼，知先住後至，**知**	#	#	X	#	#	#
T22n1431_p1036c28 ‖ "若比丘尼，知先住後至，知後至先**住**	#	#	#	#	#	X
T22n1431_p1036c29 ‖ 在前誦經、問**義**	#	#	#	議	#	#
T22n1431_p1036c29 ‖ 在前誦經、問義、教授者，波逸**提。**	#	#	#	提。此已上六群比丘尼。	#	#
T22n1431_p1037a03 ‖ 後瞋恚驅出者，波逸**提。**	#	#	#	提。同前。	#	#

CBETA	趙城	磧砂	房山石經	北敦5453	北敦14039	伯2310
T22n1431_p1037a04 ‖ "若比丘尼，春、夏、冬一切時人間遊行，除**餘**	#	餘時	#	#	#	#
T22n1431_p1037a05 ‖ **緣者**	#	X	#	#	#	#
T22n1431_p1037a05 ‖ 緣者，波逸**提。**	#	#	#	提。同六群比丘尼。	#	#
T22n1431_p1037a06 ‖ "若比丘尼，夏安居**訖，不去者，波逸提。**	#	#	#	竟應出行，乃至一宿，若比丘尼安居竟不出行，波逸提。此戒因識摩尼犯。	#	#
T22n1431_p1037a09 ‖ "若比丘尼，於界內有疑恐怖處，在人間**遊**	X	#	#	#	#	#
T22n1431_p1037a10 ‖ 〔*〕**者**	X	X	#	#	X	#
T22n1431_p1037a10 ‖ 〔*〕者，波逸**提。**	#	#	#	提。此二戒因六群比丘尼。	#	#
T22n1431_p1037a12 ‖ 行。餘比丘尼**諫此比丘尼**	#	#	X	#	#	#
T22n1431_p1037a12 ‖ 行。餘比丘尼諫此比丘尼言：'妹！**汝**	#	#	#	#	X	#
T22n1431_p1037a13 ‖ 士、**居士**	#	#	#	X	#	#
T22n1431_p1037a13 ‖ 士、居士兒，共住，**作**	X	#	#	#	#	#

CBETA	趙城	磧砂	房山石經	北敦5453	北敦14039	伯2310
T22n1431_p1037a13 ‖ 士、居士兒，共住，作不隨順行。大姊！可別住。**若&別住**	#	#	#	#	X	汝若別住
T22n1431_p1037a14 ‖ 別住，於佛法**中**	#	#	X	#	#	X
T22n1431_p1037a15 ‖ 此比丘尼**時**	#	#	#	#	X	#
T22n1431_p1037a16 ‖ 此事故。乃至三諫，捨**此事**	#	#	者	此	此事者	此事者
T22n1431_p1037a16 ‖ 此事故。乃至三諫，捨此事善。**若**	#	#	#	#	X	#
T22n1431_p1037a16 ‖ 此事故。乃至三諫，捨此事善。若不捨**者**	#	#	X	#	#	#
T22n1431_p1037a18 ‖ “若比丘尼，往觀王宮、文飾**畫堂**	#	#	堂舍	#	#	#
T22n1431_p1037a19 ‖ 波逸**提。**	#	#	#	提。一百。	#	#
T22n1431_p1037a20 ‖ “若比丘尼，露**身**	#	#	X	#	#	#
T22n1431_p1037a20 ‖ “若比丘尼，露身形，在河水、泉〔2〕**水**	#	#	#	#	X	#
T22n1431_p1037a20 ‖ “若比丘尼，露身形，在河水、泉〔2〕水、**流**	#	#	渠	渠	#	渠

CBETA	趙城	磧砂	房山石經	北敦5453	北敦14039	伯2310
T22n1431_p1037a20 ‖ “若比丘尼，露身形，在河水、泉〔2〕水、流水、〔3〕**池水**	#	X	池	X	#	X
T22n1431_p1037a22 ‖ “若比丘尼，作浴衣，應量作。**應量作**	#	#	是中量	#	#	X
T22n1431_p1037a23 ‖ 〔4〕磔手，廣二〔＊〕磔手半。若過者，波逸**提。**	#	#	#	提。此三戒因六群比丘尼。	#	#
T22n1431_p1037a24 ‖ “若比丘尼，縫僧伽梨，過**五**	#	#	#	#	X	#
T22n1431_p1037a24 ‖ “若比丘尼，縫僧伽梨，過五日，〔5〕**除難事起**	除難事起者	除來索僧伽梨出迦絺那衣六難事起者	者	除求索僧伽梨出迦絺那衣八難事起者	X	者
T22n1431_p1037a26 ‖ “若比丘尼，過五日不看僧伽**梨**	#	#	梨者	梨者	#	梨者
T22n1431_p1037a26 ‖ “若比丘尼，過五日不看僧伽梨，波逸**提。**	#	#	#	提。此二戒時有比丘尼犯。	#	#
T22n1431_p1037a27 ‖ “若比丘尼，與眾**僧**	X	#	#	#	#	#
T22n1431_p1037a27 ‖ “若比丘尼，與眾僧衣作留難者，波逸**提。**	#	#	#	提。此戒因偷蘭難陀比丘尼。	#	#
T22n1431_p1037a28 ‖ “若比丘尼，不問主，便著他衣者，波逸**提。**	#	#	#	提。有一比丘尼犯。	#	#

CBETA	趙城	磧砂	房山石經	北敦5453	北敦14039	伯2310
T22n1431_p1037a29 ‖ "若比丘尼，持沙**門**	#	問	#	#	#	#
T22n1431_p1037b01 ‖**提**。	#	#	#	提。此六群比丘犯。	#	#
T22n1431_p1037b03 ‖ 分，恐弟子不得。'者，波逸**提**。	#	#	#	提。偷難陁比丘尼。	#	#
T22n1431_p1037b05 ‖ 那衣，後當出，欲令五事**久**	#	#	#	#	#	分【重複出現】
T22n1431_p1037b05 ‖ 那衣，後當出，欲令五事久得放**捨**	#	#	#	捨者	#	捨者
T22n1431_p1037b06 ‖ "若比丘尼，**作**	#	#	#	#	#	X
T22n1431_p1037b06 ‖ "若比丘尼，作如是意：'遮比丘尼僧，不出**迦**	#	#	#	加	#	#
T22n1431_p1037b07 ‖ 那衣，欲令久得五事放**捨**	#	#	捨者	捨者	捨者	捨者
T22n1431_p1037b07 ‖ 那衣，欲令久得五事放捨。'波逸**提**。	#	#	#	提。此二戒六群比丘尼。	#	#
T22n1431_p1037b09 ‖不**與**	#	#	X	X	#	X
T22n1431_p1037b09 ‖不與作方便令滅者，波逸**提**。	#	#	#	提。此戒偷蘭難陁犯。	#	#
T22n1431_p1037b10 ‖ "若比丘尼，自手持食與白衣，〔6〕**及外道食者**	#	#	外道食	入外道食者	入外道食者	入外道食者
T22n1431_p1037b13 ‖ "若比丘尼，自手〔7〕**紡縷**	#	績紡	紡績	紡績	#	紡績

CBETA	趙城	磧砂	房山石經	北敦5453	北敦14039	伯2310
T22n1431_p1037b13 ‖ "若比丘尼，自手〔7〕紡縷者，波逸**提**。	#	#	#	提。此戒三因六群比丘尼。	#	#
T22n1431_p1037b14 ‖ "若比丘尼，入白衣舍內，在小床、大床**上**	#	#	#	#	#	X
T22n1431_p1037b15 ‖**若臥**	#	#	若臥者	#	若臥者	臥者
T22n1431_p1037b15 ‖ 若臥，波逸**提**。	#	#	#	提。此戒因偷蘭難陁比丘尼犯。	#	#
T22n1431_p1037b16 ‖ "若比丘尼，至白衣舍，語主人敷〔8〕**座止**	#	敷坐具止	敷座數數止	數數坐止	#	數數坐上
T22n1431_p1037b17 ‖不辭主人而**去**	#	#	#	#	去者	去者
T22n1431_p1037b17 ‖不辭主人而去，波逸**提**。	#	#	#	提。眾多尼也。	#	#
T22n1431_p1037b18 ‖ "若比丘尼，**誦**	#	#	#	#	自誦	#
T22n1431_p1037b18 ‖ "若比丘尼，誦習世俗呪**術**	#	#	#	X	#	#
T22n1431_p1037b19 ‖ "若比丘尼，教人誦**習**	#	習世俗	#	#	習世俗	#
T22n1431_p1037b19 ‖ "若比丘尼，教人誦習〔9〕呪術者，波逸**提**。	#	#	#	提。此二戒六群比丘尼犯。	#	#
T22n1431_p1037b20 ‖ "若比丘尼，知女人〔10〕**妊娠**	#	妊身	妊身	任身	任身	任身

CBETA	趙城	磧砂	房山石經	北敦5453	北敦14039	伯2310
T22n1431_p1037b20 ‖ “若比丘尼，知女人〔10〕妊娠，度與**受**	#	#	#	X	#	#
T22n1431_p1037b20 ‖ “若比丘尼，知女人〔10〕妊娠，度與受**具足戒**	#	#	#	#	具戒	#
T22n1431_p1037b21 ‖ 逸**提**。	#	#	#	提。此戒因婆羅比丘尼。	#	#
T22n1431_p1037b22 ‖ “若比丘尼，知婦女乳兒，與受具足戒**者**	#	X	#	#	#	X
T22n1431_p1037b23 ‖ **提**。	#	#	#	提。百廿。有一比丘尼犯。	#	#
T22n1431_p1037b24 ‖ “若比丘尼，知年不滿**二十**	#	#	廿【重複出現】	廿【重複出現】	#	廿【重複出現】
T22n1431_p1037b24 ‖ “若比丘尼，知年不滿二十，與受具足**戒**	#	#	戒者	戒者	戒者	戒者
T22n1431_p1037b26 ‖ “若比丘尼，年十八童女，不與二**歲**	#	#	年	#	#	#
T22n1431_p1037b26 ‖ “若比丘尼，年十八童女，不與二歲學**戒**	#	#	#	#	#	X
T22n1431_p1037b26 ‖ “若比丘尼，年十八童女，不與二歲學戒，**年滿**	#	#	#	X	#	#
T22n1431_p1037b29 ‖ 法，滿二十便與受具足戒〔*〕**者**	#	X	#	X	#	#

CBETA	趙城	磧砂	房山石經	北敦5453	北敦14039	伯2310
T22n1431_p1037c02 ‖ **滿**	#	#	#	X	#	#
T22n1431_p1037c02 ‖ 滿**二十**	#	#	廿	廿	廿	廿
T22n1431_p1037c03 ‖ “若比丘尼，度曾嫁**婦女**	女	#	#	女婦	#	#
T22n1431_p1037c05 ‖ 足戒〔11〕**者**	#	X	#	#	#	#
T22n1431_p1037c06 ‖ “若比丘尼，度〔12〕**他**	#	X	X	#	#	#
T22n1431_p1037c06 ‖ “若比丘尼，度〔12〕他**小**	#	#	少	#	#	#
T22n1431_p1037c06 ‖ “若比丘尼，度〔12〕他小年曾嫁**婦女**	#	#	#	#	#	女
T22n1431_p1037c06 ‖ “若比丘尼，度〔12〕他小年曾嫁婦女，與二**歲**	#	#	年	#	#	#
T22n1431_p1037c07 ‖ 年滿十二，不白眾僧，便與受具足**戒**	#	#	戒者	戒者	#	戒者
T22n1431_p1037c08 ‖ “若比丘尼，知如是人，與受具足戒者，波逸**提**。	#	#	#	提。此戒七時諸寺尼犯。	#	#
T22n1431_p1037c09 ‖ “若比丘尼，多度弟子，不教二歲學戒，不**以**	#	#	#	#	#	X
T22n1431_p1037c10 ‖ 法**攝取**	#	取者	#	#	取者	#

CBETA	趙城	磧砂	房山石經	北敦5453	北敦14039	伯2310
T22n1431_p1037c10 ‖法攝取，〔13〕波**逸提**。	#		#	提。因安隱比丘尼。	#	#
T22n1431_p1037c11 ‖“若比丘尼，不二歲隨〔14〕和**上**	#	尚	#	#	尚	#
T22n1431_p1037c11 ‖“若比丘尼，不二歲隨〔14〕和上**尼**	#	#	X	#	#	#
T22n1431_p1037c11 ‖“若比丘尼，不二歲隨〔14〕和上尼者，波逸**提**。	#	#	#	提。諸比丘尼犯。	#	#
T22n1431_p1037c12 ‖“若比丘尼，僧不聽，而授人具足戒者，波逸**提**。	#	#	#	提。百卅。	#	#
T22n1431_p1037c14 ‖逸**提**。	#	#	#	提。此二戒癡比丘尼犯。	#	#
T22n1431_p1037c15 ‖“若比丘尼，年**滿**	#	#	#	#	#	X
T22n1431_p1037c15 ‖“若比丘尼，年滿十二歲，眾僧不聽，**便**	#	#	#	#	X	#
T22n1431_p1037c16 ‖足戒〔*〕**者**	#	X	#	#	#	#
T22n1431_p1037c17 ‖“若比丘尼，僧**不聽授**	#	#	【漫漶不清】	#	不授	#
T22n1431_p1037c17 ‖“若比丘尼，僧不聽授人具**足**	#	X	#	#	#	#
T22n1431_p1037c18 ‖愛、有恚、有怖、**有癡**	#	#	#	#	#	癡有
T22n1431_p1037c18 ‖愛、有恚、有怖、有癡，欲聽者**便聽；不欲聽者**	#	#	便聽；不聽者	X	#	便不欲聽者
T22n1431_p1037c19 ‖不**聽**	#	#	#	#	聽。如是語者	#
T22n1431_p1037c22 ‖“若比丘尼，知女人與**童男**	#	#	X	#	#	意童男
T22n1431_p1037c23 ‖瞋恚女人，度令出家〔15〕**授**	#	受	受	受	#	受
T22n1431_p1037c23 ‖瞋恚女人，度令出家〔15〕授具足戒者，波逸**提**。	#	#	#	提。此四戒時諸比丘尼犯。	#	#
T22n1431_p1037c25 ‖與汝受具足戒。’若不方便與受**具足戒**	#	具足戒者	#	具足戒者	具足戒者	具足戒者
T22n1431_p1037c26 ‖**提**。	#	#	#	提。偷蘭難陀比丘尼犯。	#	#
T22n1431_p1037c27 ‖“若比丘尼，語式叉摩那言：‘持衣**來與我**	#	#	鉢來	#	未與我	來我
T22n1431_p1037c28 ‖與汝受具足戒。’而不方便與受具**足**	X	#	#	#	#	#
T22n1431_p1037c28 ‖與汝受具足戒。’而不方便與受具**足戒**	#	戒者	戒者	戒者	#	戒者
T22n1431_p1037c29 ‖**逸提**。	#	#	#	提。此戒同前。	#	#
T22n1431_p1038a01 ‖“若比丘尼，不滿〔1〕一歲，授人具足戒者，波逸**提**。	#	#	#	提。此因安隱比丘尼犯。	#	#

CBETA	趙城	磧砂	房山石經	北敦5453	北敦14039	伯2310
T22n1431_p1038a01 ‖ “若比丘尼，不滿〔1〕**一**	#	十二	#	#	#	#
T22n1431_p1038a01 ‖ “若比丘尼，不滿〔1〕一歲，**授**	受	#	受	#	#	受
T22n1431_p1038a02 ‖ “若比丘尼，與人〔2〕**受**	#	授	#	授	#	#
T22n1431_p1038a04 ‖ “若比丘尼，**不病**	#	#	#		無病	#
T22n1431_p1038a04 ‖ “若比丘尼，不病，不往受教授者，波逸**提**。	#	#	#	提。百四十。	#	#
T22n1431_p1038a05 ‖ “若比丘尼，半月應往**比丘僧**	#	#	#	比丘尼僧【重複出現】	#	#
T22n1431_p1038a07 ‖ “若比丘尼，僧夏安居竟，應往**比丘僧**	#	#	#	比丘尼僧	#	僧
T22n1431_p1038a07 ‖ “若比丘尼，僧夏安居竟，應往比丘僧中**說**	#	#	#	#	#	X
T22n1431_p1038a08 ‖ 事自恣：見、聞、疑。若**不**	#	#	#	#	不往	不往
T22n1431_p1038a09 ‖ “若比丘尼，在無比丘處夏安居者，波逸**提**。	#	#	#	提。此五戒有諸比丘尼犯。	#	#
T22n1431_p1038a10 ‖ “若比丘尼，知有**比丘**	#	#	#	#	比丘尼	#
T22n1431_p1038a12 ‖ “若比丘尼，罵比丘者，波逸**提**。	#	#	#	提。此二戒因眾多尼犯也。	#	#
T22n1431_p1038a14 ‖ 喜，罵比丘尼〔3〕**眾**	#	X	#	#	#	#
T22n1431_p1038a14 ‖ 喜，罵比丘尼〔3〕眾者，波逸**提**。	#	#	#	提。伽羅比丘尼。	#	#
T22n1431_p1038a15 ‖ “若比丘尼，身生癰及種種**瘡**	#	#	#	創	#	創
T22n1431_p1038a15 ‖ “若比丘尼，身生癰及種種瘡，不白**眾**	#	#	#	#	#	X
T22n1431_p1038a16 ‖ 輒使男子破、若裹者，波逸**提**。	#	#	#	提。跋難陀羅伽毗羅二比丘尼。	#	#
T22n1431_p1038a17 ‖ “若比丘尼，先**受**	#	#	#	#	授	#
T22n1431_p1038a18 ‖ 魚及肉者，波逸**提**。	#	#	#	提。眾多比丘尼。	#	#
T22n1431_p1038a19 ‖ “若比丘尼，於**家**	#	#	#	#	食家	食家
T22n1431_p1038a19 ‖ “若比丘尼，於家生**嫉妬心**	#	嫉妬心者	嫉妬心者	妬嫉心	嫉妬心者	嫉妬心者
T22n1431_p1038a19 ‖ “若比丘尼，於家生嫉妬心，〔*〕波逸**提**。	#	#	#	提。此戒提舍比丘尼犯。	#	#
T22n1431_p1038a20 ‖ “若比丘尼，以香塗摩身者，波逸**提**。	#	#	#	提。百五十。	#	#
T22n1431_p1038a21 ‖ “若比丘尼，以胡麻〔4〕**滓**	#	#	澤	澤	X	X

CBETA	趙城	磧砂	房山石經	北敦5453	北敦14039	伯2310
T22n1431_p1038a22 ‖ "若比丘尼，使比丘尼塗摩身〔*〕**者**	#	#	#	X	#	#
T22n1431_p1038a22 ‖ **"若比丘尼，使比丘尼塗摩身〔*〕者，波逸提。**	#	#	#	#	X	#
T22n1431_p1038a23 ‖ "若比丘尼，使式叉摩那塗**摩**	#	#	#	X	#	X【重複出現，字後寫H，不再单獨出校】
T22n1431_p1038a24 ‖ "若比丘尼，使沙彌尼塗摩身**者**	#	#	#	X	#	#
T22n1431_p1038a25 ‖ "若比丘尼，使白衣婦女塗摩身者，波逸**提**。	#	#	#	提。此二戒因六群比丘尼犯。	#	#
T22n1431_p1038a26 ‖ "若比丘尼，著?〔5〕**髁**	#	貯跨	貯跨	貯跨	#	貯跨
T22n1431_p1038a26 ‖ "若比丘尼，著?〔5〕髁衣者，**波逸提。**	#	#	#	波逸提。此因跋蘭難陁比丘尼。	#	波逸逸提
T22n1431_p1038a27 ‖ "若比丘尼，畜婦女〔6〕**莊**	#	X	#	#	#	#
T22n1431_p1038a27 ‖ "若比丘尼，畜婦女〔6〕莊嚴身具，**除時因緣**	#	#	#	手腳玔猥處莊嚴身具，乃至樹皮作鬘一切者	#	#
T22n1431_p1038a29 ‖ "若比丘尼，著革屣，持蓋行，除**時因緣**	#	#	因緣者	因緣者	#	#
T22n1431_p1038a29 ‖ **"若比丘尼，著革屣，持蓋行，除時因緣，波逸提。**	#	#	#	#	#	X【闕這條戒】
T22n1431_p1038b01 ‖ "若比丘尼，無病，乘**乘**	#	#	#	#	#	乘在道
T22n1431_p1038b01 ‖ "若比丘尼，無病，乘乘行，除**時因緣**	#	#	因緣者	因緣者	#	因緣者
T22n1431_p1038b02 ‖ "若比丘尼，不著僧祇支入村者，波逸**提**。	#	#	#	提。百六十。此四戒因六群比丘尼犯。	#	#
T22n1431_p1038b03 ‖ "若比丘尼，向暮至白衣家，先不被**喚**	#	#	喚者	喚者	喚者	喚者
T22n1431_p1038b04 ‖ **提。**	#	#	#	提。此戒偷蘭難陁比丘尼。	#	#
T22n1431_p1038b05 ‖ "若比丘尼，向暮開僧伽藍門，不〔*〕囑〔7〕**授**	#	X	X	#	#	受
T22n1431_p1038b06 ‖ 丘尼**而出**	#	#	出門	#	#	#
T22n1431_p1038b06 ‖ 丘尼而出者，波逸提。	#	#	#	提。六群比丘尼犯。	#	#
T22n1431_p1038b07 ‖ "若比丘尼，日没開僧伽藍門，不〔*〕囑〔*〕**授**	#	X	X	#	#	受

CBETA	趙城	磧砂	房山石經	北敦5453	北敦14039	伯2310
T22n1431_p1038b07 ‖“若比丘尼，日没開僧伽藍門，不〔＊〕囑〔＊〕授而**出**	#	#	去	#	去	#
T22n1431_p1038b08 ‖者，波逸**提**。	#	#	#	提。犯主同前。	#	#
T22n1431_p1038b09 ‖“若比丘尼，不前安居，不後安居者，波逸**提**。	#	#	#	提。時有比丘尼犯。	#	#
T22n1431_p1038b10 ‖“若比丘尼，知女人常漏大小便、涕唾常**出**	出者	出者	出者	出者	出者	出者
T22n1431_p1038b10 ‖“若比丘尼，知女人常漏大小便、涕唾常出，〔8〕**與＆受**	#	授	#	受	#	度受
T22n1431_p1038b11 ‖〔＊〕受**具足戒**	#	#	#	#	具足戒者	#
T22n1431_p1038b11 ‖〔＊〕受具足戒，波逸**提**。	#	#	#	提。諸比丘尼犯也。	#	#
T22n1431_p1038b12 ‖“若比丘尼，知二形人，與受具足戒者，波逸**提**。	#	#	#	提。時有比丘尼犯。	#	#
T22n1431_p1038b13 ‖“若比丘尼，**知**	#	#	#	X	#	#
T22n1431_p1038b13 ‖“若比丘尼，知二道合者，與受具足**戒**	#	#	#	戒者	#	戒者
T22n1431_p1038b13 ‖“若比丘尼，知二道合者，與受具足戒，波逸**提**。	#	#	#	提。諸比丘尼犯。	#	#

CBETA	趙城	磧砂	房山石經	北敦5453	北敦14039	伯2310
T22n1431_p1038b14 ‖“若比丘尼，知有負債〔9〕**難**	難者	難者	#	難者	難者	難者
T22n1431_p1038b14 ‖“若比丘尼，知有負債〔9〕難、病〔＊〕**難**	難者	難者	#	難者	難者	難者
T22n1431_p1038b14 ‖“若比丘尼，知有負債〔9〕難、病〔＊〕難，與受具足**戒**	#	#	戒者	戒者	#	戒者
T22n1431_p1038b15 ‖波逸**提**。	#	#	#	提。同前。	#	#
T22n1431_p1038b16 ‖“若比丘尼，學世俗〔10〕伎術以自活**命**	#	#	命者	命者	命者	#
T22n1431_p1038b17 ‖“若比丘尼，以世俗〔＊〕**伎術**	#	#	#	呪術	#	#
T22n1431_p1038b17 ‖“若比丘尼，以世俗〔＊〕伎術教授白**衣**	#	#	衣者	衣者	衣者	衣者
T22n1431_p1038b17 ‖“若比丘尼，以世俗〔＊〕伎術教授白衣，波〔11〕逸**提**。	#	#	#	提。百七十。	提。一百七十。	#
T22n1431_p1038b18 ‖“若比丘尼，被擯不去者，波逸**提**。	#	#	#	提。此三戒因六群比丘尼犯。	#	#
T22n1431_p1038b19 ‖“若比丘尼，欲問比丘義，先**不求而問**	#	#	#	求而不問	#	#

CBETA	趙城	磧砂	房山石經	北敦5453	北敦14039	伯2310
T22n1431_p1038b20 ‖**提。**	#	#	#	提。此戒安隱比丘尼犯。	#	#
T22n1431_p1038b21 ‖"若比丘尼，**知**	#	#	如	#	#	#
T22n1431_p1038b21 ‖"若比丘尼，知先住後至，**後至**	#	#	#	#	#	X
T22n1431_p1038b21 ‖"若比丘尼，知先住後至，後至先住，欲〔12〕**惱**	#	惱亂	惱亂	#	#	#
T22n1431_p1038b22 ‖故，在前經行、**若立、若坐、若臥**	#	#	若坐臥	#	#	#
T22n1431_p1038b22 ‖故，在前經行、若立、若坐、若臥〔13〕**者**	X	X	#	#	#	#
T22n1431_p1038b22 ‖故，在前經行、若立、若坐、若臥〔13〕者，波逸**提。**	#	#	#	提。此六群比丘尼犯。	#	#
T22n1431_p1038b23 ‖"若比丘尼，〔14〕**知**	在	在	在	在	在	在
T22n1431_p1038b23 ‖"若比丘尼，〔14〕知有比丘僧伽藍**內**	#	#	中	#	#	#
T22n1431_p1038b23 ‖"若比丘尼，〔14〕知有比丘僧伽藍內起塔〔*〕**者**	X	X	#	#	#	X
T22n1431_p1038b24 ‖逸**提。**	#	#	#	提。此多知識比丘尼。	#	#

CBETA	趙城	磧砂	房山石經	北敦5453	北敦14039	伯2310
T22n1431_p1038b25 ‖"若比丘尼，見新**受**	#	#	#	#	#	X
T22n1431_p1038b25 ‖"若比丘尼，見新受戒比丘，應起迎**逆**	#	#	#	#	送	送
T22n1431_p1038b26 ‖拜、問訊、請與坐。**不**	#	#	#	#	#	不坐
T22n1431_p1038b26 ‖拜、問訊、請與坐。不者，除**因緣**	#	#	#	#	因緣者	#
T22n1431_p1038b26 ‖拜、問訊、請與坐。不者，除因緣，波逸**提。**	#	#	#	提。此戒諸比丘尼犯。	#	#
T22n1431_p1038b27 ‖"若比丘尼，爲好故，搖身**趨**	#	#	#	趣	#	趍
T22n1431_p1038b28 ‖"若比丘尼，作**婦女**	#	#	女人	#	#	#
T22n1431_p1038b28 ‖"若比丘尼，作婦女莊嚴，香塗**摩身**	#	#	身者	身者	身者	#
T22n1431_p1038b28 ‖"若比丘尼，作婦女莊嚴，香塗摩身，波逸**提。**	#	#	#	提。此二戒六群比丘尼犯。	#	#
T22n1431_p1038b29 ‖"若比丘尼，使外道女香塗**摩身**	#	#	摩身者	摩身者	身者	摩身者
T22n1431_p1038b29 ‖"若比丘尼，使外道女香塗摩身，波逸〔15〕**提**	#	提。一百七十八竟	#	提。此戒伽羅旃輪那二比丘尼。	#	#

CBETA	趙城	磧砂	房山石經	北敦5453	北敦14039	伯2310
T22n1431_p1038c01 ‖ "諸大姊！我已說**一**	#	#	#	X	#	#
T22n1431_p1038c01 ‖ "諸大姊！我已說一百七十八波**逸提**	#	#	#	#	逸提逸提	#
T22n1431_p1038c02 ‖ "諸大姊：是中清净不？（〔*〕**如是至三**	#	三說	如是三說	如是三說	#	三說
T22n1431_p1038c04 ‖ "諸大姊！是八波羅提提舍尼法，半月半月**說**	#	#	X	X	#	#
T22n1431_p1038c05 ‖戒經**中來**	#	#	說	#	#	#
T22n1431_p1038c06 ‖ "若比丘尼，**不病**	#	#	無病	#	無病	X
T22n1431_p1038c06 ‖ "若比丘尼，不病，乞〔*〕酥**食者**	#	#	#	#	#	而食
T22n1431_p1038c06 ‖ "若比丘尼，不病，乞〔*〕酥食者，犯應**懺悔**	#	#	X	#	#	X
T22n1431_p1038c08 ‖不應爲。**我**	#	#	#	#	#	X
T22n1431_p1038c08 ‖不應爲。我今向大姊**懺悔**	#	#	悔過	#	#	悔過
T22n1431_p1038c08 ‖不應爲。我今向大姊懺悔。' 是**名悔過法**	#	#	#	#	名懺悔法【重複出現】	法名悔過法如是世尊
T22n1431_p1038c09 ‖ "若比丘尼，不病，乞油**食**	#	#	#	#	而食【重複出現】	#
T22n1431_p1038c09 ‖ "若比丘尼，不病，乞油食者，犯應**懺悔**	#	#	X	#	#	#
T22n1431_p1038c11 ‖應爲。我今向大姊**懺悔**	#	#	悔過	#	#	#
T22n1431_p1038c11 ‖應爲。我今向大姊懺悔。' **是**	#	#	#	#	#	是法【重複出現】
T22n1431_p1038c12 ‖ "若比丘尼，**不**	#	#	無	#	無【重複出現】	#
T22n1431_p1038c12 ‖ "若比丘尼，不病，乞蜜食者，犯應**懺悔**	#	#	X	#	#	#
T22n1431_p1038c14 ‖應爲。我今向大姊**懺悔**	#	#	悔過	#	#	#
T22n1431_p1038c15 ‖ "若比丘尼，**不**		#	無	#	無	#
T22n1431_p1038c15 ‖ "若比丘尼，不病，乞黑石蜜食者，犯應**懺悔**	#	#	X	#	#	#
T22n1431_p1038c18 ‖ "若比丘尼，**不病**	#	#	無病	#	無病	不應
T22n1431_p1038c18 ‖ "若比丘尼，不病，乞乳食者，犯應**懺悔**	#	#	X	#	#	#
T22n1431_p1038c20 ‖應爲。我今向大姊**懺悔**	#	#	悔過	#	#	#
T22n1431_p1038c21 ‖ "若比丘尼，不病，乞酪食者，犯應**懺悔**	#	#	X	#	#	#

CBETA	趙城	磧砂	房山石經	北敦5453	北敦14039	伯2310
T22n1431_p1038c22 ‖應向餘比丘尼說**言**	#	#		X	#	#
T22n1431_p1038c23 ‖應爲。我今向大姊**懺悔**	#	#	悔過	#	#	#
T22n1431_p1038c26 ‖應爲。我今向大姊**懺悔**	#	#	悔過	#	#	#
T22n1431_p1038c27 ‖“若比丘尼，**不病**	#	#	無病	#	無病	不應
T22n1431_p1038c27 ‖“若比丘尼，不病，乞肉食**者**	#	#	#	#	X	#
T22n1431_p1038c28 ‖應向餘比丘尼**說**	#	#	#	#	X	#
T22n1431_p1038c28 ‖應向餘比丘尼說言：‘大姊！我犯可〔**訶>呵**〕	#	呵	呵	呵	呵	呵
T22n1431_p1038c29 ‖應**為**	#	#	X	#	#	#
T22n1431_p1038c29 ‖應爲。我今向大姊**懺悔**	#	#	悔過	#	#	#
T22n1431_p1038c29 ‖應爲。我今向大姊懺悔。’是名**悔過**	#	#	#	悔	#	#
T22n1431_p1039a02 ‖大姊：是中清净不？（〔*〕**如是至三**	#	三說	#	如是三說	三說	三說
T22n1431_p1039a04 ‖“諸大姊！〔1〕**此**	#	是	#	#	是	是
T22n1431_p1039a04 ‖“諸大姊！〔1〕此**眾學戒**	#	#	式叉迦羅尼	#	#	#
T22n1431_p1039a04 ‖“諸大姊！〔1〕此眾學戒法，半月半月**說**	#	#	X	X	#	#
T22n1431_p1039a05 ‖**來**	#	#	說	#	#	#
T22n1431_p1039a06 ‖“〔2〕**當**	#	X	#	X	#	#
T22n1431_p1039a06 ‖“〔2〕當齊整著〔3〕**涅槃僧**	#	內衣	#	內衣	#	#
T22n1431_p1039a06 ‖“〔2〕當齊整著〔3〕涅槃僧，**應當學**	#	#	式叉迦羅尼【重複出現】	#	#	#
T22n1431_p1039a07 ‖“〔*〕**當**	#	X	X	X	#	#
T22n1431_p1039a07 ‖“〔*〕當齊整著〔4〕**三**	#	五	#	#	#	#
T22n1431_p1039a08 ‖“不得反抄衣**行**	#	#	#	#	X	X
T22n1431_p1039a09 ‖“不得反**抄**	#	#	X	#	#	#
T22n1431_p1039a10 ‖“不得衣**纏頸**	#	#	#	#	脛【重複出現】	#
T22n1431_p1039a13 ‖“不得**覆頭**	#	#	衣覆頭	#	#	#
T22n1431_p1039a16 ‖“不得〔5〕**白衣舍內蹲坐**	#	蹲坐白衣舍內	蹲行入白衣舍坐	蹲坐入白衣舍	#	#
T22n1431_p1039a17 ‖“不得**叉腰行**	#	#	抄腰	扠腰	叉腰	#
T22n1431_p1039a18 ‖“不得**叉腰行**	#	叉腰	抄腰	扠腰	#	#

CBETA	趙城	磧砂	房山石經	北敦5453	北敦14039	伯2310
T22n1431_p1039a19 ‖ "不得搖身行	#	#	#	X	#	#
T22n1431_p1039a20 ‖ "不得搖身行	#	X	X	X	#	#
T22n1431_p1039a21 ‖ "不得掉臂行	#	#	挑臂	挑臂	#	#
T22n1431_p1039a22 ‖ "不得掉臂	#	#	挑臂	挑臂	#	#
T22n1431_p1039a22 ‖ "不得掉臂〔*〕行	#	X	#	X	#	#
T22n1431_p1039a25 ‖ "不得左右顧視〔*〕行	#	X	#	X	#	#
T22n1431_p1039a26 ‖ "不得左右顧視〔*〕行	#	X	#	X	#	#
T22n1431_p1039a29 ‖ "不得戲笑〔*〕行	#	X	X	X	#	#
T22n1431_p1039b01 ‖ "不得前笑〔*〕行	#	X	X	X	#	#
T22n1431_p1039b02 ‖ "〔8〕用	#	正	#	正	#	#
T22n1431_p1039b03 ‖ "平鉢受〔9〕食	#	飯	#	飯	#	#
T22n1431_p1039b03 ‖ "平鉢受〔9〕食，應當學。& "平鉢受羹，應當學	#	#	平鉢受羹食式叉迦羅尼	#	#	#
T22n1431_p1039b05 ‖ "羹飯〔10〕等	#	俱	#	俱	#	#
T22n1431_p1039b06 ‖ "以次	#	#	次第	#	#	#

CBETA	趙城	磧砂	房山石經	北敦5453	北敦14039	伯2310
T22n1431_p1039b07 ‖ "不得挑鉢中〔11〕而	#	央	#	央	#	#
T22n1431_p1039b07 ‖ "不得挑鉢中〔11〕而食，應當學	#	#	#	#	#	應學
T22n1431_p1039b08 ‖ "〔12〕若比丘尼不病	#	無病	#	無病	X	若比丘尼不
T22n1431_p1039b08 ‖ "〔12〕若比丘尼不病，不得自	#	#	#	X	#	#
T22n1431_p1039b10 ‖ "不得以飯〔13〕覆羹	#	#	#	羹上	#	#
T22n1431_p1039b10 ‖ "不得以飯〔13〕覆羹，更望得，應當學	#	#	【倒置，這條戒放到了下條戒之後】	#	#	#
T22n1431_p1039b11 ‖ "不得視比坐鉢中〔14〕食	X	起嫌心	食起嫌心	起嫌心	#	#
T22n1431_p1039b14 ‖ "不得大	#	#	X	#	#	#
T22n1431_p1039b16 ‖ "不得搏飯遙擲口中	#	#	揣飯搖擲口中食	揣飯搖擲口中食	#	#
T22n1431_p1039b18 ‖ "不得頰〔*〕食	#	飯	飯	飯食	#	#
T22n1431_p1039b19 ‖ "不得	#	#	得故	#	#	#
T22n1431_p1039b19 ‖ "不得嚼飯作聲〔15〕食	#	X	#	#	#	#
T22n1431_p1039b20 ‖ "不得大	#	#	X	X	#	X

CBETA	趙城	磧砂	房山石經	北敦 5453	北敦 14039	伯 2310
T22n1431_p1039b24 ‖ “不得汙手捉〔16〕**飲**	#	食	飯	食	#	#
T22n1431_p1039b25 ‖ “不得洗鉢水棄白衣**舍**	#	#	#	食	#	#
T22n1431_p1039b26 ‖ “不得生草〔17〕**葉**	菜	菜	#	X	菜	菜
T22n1431_p1039b27 ‖ “不得**净**	#	#	X	#	#	#
T22n1431_p1039b29 ‖ “不得與反抄衣〔18〕**不恭敬**	#	X	#	X	#	#
T22n1431_p1039c01 ‖ “不得爲衣纏頸〔19〕**者**	#	人【重複出現】	人【重複出現】	人【重複出現】	#	#
T22n1431_p1039c04 ‖ “不得**為**	#	#	#	#	X	#
T22n1431_p1039c07 ‖ “不得**為**	#	#	#	#	X	#
T22n1431_p1039c08 ‖ “不得〔20〕**在**	#	#	#	X	#	#
T22n1431_p1039c08 ‖ “不得〔20〕在佛塔〔21〕**中止宿**	#	內止宿	#	內宿	#	#
T22n1431_p1039c08 ‖ “不得〔20〕在佛塔〔21〕中止宿，除爲守〔22〕**護故**	護	視	#	視	護	#
T22n1431_p1039c09 ‖ “不得〔23〕**藏財物置佛塔中**	#	佛塔內藏財物	佛塔內藏財物	佛塔內藏財物	#	#
T22n1431_p1039c09 ‖ “不得〔23〕藏財物置佛塔中，除爲堅牢〔24〕**故**	X	X	X	#	X	#

CBETA	趙城	磧砂	房山石經	北敦 5453	北敦 14039	伯 2310
T22n1431_p1039c11 ‖ “不得著革屣入佛塔**中**	#	#	裏【重複出現】	#	#	#
T22n1431_p1039c12 ‖ “不得〔25〕**手**	#	X	#	X	#	#
T22n1431_p1039c13 ‖ “不得著革屣繞佛塔**行**	#	#	#	#	中	#
T22n1431_p1039c14 ‖ “不得著**富羅**	#	#	#	#	覆羅	#
T22n1431_p1039c15 ‖ “不得**手**	#	#	#	X	#	#
T22n1431_p1039c16 ‖ “不得**塔下坐食**	#	#	#	佛塔下食	#	#
T22n1431_p1039c16 ‖ “不得塔下坐食，留草及食**污地**	#	#	#	汙地捨去	#	#
T22n1431_p1039c17 ‖ “不得**擔**	#	#	持	#	#	#
T22n1431_p1039c18 ‖“**不得**	#	#	#	#	#	不得在
T22n1431_p1039c19 ‖ “不得〔26〕**在**	#	X	X	佛	#	#
T22n1431_p1039c20 ‖ “不得〔27〕**向**〔28〕**佛**〔29〕**塔**	向塔	向塔	#	塔前	向塔	#
T22n1431_p1039c21 ‖ “不得〔30〕**佛**	#	繞	繞	繞	#	在佛
T22n1431_p1039c21 ‖ “不得〔30〕佛塔〔31〕四邊燒死屍，**使**	#	#	#	#	X	#
T22n1431_p1039c22 ‖ “不得持死人衣**及床**	#	#	X	X	#	#

CBETA	趙城	磧砂	房山石經	北敦5453	北敦14039	伯2310
T22n1431_p1039c22 ‖ “不得持死人衣及床，**從**	#	#	#	X	#	#
T22n1431_p1039c22 ‖ “不得持死人衣及床，從塔下過，**除**	#	#	除爲	除爲	#	#
T22n1431_p1039c22 ‖ “不得持死人衣及床，從塔下過，除**浣染**	#	#	#	#	染浣	#
T22n1431_p1039c22 ‖ “不得持死人衣及床，從塔下過，除浣染香**薰**	#	熏	#	勳	#	#
T22n1431_p1039c24 ‖ “不得〔*〕**佛**	#	X【重複出現】	X【重複出現】	X【重複出現】	#	#
T22n1431_p1039c24 ‖ “不得〔*〕佛塔下大小**便**	#	#	#	便除病	#	#
T22n1431_p1039c25 ‖ “不得向〔*〕佛塔大小**便**	#	#	#	便除病	#	#
T22n1431_p1039c26 ‖ “不得遶〔*〕佛塔四邊大小便，使**臭**	#	#	X	#	#	#
T22n1431_p1039c29 ‖ “不得〔32〕**在**	#	X	X	X	X	#
T22n1431_p1040a01 ‖ “不得向〔*〕**佛塔**	#	#	#	#	塔下	#
T22n1431_p1040a02 ‖ “**不得佛塔**	#	不得塔	不得遶佛塔	不得遶塔	#	不得向佛塔
T22n1431_p1040a02 ‖ “不得〔1〕佛塔四邊嚼楊枝，應當**學**	#	#	#	學。八十	#	#

CBETA	趙城	磧砂	房山石經	北敦5453	北敦14039	伯2310
T22n1431_p1040a03 ‖ “不得〔*〕**在**	#	X	#	X	#	#
T22n1431_p1040a05 ‖ “不得〔2〕**塔**	#	繞（遶）	遶塔	遶塔	#	佛塔
T22n1431_p1040a06 ‖ “不得向**塔**	#	#	佛塔	佛塔	#	佛塔
T22n1431_p1040a10 ‖ “人在**坐**	#	#	#	#	#	座【重複出現】
T22n1431_p1040a11 ‖ “人在高**坐**	#	#	#	X	#	#
T22n1431_p1040a13 ‖ “人在〔3〕**前**	前行	前行	#	#	前行	前行
T22n1431_p1040a13 ‖ “人在〔3〕前，己在〔4〕**後**	#	後行	#	#	後行	後行
T22n1431_p1040a13 ‖ “人在〔3〕前，己在〔4〕後，不得爲說法，除病，應當**學**	#	#	#	學。九十	#	#
T22n1431_p1040a14 ‖ “人在高經行處，己在下經行處，不**應**	#	#	得	得	#	#
T22n1431_p1040a16 ‖ “人在道，己在非道，不〔5〕**應**	#	得	得	得	#	#
T22n1431_p1040a18 ‖ “**不**	#	#	#	#	#	人
T22n1431_p1040a19 ‖ “**不**	#	#	#	#	#	人
T22n1431_p1040a19 ‖ “不得上**樹過人**〔6〕**頭**	樹過人	樹過人	樹過人	高過人樹	樹過人	#
T22n1431_p1040a20 ‖ “不得**絡**	#	#	落	#	#	#

CBETA	趙城	磧砂	房山石經	北敦5453	北敦14039	伯2310
T22n1431_p1040a20 ‖ “不得絡囊盛鉢，貫杖頭，〔8〕**著**	#	置	置	置	#	#
T22n1431_p1040a21 ‖ “人持**杖**	#	#	#	仗	#	#
T22n1431_p1040a21 ‖ “人持杖，〔9〕**不恭敬**	#	恭敬	X	X	#	#
T22n1431_p1040a23 ‖ “人持**鉾**	#	#	#	牟	#	#
T22n1431_p1040a27 ‖ 清净不?〔10〕（**如是三説**	至三	三説	#	#	三説	説三
T22n1431_p1040a28 ‖ “諸大姊！是中清净，默然故。**是事**	#	#	#	#	#	X
T22n1431_p1040a29 ‖ “諸大姊！是七滅諍法，半月半月**説**	#	#	X	X	#	#
T22n1431_p1040a29 ‖ “諸大姊！是七滅諍法，半月半月説，戒經中**來**	#	#	説	#	#	#
T22n1431_p1040b01 ‖ “若比丘尼有諍事起，**即**	#	#	X	#	#	#
T22n1431_p1040b02 ‖ “應與現前毗尼，當與現**前**	#	#	#	#	#	X
T22n1431_p1040b03 ‖ “應與**憶**	#	#	#	現	#	#
T22n1431_p1040b06 ‖ **“應與多人語，當與多人語。& “應與覓罪相，當與覓罪相。**	#	#	#	應與覓罪相，當與覓罪相。應與多人覓罪，當與多人覓罪。	應與覓罪相，當與覓罪相。應與多人語，當與多人語。	應與多人覓罪，應與多人覓罪。

CBETA	趙城	磧砂	房山石經	北敦5453	北敦14039	伯2310
T22n1431_p1040b07 ‖ “應與**覓罪相**	#	#	罪處所【重複出現】	#	#	#
T22n1431_p1040b08 ‖ “應與如草**覆**	#	#	步【重複出現】	#	#	#
T22n1431_p1040b10 ‖ 清净不?〔*〕（如**是三説**	至三	三説	#	#	三説	三説
T22n1431_p1040b11 ‖“**諸**	#	#	X	#	#	#
T22n1431_p1040b11 ‖ “諸大姊！是中清净，默然故。是事如是**持**。	#	#	#	持。是事如是持已前是正宗。	#	#
T22n1431_p1040b12 ‖ “諸大姊！我已説戒**經**	#	#	X	#	#	#
T22n1431_p1040b13 ‖ 説十七僧伽婆尸沙法，已説**三十**	#	#	卅	#	#	#
T22n1431_p1040b14 ‖〔11〕逸提法，已説**一**	#	#	#	X	#	#
T22n1431_p1040b15 ‖ 波羅提提舍尼法，已説眾學〔12〕**戒**	#	X	#	#	#	#
T22n1431_p1040b15 ‖ 波羅提提舍尼法，已説眾**學**〔12〕**戒**	#	#	式叉迦羅尼	#	#	#
T22n1431_p1040b16 ‖ **滅諍**	#	#	#	X	#	#
T22n1431_p1040b16 ‖ 滅諍**法**	#	#	#	#	法已	#
T22n1431_p1040b16 ‖ 滅諍法。此是佛所〔14〕**説**	#	説戒經	説戒經	説戒經	説戒經	#
T22n1431_p1040b16 ‖ 滅諍法。此是佛所〔14〕説，半月半月**説**	#	#	#	X	#	#

CBETA	趙城	磧砂	房山石經	北敦5453	北敦14039	伯2310
T22n1431_p1040b16 ‖滅諍法。此是佛所〔14〕說，半月半月說，戒經中**來**	#	#	#	説	#	#
T22n1431_p1040b17 ‖“若更有餘佛法，是中**皆共**	#	#	#	#	X	#
T22n1431_p1040b20 ‖“此是毗〔16〕婆尸如來、無所著、等正覺，說是**戒經**。	#	#	#	經。忍辱一弟道已後流通分。	#	#
T22n1431_p1040b22 ‖世有聰明人，能遠**離諸**	#	#	#	眾	#	#
T22n1431_p1040b24 ‖“不謗亦不**嫉**	#	#	疾	疾	#	#
T22n1431_p1040b24 ‖“不謗亦不嫉，**當奉〔17〕持於戒**	#	當奉行於戒	當奉行於戒	當奉於戒行	當奉行於戒	當奉行於戒
T22n1431_p1040b26 ‖**心定樂精進，是名諸佛教**。	#	#	#	#	X	#
T22n1431_p1040b27 ‖“此是毗葉〔19〕**羅**	#	X	#	#	#	#
T22n1431_p1040b29 ‖“譬如蜂採**花**	#	#	華	#	#	#
T22n1431_p1040b29 ‖“譬如蜂採花，不壞色**與**	#	#	以	#	#	#
T22n1431_p1040c01 ‖但取其〔20〕味去；比丘**入**	#	#	出	#	#	#
T22n1431_p1040c01 ‖但取其〔20〕味去；比丘入聚〔21〕**然**	#	落	#	#	#	#
T22n1431_p1040c04 ‖“此是拘〔*〕**樓**	#	留	留	留	#	#
T22n1431_p1040c04 ‖“此是拘〔*〕樓孫如來、無所著、等正覺，說**是**	#	#	此	#	#	#
T22n1431_p1040c05 ‖“心莫作放逸，聖法當**勤學**	#	#	#	覺	#	#
T22n1431_p1040c16 ‖年中，爲無事僧說是戒經。從是**已**	#	#	以	#	#	#
T22n1431_p1040c17 ‖說。諸比丘尼，自爲樂法、**樂沙門**	#	#	#	#	#	X
T22n1431_p1040c18 ‖〔22〕**樂**	#	欲	欲	#	有學戒	#
T22n1431_p1040c20 ‖名譽及利養，死**得**	#	#	則	則	#	#
T22n1431_p1040c26 ‖若有**自為**	#	#	爲自	#	#	#
T22n1431_p1041a02 ‖尊行大仙說，〔1〕**聖賢**	#	賢聖	賢聖	#	#	#
T22n1431_p1041a05 ‖集諸比丘眾，與如是教〔2〕**誡**	#	戒	戒	戒	#	戒
T22n1431_p1041a12 ‖喻如日沒時，世界皆**闇〔3〕冥**	#	暗暝	#	闇暝	#	#
T22n1431_p1041a13 ‖當護持是戒，如**犛**	#	#	#	貓	#	猫
T22n1431_p1041a14 ‖和合一處坐，如佛**之**	#	#	#	#	#	諸

CBETA	趙城	磧砂	房山石經	北敦5453	北敦14039	伯2310
T22n1431_p1041a15‖我**已**	#	#	以	#	#	#
T22n1431_p1041a16‖我今說戒經，所說**諸**	#	#	#	說	#	#
T22n1431_p1041a18‖**四分**〔5〕**比丘尼**	四分尼	#	尼	四分尼	四分	四分尼
T22n1431_p1041a18‖四分〔5〕比丘尼戒〔6〕**本**	本一卷	本【後有題記一段】西京大同路在城住人李吉那實巴施中統鈔叁定助刊大藏經板所集功德保延母親張氏身宮泰奉壽兼延長更冀自身吉祥如意者。大德十年十月初一日意願。	本【後有一段文，部分模糊：當持□□戒精進，脩忍辱譬□□月滿星中猶明曜。以上比丘尼戒訖。】	#	#	#

《六十華嚴》三字以上孤立異文研究
——以房山石經為例

釋賢超　魏慶彬　張敏麗　范中義*

摘　要　探究《華嚴經》的形成歷史以及華嚴宗的思想演變，需要校勘精準的《六十華嚴》文本。我們對十五種版本的《六十華嚴》進行了全面校勘，統計出了211條三字以上異文，其中包含132條孤立異文，79條非孤立異文。重點對房山石經版《六十華嚴》的21條孤立異文進行逐一研究，並分析孤立異文的產生原因，對該版本的刻造過程和版本價值給出判斷。

關鍵詞　華嚴經　六十華嚴　房山石經　孤立異文

引　言

一、研究背景

《六十華嚴》是指東晉佛陀跋陀羅翻譯的六十卷本《大方廣佛華嚴經》。[①]爲了區别於唐代實叉難陀翻譯的八十卷本《大方廣佛華嚴經》，前者稱爲"舊譯"或《六十華嚴》，後者稱爲"新譯"或《八十華嚴》。通常認爲，《六十華嚴》的經文内容不及《八十華嚴》完整。在《八十華嚴》流行之後，《六十華嚴》的宗教地位和受重視程度大不如從前。儘管如此，《六十華嚴》仍然具有重要的研究價值和歷史意義。一方面，《六十華嚴》反映了華嚴經形成的早期樣貌；另一方面，智儼、法藏開創的華嚴宗所依據的根本經典便是《六十華嚴》，法藏《華嚴經探玄記》所注釋的也是《六十華嚴》。

除此之外，《六十華嚴》還是房山石經早期刻經中篇幅最長且具特殊意義的一部經典。[②]從靜琬親作的兩篇題記中可知，這部經的開刻時間應不晚於貞觀二年（628年），完成時間是貞觀八年（634年）。[③]靜琬對於此經極爲重視，他在貞觀二年（628年）的題記中寫道：

> 静琬為護正法，率己門徒知識及好施檀越，就此山頂刊《華嚴經》等一十二部，冀於曠劫濟度蒼生，一切道俗同登正覺。

---

* 作者單位為北京龍泉寺藏經辦公室。

① 《六十華嚴》的分卷方式並非一成不變，一些較早的版本如趙城金藏、福州藏、高麗藏初雕，都是按照五十卷劃分的。

② 房山石經版《六十華嚴》位於石經山第八洞，現存177石。2000年，華夏出版社據拓片影印出版《房山石經》，《六十華嚴》收録於第一冊230至563頁。參：任傑．略述房山石經概況及其價值〔J〕．佛教文化，1989（1）：32－37．又，黄炳章．房山雲居寺石經〔J〕．法音，1986（1）：19－26.

③ 北京圖書館金石組，中國佛教圖書文物館石經組．房山石經題記匯編〔M〕．北京：書目文獻出版社，1987：1—2.

他在貞觀八年（634 年）的題記寫道：

今於此山鐫鑿《華嚴經》一部，永留石室，劫火不焚，使千載之下，慧燈常照；萬代之後，法炬恆明。……此經為未來佛法難時，擬充經本，世若有經，願勿輒開。

需要指出的是，静琬親自主持刻造的這部《華嚴經》即是《六十華嚴》。《八十華嚴》翻譯完成於聖曆二年（699 年），《四十華嚴》翻譯完成於貞元十四年（798 年），這兩部《華嚴經》静琬都不可能遇到。[①]

以上事實都顯示出房山石經版《六十華嚴》的歷史意義與文化價值。通過對房山石經版《六十華嚴》的文本研究，也有助於深入認識房山石經的版本學價值。

探究《華嚴經》的形成歷史以及華嚴宗的思想演變，需要校勘精準的《六十華嚴》文本。我們對十五種版本的《六十華嚴》進行了全面的校勘，並詳細記録了版本之間的異文情况。根據《六十華嚴》校勘成果，我們統計出了所有三字以上的異文，並分爲孤立異文和非孤立異文兩類，然後針對房山石經中的孤立異文進行研究。

（二）版本來源

表 6－1　《六十華嚴》十五種版本概况

版　本	來　源
【遼】契丹藏	山西省文物局，中國歷史博物館．應縣木塔遼代秘藏〔M〕．北京：文物出版社，1991：20—79
【金】趙城金藏	趙城金藏〔M〕．北京：國家圖書館出版社，2008
【福】崇寧藏與毗盧藏	日本宮內廳圖書陵（http://db. sido. keio. ac. jp/kanseki/T _ bib _ body. Hp? no＝007075）
【思】思溪藏	中華古籍資源庫（http://mylib. nlc. cn/web/guest/shanbenjiaojuan）
【磧】磧砂藏	上海影印宋版藏經會．影印宋磧砂藏經．民國廿二年
【洪】洪武南藏	四川省佛教協會．洪武南藏．1999

续表

版　本	來　源
【明】永樂北藏	永樂北藏〔M〕．北京：線裝書局，2000
【南】永樂南藏	山東省圖書館佛經數據庫 124. 133. 52. 158：8056/markbook/
【徑】嘉興藏（徑山藏）	嘉興藏〔M〕．北京：民族出版社，2005
【清】乾隆藏	精縮新版乾隆大藏經〔M〕．臺北：傳正有限公司，1997
【初】高麗藏初雕	韓國高麗大藏經研究所（http://kb. sutra. re. kr）
【再】高麗藏再雕	韓國高麗大藏經研究所（http://kb. sutra. re. kr）
【房】房山石經	房山石經〔M〕．北京：華夏出版社，2000
【日金】日本金剛寺古寫經	日本國際佛教學大學院大學古寫經資料庫
【日七】日本七寺古寫經	日本國際佛教學大學院大學古寫經資料庫

《六十華嚴》校勘工作使用上述十五種版本，以《大正藏》的校勘記格式記録異文，並以圖片方式保存了異文的原始出處。

（三）術語説明

1. **孤立異文**：在 N 個版本比對中，針對某處的内容，N－1 個版本都是完全一致的，只有一個版本與前者不一致，則稱爲“孤立異文”。孤立異文的數量多少表示的是這一版本於其他所有版本與衆不同的程度。

孤立異文的數量是評價某一版本校勘價值的指標。假定一個版本的孤立異文數爲 0，便意味著這個版本不會貢獻任何新的校勘記，因爲在每個出校勘記的地方都至少存在其他一個版本跟它的

① 房山石經另有《八十華嚴》2 方，內容為第一卷，屬于唐代刻經，具體年代不詳。（黃炳章．房山雲居寺石經〔J〕．法音，1986（1）：19—26.）另有《四十華嚴》，則刊刻于明朝天啟三年（1623 年）。

用字是一致的。如果這個版本不能貢獻新的校勘記，那麼這個版本也就沒有足夠的校勘價值。有孤立異文的版本，意味著這個版本不可被其他版本替代。孤立異文數越多，校勘價值也就越高。

2. **非孤立異文**：在 N 個版本比對中，針對某處的內容，至多有 N－2 個版本是完全一致的，至少存在兩個版本與前者不一致，這種情況稱之爲"非孤立異文"。

3. **三字以上異文**：在版本比對中，出現連續三字以上（包括三字）的異文，不足三字或不是連續三字的則不計算在內。

4. **三字以上孤立異文**：針對某一版本而言，其異文與其他所有版本異文的差異都在三字以上，則稱之爲三字以上孤立異文。如果這一版本只與其他某一些版本的差異在三字以上，而與其他另一些版本的差異少於三字，則不作統計。

（四）研究思路

之所以將三字以上異文作爲研究對象而不考慮單字或兩字的異文，是因爲大藏經在雕造過程中偶然性的用字失誤以及習慣性的用字差異通常是以單字或兩字異文的形式出現的。偶然性的用字失誤的隨機性較大。習慣性的用字差異出現頻率過高，嚴格統計的話過於繁瑣，而且這種差異跟當時的漢字使用規範有關係，與大藏經的雕造過程和源流演變關聯較小。

相比之下，三字以上異文出現偶然性的用字失誤和習慣性的用字差異的可能性要小很多。在基本排除上述兩方面因素後，三字以上異文的形成主要受兩方面因素影響。一是版面處理上的失誤，這在大藏經的版式行款發生轉換的時候容易出現，從中可以分析所依據底本的行款特點。二是經過有意確認的文本差異，這對該版本的源流追溯具有鮮明的指示作用。

諸多版本中，某一版本的孤立異文是該版本區別於其他版本的獨特標記，而三字以上的孤立異文，對於追溯版本形成過程和還原經文原貌無疑具有重要的價值。

（五）工作方法

一是對《六十華嚴》總共 7884 條校勘記進行梳理，篩選出三字以上異文的校勘記 211 條。二是將此211 條校勘記分爲孤立異文和非孤立異文兩類，統計各個版本孤立異文和非孤立異文的比例。三是選定某一版本（本次以房山石經本《六十華嚴》爲研究對象），核對其異文內容，與其他版本的異文進行對比研究。

本文只涉及孤立異文的研究成果，關於非孤立異文的研究，將另行作文發布。

二、三字以上異文統計

經統計，在 211 條三字以上異文中，有 132 條是孤立異文，79 條是非孤立異文。所有三字以上孤立異文和非孤立異文的校勘記原文都列在本文附録之中。如圖 6－1 所示：

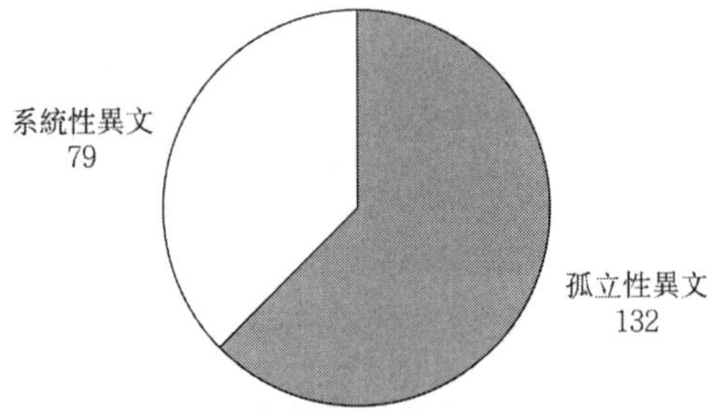

圖 6－1　《六十華嚴》三字以上異文統計

孤立異文所占比例較高。就孤立異文來看，十五個版本的孤立異文分佈如圖 6－2。①

在刻本大藏經中，房山石經、福州藏、高麗藏再雕、趙城金藏和思溪藏存在較多孤立異文。②這可以解釋爲：這幾部大藏經基本上都是其所在

① 其中有一條異文（附録二中的編號為 1）同時屬於趙城金藏和高麗藏再雕，在圖表中各計算一次；而在統計總數時則只計算一次。

② 趙城金藏 50 卷本中僅存 26 卷，房山石經有不少碑文已經損壞或漫漶不清，它們的孤立異文的原始數量可能更多。

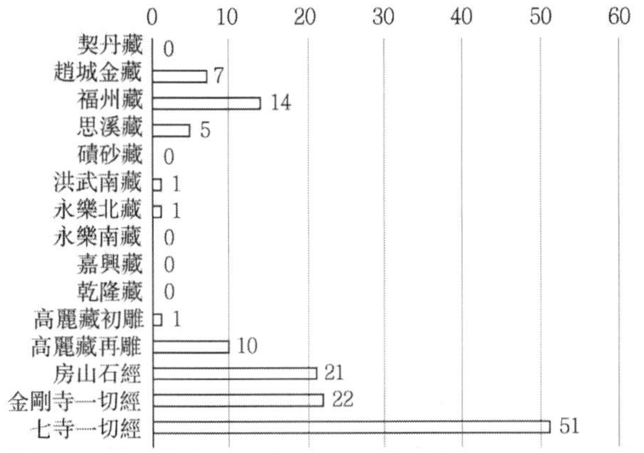

圖 6-2　各版本孤立異文數量統計

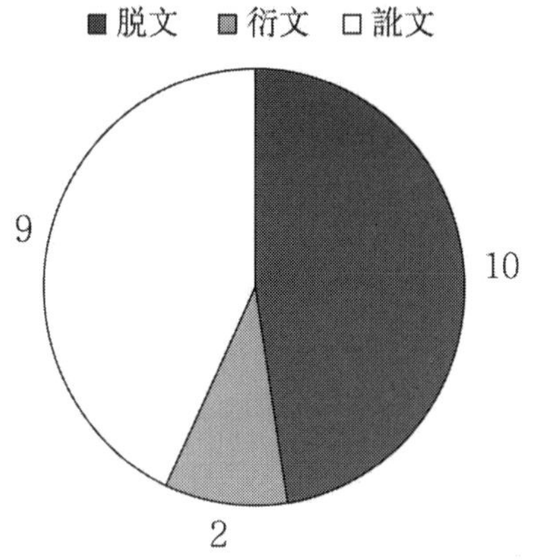

圖 6-3　房山石經三字以上的孤立異文分類統計

地域大藏經雕造的肇始者。由於其工作的開創性，缺少成熟經驗作爲參考，導致存在較多的編輯失誤，所以體現爲早期的大藏經往往具有較多的孤立異文。① 而這些問題在後續的大藏經雕造中被逐步發現並解決，比如從磧砂藏到乾隆藏，在版式行款保持基本穩定（每行 17 字）和版本繼承關係相對單純的情況下，再出現三字以上孤立異文的可能性便大大降低了。

日本古寫經的孤立異文也相當多，特别是字數在 13—20 字之間的脱文或衍文相當多，應該是抄寫過程中漏掉一行文字所致，反映出被抄寫對象的行款信息。其中金剛寺本的 17 字脱文出現 6 次，16 字、18 字、20 字脱文各有一次，七寺本的 13 字脱文 1 次，14 字脱文出現 3 次，16 字脱文 4 次，17 字脱文 9 次，17 字衍文 3 次，18 字脱文 1 次，20 字脱文 4 次，20 字衍文 1 次，24 字脱文 1 次，34 字衍文 1 次，35 字衍文 1 次，47 字衍文 1 次，51 字脱文 1 次。這説明古寫經的抄寫底本的行款以每行 17 字居多。這類脱文衍文的數量較多，還出現了脱衍多行的情況，反應出寫本的嚴謹性一般不如刻本。

三、房山石經三字以上的孤立異文

房山石經有 21 條三字以上的孤立異文。其中脱文爲 10 條，衍文爲 2 條，訛文爲 9 條。以下逐一進行分析。

（一）脱　文

1. 普現十方無量刹**教化度脱一切衆若能度脱一切衆**②則得無量自在力。（卷六）

校勘記：

教化度脱一切衆若能度脱一切衆【金】【福】【思】【磧】【洪】【明】【南】【徑】【清】【再】【日金（甲）】－【房】

各版本異文：

【房】……若光莊嚴難思議，則出無量寶蓮華。若出無量寶蓮華，一一華坐無量佛。普現十方無量刹，則得無量自在力。若得無量自在力，則能嚴净諸佛刹，解説甚深微妙法，不可思議衆歡喜。……

【金】【福】【思】【磧】【洪】【明】【南】【徑】【清】【再】【日金（甲）】……若光莊嚴難思議，則出無量寶蓮華。若出無量寶蓮華，一一華坐無量佛。普現十方無量刹，教化度脱一切衆。若能度脱一切衆，則得無量自在力。若得無量自在力，則能嚴净諸佛刹，解説甚深微妙法，不可思議衆歡喜。……

按：與諸本相較，房山石經缺少“教化度脱

① 契丹藏和高麗藏初雕雖然也屬於早期大藏經，但是它們中的《六十華嚴》保存篇幅相當有限（契丹藏為 1 卷，高麗藏初雕為 6 卷有餘），所以統計出來的異文數量偏少，因而不具有代表性。

② 該位置小標宋體字表示脱文，下同。

一切眾若能度脱一切眾”十四字。本經卷九：“供養一切佛，度脱眾生故，無量自在力，種種能示現。”又，八十華嚴卷一四：“……若不思議光莊嚴，其光則出諸蓮華。其光若出諸蓮華，則無量佛坐華上；示現十方靡不遍，悉能調伏諸眾生。若能如是調眾生，則現無量神通力。若現無量神通力，則住不可思議土，演説不可思議法，令不思議眾歡喜……”且“普現十方無量剎”與“則得無量自在力”並無明顯的因果關系，房山石經此處應是出現了脱文。

2. 如法門至一切道無量無邊善根**迴向如如善根**亦爾（卷二十）

校勘記：

迴向如如善根【金】【福】【思】【磧】【洪】【明】【南】【徑】【清】【再】【日七】－【房】

各版本異文：

【房】……迴向如法門至一切道，無量無邊善根亦爾；迴向眾生解了諸法，如性如善根亦爾；迴向一切法自性無有自性，如相如善根亦爾；……

【金】【福】【思】【磧】【洪】【明】【南】【徑】【清】【再】【日七】……迴向如法門至一切道，無量無邊善根**迴向，如如善根**亦爾；迴向眾生解了諸法，如性如善根亦爾；迴向一切法自性無有自性，如相如善根亦爾；……

按：與諸本相較，房山石經缺少“迴向如如善根”六字。法藏《華嚴經探玄記》卷八云：“‘無量無邊善根迴向’者，明行徧如理，謂稱如而成迴向。”又云：“‘善根迴向’者，謂明以同如普徧之善根，隨異門而成迴向。”又云：“一、‘如如’者，標舉如理，謂如彼真如。二、‘善根亦爾’者，舉善同如。”對“迴向如如善根”都有所引用，可知唐代通行版本中應具有此六字。所以房山石經在此應是發生了脱文。

3. 或以垢國爲净**净國為垢**（卷二七）

校勘記：

净國爲垢【福】【思】【磧】【洪】【明】【南】【徑】【清】【再】【日七】－【房】

各版本異文：

【房】……或以狹國爲廣，廣國爲狹。或以垢國爲净，如是一切世界皆有神力……

【福】【思】【磧】【洪】【明】【南】【徑】【清】【再】【日七】……或以狹國爲廣，廣國爲狹。或以垢國爲净，**净國為垢**。如是一切世界皆有神力……

按：與諸本相較，房山石經缺少“净國爲垢”四字。上句云：“或以狹國爲廣，廣國爲狹。”按理此處句式亦當同。又，《八十華嚴》此句作：“垢世界作净世界，净世界作垢世界。”不過根據大正藏校勘記，高麗藏再雕版姚秦鳩摩羅什所譯《十住經》卷四作“或以狹國爲廣、廣國爲狹、或以垢國爲净”，與房山石經版《六十華嚴》一致，而福州藏、思溪藏、普寧藏、徑山藏的《十住經》則作“或以狹國爲廣、廣國爲狹，或以垢國爲净、净國爲垢”，與其他版本《六十華嚴》一致。《十住經》的翻譯時間略早於《六十華嚴》，但彼此相隔不遠，而且《六十華嚴·十地品》的翻譯明顯參考過《十住經》。那麼高麗藏再雕版《十住經》與房山石經版《六十華嚴》同時缺少“净國爲垢”四字，就很難完全用巧合解釋了。此處缺少的四字很有可能反映的是早期經文的原貌，而後人增加“净國爲垢”四字使經文更爲通順也是有可能的。

4. 不可思議**不可思議**名一不可思議轉（卷二九）

校勘記：

不可思議【福】【思】【磧】【洪】【明】【南】【徑】【清】【再】【日金】【日七】－【房】

各版本異文：

【房】……不可稱不可稱名一不可稱轉。不可稱轉不可稱轉名一不可思議 。不可思議名一不可思議轉。不可思議轉不可思議轉名一不可量。……

【福】【思】【磧】【洪】【明】【南】【徑】【清】【再】【日金】【日七】……不可稱不可稱名一不可稱轉。不可稱轉不可稱轉名一不可思議。

不可思議不可思議名一不可思議轉。不可思議轉不可思議轉名一不可量。……

按：與諸本相較，房山石經缺少“不可思議”四字。據前後文，上文云：“不可稱轉不可稱轉名一不可思議。”又，下文云：“不可思議轉不可思議轉名一不可量。”此四字應是房山石經脱文。

第1、2、4條脱文可能是由於疏忽所導致的。第3條雖然看似脱文，但不影響文意表達，或是早期譯本特征。下面第5—10條，應該也是類似情況。

5. 菩薩**摩訶薩**如是精勤修習念知（卷十）

校勘記：

摩訶薩【福】【思】【磧】【洪】【明】【南】【徑】【清】【再】【日七】－【房】

按：此段上下文多處有：“佛子！菩薩摩訶薩……”，然下文亦有：“佛子！菩薩復安住十法……”則用“菩薩”字。

6. 菩薩**摩訶薩**滿諸願已（卷十）

校勘記：

摩訶薩【福】【思】【磧】【洪】【明】【南】【徑】【清】【再】【日七（甲）】－【房】

按：上下文：“佛子！是爲菩薩摩訶薩悉能滿足一切諸願；菩薩摩訶薩滿諸願已，……”然下文亦有：“佛子！云何菩薩摩訶薩隨其所應而化衆生？此菩薩知諸衆生所宜方便……”則用“菩薩”字。

7. 菩薩**摩訶薩**住此陀羅尼故一切諸佛降甘露法雨此菩薩（卷四三）

校勘記：

摩訶薩【福】【思】【磧】【洪】【明】【南】【徑】【清】【再】【日金】【日七】－【房】

按：此段及前後段于“菩薩摩訶薩坐道場時”皆用“菩薩摩訶薩”，他處則“菩薩”“菩薩摩訶薩”雜用。

8. 若有能發**阿耨多羅三藐**三菩提心者（卷四六）

校勘記：

阿耨多羅三藐三【遼】【福】【磧】【洪】【明】【南】【徑】【清】【再】【日金】【日七】－【房】

按：兩處皆通。上下文：“善哉！善哉！善男子！乃能發阿耨多羅三藐三菩提心。善男子！若有能發阿耨多羅三藐三菩提心者，則爲守護一切佛性……”

9. 若有能發**阿耨多羅三藐**三菩提心者（卷四七）

校勘記：

阿耨多羅三藐三【金】【福】【思】【磧】【洪】【明】【南】【徑】【清】【再】【日金】【日七】－【房】

按：兩處皆通。上下文：“時，彼仙人告大衆言：若有能發阿耨多羅三藐三菩提心者，得一切智，净一切佛功德之地。”

10. 菩薩**摩訶薩**應一向求無量善根（卷五八）

校勘記：

摩訶薩【福】【思】【磧】【洪】【明】【南】【徑】【清】【初】【再】【日金】【日七】－【房】

按：本段文字“菩薩”“菩薩摩訶薩”雜用。

第5—10條中，“菩薩摩訶薩”五字，房山石經有四處省作“菩薩”；“阿耨多羅三藐三菩提心”十字，房山石經有兩處省作“菩提心”，但在六十華嚴里，這兩個詞都是存在的。石經看似脱文，結合上下文來看，並不影響文意。這應該也是早期譯本的特征。

（二）衍　文

11. 一切劫可盡法印無窮已（此後有衍）如是知衆生無量無有邊（卷四三）

校勘記：

已【福】【思】【磧】【洪】【明】【南】【徑】【清】【再】【日金（甲）】【日七（甲）】＋（菩薩如是知是則等正覺）【房】

各版本異文：

【房】……悉能分别知，一切諸法印。一切劫可盡，法印無窮已。菩薩如是知，是則等正覺。①

---

① 該位置隸書體字表示衍文，下同。

如是知衆生，無量無有邊。彼一衆生有，無量百千萬。……

【福】【思】【磧】【洪】【明】【南】【徑】【清】【再】【日金】【日七】……悉能分别知，一切諸法印。一切劫可盡，法印無窮已。如是知衆生，無量無有邊。彼一衆生有，無量百千萬。……

按：與諸本相較，房山石經多出兩句“菩薩如是知，是則等正覺”十字。《八十華嚴》卷五九本句作“經無量劫數，究竟不可盡。菩薩知衆生，廣大無有邊”，並無與“是則等正覺”含義接近的語句。此十字應是衍誤。

12. 住法界者（此後有衍）了知衆生非實有者（卷五八）

校勘記：

住法界者【福】【思】【磧】【洪】【明】【南】【徑】【清】【初】【再】+（之所住處）【房】

各版本異文：

【房】……此是解空無相願者之所住處，離虚妄者之所住處。住法界者**之所住處**；了知衆生非實有者；知不生者；知一切世間無所著者；方便分别一切衆生者……

【福】【思】【磧】【洪】【明】【南】【徑】【清】【初】【再】……此是解空無相願者之所住處，離虚妄者之所住處。住法界者；了知衆生非實有者；知不生者；知一切世間無所著者；方便分别一切衆生者……

按：與諸本相較，房山石經多出“之所住處”四字。下文云：“了知衆生非實有者；知不生者；知一切世間無所著者；方便分别一切衆生者；一切無所依者；離一切相者；知一切法無自性者；不虚妄取一切業者；了知一切心意識相者。”此承上省文，不必另著“之所住處”字。又，《八十華嚴》作：“是了法界無差别者之所住處。”所以，兩處皆通。

（三）訛 文

13. 一切十方一切四天下删兜率陀天王宫**摩尼寶**①殿上説如是法往爲作證亦復如是（卷二二）

校勘記：

摩尼寶【金】【福】【思】【磧】【洪】【明】【南】【徑】【清】【再】＝一切寶莊嚴【房】

按：兩處皆通。

14. **第四地**諸佛子聞説如是地行義深妙無有量心皆大歡喜（卷二四）

校勘記：

第四地【福】【思】【再】【日七（甲）】＝第四焰地【磧】＝第四燄慧地【洪】【明】【南】【徑】【清】＝炎地第四【房】

按：此爲《十地品》下的小標題，四處皆通。

15. 勝**薩埵名號**（卷四〇）

校勘記：

薩埵名號【福】【思】【磧】【洪】【明】【南】【徑】【清】【再】【日金】【日七】＝名號薩埵【房】

按：上下文：“若菩薩摩訶薩安住此法，則得善男子十種名號。何等爲十？所謂：菩薩名號，菩提智身故；摩訶薩名號，住大乘故；第一薩埵名號，最第一無間道法故；勝薩埵名號，覺勝菩提故。……”故知房山石經誤倒。

16. 應攝取者而攝取之**應罰者罰應治者治**（卷四九）

校勘記：

應罰者罰應治者治【福】【思】【磧】【洪】【明】【南】【徑】【清】【再】【日金】【日七】＝應罰治者而罰治之【房】

按：兩處皆通。又，《八十華嚴》作：“可治者治，可攝者攝，罰其罪惡。”

17. 有須彌寂静眼如來應供**等正覺**等五百如來出興于世（卷五一）

---

① 該位置魏碑體字表示訛文，下同。

校勘記：

等正覺【金】【福】【磧】【洪】【明】【南】【徑】【清】【再】【日七】＝正遍知【房】

按："等正覺"字是。又，西秦聖堅《佛説羅摩伽經》卷二："彼世界中，有五百億佛，出興於世，成等正覺，十號具足。"又，《八十華嚴》作："有五百佛於中出現。其第一佛名須彌幢寂静妙眼如來應正等覺。"

18. 爾時善財讚歎寂静音夜天以偈頌曰（卷五三）

校勘記：

讚歎寂静音夜天以偈頌【福】【思】【磧】【洪】【明】【南】【徑】【清】【初】【再】【日七】＝以偈讚寂静音夜天【房】

按：兩處皆通。又，《八十華嚴》作："爾時，善財童子一心觀察寂静音海主夜神身而説頌言。"

19. 我已先發阿耨多羅三藐三菩提心云何菩薩學菩薩行修菩薩道（卷五四）

校勘記：

云何菩薩【福】【思】【磧】【洪】【明】【南】【徑】【清】【初】【再】【日金】＝而未知菩薩云何【房】

各版本異文：

【房】爾時，善財頭面敬禮彼夜天足，遶無數匝，恭敬合掌於一面住。白言："天神，我已先發阿耨多羅三藐三菩提心，而未知菩薩云何學菩薩行、修菩薩道、趣薩婆若？唯願天神爲我解説。"

【福】【思】【磧】【洪】【明】【南】【徑】【清】【初】【再】【日金】爾時，善財頭面敬禮彼夜天足，遶無數匝，恭敬合掌於一面住。白言："天神，我已先發阿耨多羅三藐三菩提心，云何菩薩學菩薩行、修菩薩道、趣薩婆若？唯願天神爲我解説。"

按：此處善財童子發問，本經卷四六、四七、四八、四九、五〇、五一、五三、五六、五七、五八於"我已先發阿耨多羅三藐三菩提心"下皆言"而未知菩薩云何"，如卷五一："大聖，我已先發阿耨多羅三藐三菩提心，而未知菩薩云何學菩薩行修菩薩道。"卷五六："大聖，我已先發阿耨多羅三藐三菩提心，而未知菩薩云何行生死中而無所染。"房山石經作"而未知菩薩云何"，與他處句式一致。其他諸本改作"云何菩薩"，以意省減，但與他處句式不合。

20. 今於善知識而起自己心（卷五五）

校勘記：

善知識【福】【磧】【洪】【明】【南】【徑】【清】【再】＝知識所【房】

按：兩處皆通。上文云："恭敬合掌，一心諦觀，於善知識得十種心。"又，《八十華嚴》作："今於善知識，而起自己心。"

21. 消竭無量愛欲之海（卷五八）

校勘記：

愛欲之【福】【思】【磧】【洪】【明】【南】【徑】【清】【初】【再】【日金】【日七】＝諸愛欲【房】

按：兩處皆通。又，《八十華嚴》作："應涸無量愛欲海。"

就以上9處訛文來看，房山石經部分文字與其他諸本有明顯不同，但文義仍通，應該並非衍誤，而是隋末唐初北方地區《六十華嚴》的文本特點。

四、結　論

通過對房山石經版《六十華嚴》三字以上孤立異文的調查，可以得出以下結論：

（一）就脱文來看，房山石經存在較多脱文，一些脱文明顯是由疏忽所致，説明房山石經的雕刻、校勘過程中存在一定疏漏，就版本質量而言，石經本不宜高估。當然，這也是早期大藏經雕刻過程中的常見情形。另外，還有部分脱文並不影響上下文義的理解，這應該是隋末唐初北方地區《六十華嚴》的文本特點。

（二）就衍文和訛文來看，房山石經與後世流行的版本有一定差别，但是絕大多數都不是明顯的訛誤，[①] 而是版本原有的文本差異，同様體現了隋末唐初北方地區《六十華嚴》的文本特點。雖然後人一直在對《六十華嚴》進行文本上的完善，單就這21條異文而言，房山石經依然具有很高的版本價值。

以上是以房山石經爲例，對《六十華嚴》的三字以上孤立異文進行的研究。對於高麗藏再雕、福州藏、趙城金藏、思溪藏這些版本中的孤立異文，以上研究方法也同樣適用，可以更清楚地認識不同版本的版本特征和價值。

附録一　房山石經《六十華嚴》的25字孤立異文

（一）校勘記

〔時善…本願〕3559字【福】【思】【磧】【洪】【明】【南】【徑】【清】【再】＝爾時有〔漫漶，約25字〕【房】

按：房山石經《六十華嚴》有一大段孤立異文，約25字。與其他版本相較，其他版本此處則爲3559字。25字開頭三字爲“爾時有”，其後20餘字至卷五七結束，漫漶不可識。3559字開頭爲“時善財童子敬受其教”，其後文字至卷五七結束。兩處異文字數、内容皆相差甚遠，可以肯定並非石經本的漏刻，更可能是早期譯本翻譯時的省簡，詳情有待進一步調查。

（二）各版本異文

【房】……諸大菩薩具大悲藏教化衆生心無厭足得自在法一一毛孔現一切佛自在神力我當云何能知能説彼功德行摩耶夫人告善財童子言善男子於此世界三十三天有王名正念彼天有女汝詣彼問云何菩薩學菩薩行修菩薩道**爾時有**[②]（漫漶，約25字）

【福】【思】【磧】【洪】【明】【南】【徑】【清】【再】……諸大菩薩具大悲藏教化衆生心無厭足得自在法一一毛孔現一切佛自在神力我當云何能知能説彼功德行摩耶夫人告善財童子言善男子於此世界三十三天有王名正念王有童女名天主光汝詣彼問云何菩薩學菩薩行修菩薩道〔**時善財童子敬受其教**頭面作禮遶無數匝戀慕瞻仰却行而退遂往天宮見彼童女禮足圍遶合掌前住白言聖者我已先發阿耨多羅三藐三菩提心而未知菩薩云何學菩薩行修菩薩道我聞聖者善能誘誨願爲我説天女答言善男子我得菩薩解脱名無礙念清净莊嚴善男子我念過去有最勝劫名青蓮華我於彼劫中供養恒河沙等諸佛如來彼諸如來從初出家我皆瞻奉守護供養造僧伽藍營辦什物又彼諸佛從爲菩薩住母胎時誕生之時行七步時大師子吼時住童子位在宮中時向菩提樹成正覺時轉正法輪現佛神變教化調伏衆生之時如是一切諸所作事從初發心乃至法盡我皆明憶無有遺餘常現在前念持不忘又憶過去劫名善地我於彼供養十恒河沙等諸佛如來又過去劫名爲妙德我於彼供養一佛世界微塵等諸佛如來又劫名無所得我於彼供養八十四億百千那由他諸佛如來又劫名善光我於彼供養閻浮提微塵等諸佛如來又劫名無量光我於彼供養二十恒河沙等諸佛如來又劫名精進德我於彼供養一恒河沙等諸佛如來又劫名善悲我於彼供養八十恒河沙等諸佛如來又劫名勝遊我於彼供養六十恒河沙等諸佛如來又劫名妙月我於彼供養七十恒河沙等諸佛如來善男子如是憶念恒河沙劫我常不捨諸佛如來應正等覺從彼一切諸如來所聞此無礙念清净莊嚴菩薩解脱受持修行恒不間斷隨順趣入如是先劫所有如來從初菩薩乃至法盡一切神變我以净嚴解脱之力皆隨憶

---

① 房山石經《六十華嚴》另有一處約25字的異文，其他諸本此處則作3559字。内容明顯不同，應該也是早期譯本的特征。情況複雜，未及納入統計，詳見附録一《房山石經〈六十華嚴〉的25字孤立異文》

② 該位置黑體字表示異文，下同。

念明了現前持而順行曾無懈廢善男子我唯知此無礙念清净解脱如諸菩薩摩訶薩出生死夜朗然明徹永離癡冥未嘗昏寐心無諸蓋身行輕安於諸法性清净覺了成就十力開悟群生而我云何能知能説彼功德行善男子迦毘羅城有童子師名曰遍友汝詣彼問云何菩薩學菩薩行修菩薩道時善財童子以聞法故身心遍悦不思議善根流派增廣頭面敬禮天主光足遶無數匝戀仰辭去從天宫下漸向彼城至遍友所禮足圍遶合掌恭敬於一面立白言聖者我已先發阿耨多羅三藐三菩提心而未知菩薩云何學菩薩行修菩薩道我聞聖者善能誘誨願爲我説遍友答言善男子此有童子名善知衆藝學菩薩字智汝可問之當爲汝説爾時善財即至其所頭頂禮敬於一面立白言聖者我已先發阿耨多羅三藐三菩提心而未知菩薩云何學菩薩行修菩薩道我聞聖者善能誘誨願爲我説時彼童子告善財言善男子我得菩薩解脱名善知衆藝我恒唱持入此解脱根本之字唱阿字時入般若波羅蜜門名菩薩威德各别境界唱羅字時入般若波羅蜜門名平等一味最上無邊唱波字時入般若波羅蜜門名法界無異相唱者字時入般若波羅蜜門名普輪斷差别唱多字時入般若波羅蜜門名得無依無上唱邏字時入般若波羅蜜門名離依止無垢唱荼字時入般若波羅蜜門名不退轉之行唱婆字時入般若波羅蜜門名金剛場唱荼字時入般若波羅蜜門名曰普輪唱沙字時入般若波羅蜜門名爲海藏唱他字時入般若波羅蜜門名普生安住唱那字時入般若波羅蜜門名圓滿光唱那字時入般若波羅蜜門名差别積聚唱史吒字時入般若波羅蜜門名普光明息諸煩惱唱迦字時入般若波羅蜜門名差别一味唱娑字時入般若波羅蜜門名霈然法雨唱摩字時入般若波羅蜜門名大流湍激衆峯齊峙唱伽字時入般若波羅蜜門名普上安立唱娑他字時入般若波羅蜜門名真如藏遍平等唱社字時入般若波羅蜜門名入世間海清净唱室者字時入般若波羅蜜門名一切諸佛正念莊嚴唱挖字時入般若波羅蜜門名觀察圓滿法聚唱奢字時入般若波羅蜜門名一切諸佛教授輪光唱佉字時入般若波羅蜜門名净修因地現前智藏唱叉字時入般若波羅蜜門名息諸業海藏蘊唱娑多字時入般若波羅蜜門名蠲諸惑障開净光明唱壤字時入般若波羅蜜門名作世間了悟因唱頗字時入般若波羅蜜門名智慧輪斷生死唱婆字時入般若波羅蜜門名一切宫殿具足莊嚴唱車字時入般若波羅蜜門名修行戒藏各别圓滿唱娑摩字時入般若波羅蜜門名隨十方現見諸佛唱訶娑字時入般若波羅蜜門名觀察一切無緣衆生方便攝受令生海藏唱訶字時入般若波羅蜜門名修行趣入一切功德海唱伽字時入般若波羅蜜門名持一切法雲堅固海藏唱吒字時入般若波羅蜜門名十方諸佛隨願現前唱拏字時入般若波羅蜜門名不動字輪聚集諸億字唱娑頗字時入般若波羅蜜門名化衆生究竟處唱娑迦字時入般若波羅蜜門名諸地滿足無著無礙解脱光明輪遍照唱闍字時入般若波羅蜜門名宣説一切佛法境界唱多娑字時入般若波羅蜜門名一切虚空法雷遍吼唱侘字時入般若波羅蜜門名曉諸迷識無我明燈唱陀字時入般若波羅蜜門名一切法輪出生之藏善男子我唱如是入諸解脱根本字時此四十二般若波羅蜜門爲首入無量無數般若波羅蜜門善男子我唯知此善知衆藝菩薩解脱如諸菩薩摩訶薩能於一切世出世間善巧之法以智通達到於彼岸殊方異藝咸綜無遺文字算數蘊其深解醫藥呪術善衆病有諸衆生鬼魅所持怨憎呪詛惡星變怪死屍奔逐癲癎羸種種諸疾咸能救之使得痊愈又善别知金玉珠貝珊瑚瑠璃摩尼硨磲鷄薩羅等一切寶藏出生之處品類不同價直多少村營鄉邑大小都城宫殿苑園巖泉藪澤凡是一切人衆所居菩薩咸能隨方攝護又善觀察天文地理人相吉凶鳥獸音聲雲霞氣候年穀豐儉國土安危如是世間所有技藝莫不該練盡其源本又能分别出世之法正名辯義觀察體相隨順修行智入其中無疑無礙無愚闇無頑鈍無憂惱無沈没無不現證而我云何能知能説彼功德行善男子此摩竭提國有一聚落彼中有城名婆呾那有優婆夷號曰賢勝汝詣彼問云何菩薩學菩薩行修菩薩道時善財童子頭面敬禮衆藝之足遶無數匝戀仰辭去向聚落城至賢勝所禮足圍遶合掌恭敬於一面立白言聖者我已先發阿耨多羅三藐三菩提心而

未知菩薩云何學菩薩行修菩薩道我聞聖者善能誘誨願爲我説賢勝答言善男子我得菩薩法門名無依處道場既自開解復爲人説又得無盡三昧非彼三昧法有盡無盡以能出生一切智性眼無盡故又能出生一切智性耳無盡故又能出生一切智性鼻無盡故又能出生一切智性舌無盡故又能出生一切智性身無盡故又能出生一切智性意無盡故又能出生一切智性種種慧明無盡故又能出生一切智性周遍神通無盡故又能出生一切智性如海波濤無量功德皆無盡故又能出生一切智性遍世間光無盡故善男子我唯知此無依處道場法門如諸菩薩摩訶薩一切無著功德行而我云何盡能知説善男子南方有城名爲沃田彼有長者名堅固解脱汝可往問云何菩薩學菩薩行修菩薩道爾時善財禮賢勝足遶無數匝戀慕瞻仰辭退南行到於彼城詣長者所禮足圍遶合掌恭敬於一面立白言聖者我已先發阿耨多羅三藐三菩提心而未知菩薩云何學菩薩行修菩薩道我聞聖者善能誘誨願爲我説長者答言善男子我得菩薩解脱名無著清净念我自得是解脱已來法願充滿於十方佛所無復希求善男子我唯知此净念解脱如諸菩薩摩訶薩獲無所畏大師子吼安住高廣福慧之聚而我云何能知能説彼功德行善男子即此城中有一長者名爲妙月其長者宅常有光明汝詣彼問云何菩薩學菩薩行修菩薩道時善財童子禮堅固足遶無數匝辭退而行向妙月所禮足圍遶合掌恭敬於一面立白言聖者我已先發阿耨多羅三藐三菩提心而未知菩薩云何學菩薩行修菩薩道我聞聖者善能誘誨願爲我説妙月答言善男子我得菩薩解脱名净智光明善男子我唯知此智光解脱如諸菩薩摩訶薩證得無量解脱法門而我云何能知能説彼功德行善男子於此南方有城名出生彼有長者名無勝軍汝詣彼問云何菩薩學菩薩行修菩薩道是時善財禮妙月足遶無數匝戀仰辭去漸向彼城至長者所禮足圍遶合掌恭敬於一面立白言聖者我已先發阿耨多羅三藐三菩提心而未知菩薩云何學菩薩行修菩薩道我聞聖者善能誘誨願爲我説長者答言善男子我得菩薩解脱名無盡相我以證此菩薩解脱見無量佛得無盡藏善男子我唯知此無盡相解脱如諸菩薩摩訶薩得無限智無礙辯才而我云何能知能説彼功德行善男子於此城南有一聚落名之爲法彼聚落中有婆羅門名尸毘最勝汝詣彼問云何菩薩學菩薩行修菩薩道時善財童子禮無勝軍足遶無數匝戀仰辭去漸次南行詣彼聚落見尸毘最勝禮足圍遶合掌恭敬於一面立白言聖者我已先發阿耨多羅三藐三菩提心而未知菩薩云何學菩薩行修菩薩道我聞聖者善能誘誨願爲我説婆羅門答言善男子我得菩薩法門名誠願語過去現在未來菩薩以是語故乃至於阿耨多羅三藐三菩提無有退轉無已退無現退無當退善男子我以住於誠願語故隨意所作莫不成滿善男子我唯知此誠語法門如諸菩薩摩訶薩與誠願語行止無違言必以誠未曾虚妄無量功德因之出生而我云何能知能説善男子於此南方有城名妙意華門彼有童子名曰德生復有童女名爲有德汝詣彼問云何菩薩學菩薩行修菩薩道時善財童子於法尊重禮婆羅門足遶無數匝戀仰而去漸次南行至於彼城見童子童女頂禮其足圍遶畢已於前合掌而作是言聖者我已先發阿耨多羅三藐三菩提心而未知菩薩云何學菩薩行修菩薩道唯願慈哀爲我宣説時童子童女告善財言善男子我等證得菩薩解脱名爲幻住以斯净智觀諸世間皆幻住因緣生故一切衆生皆幻住業煩惱所起故一切法皆幻住無明有愛等展轉緣生故一切三界皆幻住顛倒智所生故一切衆生生滅生老死憂悲苦惱皆幻住虚妄分别所生故一切國土皆幻住想倒心倒見倒無明所現故一切聲聞辟支佛皆幻住智斷分别所成故一切菩薩皆幻住能自調伏教化衆生殊勝智心及諸行願之所成故一切菩薩衆會變化調伏諸所施爲皆幻住願及智所攝成故善男子幻境自性不可思議善男子我等二人但能知此菩薩解脱如諸菩薩摩訶薩善入無邊諸事幻網彼功德行我等云何能知能説時童子童女説自解脱已諸善根力不思議故令善財身柔軟光澤自説**本願**〕

（三）石經圖版

房山石經《六十華嚴》圖版見下頁。

图 6-1　《房山石经》的版式设计

附録二　《六十華嚴》三字以上孤立異文匯總

一、【遼】契丹藏的孤立異文

（一）遼脱

無

（二）遼衍

無

（三）遼訛

無

二、【金】趙城金藏的孤立異文

（一）金脱

無

（二）金衍

1. 佛子一切諸佛有十種最勝力大力無量力大功德力尊重力不退轉力堅固力不可壞力一切世間不能思議力一切眾生不能壞**力**①大力那羅延幢佛所住法何等爲十（卷三一）

校勘記：力【再】+（大力佛子諸佛世尊有十種）【福】【思】【磧】【洪】【明】【南】【徑】【清】+（是爲十佛子諸佛世尊有十種）【金】

按：無從按斷，不作改動。唐法藏《華嚴經探玄記》卷一五："第八大段十種最勝力下答第八佛神力問。於中有一百門。謂初列十門是總標。下十門别釋。一一總門具十别門，及一一别門攝十總門，故成百門。何以知者。以標中云十種最勝力大力無量力乃至佛所住法爲一句標。故知十種之言，貫下九力，各有十也。後何等爲十之言，通徵前十力各十之義。但以義同，故亦通以十門通釋前十。是故結中各唯結初。以此十種皆是大力那羅延等也。以大力爲總，餘九攝在大力中。故有十種大力。初力用過劣，名最勝力。二當體廣能，名爲大力。三多門業用。四大福勝用。五威德特尊。如外道見佛，違自先制，不覺起禮等。六所作不屈。七能壞魔軍。八不爲他所壞。九業用超世表也。十舉世無能破。言大力那羅延幢等者，結歸初總。那羅延者，此云堅牢。即帝釋力士之名，舉近爲況佛所住之力。"又，八十華嚴譯作："佛子！諸佛世尊有十種力。何等爲十？所謂：廣大力、最上力、無量力、大威德力、難獲力、不退力、堅固力、不可壞力、一切世間不思議力、一切眾生無能動力。是爲十。佛子！諸佛世尊有十種大那羅延幢勇健法。何者爲十？"

（三）金訛

2. **無**量莊嚴超出一切眾生境界（卷十四）

校勘記：無【福】【思】【磧】【洪】【明】【南】【徑】【清】【再】=令一切眾生無【金】

按：無從按斷，不作改動。

3. **滿**足阿僧祇諸如來力（卷十四）

校勘記：滿【福】【思】【磧】【洪】【明】【南】【徑】【清】【再】=令一切眾生滿【金】

按：無從按斷，不作改動。

4. **清**净信心供養導師（卷十四）

校勘記：清【福】【思】【磧】【洪】【明】【南】【徑】【清】【再】=令一切眾生清【金】

按：無從按斷，不作改動。

5. **受**持守護一切佛法（卷十四）

校勘記：受【福】【思】【磧】【洪】【明】【南】【徑】【清】【再】=令一切眾生受【金】

按：無從按斷，不作改動。

6. 未至大海多用功力**入海以風**無復艱礙（卷二十六）

校勘記：入海已風【福】【思】【磧】【洪】【明】【南】【徑】【清】【再】【房】【日七（甲）】=若入海已但隨風去【金】

按：無從按斷，不作改動。又，姚秦鳩摩羅什譯《十住經》卷三："譬如乘船欲入大海，未得大海，多用功力、或以手力；若至大海，不復用

---

① 該位置黑體字表示異文，下同。

力，但以風力而去。若本功力，於大海中一日之行，於百千歲不能得及。”又，八十華嚴譯作：“未至於海，多用功力；若至海已，但隨風去，不假人力以至大海。”

7. **消滅無量邪想水故菩提心者則為風輪壞散一切諸障蓋故**（卷五九）

校勘記：〔消滅…蓋故〕二十四字【再】【房】＝消滅無量邪想水故菩提心者則爲地輪生長一切諸善法故菩提心者則爲水輪潤益一切諸善法故菩提心者則爲火輪燒滅一切諸惡法故菩提心者則爲風輪壞散一切諸障蓋故【金】＝消滅無量邪想水故菩提心者則爲大風輪壞散一切諸障蓋故【福】【磧】【洪】【明】【南】【徑】【清】

按：“消滅無量邪想水故菩提心者則爲風輪壞散一切諸障蓋故”字是。又，八十華嚴譯作：“菩提心者，如善持呪，能除一切顛倒毒故；菩提心者，猶如疾風，能卷一切諸障霧故。”

三、【福】福州藏的孤立異文

（一）福脱

8. **若能度脱一切衆**則得無量自在力（卷六）

校勘記：若能度脱一切衆【金】【思】【磧】【洪】【明】【南】【徑】【清】【再】【日金（甲）】－【福】

按：有此七字是。此承上句，【福】本闕文。

9. **隨葉如來離三垢諸吉祥中最無上**（卷七）

校勘記：隨葉如來離三垢諸吉祥中最無上【金】【思】【磧】【洪】【明】【南】【徑】【清】【再】【房】【日金（甲）】【日七（甲）】－【福】

按：有此十四字是。【福】本闕文。

10. **彼佛曾來入此處是故此地最吉祥**（卷七）

校勘記：彼佛曾來入此處是故此地最吉祥【金】【思】【磧】【洪】【明】【南】【徑】【清】【再】【房】【日金（甲）】【日七（甲）】－【福】

按：有此十四字。【福】本闕文。

11. 〔**一切…薩行**〕二百九十四字（卷二一）

校勘記：〔一切…薩行〕二百九十四字【金】【思】【磧】【洪】【明】【南】【徑】【清】【再】【房】－【福】

按：〔一切…薩行〕二百九十四字是，【福】本闕文。唐法藏《華嚴經探玄記》卷八：“第二偈頌中。有五十一頌。分三。”

12. 令一切衆生清净平等**故迴向令一切衆生**除滅瞋恚（卷二二）

校勘記：故迴向令一切衆生【金】【思】【磧】【洪】【明】【南】【徑】【清】【再】－【福】

按：“故迴向令一切衆生”字是。又，八十華嚴譯作：“爲成就一切衆生故迴向；爲令一切衆生皆心净不動故迴向。”

13. **天婆羅揵馱香**天堅固香（卷二二）

校勘記：天婆羅揵馱香【金】【思】【磧】【洪】【明】【徑】【清】【再】－【福】＝天婆羅乹馱香【南】

按：無從按斷，不作改動。

14. 稱樹**高廣有師子座其座上有佛號一切智王如**來（卷二七）

校勘記：高廣有師子座其座上有佛號一切智王如【思】【磧】【洪】【明】【南】【徑】【清】【再】【房】【日七（甲）】－【福】

按：“高廣有師子座其座上有佛號一切智王如”字是。姚秦鳩摩羅什譯《十住經》卷四：“稱樹高廣，有師子座，其座上有佛號一切智王如來。”又，八十華嚴譯作：“稱樹形量，有師子座，座上有佛，號一切智通王。”

15. **菩薩摩訶薩常樂寂静法深入真實地究竟住法界**（卷二八）

校勘記：菩薩摩訶薩常樂寂静法深入真實地究竟住法界【金】【磧】【洪】【明】【南】【徑】【清】【再】【房】【日七（甲）】－【福】

按：“菩薩摩訶薩常樂寂静法深入真實地究竟住法界”字是。唐法藏《華嚴經探玄記》卷一五：“第五菩薩摩訶薩下十頌，頌如焰忍。”又，八十華嚴譯作："如是得善巧，寂滅無戲論，住於無礙地，普現大威力。"

16. **是為第十事示現處胎**（卷四二）

校勘記：是爲第十事示現處胎【思】【磧】【洪】【明】【南】【徑】【清】【再】－【福】

按："是爲第十事示現處胎"字是。上文云"是爲第九事示現處胎""是爲第八事示現處胎""是爲第七事示現處胎""是爲第六事示現處胎"。

（二）福衍

無

（三）福訛

17. 諸佛聖福田**能滅煩惱患**（卷五）

校勘記：能滅煩惱患【金】【思】【磧】【洪】【明】【南】【徑】【清】【再】【房】【日金（甲）】＝眾生故有異【福】

按："能滅煩惱患"是。八十華嚴譯作："佛福田如是，滅諸煩惱患。"作"眾生故有異"者，涉上文"眾生故有異"而誤。

18. 爾所一切諸**大劫中**（卷二二）

校勘記：大劫中【金】【思】【磧】【洪】【明】【南】【徑】【清】【再】【房】＝說大劫【福】

按："大劫中"字是。又，八十華嚴譯作"一切世間種種劫"。

19. 專念寂滅法**其心未曾離**（卷二八）

校勘記：其心未曾離【金】【磧】【洪】【明】【南】【徑】【清】【再】【日七（甲）】＝心未曾遠離【福】

按：無從按斷，不作改動。八十華嚴譯作"專念於佛法，未嘗有散動"。

20. 園林**華果等**（卷二八）

校勘記：華果等【金】【磧】【洪】【明】【南】【徑】【清】【再】【房】【日七（甲）】＝悉虛妄【福】

按："華果等"字是。八十華嚴譯作"園林華果等"。

21. 功德具陀羅尼門**智陀羅尼門智具陀羅尼門諸願陀羅尼門分**別諸願陀羅尼門（卷四八）

校勘記：智陀羅尼門智具陀羅尼門諸願陀羅尼門分【金】【磧】【洪】【明】【南】【徑】【清】【再】【房】【日金（甲）】＝智【福】

按："智陀羅尼門智具陀羅尼門諸願陀羅尼門分"字是。八十華嚴譯作"福德助道具陀羅尼門、智慧陀羅尼門、智慧助道具陀羅尼門、諸願陀羅尼門、分別諸願陀羅尼門"。

四、【思】思溪藏的孤立異文

（一）思脱

22. 〔**悉見…數等**〕五二八字（卷三）

校勘記：〔悉見…數等〕五二八字【金】【福】【磧】【洪】【明】【徑】【清】【再】【日金（甲）】【日七（甲）】－【思】

按：【思】本脱頁。

23. 〔**界香…諸世**〕六一二字（卷四六）

校勘記：〔界香…諸世〕六一二字【遼】【福】【磧】【洪】【明】【南】【徑】【清】【再】【房】【日金（甲）】【日七（甲）】－【思】

按：有〔界香…諸世〕六一二字是。【思】本脱頁。（頁六行行十七字，計脱六頁。）

（二）思衍

24. 身之要用牙齒爲最已所寶重眾所歎惜而能惠施諸乞**求**者（卷十七）

校勘記：求【金】【福】【磧】【洪】【明】【南】【徑】【清】【再】＋（〔著衆…修習〕六百一十三字）【思】

按："求"字是。〔著衆…修習〕六百一十三字，爲本經卷第十九内容重出，【思】本誤衍。

（三）思訛

25. 安住法界等無量一切菩薩清净**智慧廣說**諸法（卷二二）

校勘記：智慧廣說【金】【福】【磧】【洪】【明】【南】【徑】【清】【再】【房】＝無量一切

【思】

按："智慧廣説"字是。又，八十華嚴譯作："安住法界無量平等爲一切菩薩廣説諸法清净智。"

26.〔**灰或…菩薩**〕五百一十三字（卷四九）

校勘記：〔灰或…菩薩〕五百一十三字【福】【磧】【洪】【明】【南】【徑】【清】【再】【房】【日金（甲）】【日七（甲）】=〔生不…菩薩〕六百一十一字【思】

按：〔灰或…菩薩〕五百一十三字是。【思】本版面錯亂，其〔生不…菩薩〕六百一十一字爲本經卷五五內容。

五、【磧】磧砂藏的孤立異文

（一）磧脱

無

（二）磧衍

無

（三）磧訛

無

六、【洪】洪武南藏的孤立異文

（一）洪脱

無

（二）洪衍

27. 所有言語麄獷苦**惡**自壞其身亦壞於他如是等語皆悉捨離（卷二四）

校勘記：惡【金】【福】【思】【磧】【明】【南】【徑】【清】【再】【日七（甲）】+（令他瞋惱不以瞋慢令他怖畏惱熱不憂不喜）【洪】

按："惡"字是。姚秦鳩摩羅什譯《十住經》卷一："所有言語麄？苦惡，令他瞋惱又以瞋慢令他怖畏惱熱不愛不喜，自壞其身亦壞於他，如是等語皆悉捨離。"據此，則當有"令他瞋惱"等字。而唐法藏《華嚴經探玄記》引《十地經論》云："經曰：離於惡口，所有語言侵惱語，粗獷語，不愛語，不樂語，不善自壞身亦壞他人語。如是等語，皆悉捨離。"又云："《論》經中有十六語，此中有四語。一麄獷者，是損他語。能令他瞋故。二苦者，是苦他語也。三惡者，是鄙惡語。四自壞壞他者，已有同意樂事，自身失壞，令他失壞故。餘語如《論》。"則《探玄記》所據本固作四語，無"令他瞋惱"等字。

（三）洪訛

無

七、【明】永乐北藏的孤立異文

（一）明脱

28.〔**眾生未曾散亂……令一切眾**〕八五〇字（卷十六）

校勘記：〔眾生...切眾〕八五〇字【福】【思】【磧】【洪】【南】【徑】【清】【房】【再】－【明】

按：〔眾生...切眾〕八五〇字是。【明】本脱頁。

（二）明衍

無

（三）明訛

無

八、【南】永乐南藏的孤立異文

（一）南脱

無

（二）南衍

無

（三）南訛

無

九、【徑】嘉兴藏的孤立異文

（一）徑脱

無

（二）徑衍

無

（三）徑訛

無

十、【清】乾隆藏的孤立異文

（一）清脱

無

（二）清衍

無

（三）清訛

無

十一、【初】高丽藏初雕的孤立異文

（一）初脱

無

（二）初衍

無

（三）初訛

29. 爾時善財白**圓滿妙德**林天言（卷五六）

校勘記：圓滿妙德【福】【思】【磧】【洪】【明】【南】【徑】【清】【再】【房】＝妙德圓滿【初】

按：當作"妙德圓滿"字是。本經卷五五："善男子，此閻浮提有一園林名流彌尼，彼有天名妙德圓滿。""漸漸遊行至彼林中，周遍推求妙德圓滿林天。"又，唐法藏《華嚴經探玄記》卷二〇："名妙德圓滿林天者，謂善妙之德内備，發願守護此林故以爲名也。"

十二、【再】高丽藏再雕的孤立異文

（一）再脱

30. 普於十方界演説無上**法**（卷一〇）

校勘記：法【再】＋（所從諸世界）【福】【思】【磧】【洪】【明】【南】【徑】【清】

按：無"所從諸世界"字是。參"一切諸世間奇特未曾有"條。

此外，序號 1 的異文同時屬於"金衍"和"再脱"，這裡不再重複列出。

（二）再衍

31. **若彼智慧常在前身口意業無錯謬**（卷六）

校勘記：若彼智慧常在前身口意業無錯謬【再】－【金】【福】【思】【磧】【洪】【明】【南】【徑】【清】【房】【日金（甲）】

按：有此十四字是。依上下句式，此句爲復述上句。又，八十華嚴譯作："則以智慧爲先導，身語意業恒無失。若以智慧爲先導，身語意業恒無失。"

32. 決定了知一切菩薩願行**決定了知**神力自在變化住持決定了知一切如來成就十力（卷三七）

校勘記：決定了知【再】－【福】　【思】【磧】【洪】【明】【徑】【清】【房】＋（一切菩薩願行）【南】【日金（甲）】【日金（丙）】

按："決定了知"字是。上文云："決定了知一切菩薩願行。"下句云："決定了知一切如來成就十力。"又，八十華嚴譯作："知一切菩薩願行自在住持變化；知一切如來具足十力成等正覺。"

33. **爾時善財童子**往詣寂静音夜天所（卷五三）

校勘記：爾時善財童子【再】－【福】【思】【磧】【洪】【明】【徑】【清】【日七（甲）】

按："爾時善財童子"字是。八十華嚴譯作："爾時，善財童子於普救眾生妙德夜神所，聞菩薩普現一切世間調伏眾生解脱門，了知信解，自在安住，而往寂静音海夜神所。"

34. **爾時摩耶夫人告善財童子言**（卷五七）

校勘記：爾時摩耶夫人告善財童子言【再】－【福】【思】【磧】【洪】【明】【南】【徑】【清】【日金（甲）】【日七（甲）】

按：無從按斷，不作改動。

（三）再訛

35. 佛一毛中**皆悉現**（卷一）

校勘記：皆悉現【再】＝悉皆見【金】【福】【思】【磧】【洪】【明】【徑】【清】【房】【日金（甲）】【日七（甲）】

按：無從按斷，不作改動。

36. 願時爲敷演如來性起法何等如來身清净妙音聲云何如來心及無量境界**何等如來行及諸佛菩提修習何等法速成等正覺**云何轉法輪清净妙勝法（卷三三）

校勘記：何等如來行及諸佛菩提修習何等法速成等正覺【再】＝修習何等法速成等正覺何等如來行及諸佛菩提【福】【思】【磧】【洪】【明】【南】【徑】【清】＝云何如來行及諸佛菩提【日金（甲）】＝何等如來行及諸佛菩提【日金（乙）】【日金（丙）】【日七（甲）】

按：無從按斷，不作改動。又，唐法藏《華嚴經探玄記》卷一六："就正請中，初二句請初總門。二次句别請身業。三次句語業。四次句意業。五次句所知境。六次句所行行。七次句示所得果。有本此中更有二句，謂修習等。八次二句所轉法輪。"又，八十華嚴譯作："菩薩云何隨順入，諸佛如來出興世？云何身語心境界，及所行處願皆説？云何諸佛成正覺？云何如來轉法輪？"

37. 以法界虚空界等一切**供養恭敬**供養一切世界諸佛（卷四二）

校勘記：供養恭敬【再】＝恭敬供養【福】【思】【磧】【洪】【明】【南】【徑】【清】

按："供養恭敬"可通，不必改動。此句當讀作："以法界虚空界等一切供養，恭敬供養一切世界諸佛。"又，八十華嚴譯作："以大神力興起種種諸供養具，名殊勝可樂，遍法界、虚空界，一切世界供養諸佛。"

38. 於此世界**三十三天有王名正念王有女名天主光**（卷五七）

校勘記：三十三天有王名正念王有女名天主光【再】＝中忉利天上有天名正念彼天有女【福】【思】【磧】【洪】【明】【南】【徑】【清】【日金（甲）】【日七（甲）】

按："三十三天有王名正念王有女名天主光"字是。又，八十華嚴譯作："於此世界三十三天，有王名正念，其王有女名天主光。"

十三、【房】房山石經的孤立異文

（一）房山脱

39. **教化度脱一切衆若能度脱一切衆**（卷六）

校勘記：教化度脱一切衆若能度脱一切衆【金】【福】【思】【磧】【洪】【明】【南】【徑】【清】【再】【日金（甲）】－【房】

按："教化度脱一切衆若能度脱一切衆"字是。本經卷九："供養一切佛，度脱衆生故，無量自在力，種種能示現。"又，八十華嚴卷一四："……若不思議光莊嚴，其光則出諸蓮華。其光若出諸蓮華，則無量佛坐華上；示現十方靡不遍，悉能調伏諸衆生。若能如是調衆生，則現無量神通力。若現無量神通力，則住不可思議土，演説不可思議法，令不思議衆歡喜……"

40. 菩薩**摩訶薩**如是精勤修習念知（卷十）

校勘記：摩訶薩【福】【思】【磧】【洪】【明】【南】【徑】【清】【再】【日七（甲）】－【房】

按：此段上下文多處有："佛子！菩薩摩訶薩……"，然下文亦有："佛子！菩薩復安住十法……"則用"菩薩"字。

41. 菩薩**摩訶薩**滿諸願已（卷十）

校勘記：摩訶薩【福】【思】【磧】【洪】【明】【南】【徑】【清】【再】【日七】－【房】

按：上下文："佛子！是爲菩薩摩訶薩悉能滿足一切諸願；菩薩摩訶薩滿諸願已，……"然下文亦有："佛子！云何菩薩摩訶薩隨其所應而化衆生？此菩薩知諸衆生所宜方便……"則用"菩薩"字。

42 如法門至一切道無量無邊善根**迴向如如善根**亦爾（卷二十）

校勘記：迴向如如善根【金】【福】【思】【磧】【洪】【明】【南】【徑】【清】【再】【日七】－【房】

按："迴向如如善根"字是。唐法藏《華嚴經探玄記》卷八："無量無邊善根迴向者。明行徧如理。謂稱如而成迴向。"又云："善根迴向者。謂明以同如普徧之善根。隨異門而成迴向。"又云："一如如者。標舉如理。謂如彼真如。二善根亦爾者。舉善同如。"

43. 或以垢國爲净**净國為垢**（卷二七）

校勘記：净國爲垢【福】【思】【磧】【洪】【明】【南】【徑】【清】【再】【日七】－【房】

按："净國爲垢"字是。上句云："或以狹國爲廣廣國爲狹。"又，八十華嚴譯作："垢世界作净世界，净世界作垢世界。"又，姚秦鳩摩羅什譯《十住經》卷四："或以狹國爲廣、廣國爲狹，或以垢國爲净。"

44. 不可思議**不可思議**名一不可思議轉（卷二九）

校勘記：不可思議【福】【思】【磧】【洪】【明】【南】【徑】【清】【再】【日金】【日七】－【房】

按："不可思議"字是。上文云："不可稱轉不可稱轉名一不可思議。"又，下文云："不可思議轉不可思議轉名一不可量。"

45. 菩薩**摩訶薩**住此陀羅尼故一切諸佛降甘露法雨此菩薩（卷四三）

校勘記：摩訶薩【福】【思】【磧】【洪】【明】【南】【徑】【清】【再】【日金】【日七】－【房】

按：此段及前後段于"菩薩摩訶薩坐道場時"皆用"菩薩摩訶薩"，他處則"菩薩""菩薩摩訶薩"雜用。

46. 若有能發**阿耨多羅三藐三**菩提心者（卷四六）

校勘記：阿耨多羅三藐三【遼】【福】【磧】【洪】【明】【南】【徑】【清】【再】【日金】【日七】－【房】

按：上下文："善哉！善哉！善男子！乃能發阿耨多羅三藐三菩提心。善男子！若有能發阿耨多羅三藐三菩提心者，則爲守護一切佛性……"

47. 若有能發**阿耨多羅三藐三**菩提心者（卷四七）

校勘記：阿耨多羅三藐三【金】【福】【思】【磧】【洪】【明】【南】【徑】【清】【再】【日金】【日七】－【房】

按：上下文："時，彼仙人告大衆言：若有能發阿耨多羅三藐三菩提心者，得一切智，净一切佛功德之地。"

48. 菩薩**摩訶薩**應一向求無量善根（卷五八）

校勘記：摩訶薩【福】【思】【磧】【洪】【明】【南】【徑】【清】【初】【再】【日金】【日七】－【房】

按：本段文字"菩薩""菩薩摩訶薩"雜用。

（二）房山衍

49. 一切劫可盡法印無窮**已**如是知衆生無量無有邊（卷四三）

校勘記：已【福】【思】【磧】【洪】【明】【南】【徑】【清】【再】【日金】【日七】＋（菩薩如是知是則等正覺）【房】

按："已"字是。八十華嚴譯作："經無量劫數，究竟不可盡。菩薩知衆生，廣大無有邊。"

50. 住法界**者**（卷五八）

校勘記：者【福】【思】【磧】【洪】【明】【南】【徑】【清】【初】【再】＋（之所住處）【房】

按：兩處皆通。下文云："了知衆生非實有者；知不生者；知一切世間無所著者；方便分別一切衆生者；一切無所依者；離一切相者；知一切法無自性者；不虛妄取一切業者；了知一切心意識相者。"此承上省文，不必另著"之所住處"字。又，八十華嚴譯作："是了法界無差別者之所住處。"

（三）房山訛

51. 一切十方一切四天下删兜率陀天王宫**摩尼寶**殿上説如是法往爲作證亦復如是（卷二二）

校勘記：摩尼寶【金】【福】【思】【磧】【洪】【明】【南】【徑】【清】【再】＝一切寶莊嚴【房】

按：兩處皆通。又，八十華嚴譯作："十方所有一切世界兜率天宫寶莊嚴殿諸菩薩眾來爲作證，亦復如是。"

52. **第四地**諸佛子聞説如是地行義深妙無有量心皆大歡喜（卷二四）

校勘記：第四地【福】【思】【再】【日七（甲）】＝第四熖地【磧】＝第四燄慧地【洪】【明】【南】【徑】【清】＝炎地第四【房】

按：此爲《十地品》下的小標題，四處皆通。

53. 勝**薩埵名號**（卷四〇）

校勘記：薩埵名號【福】【思】【磧】【洪】【明】【南】【徑】【清】【再】【日金（甲）】【日七（甲）】＝名號薩埵【房】

按："薩埵名號"字是。上文云"菩薩名號""摩訶薩名號"。下文云"第一薩埵名號""勝薩埵名號""無比薩埵名號"。

54. 應攝取者而攝取之**應罰者罰應治者治**（卷四九）

校勘記：應罰者罰應治者治【福】【思】【磧】【洪】【明】【南】【徑】【清】【再】【日金】【日七】＝應罰治者而罰治之【房】

按：兩處皆通。八十華嚴譯作："可治者治，可攝者攝，罰其罪惡。"

55. 有須彌寂静眼如來應供**等正覺**等五百如來出興于世（卷五一）

校勘記：等正覺【金】【福】【磧】【洪】【明】【南】【徑】【清】【再】【日七】＝正遍知【房】

按："等正覺"字是。西秦聖堅《佛説羅摩伽經》卷二："彼世界中，有五百億佛，出興於世，成等正覺，十號具足。"又，八十華嚴譯作："有五百佛於中出現。其第一佛名須彌幢寂静妙眼如來應正等覺。"

56. 爾時善財**讚歎寂静音夜天以偈頌**曰（卷五三）

校勘記：讚歎寂静音夜天以偈頌【福】【思】【磧】【洪】【明】【南】【徑】【清】【初】【再】【日七】＝以偈讚寂静音夜天【房】

按：兩處皆通。八十華嚴譯作："爾時，善財童子一心觀察寂静音海主夜神身而説頌言。"

57. 我已先發阿耨多羅三藐三菩提心**云何菩薩**學菩薩行修菩薩道趣薩婆若（卷五四）

校勘記：云何菩薩【福】【思】【磧】【洪】【明】【南】【徑】【清】【初】【再】【日金】＝而未知菩薩云何【房】

按：當有"而未知菩薩云何"字是。此處善財童子發問，本經卷四六、四七、四八、四九、五〇、五一、五三、五六、五七、五八于"我已先發阿耨多羅三藐三菩提心"下皆言"而未知菩薩云何"，如卷五一："大聖，我已先發阿耨多羅三藐三菩提心，而未知菩薩云何學菩薩行修菩薩道。"卷五六："大聖，我已先發阿耨多羅三藐三菩提心，而未知菩薩云何行生死中而無所染。"又，八十華嚴譯作："我已先發阿耨多羅三藐三菩提心，而未知菩薩云何學菩薩行？云何得一切智？"

58. 今於**善知識**而起自己心（卷五五）

校勘記：善知識【福】【磧】【洪】【明】【南】【徑】【清】【再】＝知識所【房】

按：兩處皆通。上文云："恭敬合掌，一心諦觀，於善知識得十種心。"又，八十華嚴譯作："今於善知識，而起自己心。"

59. 消竭無量**愛欲之**海（卷五八）

校勘記：愛欲之【福】【思】【磧】【洪】【明】【南】【徑】【清】【初】【再】【日金】【日七】＝諸愛欲【房】

按：兩處皆通。又，八十華嚴譯作："應涸無量愛欲海。"

十四、【日金】日本金刚寺古写经的孤立異文

（一）【日金】脱

60. 一切世界悉無成敗**而能出生世成敗智一切諸法無有造者**而能出生業報智慧（卷三〇）

校勘記：而能出生世成敗智一切諸法無有造者【福】【思】【磧】【洪】【明】【南】【徑】【清】【再】【房】【日金（乙）】【日七（甲）】－【日金（甲）】

61. 生惡**家障生邊地障生惡人中障生天貧窮障生諸**龍夜叉乾闥婆（卷三三）

校勘記：家障生邊地障生惡人中障生天貧窮障生諸【福】【思】【磧】【洪】【明】【南】【徑】【清】【再】【房】【日金（甲）】【日金（丙）】【日七（甲）】－【日金（乙）】

62. 十方現在佛及已般涅槃**無盡功德藏聞名歡喜者彼得何等利哀愍分別說**（卷三三）

校勘記：無盡功德藏聞名歡喜者彼得何等利哀愍分別說【福】【思】【磧】【洪】【明】【南】【徑】【清】【再】【房】【日金（甲）】【日金（丙）】【日七（甲）】－【日金（乙）】

63. 能令修習善**根善知識能令究竟諸波羅蜜善知識能令**分別解說一切法善知識（卷三六）

校勘記：根善知識能令究竟諸波羅蜜善知識能令【福】【思】【磧】【洪】【明】【南】【房】【徑】【清】【再】【日金（丙）】－【日金（甲）】

64. 佛**子是為菩薩摩訶薩十種無著若菩薩摩訶**薩安住此法則能速轉一切眾想（卷三七）

校勘記：子是爲菩薩摩訶薩十種無著若菩薩摩訶【福】【思】【磧】【洪】【明】【南】【徑】【清】【再】【房】【日金（丙）】－【日金（甲）】

65. 佛子菩薩**摩訶薩有十種通自在何等為十所謂一切**世界示現身一身境界通自在（卷三九）

校勘記：摩訶薩有十種通自在何等爲十所謂一切【金】【福】【思】【磧】【洪】【明】【南】【徑】【清】【再】【日七（甲）】－【日金（甲）】

66. 於一切世界示現水火風災成敗不令眾生**有恐怖心神力自在一切世界水火風災壞**時悉能住持一切眾生資生之具神力自在（卷三九）

校勘記：有恐怖心神力自在一切世界水火風災壞【金】【福】【思】【磧】【洪】【明】【南】【徑】【清】【再】【房】【日七（甲）】－【日金（甲）】

67. 一切智力自在一切智人智**覺悟故大悲力自在不捨一切眾生故佛子**是爲菩薩摩訶薩十種力自在（卷三九）

校勘記：覺悟故大悲力自在不捨一切眾生故佛子【金】【福】【思】【磧】【洪】【明】【南】【徑】【清】【再】【房】【日七（甲）】－【日金（甲）】

68. 〔**佛子……大智**〕二四九字（卷四一）

校勘記：〔佛子…大智〕二四九字【福】【思】【磧】【洪】【明】【南】【清】【再】【房】－【日金（甲）】

69. 菩**薩摩訶薩住兜率天知欲界天子不識苦故**不樂聞法（卷四二）

校勘記：薩摩訶薩住兜率天知欲界天子不識苦故【福】【思】【磧】【洪】【明】【南】【清】【再】【房】【日七（甲）】－【日金（甲）】

（二）【日金】衍

70. 安立眾生菩薩律儀歎大乘戒出生大悲功德之藏説一切**有**皆悉如夢（卷四七）

校勘記：有【福】【磧】【洪】【明】【南】【徑】【清】【再】【房】【日七（甲）】【日七（乙）】＋（儀歎大乘戒出生大悲功德之藏説一切有）【日金（甲）】

71. 何等爲勝**法**何等爲無著（卷三六）

校勘記：法【福】【思】【磧】【洪】【明】【南】【徑】【清】【再】【房】【日金（丙）】＋（何等法）【日金（甲）】

72. 九光明王幢第十普智**王**（卷五二）

校勘記：王【福】【磧】【洪】【明】【徑】

【清】【再】【房】【日七（甲）】＋（未離樂五陰非樂生樂想）【日金（甲）】

73. 亦無有生者亦無有滅**者**如是諸如來及一切境界（卷三四）

校勘記：者【福】【思】【磧】【洪】【明】【南】【徑】【清】【再】【房】【日七（甲）】＋（如是諸如來境界不可量一切非一切法界無窮盡）【日金（甲）】

（三）【日金】訛

74. 所説**苦滅諦者**（卷四）

校勘記：苦滅諦者【金】福】【思】【磧】【洪】【明】【徑】【清】【再】【日七（甲）】＝苦集滅者諦【日金（甲）】

75. **巴連弗邑**有菩薩住處名金燈僧伽藍過去諸菩薩常於中住（卷二九）

校勘記：巴連弗邑【福】【思】【磧】【洪】【明】【南】【徑】【清】【再】【日金（乙）】＝色蓮弗?【日金（甲）】＝巴連佛邑【日七（甲）】

76. 佛子乃至一菩薩**成無上道言佛造者**無有是處（卷三三）

校勘記：成無上道言佛造者【再】 【日七（甲）】＝不於佛所曾種善根能得如來少分智慧【福】【思】【磧】【洪】【明】【南】【徑】【清】＝成無上道言佛言佛造者【日金（甲）】

77. 所謂**滅惡饒益**長養善法（卷三四）

校勘記：滅惡饒益【金】【再】【日七（甲）】＝除滅眾惡【福】【思】【磧】【洪】【明】【南】【徑】【清】＝除滅眾怨饒益【日金（甲）】

按："滅惡饒益"字是。下文云"普照饒益""大慈饒益""大悲饒益""正法饒益"。

78. 三名**火珠光明**大寶（卷三五）

校勘記：火珠光明【福】【思】【磧】【洪】【明】【南】【徑】【清】【初】【再】【日金（乙）】【日七（甲）】＝大光明珠【日金（甲）】

79. 以法界虛空界**等一切**供養恭敬（卷四二）

校勘記：等一切【福】【思】【磧】【洪】【明】【南】【清】【再】【房】【日七（甲）】＝一切等【日金（甲）】

80. **妙色蓮花生世間諸榮樂**唯求無上道（卷五六）

校勘記：妙色蓮花生世間諸榮樂【福】【磧】【洪】【明】【南】【徑】【清】【再】【房】＝世間諸榮樂妙色蓮花生【日金（甲）】

81. **應放心**城普照光明知一切眾生諸根欲性結業習氣諸垢净故（卷五七）

校勘記：應放心【福】【磧】【洪】【明】【南】【徑】【清】【再】【房】【日七（甲）】＝放心應【日金（甲）】

十五、【日七】日本七寺古写经的孤立異文

（一）【日七】脱

82. **香水洗塔菩提樹因是得成净香光**（卷七）

校勘記：香水洗塔菩提樹因是得成净香光【金】【福】【思】【磧】【洪】【明】【南】【徑】【清】【再】－【日七（甲）】

83. **求大乘者猶為易能信是法為甚難**（卷七）

校勘記：求大乘者猶爲易能信是法爲甚難【金】【福】【思】【磧】【洪】【明】【南】【徑】【清】【再】【房】－【日七（甲）】

84. **天人師悉現一切嚴净剎須彌山王頂帝釋妙勝殿**（卷七）

校勘記：天人師悉現一切嚴净剎須彌山王頂帝釋妙勝殿【金】【福】【思】【磧】【洪】【明】【南】【徑】【清】【再】【房】【日金（甲）】－【日七（甲）】

85. **發勝妙心離疑網地滅惡清净常依如來**（卷一三）

校勘記：發勝妙心離疑網地滅惡清净常依如來【金】【福】【思】【洪】【明】【南】徑】【清】【再】【房】－【日七（甲）】

86. 身壞命終生**於善處是菩薩於諸禪定解脱三昧能入能**出而不隨生（卷二四）

校勘記：於善處是菩薩於諸禪定解脱三昧能入能【福】【磧】【洪】【明】【南】【徑】【清】【再】－【日七（甲）】

87. **隨一切垢净悉能如實知解知世如夢不取虚妄相**（卷二八）

校勘記：隨一切垢净悉能如實知解知世如夢不取虚妄相【金】【福】【磧】【洪】【明】【南】【徑】【清】【再】－【日七（甲）】

88. **於彼一一妙色中出不可説净光明**於彼净妙光明中出不可説師子座（卷二九）

校勘記：於彼一一妙色中出不可説净光明【福】【思】【磧】【洪】【明】【南】【徑】【清】【再】【房】【日金（甲）】－【日七（甲）】

89. 如來有大人相名一切法界海雲普照十方諸如來座及**一切法界法輪法海悉能示現一切相雲如來有大人相名普示現雲如來右髀衆寶莊嚴放於妙法種種香光隨順安住出諸音聲**一切寶王以爲莊嚴於念念中悉能示現心王海雲（卷三二）

校勘記：〔一切…音聲〕五十一字【福】【思】【磧】【洪】【明】【南】【徑】【清】【再】【房】【日金（乙）】－【日七（甲）】

90. 菩薩摩訶薩取此微塵展轉更種乃至八十彼一一微塵生果**悉與一切世界微塵數等菩薩摩訶薩業報**清净肉眼悉分别見（卷三二）校勘記：悉與一切世界微塵數等菩薩摩訶薩業報【福】【思】【磧】【洪】【明】【南】【徑】【清】【再】【日金（乙）】【日金（丙）】－【日七（甲）】

91. 生邪見惑**起邪虚妄為縛所縛流轉生死遠如來道為**如是等諸衆生故如來應供等正覺出興于世（卷三三）

校勘記：起邪虚妄爲縛所縛流轉生死遠如來道爲【福】【思】【磧】【洪】【明】【南】【徑】【清】【再】【房】【日金（甲）】【日金（乙）】【日金（丙）】－【日七（甲）】

92. 又第二士夫隨算知量數**於億無數劫算量空可盡如來諸功德不可得窮盡**（卷三四）

校勘記：於億無數劫算量空可盡如來諸功德不可得窮盡【福】【思】【磧】【洪】【明】【南】【徑】【清】【再】【房】【日金（甲）】－【日七（甲）】

93. 爲一生補處菩薩雨清净普**照大法雲雨為得記菩薩雨如來莊嚴大法**雲雨（卷三四）

校勘記：照大法雲雨爲得記菩薩雨如來莊嚴大法【金】【福】【思】【磧】【洪】【明】【南】【徑】【清】【再】【日金（甲）】【日金（乙）】－【日七（甲）】

94. 見此經卷在微塵内**作如是念云何如此廣大經卷在微塵内**而不饒益衆生耶（卷三五）

校勘記：作如是念云何如此廣大經卷在微塵内【福】【思】【磧】【洪】【明】【南】【徑】【清】【初】【再】【房】【日金（甲）】【日金（乙）】－【日七（甲）】

95. 何**等為十所謂一切法即是一法一法即是一**切法（卷三九）

校勘記：等爲十所謂一切法即是一法一法即是【金】【福】【思】【磧】【洪】【明】【南】【徑】【清】【再】【房】【日金（甲）】【日金（乙）】－【日七（甲）】

96. 菩薩本修行業心無**染著皆悉清净威儀具足故一切衆生樂**見無厭（卷四〇）

校勘記：無染著皆悉清净威儀具足故一切衆生樂【福】【思】【磧】【洪】【明】【南】【徑】【清】【再】【房】【日金（甲）】－【日七（甲）】

97. 觀味是患還來受生明了法**解斯陀含故乃至須臾不樂三界不著受生專求盡漏明了法**解阿那含故（卷四二）

校勘記：解斯陀含故乃至須臾不樂三界不著受生專求盡漏明了法【福】【思】【磧】【洪】【明】【南】【徑】【清】【再】【房】【日金（甲）】－【日七（甲）】

98. 是爲第七所示**現事菩薩摩訶薩於兜率天臨命終時天樓**閣中放大光明名净莊嚴（卷四二）

校勘記：現事菩薩摩訶薩於兜率天臨命終時天樓【福】【思】【磧】【洪】【明】【南】【徑】【清】【再】【房】【日金（甲）】－【日七（甲）】

99. **佛子是為菩薩摩訶薩十種事故現童子地佛子菩薩摩訶薩現童子地已**（卷四三）

校勘記：佛子是為菩薩摩訶薩十種事故現童子地【福】【思】【磧】【洪】【明】【南】【徑】【清】【再】【房】－【日七（甲）】

100. **佛子如來應供等正覺轉如是十行等無量行**法輪（卷四三）

校勘記：等無量行【福】【思】【磧】【洪】【明】【南】【徑】【清】【再】【房】【日金（甲）】－【日七（甲）】

101. **佛子如來應供等正覺清净法輪**因十種白净法故（卷四三）

校勘記：佛子如來應供等正覺清净法輪【福】【思】【磧】【洪】【明】【南】【徑】【清】【再】【房】【日金（甲）】－【日七（甲）】

102. 觀察善逝智普照**於一切**遍觀眾生行種種妙功德（卷四三）

校勘記：於一切【福】【南】【再】【日七（甲）】＋（薩婆若光明照生死昏夜）【磧】【洪】【明】【徑】【清】＝一切法【日金（甲）】

103. 諸大聲聞雖處衹洹不覩如來自在**神變譬如盲人至大寶洲行住坐臥不見眾**寶（卷四四）

校勘記：神變譬如盲人至大寶洲行住坐臥不見眾【福】【思】【磧】【洪】【明】【南】【徑】【清】【再】【房】【日金（甲）】－【日七（甲）】

104. 謂文殊師利**此諸比丘皆新出家欲見仁者爾時文殊師利**童子即爲顯現菩薩自在（卷四五）

校勘記：此諸比丘皆新出家欲見仁者爾時文殊師利【福】【思】【磧】【洪】【明】【南】【徑】【清】【再】【房】－【日七（甲）】

105. 云何正念菩薩道**云何緣於菩薩境界道云何增廣菩薩道**云何菩薩具普賢行（卷四六）

校勘記：云何緣於菩薩境界道云何增廣菩薩道【福】【磧】【洪】【明】【南】【徑】【清】【再】【房】－【日七（甲）】

106. 復過一萬**劫有劫名離憂世界名離垢勝有須彌寂静**眼如來應供等正覺等五百如來出興于世（卷五一）

校勘記：劫有劫名離憂世界名離垢勝有須彌寂静【福】【思】【磧】【洪】【明】【南】【徑】【清】【再】【房】－【日七（甲）】

107. **無量無數劫或有佛興世演説深妙法饒益一切眾**（卷五三）

校勘記：無量無數劫或有佛興世演説深妙法饒益一切眾【福】【磧】【洪】【明】【南】【徑】【清】【再】【房】－【日七（甲）】

108. 種種安住**種種莊嚴種種清净種種劫種種如來出興于世種種三世種種國土種種法界種種諸道**種種入法界（卷五三）

校勘記：（種種…諸道）三十五字【福】【磧】【洪】【明】【南】【徑】【清】【再】【房】－【日七（甲）】

109. **爾時善財童子如是**經遊百一十城（卷六〇）

校勘記：爾時善財童子如是【福】【磧】【洪】【明】【南】【徑】【清】【再】【房】－【日七（甲）】

110. **何當會遇面奉慈顏作是念時文殊師利遙伸右手過百一十由旬至普門城摩善財頂而作是言善哉善哉善男子若離信根憂悔心沒功行不具退失精勤於少功德便以為足於一善根心生住著不善發起菩薩行願不為善知識之所攝護不為如來之所憶念是等皆悉不能了知如是法性如是理趣如是所行如是所住若周遍知若種種知若盡原底若漸趣入若解說若分別若證知若獲得皆悉不能是時文殊師利為善財童子示教誨已慰諭令其歡喜踊躍令得成就阿僧衹法門得無量大智光明無量菩薩陀羅尼無量大願無量三昧無量神通無量智慧皆已成就復令得入普賢所行道場之內既置善財自所住已文殊師利還攝不現**（卷六〇）

校勘記：（何當…不現）二百五十二字【福】【磧】【洪】【明】【南】【徑】【清】【再】【房】－【日七（甲）】

（二）【日七】衍

111. 即於東北方化作蓮華藏師子之座結跏趺**坐**（卷四）

校勘記：坐【金】【福】【思】【磧】【洪】【明】【径】【清】【再】【房】【日金（甲）】+（於東北方化作蓮華藏師子之座結跏趺坐）【日七（甲）】

112. 一切莫能**知**（卷一四）

校勘記：知【金】【福】【思】【磧】【洪】【明】【南】【徑】【清】【再】【房】+（如來等正覺功德難思議諸佛功德藏一切莫能知）【日七（甲）】

113. 佛子是爲菩薩摩訶薩第二無礙天眼智**明**（卷二八）

校勘記：明【福】【思】【磧】【洪】【明】【南】【徑】【清】【再】【房】+〔佛子菩薩摩訶薩憶宿命事或自或他悉能見如業境界如所回轉悉能觀見佛子是爲菩薩摩訶薩第二無礙天眼知明〕四十七字【日七（甲）】

114. 莊嚴慧世界一**劫**於鏡光明世界月佛刹爲一日一夜（卷二九）

校勘記：劫【福】【思】【磧】【洪】【明】【南】【徑】【清】【再】【日金（甲）】【日金（乙）】+〔於鏡光明佛刹爲一日一夜莊嚴慧世界一劫於鏡光明界世覺月佛刹爲一日一夜一劫〕三十五字【日七（甲）】

115. **佛**子是爲一切諸佛十種常法（卷三〇）

校勘記：佛【福】【思】【磧】【洪】【明】【南】【徑】【清】【再】【日金（甲）】【日金（乙）】+（化眾生已示現涅槃佛境諸界無有邊際佛）【日七（甲）】

116. 難陀跋難陀龍王所住淵池流入大海**復**悉過前（卷三五）

校勘記：復【福】【思】【磧】【洪】【明】【南】【徑】【清】【初】【再】【日金（乙）】+（前難陀跋難陀龍王所住淵池流入大海復）【日七（甲）】

117. 修習普賢願得成無上**道**（卷四六）

校勘記：道【福】【磧】【洪】【明】【南】【徑】【清】【再】【房】+（普有甘露法令眾住佛道）【日七（甲）】

118. 得虚空**等**念佛三昧門（卷四六）

校勘記：等【福】【磧】【洪】【明】【南】【徑】【清】【再】【房】+（見一切眾生諸業如鏡中像得自在念佛三昧門見一切莊嚴法界諸佛充滿得虚空等）【日七（甲）】

（三）【日七】訛

119. **慧眼**清净等觀三世（卷一）

校勘記：慧眼【金】【福】【思】【磧】【洪】【明】【徑】【清】【初】【房】=眼慧净【日七（甲）】

120. 如來法**身禪境**界（卷一）

校勘記：身禪境【金】【思】【磧】【洪】【明】【徑】【清】【初】【再】【房】=禪境身【日七（甲）】

121. 一切菩薩**得善利**（卷三）

1. 校勘記：得善利【金】【福】【思】【磧】【洪】【明】【徑】【清】【再】【房】【日金（甲）】=善利行【日七（甲）】

122. 是無礙**解脱智慧**不離通達諸法如實智無行行慧（卷二四）

校勘記：解脱智慧【福】【思】【磧】【洪】【明】【南】【徑】【清】【再】=智慧解脱【日七（甲）】

123. 菩薩住是地能以柔軟心勤行**於精進**得百千三昧（卷二四）

校勘記：於精進【福】【思】【磧】【洪】【明】【南】【徑】【清】【再】【房】=精進於【日七（甲）】

124. 十地諸佛力功德**無窮盡**如須彌山王集一切天眾（卷二七）

校勘記：無窮盡【福】【思】【磧】【洪】【明】【南】【徑】【清】【再】【房】=窮盡無

【日七（甲）】

125. 菩薩摩訶薩於佛涅槃後能於念念中**分布諸舍利**（卷三三）

校勘記：分布諸舍利【南】【日金（乙）】【日金（丙）】=令布諸舍利【日金（甲）】=決定智能知【日七（甲）】

126. 示現種種身出**生無量**音（卷四三）

校勘記：生無量【福】【思】【磧】【洪】【明】【南】【清】【再】【房】【日金（甲）】=無量生【日七（甲）】

127. 普説眾生音不起**虛妄想**（卷四三）

校勘記：虛妄想【福】【思】【磧】【洪】【明】【南】【清】【再】【房】【日金（甲）】=相空妄【日七（甲）】

128. 於一**毛孔中**放演浄光明（卷四三）

校勘記：毛孔中【福】【思】【磧】【洪】【明】【南】【清】【再】【房】【日金（甲）】=切毛孔【日七（甲）】

129. 不捨本座如**應化度**覺城眾生已遊行南方（卷四五）

校勘記：應化度【福】【思】【磧】【洪】【明】【南】【清】【再】【房】=來化應【日七（甲）】

130. **於爾所**劫不生愚癡心（卷四九）

校勘記：於爾所【福】【磧】【洪】【明】【南】【徑】【清】【再】【房】【日金（甲）】=求尒【日七（甲）】

131. 於一切佛**法乃至**一句一味不生疑惑（卷四九）

校勘記：法乃至【福】【磧】【洪】【明】【南】【徑】【清】【再】【房】【日金（甲）】=妄想无【日七（甲）】

132. 境界云何何等方便**為何等行**（卷五三）

校勘記：何等行【福】【磧】【洪】【明】【南】【徑】【清】【再】【房】=等行所【日七（甲）】

附録三 《六十華嚴》三字以上非孤立異文匯總

卷三

1. 有依水輪**住堅固**

校勘記：住堅固【金】【福】【思】【磧】【洪】【明】【徑】【清】【再】=堅固住【日金（甲）】【日七（甲）】

卷四

2. **或稱能仁或稱解脱王或稱智慧王或稱明行足或稱善誓或稱能寂滅或稱大慈或稱大悲**

校勘記：〔或稱…大悲〕三十六字【金】【再】【日金（甲）】【日七（甲）】－【福】【思】【磧】【洪】【明】【徑】【清】【房】

按：有此三十六字是。唐澄觀《大方廣佛華嚴經疏》卷一三："南方唯二，舊經則具，乃是新本脱漏，準前後例不應獨此便略。"據此，則本經應有此八句。

卷五

3. 爲知**色受想行識欲界色界無色界癡愛**斷諸煩惱耶

校勘記：色受想行識欲界色界無色界癡愛【金】【思】【磧】【洪】【明】【南】【徑】【清】【再】【日金（甲）】=色色受受想想行行識識欲界欲界色界色界無色界無色界癡癡愛愛【福】【房】

按："色受想行識欲界色界無色界癡愛"是，【福】【房】本重文。

4. **若知色受想行識欲界色界無色界癡愛斷諸煩惱者**

校勘記：〔若知……惱者〕二十一字【金】【思】【磧】【洪】【明】【南】【徑】【清】【再】－【福】【房】【日金（甲）】

按：有此二十一字是，【福】【房】本闕文。

卷六

5. 普現十方無量刹教化度脱一切衆

校勘記：衆【金】【福】【明】【南】【徑】【清】【再】【日金（甲）】+〔若出…切衆〕二十八字【思】【磧】【洪】

按："衆"字是。【思】【磧】諸本衍文。

卷八

6. 知衆生非真實知衆生無所有

校勘記：有【再】【日金（甲）】【日七（甲）】+（知衆生無自性）【福】【思】【磧】【洪】【明】【南】【徑】【清】

按：當有"知衆生無自性"六字是，否則不足"十法"。

7. **聞十種法應當修行何等為十**

校勘記：聞十種法應當修行何等爲十【金】【福】【思】【磧】【洪】【明】【南】【徑】【清】【再】－【日金（甲）】【日七（甲）】

8. **一切衆生種種性無量無邊不可數悉欲了達分別知菩薩因此初發心**

校勘記：〔一切……發心〕二十八字【金】【再】【房】【日金（甲）】【日七（甲）】－【福】【思】【磧】【洪】【明】【南】【徑】【清】

按：有此二十八字是。八十華嚴有此句，譯作："衆生諸界各差別，一切世間無有量，欲悉了知其體性，菩薩以此初發心。"

9. 當知脣齒和合則爲梵行

校勘記：行【金】【再】【房】+（爲口業是梵行耶）【福】【思】【磧】【洪】【明】【南】【徑】【清】【日金（甲）】【日七（甲）】

按："行"字是。上文："爲身是梵行耶？乃至戒是梵行耶？"此問已涵蓋身、身業、口、口業、意、意業、佛、法、僧、戒十問，故以下皆依次作答，無須另行發問。

卷九

10. 初發心菩薩**摩訶薩**不齊限欲知爾所世界衆生種種欲樂故

校勘記：摩訶薩【金】【再】－【福】【思】【磧】【洪】【明】【南】【徑】【清】【房】【日金（甲）】【日七（甲）】

按：無從按斷，不作改動。下文有云："初發心菩薩摩訶薩不爲齊限，知爾所世界劫數成敗故發菩提心。"

卷十

11. **十者得大涅槃無有差別**

校勘記：十者得大涅槃無有差別【再】【日七（甲）】－【福】【思】【磧】【洪】【明】【南】【徑】【清】

按："十者得大涅槃無有差別"字是。唐法藏《華嚴經探玄記》卷五："十得果平等，上利他。"

12. 是爲**菩薩**行十種法

校勘記：菩薩【再】【房】【日七（甲）】+（摩訶薩）【福】【思】【磧】【洪】【明】【南】【徑】【清】

按："菩薩"字是。此句在本段結尾，據上下文例，每段末句皆徑作"是爲菩薩"云云，此亦當同。

13. **一者**生大莊嚴心無憂感

校勘記：一者【再】【房】【日七（甲）】+（心無疲猒二者）【福】【思】【磧】【洪】【明】【南】【徑】【清】

按："一者"字是。唐法藏《華嚴經探玄記》卷五："一大誓嚴心，不慮不成，故無憂也。"又，八十華嚴譯作："一者，心無疲厭；二者，具大莊嚴。"（八十華嚴所述一至十，內容皆與六十華嚴有異）。【福】【思】諸本有異者，蓋據此改。

14. 一切諸世間奇特未曾**有**

校勘記：有【再】【房】+（須夜摩天王）【福】【思】【磧】【洪】【明】【南】【徑】【清】

按：“有”字是。自“普放净光明”至“清净修梵行”，唐法藏《華嚴經探玄記》判爲五句頌：初一頌此品放光事；次二頌前品中事，於中初一半頌此界，下半頌類餘十方；次三頌此品中事，即十方處通頌顯示；次一頌不離覺樹而至夜摩等文。據此，則本經無誤。若于此句後補數句，則多出一頌不成五句。又，八十華嚴自“普放净光明”至“清净修梵行”，與所補一頌相合，【福】【思】諸本蓋據此改。

15. 讚歎十如來眾生皆悉**聞**

校勘記：聞【再】【房】+（一切處咸尒）【福】【思】【磧】【洪】【明】【南】【徑】【清】

按：“聞”字是。參“一切諸世間奇特未曾有”條。

16. 彼諸上人**等**清净修梵行

校勘記：等【再】【房】+（各於其佛所）【福】【思】【磧】【洪】【明】【南】【徑】【清】

按：無“各於其佛所”字是。參“一切諸世間奇特未曾有”條。

卷十九

17. 令一切眾生逮得**賢善**摩訶衍心

校勘記：賢善【福】【再】=普賢菩薩【金】【思】【磧】【洪】【南】【徑】【清】==普賢【日金（丙）】

按：“賢善”字是。此句言摩訶衍心，與“普賢菩薩”無涉。又，八十華嚴譯作：“爲令一切眾生悉入摩訶衍故迴向。”

18. 令一切眾生得無量**禪**智慧分別滿足諸通

校勘記：禪【金】【福】【思】【磧】【再】【房】+（波羅蜜）【洪】【明】【南】【徑】【清】【日金（丙）】【日七（甲）】

按：當有“波羅蜜”字是。上句云：“令一切眾生，滿足諸佛尸波羅蜜，平等清净；令一具切眾生，大精進波羅蜜，未曾懈怠；令一切眾生，得大羼提波羅蜜。”

19. 業緣不違報報**緣不違業**

校勘記：緣不違業【金】【福】【再】【房】【日七（甲）】=不違業緣【思】【磧】【洪】【明】【南】【徑】【清】

按：“緣不違業”字是。唐法藏《華嚴經探玄記》卷八：“五業所感果，則緣報不違。”又，八十華嚴譯作：“業不違報，報不違業。”

卷二十

20. 得佛無量無邊滿**足**自在神力

校勘記：足【金】【福】【再】【房】【日七（甲）】+（勝衆生法示現一切得佛無量無邊滿足）【思】【磧】【洪】【明】【南】【徑】【清】

按：無從按斷，不作改動。下文云：“得一切佛無量無邊滿足勝眾生法示現一切眾生薩婆若十力等覺。”則此處不當再有“勝眾生法”句。又，唐法藏《華嚴經探玄記》卷八：“四得佛圓法。謂超出眾生。故云勝。而即赴機。故云示現一切也。”

21. 以此無縛無著解脱**心**善根於一身內悉能容受無量諸身

校勘記：心【金】【再】+（究竟此無縛無著解脱心）【福】【思】【磧】【洪】【明】【南】【徑】【清】

按：“心”字是。上下文皆言“以此無縛無著解脱心善根”，此亦當同。

卷二一

22. 不妄取一切佛及佛**法**不妄取調伏不調伏眾生不妄取善根及迴向

校勘記：法【金】【洪】【明】【南】【徑】【清】【再】+（不妄取善根及迴向）【福】【思】【磧】

按：“法”字是。下句云“不妄取調伏不調伏眾生，不妄取善根及迴向”，此處不當重出。又，八十華嚴譯作：“不分別若佛、若一切佛法，不分別若調伏眾生、若不調伏眾生，不分別若善根、若迴向。”

23. 如一世界乃至虚空法界**等一切世界盡未來劫為一眾生修菩薩行**

校勘記：等一切世界盡未來劫爲一眾生修菩薩行【金】【洪】【明】【南】【徑】【清】【再】【房】－【福】【思】【磧】

按："等一切世界盡未來劫爲一眾生修菩薩行"字是。下句云："爲一切眾生亦復如是。"又，八十華嚴譯作："如於一世界，盡法界、虚空界、一切世界皆亦如是；如爲一眾生，爲一切眾生亦復如是。"

24. **如我行梵行**令一切眾生皆悉安住此諸梵行

校勘記：如我行梵行【再】【房】－【金】【福】【思】【磧】【洪】【明】【南】【徑】【清】

按："如我行梵行"字是。唐法藏《華嚴經探玄記》卷八："自下自化他行十二句。初一。舉自例也。"又，八十華嚴譯作："菩薩摩訶薩若能爲己修行如是清凈梵行，則能普爲一切眾生，令一切眾生皆得安住。"

卷二二

25. **令一切眾生**於一切世界盡未來劫

校勘記：令一切眾生【金】【再】－【福】【思】【磧】【洪】【明】【南】【徑】【清】

按："令一切眾生"字是。上文云"令一切眾生隨順真實得不壞心"。

26. 令一切眾生除滅瞋**恚**

校勘記：恚【金】【再】＋（故迴向）【福】【思】【磧】【洪】【明】【南】【徑】【清】

按：無從按斷，不作改動。又，上文云："長養善根故迴向，嚴凈佛刹故迴向，令一切眾生清凈平等故迴向。"又，八十華嚴譯作："爲令一切眾生皆心凈不動故迴向。"【福】【思】諸本有"故迴向"字，蓋據此改。

27. 令一切眾生具足平等甚深佛**法**

校勘記：法【金】【福】【思】【磧】【洪】【南】【再】【房】＋（故迴向）【明】【徑】【清】

按：無從按斷，不作改動。又，八十華嚴譯作："爲令一切眾生皆入甚深佛法故迴向。"

28. 令一切眾生具足平等不可壞清凈**功德力**

校勘記：功德力【金】【再】＝功德故迴向令一切眾生力不可壞故迴向【福】【思】【磧】【洪】【明】【南】【徑】【清】

按：無從按斷，不作改動。又，八十華嚴譯作："爲令一切眾生皆得無能過清凈功德故迴向，爲令一切眾生皆得不可壞清凈福力故迴向。"

卷二三

29. 菩**薩**住歡喜地

校勘記：薩【金】【福】【再】【房】＋（摩訶薩）【思】【磧】【洪】【明】【南】【徑】【清】

按："薩"字是。姚秦鳩摩羅什譯《十住經》卷一："諸佛子！菩薩住歡喜地。"又，唐法藏《華嚴經探玄記》卷一一引《十地經論》曰："如經，諸佛子，菩薩如是安住菩薩歡喜地，發諸大願，起如是大方便，如是大行，以十願門爲首。"又，八十華嚴譯作"菩薩住歡喜地"。

卷二四

30. 離於妄語常真實語諦語隨**語**乃至夢中尚不妄語何況故作

校勘記：語【金】【福】【思】【磧】【再】【房】【日七（甲）】＋（不作增惡）【洪】【明】【南】【徑】【清】

按：無從按斷，不作改動。姚秦鳩摩羅什譯《十住經》卷一："離於妄語，常真語、實語、諦語、隨語，不作憎惡妄語；乃至夢中尚不妄語，何況故作妄語？"據此，則有"不作憎惡"字。而唐法藏《華嚴經探玄記》引《十地經論》則云："經曰：離於妄語，常作實語、諦語、時事，是菩薩乃至夢中不起覆見、忍見，無心欲作誑他語，何況故妄語？"據此，則無"不作憎惡"字。又，八十華嚴譯作："菩薩常作實語、真語、時語，乃至夢中亦不忍作覆藏之語，無心欲作，何況故犯！"亦無"不作憎惡"義。

卷二五

31. 滅除心惡垢**名尸波**

校勘記：名尸波羅蜜【磧】【洪】【明】【南】【徑】【清】【再】－【金】【福】【思】

按："名尸波羅蜜"字是。又，上句云："於一一念中能具菩提法所謂施戒等十種波羅蜜。""如是諸菩薩所修之福德皆與諸眾生名檀波羅蜜。"又，下文云："能解如實說名智波羅蜜。"又，姚秦鳩摩羅什譯《十住經》卷三："滅除心惡垢，名尸波羅蜜。"

32. 不爲六塵傷**羼提波羅蜜**

校勘記：羼提波羅蜜【磧】【洪】【明】【南】【徑】【清】【再】【房】－【金】【福】【思】

按："羼提波羅蜜"字是。說同上。又，姚秦鳩摩羅什譯《十住經》卷三："不爲六塵傷，羼提波羅蜜。"

33. 能起轉勝法**精進波羅蜜**

校勘記：精進波羅蜜【磧】【洪】【明】【南】【徑】【清】【再】－【金】【福】【思】

按："精進波羅蜜"字是。說同上。又，姚秦鳩摩羅什譯《十住經》卷三："能起轉勝法，精進波羅蜜。"

34. 於是道不動**名禪波羅蜜**

校勘記：名禪波羅蜜【磧】【洪】【明】【南】【徑】【清】【再】－【金】【福】【思】

按："名禪波羅蜜"字是。說同上。又，姚秦鳩摩羅什譯《十住經》卷三："於是道不動，名禪波羅蜜。"

35. 無生忍照明**般若波羅蜜**

校勘記：般若波羅蜜【磧】【洪】【明】【南】【徑】【清】【再】【房】－【金】【福】【思】

按："般若波羅蜜"字是。說同上。又，姚秦鳩摩羅什譯《十住經》卷三："無生忍是名，般若波羅蜜。"

36 迴向於佛道**方便波羅蜜**

校勘記：方便波羅蜜【磧】【洪】【明】【南】【徑】【清】【再】【房】－【金】【福】【思】

按："方便波羅蜜"字是。說同上。又，姚秦鳩摩羅什譯《十住經》卷三："迴向佛道名，方便波羅蜜。"

37 求於轉勝法**名願波羅蜜**

校勘記：名願波羅蜜【磧】【洪】【明】【南】【徑】【清】【再】－【金】【福】【思】

按："名願波羅蜜"字是。說同上。又，姚秦鳩摩羅什譯《十住經》卷三："求於轉勝法，名願波羅蜜。"

38 無有能壞者**名力波羅蜜**

校勘記：名力波羅蜜【磧】【洪】【明】【南】【徑】【清】【再】【房】－【金】【福】【思】

按："名願波羅蜜"字是。說同上。又，姚秦鳩摩羅什譯《十住經》卷三："無有能壞者，名力波羅蜜。"

卷二六

39. **離諸功用心但在於智業觀十方世界成壞及興住**

校勘記：離諸功用心但在於智業觀十方世界成壞及興住【金】【磧】【洪】【明】【南】【徑】【清】【再】【房】【日七（甲）】－【福】【思】

按：有"離諸功用心但在於智業觀十方世界成壞及興住"字是。【福】【思】本闕文。又，八十華嚴譯作"心無功用任智力悉知國土成壞住"。

卷二七

40. 一切佛行性法及諸眾生皆悉同無相一切法空**故**若欲得佛智應離諸想念

校勘記：故【福】【思】【再】【房】【日七（甲）】＋（一切佛法等入在於第一寂滅義趣中悉皆無有相）【磧】【洪】【明】【南】【徑】【清】

按："故"字是。上文云："一切法空寂先來無性相同若如虛空大師亦如是得入第一義微妙之性相隨諸法性相示佛大神力。”又，唐法藏《華嚴經探玄記》卷一四云“四有十八頌明天女樂讚供”“次三歎佛法身平等德”。又，八十華嚴譯作：“所作利益眾生事，皆依法性而得有，相與無相無差別，入於究竟皆無相。若有欲得如來智，應離一切妄分別。”又，姚秦鳩摩羅什譯《十住经》卷四：“諸佛所行性，一切諸眾生，皆在是性中，相可相同相。一切諸法等，入在於第一，寂滅義趣中，悉皆無有相。若欲得佛智，應離諸想念。”

卷二八

41. 知一切法非第一**義**

校勘記：義【金】【福】【再】【日七（甲）】＋（知一切法非不第一義）【思】【磧】【洪】【明】【南】【徑】【清】

按：當有“知一切法非不第一義”字是。上句云：“知一切法非作知一切法非不作。”下句云：“知一切法非出知一切法非不出。”又，唐法藏《華嚴經探玄記》卷一五：“先正證法，略辨五十門，明遠離二邊，不著中道。相性俱泯，有無雙遣。”又，八十華嚴譯作：“非第一義、非不第一義。”

42. 知一切法非方**便**非不方便

校勘記：便【金】【福】【再】【日七（甲）】＋（知一切法）【思】【磧】【洪】【明】【南】【徑】【清】

按：當有“知一切法”字是。上句云“知一切法不具足色知一切法非不具足色”“知一切法不出生死知一切法非不出生死”“知一切法非虛妄知一切法非不虛妄”。

43. 菩薩摩訶薩亦復如**是**入離虛妄法界

校勘記：是【金】【福】【再】【日七（甲）】＋（入離虛妄音聲菩薩摩訶薩如是）【磧】【洪】【明】【南】【徑】【清】

按：“是”字是。八十華嚴譯作：“菩薩摩訶薩亦復如是，入無分別界。”

44. 何等爲菩薩摩訶薩第十如虛空忍佛子此菩**薩**解一切法界猶如虛空以無性故

校勘記：薩【金】【福】【再】【日七（甲）】＋（摩訶薩）【思】【磧】【洪】【明】【南】【徑】【清】

按：“菩薩”字是。上文云：“何等爲菩薩摩訶薩順忍？佛子！此菩薩隨順寂靜。”“何等爲菩薩摩訶薩無生法忍？佛子！此菩薩不見有法生。”“何等爲菩薩摩訶薩第九如化忍佛子此菩薩知一切世間皆悉如化。”“何等爲菩薩摩訶薩如電忍佛子此菩薩不生世間不死世間。”皆上言“何等爲”，下言“此菩薩”，此處亦當同。

45. 覺悟如幻際**於彼無所著**

校勘記：於彼無所著【金】【福】【再】【房】【日七（甲）】－【磧】【洪】【明】【南】【徑】【清】

按：有“於彼無所著”字是。唐法藏《華嚴經探玄記》卷一五：“第四觀察諸世間下十頌，頌如幻忍。初二頌前略說。次四頌廣說中喻合。後四頌忍行成立。第五菩薩摩訶薩下十頌，頌如焰忍。”又，八十華嚴譯作：“入於如幻際，於彼無依著。”

46. 菩薩摩訶薩常樂寂静法深入真實地究竟住法**界**

校勘記：界【金】【福】【再】【日七（甲）】＋（於彼無所著）【磧】【洪】【明】【南】【徑】【清】

按：“界”字是。唐法藏《華嚴經探玄記》卷一五：“第五菩薩摩訶薩下十頌，頌如焰忍。初二頌法說。”參“覺悟如幻際於彼無所著”條。

47. 明見一切世**不起虛妄倒**

校勘記：不起虛妄倒【金】【再】【日七（甲）】＝不虛妄顛倒【福】【磧】【洪】【明】【南】【徑】【清】

按：無從按斷，不作改動。

卷二九

48. 不可言說微塵中悉有**不可說眾生**

校勘記：不可說眾生【福】【思】【磧】【洪】

【明】【南】【徑】【清】【再】＝衆生不可説【房】【日金（甲）】【日七（甲）】

按：兩處皆通。日本兩種寫本惟此處皆與房山石經同，他處則與諸刻本同。大略可見此兩種寫本所依據的底本或與房山石經爲同一系統，而經過了後人的校改。

49. **成就智寶不可説深入法界不可説**

校勘記：成就智寶不可説深入法界不可説【磧】【洪】【明】【南】【徑】【清】【再】【房】【日金（甲）】【日七（甲）】－【福】【思】

按："成就智寶不可説深入法界不可説"字是。八十華嚴譯作："成就智寶不可説，深入法界不可説。"

50. 於彼一一佛刹中各有賢首不可**説**賢首如來世界中復有佛刹不可説

校勘記：説【福】【思】【再】【日金（甲）】【日七（甲）】＋（彼此修習不可説一念開悟不可説）【磧】【洪】【明】【南】【徑】【清】

按："説"字是。八十華嚴譯作："一一蓮華世界中，賢首如來不可説。乃至法界悉周遍，其中所有諸微塵。"

卷三一

51. 有無量化魔王軍衆悉與一切衆生數等雜惡形色甚可怖**畏**能發狂亂悉能恐怖一切世間

校勘記：畏【金】　【再】＋（衆生見者）【福】【思】【磧】【洪】【明】【南】【徑】【清】

按："畏"字是。下文云："如是等衆充滿虚空法界等一切世界雜惡形色甚可怖畏能發狂亂能令一切衆生怖畏。"

52. **一切功德寶所起之身一切法佛法起如如**法身自然寂静

校勘記：一切功德寶所起之身一切法佛法起如如【金】【再】－【福】【思】【磧】【洪】【明】【南】【徑】【清】

按："一切功德寶所起之身一切法佛法起如如"字是。八十華嚴譯作："從一切功德寶所生身、具一切諸佛法真如身、本性寂静無障礙身。"

卷三二

53. 普照一切十方世**界**歎佛功德因緣所起

校勘記：界【思】【再】【日金（乙）】【日七（甲）】＋（過去時）【福】【磧】【洪】【明】【南】【徑】【清】

按：無從按斷，不作改動。又，唐法藏《華嚴經探玄記》卷一五："歎佛等略出往因。"又，八十華嚴譯作："光照十方一切法界，於中普現種種神變，讚歎如來往昔所行智慧功德。"

卷三四

54. 佛**子**雨如是等十種無量無邊大法雲雨充滿法界

校勘記：子【金】【再】【日金（甲）】【日金（乙）】【日七（甲）】＋（諸佛如來隨衆生心）【福】【思】【磧】【洪】【明】【南】【徑】【清】

按："子"字是。本句自可通，不必另著"諸佛如來"字。又，八十華嚴譯作："佛子！諸佛如來隨眾生心，雨如是等廣大法雨，充滿一切無邊世界。"【福】【思】諸本，蓋據此改。

卷三五

55. 於一**佛身中**此法皆悉現是故説菩提無量無有邊

校勘記：佛身中【初】【再】【日金（乙）】【日七（甲）】＝如來身【福】【思】【磧】【洪】【明】【南】【徑】【清】

按："佛身中"字是。唐法藏《華嚴經探玄記》卷一引此句亦云："三世一切劫，佛刹及諸法。諸根心心法，一切虚妄法。於一佛身中，此法皆悉現。"又，八十華嚴譯作"如是數等身皆現"。

卷三七

56. **知僧智不可壞**

校勘記：知僧智不可壞【洪】【明】【南】【徑】【清】【再】－【福】【思】【磧】【日金（甲）】【日金（丙）】

按："知僧智不可壞"字是。上文云："知佛智不可壞，知法智不可壞。"又，唐法藏《華嚴經探玄記》卷一七："知三寶等約净法。"

57. 所**謂**依善知識行菩薩行

校勘記：謂【再】【房】【日金（乙）】【日金（丙）】【日七（甲）】＋（依供養一切诸佛行菩薩行依调伏一切眾生行菩薩行）【福】【思】【磧】【洪】【明】【南】【徑】【清】

按：無從按斷，不作改動。上文云"菩薩摩訶薩有十種依止"。又，唐法藏《華嚴經探玄記》卷一七："二有十種依止者。前顯行深入。今辨所託緣。於中一依善友教授。二依多聞熏力。三依善住處資緣不乏。四依悲力。五深證大行。六依滿本願力。七依本菩提心。八依佛果。是所求故。"又，八十華嚴譯作："所謂依止供養一切諸佛，行菩薩行。依止調伏一切眾生，行菩薩行。依止親近一切善友，行菩薩行。"

58. 決定了知一切眾生善不善行**悉分別入一切眾生業報**

校勘記：悉分別入一切眾生業報【福】【思】【磧】【洪】【明】【徑】【清】【再】－【南】【日金（甲）】【日金（丙）】

卷三八

59. 增上自在增上智**慧**

校勘記：慧【金】【再】【日金（乙）】【日七（甲）】＋（增上功德）【福】【磧】【洪】【明】【南】【徑】【清】＝惠【日金（甲）】

按："慧"字是。上文云："菩薩摩訶薩成就增上功德天，增上功德人，增上功德色，增上功德力；增上眷屬，增上欲，增上王法。"繼言"增上自在，增上智慧"，本自可通。又，八十華嚴譯作："自在增上功德、福德增上功德、智慧增上功德。"【福】【磧】諸本，蓋據此補。

卷三九

60. 摩睺羅**伽**帝釋梵王

校勘記：伽【金】【福】【思】【再】【房】【日金（甲）】　【日七（甲）】＝迦四王【磧】【洪】＝伽四王【明】【南】【徑】【清】

按："伽"字是。本經皆作"摩睺羅伽"（50處），不作"摩睺羅迦"（0處）。又，八十華嚴譯作"摩睺羅伽釋梵"。

卷四〇

61. **學一切**學持一切戒

校勘記：學一切【再】【日金（甲）】【日七（甲）】－【福】【磧】【洪】【明】【南】【徑】【清】

按：無從按斷，不作改動。又，本經卷四三："出生功德道，善學一切學。"

卷四二

62. 惡心布施瞋持戒者**是為魔業**

校勘記：是爲魔業【洪】【南】【再】【房】【日金（甲）】　【日七（甲）】－【福】　【思】【磧】【明】【徑】【清】

按："是爲魔業"是。前後末句皆謂"是爲魔業"，此亦當同。又，八十華嚴譯作："惡心布施，瞋心持戒，捨惡性人，遠懈怠者，輕慢亂意，譏嫌惡慧，是爲魔業。"

卷四三

63. **得授菩提記安住廣大心得佛無盡藏覺悟一切法**

校勘記：得授菩提記安住廣大心得佛無盡藏覺悟一切法【再】【房】【日金（甲）】【日七（甲）】－【福】【磧】【洪】【明】【南】【徑】【清】

按：有"得授菩提記安住廣大心得佛無盡藏

覺悟一切法”字是。八十華嚴譯作：“得授菩提記，安住廣大心，祕藏無窮盡，覺悟一切法。”又，西晉竺法護譯《度世品經》卷六：“授決當至道，由住廣大心。得佛無盡藏，覺成一切智。”

64. 世智常自在遊戲諸神通一切法境界自在無障**礙**身願行自在智慧亦自在無量億自在示現於一切

校勘記：礙【福】【再】【房】【日金（甲）】【日七（甲）】+（身願行自在遊戲諸神通一切法境界自在無障礙）【磧】【洪】【明】【南】【徑】【清】

按：“礙”字是。【磧】【洪】諸本衍文。上句云：“遊戲諸神通，一切法境界，自在無障礙。”下句云：“身願行自在。”又，八十華嚴譯作：“世智皆自在，妙用無障礙，眾生一切刹，及以種種法。身願與境界，智慧神通等，示現於世間，無量百千億。”

65. 觀察善逝智普照於一**切**遍觀眾生行種種妙功德

校勘記：切【福】【南】【再】【日七（甲）】+（薩婆若光明照生死昏夜）【磧】【洪】【明】【徑】【清】+（法）【日金（甲）】

按：“切”字是。唐法藏《華嚴經探玄記》卷一七：“六觀察善逝智下十三頌前因圓果滿究竟位中五百門行。”又，八十華嚴譯作：“所行及觀察，普照如來境。遍觀眾生行，奮迅及哮吼。”

卷四四

66. 如來行如來智境界如來持如來力如來無畏如來三昧如來住如來勝妙功德如來身如來智**如來法**一切天人無能知

校勘記：如來法【洪】【南】【初】【再】－【福】【思】【磧】【明】【徑】【清】【房】【日金（甲）】【日七（甲）】

按：“如來法”字是。唐法藏《華嚴經探玄記》卷一八：“又有經本，此中更有一句名‘如來法’，或是剩來，或是結上諸句。”則其所據本無“如來法”字，亦可知有他本有“如來法”字。又，八十華嚴譯作：“如來境界、如來智行、如來加持、如來力、如來無畏、如來三昧、如來所住、如來自在、如來身、如來智，一切世間諸天及人無能通達。”

67. 知一切世界種種形色以微細境**界現廣佛刹以廣佛刹現微細境界於一念**中住一切佛住得一切佛住持智身

校勘記：界現廣佛刹以廣佛刹現微細境界於一念【洪】【明】【南】【徑】【清】【初】【再】【房】【日金（甲）】【日七（甲）】－【福】【思】【磧】

按：“界現廣佛刹以廣佛刹現微細境界於一念”字是。八十華嚴譯作：“見一切世界種種形相。於微細境現廣大刹，於廣大境現微細刹。於一佛所一念之頃得一切佛威神所加。”

68. 菩薩充滿一切**方網**

校勘記：方網【洪】【明】【南】【徑】【清】【初】【再】【房】【日金（甲）】【日七（甲）】＝十方微細【福】【思】【磧】

按：無從按斷，不作改動。唐法藏《華嚴經探玄記》卷一八：“八不見菩薩充滿一切十方等。”又，八十華嚴譯作“菩薩身遍十方”。

69. **如來净境界甚深圓滿智實智大龍王度脱一切眾**

校勘記：如來净境界甚深圓滿智實智大龍王度脱一切眾【磧】【洪】【明】【南】【徑】【清】【初】【再】【房】【日金（甲）】【日七（甲）】－【福】【思】

按：“如來净境界甚深圓滿智實智大龍王度脱一切眾”字是。八十華嚴譯作：“如來智圓滿，境界亦清净，譬如大龍王，普濟諸群生。”

卷四六

70 **爾時善財童子**一心正念善知識教

校勘記：爾時善財童子【遼】【金】【再】【房】【日金（甲）】【日七（甲）】－【福】

【磧】【洪】【明】【南】【徑】【清】

按：有“爾時善財童子”字是。唐法藏《華嚴經探玄記》卷一八：“第二‘爾時善財’下，明依教趣求中。”又，八十華嚴譯作：“爾時善財童子一心思惟善知識教。”

卷四七

71. 念善知識**然智寶燈**明净慧光

校勘記：然智寶燈【金】【磧】【洪】【明】【南】【徑】【清】【再】【房】【甲】【日金（甲）】【日七（甲）】【日七（乙）】＝示實智燈【福】【思】

按：無從按斷，不作改動。八十華嚴譯作：“善知識者，則是趣向一切智炬，令我得生十力光故。”

卷四八

72. 世間法陀羅尼**門**世界起陀羅尼門世界滅陀羅尼門

校勘記：門【金】【福】【再】【日金（甲）】＋（出世間法陀羅尼門）【磧】【洪】【明】【南】【徑】【清】【房】

按：“門”字是。八十華嚴譯作“世間法陀羅尼門、世界成陀羅尼門、世界壞陀羅尼門”。

卷四九

73. **不可思議**妙寶網

校勘記：不可思議【洪】【明】【南】【徑】【清】【再】【日金（甲）】【日七（甲）】－【福】【思】【磧】【房】

按：“不可思議”字是。下句云：“不可思議金鈴網、不可思議香網、不可思議華網、不可思議衣網羅覆其上。”又，八十華嚴譯作：“其城復有無數摩尼網。”

卷五一

74. 或作馬王象王狗**王**阿脩羅王海神王形

校勘記：王【金】【福】【再】【日七（甲）】＋（師子獸王）【磧】【洪】【明】【南】【徑】【清】

按：“王”字是。西秦聖堅《佛説羅摩伽經》卷二：“或作象王形、馬王形，或作小象形、黿鼉鼈形、阿脩羅王形、海神龍王形，或作狗王蚊虻形，現如是等種種類形。”又，八十華嚴譯作：“魚王、馬王、龜王、象王、阿脩羅王及以海神。”

75. 悉轉正法**輪**

校勘記：輪【金】【福】【再】【日七（甲）】＋（相好自莊嚴猶若普賢身隨應受化者顯現無量身）【磧】【洪】【明】【南】【徑】【清】

按：“輪”字是。唐法藏《華嚴經探玄記》卷一九：“四末後六頌明業用廣大。初一神通廣。次三智慧廣。後二所見廣。”又，“相好自莊嚴猶若普賢身隨應受化者顯現無量身”此四句見於本經卷五二中善財讚喜目觀察衆生夜天偈。又，八十華嚴譯作：“成道演妙法。”

卷五三

76. **此法門者最為廣大一切佛境界故**

校勘記：此法門者最爲廣大一切佛境界故【初】【再】【房】【日七（甲）】－【福】【思】【磧】【洪】【明】【南】【徑】【清】

按：“此法門者最爲廣大一切佛境界故”字是。八十華嚴譯作：“此解脱廣大，周遍一切如來境故。”

卷五四

77. 恭敬供養彼一切諸如來聞法悉受持逮得此法門**廣度一切衆究竟到彼岸**轉刹塵等劫諸佛興出世我亦悉詣彼恭敬而供養

校勘記：廣度一切衆究竟到彼岸【思】【磧】【洪】【明】【南】【徑】【清】【再】－【福】【初】【日金（甲）】

按：“廣度一切衆究竟到彼岸”字是。上文云：“彼諸如來，我悉恭敬供養，聞法受持。出家學道，守護佛法。於彼諸佛所，種種方便入此甚深妙德自在音聲法門，以種種方便化眾生海。復次，佛子！復有佛刹微塵等劫中諸佛出世，我亦皆悉恭敬供養。”

卷五八

78. 遠離眾苦**積功德聚**

校勘記：積功德聚【金】【再】【房】＝積集功德【福】【磧】【洪】【明】【南】【徑】【清】

按：“積功德聚”字是。本經卷六〇：“長養善根，積功德聚。”

卷六〇

79. **爾時善財童子如是經遊百一十城到普門城邊思惟而住觀察十方**一心專求文殊師利

校勘記：〔爾時…十方〕二十七字【磧】【洪】【明】【南】【徑】【清】【再】＝經百一十城到普門國【福】【日七（甲）】

按：〔爾時…十方〕二十七字是。八十華嚴譯作：“爾時，善財童子依彌勒菩薩摩訶薩教，漸次而行，經由一百一十餘城已，到普門國蘇摩那城，住其門所，思惟文殊師利，隨順觀察，周旋求覓，希欲奉覲。”

説一切有部對漢譯法藏部《長阿含經·十上經》的“侵蝕”*

〔日〕辛嶋静志　裘雲青 譯

Ⅰ *Daśottarasūtra*（《增十經》）四種文本

Daśottarasūtra（“增十經”）謂“每次增加十條教理的經”。在這部經中，佛教教理的主要概念列爲一至十共十個法數，而每一法數皆各分爲十個子項。例如一法中十個子項之下各列一法，二法中十個子項之下各列二法。如此“增十”，十法的十項之下各列十法，共計五百五十法，是佛教教理綱要。這部經典似曾經非常流行，《俱舍論》、《順正理論》等均有言及。流傳至今的版本有以下五種：

（1）漢譯《長阿含經》的第十經《十上經》，屬法藏部（略号：Daśo〔Ch1〕）（《大正藏》第1卷，No. 1, 52c–57b）。

（2）巴利文《長部》的第34經*Dasuttarasuttanta*，屬上座部（略号：Daso〔Pā〕）（*Dīghanikāya* III 272–292）。

（3）安世高譯《長阿含十報法經》，屬説一切有部（略号：Daśo〔Ch2〕）（T. 1, no. 13, 233b–241c）。

（4a）梵本*Daśottarasūtra*: *Dīrghāgama* 第一經，也屬説一切有部。德國探險隊在丝绸之路北道Šorčuq、Sängim及克孜爾（Kizil）發現了該寫本殘葉，並將其帶回歐洲。Kusum Mittal及Dieter Schlingloff進行了校訂並出版。(略号：Daśo〔Skt〕)。[1]此外，大英圖書館霍恩勒收集品、法國國立圖書館伯希和收集品、柏林国立圖書館柏林吐魯番收集品、龍谷

---

* 本文部分内容與《〈阿含經〉現代語訳〈十上經〉(一)》(《月刊アーガマ》第76号、東京、1987年、阿含宗出版局)的解題及註釋内容相同（又録於辛嶋 2000)。此後，受邀於台灣中華佛學研究所舉辦的“The Chinese Translation of the *Dīrgha-Āgama*”國際研討會，筆者在會上做了以“The Sarvāstivādins ‘encroachment’ into the Chinese translation of the *Daśottarasūtra* in the *Dīrghāgama* of the Dharmaguptakas”爲題的報告。本文即該報告的漢語翻譯。執筆之際，筆者得到了Anālayo法師、Klaus Wille先生、梶浦晋先生、打本和音氏等多方指教。關於未公開梵本殘葉的解讀，受教於Wille先生。本文中得到Wille先生指教後所做記述標記爲“(K.W.)”。

整理者说明：本文是辛嶋静志先生为紀念遼金石经回藏20周年國際學術研討會(2019年9月8日–12日)提交的發言稿，並未最後定稿，在保持文章原貌的前提下，由葉少勇和盧鷺作了少量修訂。

① 文末文獻目録參照Daśo(Skt)、Tripāṭhi 1980以及Hartmann 2011: 87.

大学大谷收集品中也有同一類梵語写本殘葉。[1]

(4b) 其他梵本 *Daśottarasūtra*写本殘葉：這也是(根本)說一切有部梵本 *Dīrghāgama* 的第 1 經。該寫本約發現於巴基斯坦，現爲美國弗吉尼亞個人收藏(略号：Daśo〔DĀG〕)。按照Klaus Wille研究，開頭部分缺欠，但五法之後的部分仍然保留。[2]另按照Klaus Wille的説法，雖然更爲詳盡的研究還未完全開始，但目前可以判斷，該写本殘葉的文字與上述4a基本一致。該寫本尚未公開，因此本文無法就此展開。

上述四個版本的構成相同，均爲教説從一法至十法的教義，但在各法具體的子項可見差異。

本文對《十上經》(Daśo〔Ch1〕)各子項、順序等與其他三種版本進行了比較，列表 7-1 如下（*Daśottarasūtra* 四種版本構成一覽表[3]，版本間不同之處使用不同下劃綫標出。

① 本經的中亞出土梵語殘葉，大多數由Jens-Uwe Hartmann (1992: 124–141; 2011: 88–95)及Klaus Wille（近年出版的SHT中）進行了羅馬字轉寫。依照筆者與Wille先生的往來信件（2014/10/7），經過比定，目前以下梵語殘葉是本經。

大英圖書館: Or.15003/33, 46, 142, 195, 250, 254; Or.15004/61, 64+65+66; Or.15007/79+263, 312, 334r, 495.1, 619; Or.15009/89v, 164, 216, 379, 388, 430, 431, 432, 519, 520, 542, 652; Or.15014/332, 485; Or.15015/96, 215; IOL Toch 770.

法國国立圖書館: Pell.Skt. bleu 59, 144A, 182, 200, 334, 337; petit 161, 171; Sūtra DS 1, 3, 4.

參照柏林·吐魯番收集品: SHT I 161, 168〔VII–IX (additions), 171, 172, 177〔IX (additions), 365, 367, 398, 400, 407, 423, 426, 428, 505, 508, 509, 511, 512, 595, 652, 685, 777, 779–782; III 863, 915; VII 1646A, 1682; IX 2101, 2215r1–3 + X 3427 + 3519, IX 2537, 2538, 2681, 2785; X 3579, 4090, 4333; XI 4465c.

龍谷大学藏大谷探險隊收集品中的殘葉No. 626, 堀伸一郎氏正在研究過程之中(Hori 2003: 130f.)。

② 私信(2013年11月20日)。參照Hartmann 2004: 125; 2011: 89ff.; Hartmann/Wille 2014: 138f.

③ 參照de Jong 1966; 辛嶋 2000: 10ff.

表 7-1-1　一法

《十上經》 Daśo(Ch1)	巴利*Dasuttarasuttanta* Daso(Pā)	梵本 *Daśottarasūtra* Daśo(Skt)	安世高譯 Daśo(Ch2)
1. 不放逸	1. appamādo kusalesu dhammesu	1. apramādaḥ kuśaleṣu dharmeṣu[4]	1. 但守行
2. 常自念身	2. kāyagatā sati sātasahagatā	2. kāyagatā smṛtiḥ[5]	2. 意不離身
3. 有漏觸	3. phasso sāsavo upādāniyo	3. sparśaḥ sāsrava upādānīyaḥ	3. 世間麁細
4. 是我慢	4. asmimāno	4. asmimānaḥ	4. 憍慢
5. 不惡露觀	5. ayoniso manasikāro	5. ayoniśo manasikāraḥ	5. 意(或爲“非”誤傳?)本觀
6. 惡露觀	6. yoniso manasikāro	6. yoniśo manasikāraḥ	6. 本觀
7. 無間定	7. ānantariko cetosamādhi	7. ānantaryacetaḥsamādhiḥ	7. 不中止定
8. 有漏解脱	8. akuppaṃ ñāṇaṃ	8. <u>sāmayikī</u> kāntā cetovimuktiḥ[6]	8. <u>令意止</u>(?)

④ 本論文爲了避免繁瑣，Daśo(Skt)的羅馬字轉寫省略了校訂者(Mittal和Schlingloff)表示補充欠缺部分時使用的括號。

⑤ 校訂者 (Mittal) 在Daso(Pā) 爲基礎，在*smṛtiḥ*後補充了*śātasahagatā*。但大英圖書館霍恩勒收集品的Daśo(Skt) 殘葉中没有該詞：Or.15009/89 verso d /// *kāyagatā smṛtiḥ eko dharmaḥ* (BLSF II.1, p. 158). (K.W.).

⑥ 參照SWTF, s.v. *sāmayika*.

续表

Daśo(Ch1)	Daso(Pā)	Daśo(Skt)	Daśo(Ch2)
9. 諸衆生皆仰食存	9. sabbe sattā āhāraṭṭhitikā	9. sarvasatvā āhārasthitayaḥ	9. 一切人在食
10. 無礙心解脱	10. akuppā cetovimutti	10. akopyā cetovimuktiḥ	10. 令意莫疑

表 7-1-2　二法

Daśo(Ch1)	Daso(Pā)	Daśo(Skt)	Daśo(Ch2)
1. 知慙、知愧	**6.** sovacassatā ca kalyāṇamittatā ca	**6.** hrīś ca vyavatrāpyaṃ ca	**6.** 兩法不當爾爾
2. 止與觀	2. samatho ca vipassanā ca	2. śamathaś ca vipaśyanā ca①	2. 止亦觀
3. 名與色	3. nāmañ ca rūpañ ca	3. nāmaṃ ca rūpaṃ ca	3. 名、字
4. 無明、愛	4. avijjā ca bhavataṇhā ca	4. avidyā ca bhavatṛṣṇā ca	4. 癡亦世間愛
5. 毀戒、破見	5. dovacassatā ca pāpamittatā ca	5. āhrīkyam anavatrāpyaṃ ca	5. 不愧、不慚
6. 戒具、見具	**1.** sati ca sampajaññañ ca	**1.** smṛtiś ca saṃprajanyaṃ ca	**1.** 當有意，亦當念
7. 有因有緣衆生生垢。有因有緣衆生得淨。	7. yo ca hetu yo ca paccayo sattānaṃ saṃkilesāya. yo ca hetu yo ca paccayo sattānaṃ visuddhiyā	**9.** yaś ca hetur yaḥ pratyayaḥ satvānāṃ saṃkleśāya. yaś ca hetur yaḥ pratyayaḥ satvānāṃ viśuddhaye	**9.** 人本何因緣在世間得苦。亦當知何因緣得度世
8. 盡智、無生智	8. khaye ñāṇaṃ; anuppāde ñāṇaṃ	8. kṣayajñānam anutpāda-jñānañ ca	8. 盡黠(←點)。不復生黠(←點)
9. 是處、非處	9. saṅkhatā ca dhātu asaṅkhatā ca dhātu	**7.** sthānaṃ ca sthānato duṣprativedham asthānaṃ câsthānataḥ	**7.** 當不爾爾
10. 明與解脱	10. vijjā ca vimutti ca	10. vidyā ca vimuktiś ca	10. 慧亦解脱

表 7-1-3　三法

Daśo(Ch1)	Daso(Pā)	Daśo(Skt)	Daśo(Ch2)	Daśo(Ch1) B組（参見III）
1. 親近善友；耳聞法音；法法成就	1. sappurisasaṃsevo, saddhammassavanaṃ, dhammānudhamma-ppaṭipatti	1. satpuruṣasaṃsevā② saddharmaśravaṇaṃ yoniśo manasikāraḥ	1. 事慧者，亦聞法經，亦當觀本	1. 親近善友；耳聞法音；非惡露觀

① 参照SWTF, s.v. *śamatha*.

② 参照SWTF, s.v. *satpuruṣa-saṃsevā*.

续表

Daśo(Ch1)	Daso(Pā)	Daśo(Skt)	Daśo(Ch2)	Daśo(Ch1) B組（参見III）
2. 三三昧：空三昧、無相三昧、無作三昧	2. tayo samādhī: savitakko savicāro samādhi, avitakko vicāramatto samādhi, avitakko avicāro samādhi	2. trayaḥ samādhayaḥ : savitarkaḥ savicāraḥ samādhir avitarko vicāramātraḥ samādhir avitarko ’vicāraḥ① samādhiḥ	2. 欲念定、不欲但念、亦不欲亦不念	2. 三三昧：有覺有觀三昧、無覺有觀三昧、無覺無觀三昧
3. 三受	3. vedanā	**9.** vedanāḥ	**9.** 三痛	**9.** 三受
4. 三愛	4. taṇhā	4. tṛṣṇāḥ	4. 欲愛、色愛、不色愛	4. = Daśo(Ch1)
5. 三不善根	5. akusalamūlāni	5. akuśalamūlāni	5. 本三惡	5. = Daśo(Ch1)
6. 三善根	6. kusalamūlāni	6. kuśalamūlāni	6. 無有貪欲本、無有瞋恚本、無有愚癡本	6. = Daśo(Ch1)
7. 三難解	**9.** dhātuyo	7. nimittāni	7. (三)相	7. 相
8. 三相	8. ñāṇāni	8. vimokṣamukhāni	8. 三活向	8. 空、無相、無作
9. 三出要界	**7.** nissaraṇiyā dhātuyo	**3.** bhavāḥ	**3.** 欲有、色有、不色有	**3.** 三受生處。欲處、色處、無色處
10. 三明	10. vijjā	10. aśaikṣyo vidyāḥ	10. 慧不復學	10. = Daśo(Ch1)

表 7-1-4　四法

Daśo(Ch1)	Daso(Pā)	Daśo(Skt)	Daśo(Ch2)	Daśo(Ch1) B組（参見III）
1. 四輪法	1. cakkāni	1. devamanuṣyāṇāṃ cakrāṇi	1. 天人輪	1. 四天人輪
2. 四念處	2. satipaṭṭhānā	2. smṛtyupasthānāni	2. 四意止	2. = Daśo(Ch1)
3. 四食	3. āhārā	3. āhārāḥ	3. 四飯	3. = Daśo(Ch1)
4. 四受	4. oghā	4. upādānāni	4. 四蟻(*v.l.* 癢)	4. 四受
5. 四扼	5 yogā	5. vipattayaḥ	5. 四失	5. = Daśo(Ch1)
6. 四無扼	6. visaṃyogā	6. saṃpattayaḥ	6. 四成	6. = Daśo(Ch1)
7. 四聖諦	**9.** ariyasaccāni	7. āryasatyāni	7. 四諦	7. = Daśo(Ch1)

① 寫本中作*avicārah*.

续表

Daśo(Ch1)	Daso(Pā)	Daśo(Skt)	Daśo(Ch2)	Daśo(Ch1) B組（參見III）
8. 四智。法智、未知智、等智、知他心智	8. cattāri ñāṇāni : dhamme ñāṇaṃ, anvaye ñāṇaṃ, pariye ñāṇaṃ, sammutiyā ñāṇaṃ	8. catvāri jñānāni①: duḥkhajñānaṃ samudayajñānaṃ nirodhajñānaṃ mārgajñānam	8. 四黠。苦黠、習黠、盡黠、道黠	8. 四智。苦智、習智、滅智、道智
9. 四辯才	7. samādhī	9. saṃjñāḥ	9. 四相識	9. 知小、知大、知無量、知無邊法
10. 四沙門果	10. sāmaññaphalāni	10. sākṣīkaraṇīyā② dharmāḥ	10. 一法身當知；二法意當知；三法眼當知；四法慧當知	10. 有法須身證、有法須念證、有法須眼證、有法須慧證

表 7-1-5　五法

Daśo(Ch1)	Daso(Pā)	Daśo(Skt)	Daśo(Ch2)
1. 五滅盡枝	1. padhāniyaṅgāni	1. prādhānikasyāṅgāni	1. 五種斷意
2. 五根	**6.** indriyāni	**6.** indriyāni	**6.** 五根
3. 五受陰	3. upādānakkhandhā	3. upādānaskandhāḥ	3. 五種。一爲色受種。二爲痛受種。三爲想受種。四爲行受種。五爲識受種
4. 五蓋	4. nīvaraṇāni	4. nīvaraṇāni	4. 五蓋
5. 五心礙結	5. cetokhilā	5. cetaḥkhilāḥ	5. 五心意釘
6. 五喜本	**2.** pañcaṅgiko sammāsamādhi	**2.** 写本缺損③	**2.** 五種定
7. 五解脱入	**9.** vimuttāyatanāni	**9.** vimuktyāyatanāni	**9.** 五解脱
8. 賢聖五智定	8. pañcañāṇiko sammāsamādhi	8. āryaḥ pañcajñānikaḥ samyaksamādhiḥ	8. 五慧定
9. 五出要界	**7.** nissaraṇiyā dhātuyo	**7.** niḥsaraṇīyā dhātavaḥ	**7.** 五行得要出
10. 五無學聚	10. dhammakkhandhā	10. dharmaskandhāḥ	10. 一不學陰。二不學戒。三不學定。四不學慧。五不學度世解脱

① 參照SWTF, s.v. *jñāna*。複数、主格。

② SWTF, s.v. *sākṣī-karaṇīya*參照。

③ 參照Daśo(DĀG), G4, fol. 5(?) *recto* 5. *paṃcāṃgikasya samādh.*。Klaus Wille在2013年11月20日與筆者的信件中提供了這一羅馬字轉寫。

表 7-1-6　六法

Daśo(Ch1)	Daso(Pā)	Daśo(Skt)	Daśo(Ch2)
1. 六重法	1. sāraṇīyā dhammā	1. saṃraṃjanīyā dharmāḥ	1. 六(←不)共取重
2. 六念	2. anussatiṭṭhānāni	**(8)***	**8.** 六念
3. 六内入	3. ajjhattikāni āyatanāni	3. ādhyātmikāny āyatanāni	3. 六内入
4. 六愛	4. taṇhākāyā	4. tṛṣṇākāyāḥ	4. 六愛
5. 六不敬法	5. agāravā	5. agauravatāḥ	5. 六不恭敬
6. 六敬法	6. gāravā	6. (gauravatāḥ)	6. 六恭敬
7. 六無上	**9.** anuttariyāni	**(9)***	**9.** 六無有量
8. 六等法	8. satatavihārā	**2.** sātatavihārāḥ	**2.** 六共居
9. 六出要界	**7.** nissaraṇiyā dhātuyo	**7.** (niḥsaraṇīyā dhātavaḥ)	**7.** 六行度世
10. 六神通	10. abhiññā	(10)*	10. 六知

* = 表示寫本的缺損，下同。

表 7-1-7　七法

Daśo(Ch1)	Daso(Pā)	Daśo(Skt)	Daśo(Ch2)
1. 七財	1. dhanāni	(1)*	1. 七寶
2. 七覺意	2. bojjhaṅgā	(2)*	2. 七覺意
3. 七識住處	3. viññāṇaṭṭhitiyo	**7** vijñānasthitayaḥ	**7.** 七識止處
4. 七使法	4. anusayā	(4)*	4. 七結
5. 七非法	5. asaddhammā	(5)*	5. 惡人七法
6. 七正法	6. saddhammā	(6)*	6. 七慧者法
7. 七正善法	7. sappurisadhammā	**(10)***	**10.** 一有法。二有解。三知時。四知足。五知身。六知衆。七知人前後
8. 七想	8. saññā	8. samādhipariṣkārāḥ	8. 定意
9. 七勤	9. niddesavatthūni[1]	9. nirdoṣavastūni	9. 七現恩
10. 七漏盡力	10. khīṇāsavabalāni	**(3)***	**3.** 七有

表 7-1-8　八法

Daśo(Ch1)	Daso(Pā)	Daśo(Skt)	Daśo(Ch2)
1. 八因緣	1. aṭṭha hetū aṭṭha paccayā	1. dharmapratyayāḥ	1. 法八因緣
2. 賢聖八道	2. ariyo aṭṭhaṅgiko maggo	2. āryo 'ṣṭāṅgo mārgaḥ	2. 八種道
3. 世八法	3. lokadhammā	3. lokadharmāḥ	3. 八世間法

① 參照v.*l.* *niddasavatthūni*. 辛嶋 2000: 190f., 注108.

续表

Daśo(Ch1)	Daso(Pā)	Daśo(Skt)	Daśo(Ch2)
4. 八邪	4. micchattā	4. mithyāṅgāni	4. 一爲不直見。二爲不直念。三爲不直語。四爲不直法。五爲不直業。六爲不直方便。七爲不直意。八爲不直定
5. 八懈怠法	5. kusītavatthūni	5. kausīdyavastūni	5. 八瞢瞢不精進道
6. 八不怠	6. ārabbhavatthūni①	6. vīryārambhavastūni	6. 八精進方便道
7. 八不閑妨修梵行	7. akkhaṇā asamayā brahmacariyavāsāya	**(10)***	**10.** 八無有著行者力 (*arhato bhikṣoḥ kṣīṇāsravasya balāni)②
8. 八大人覺	8. mahāpurisavitakkā	8. mahāpuruṣavitarkāḥ	8. 八大人念
9. 八除入	9. abhibhāyatanāni	9. abhibhvāyatanāni	9. (八)自在
10. 八解脱	10. vimokkhā	**7.** vimokṣāḥ	**7.** 八解脱

表 7-1-9　九法

Daśo(Ch1)	Daso(Pā)	Daśo(Skt)	Daśo(Ch2)
1. 九淨滅枝	**2.** pārisuddhipadhāniyaṅgāni	1. vīryavitaraṇaviśuddhipūrvaṅgamā dharmāḥ	**2.** 精進致淨
2. 九喜本	**1.** yonisomanasikāramūlakā dhammā	2. cetasaḥ prasādapūrvaṅgamā dharmāḥ③	**1.** 九意喜
3. 九衆生居	3. sattāvāsā	3. satvāvāsāḥ	3. 九神止處
4. 九愛本	4. taṇhāmūlakā dhammā	(4)*	4. 九結 (*saṃyojanāni)④
5. 九惱法	5. āghātavatthūni	5. (āghātavastūni)	5. 九惱本
6. 九無惱	6. āghātapaṭivinayā	6. (āghātaprativinodanāni)	6. 除九意惱
7. 九梵行	**9.** anupubbavihārā	**8.** (anupūrvavihārāḥ?)⑤	**8.** 九次定
8. 九想	8. saññā	**(7)***	**7.** 九依住 (*apāśrayaṇāni)⑥
9. 九異法	**7.** nānattā	(9)*	9. 九不應時 (*akṣaṇāḥ)⑦
10. 九盡	10. anupubbanirodhā	(10)*	10. 九(←無)滅

① *V.l. ārambhavatthūni.*

② 參照 Abhidh-k-vy 591.29; de Jong 1966: 14 = 1979: 262.

③ = Daśo(DĀG), G5, fol. no. ? *verso* 1. *cetasaḥ prasādapūrvaṃgamā [dharm]*. .. (Klaus Wille 在 2013 年 11 月 20 日與筆者的信件中提供了這一羅馬字轉寫)。

④ 參照 de Jong 1966: 14 = 1979: 262.

⑤ Cf. SHT X 4333 *verso* d. /// + .. māpa[t]. + + + (*(anupūrvasamādhisa)māpat(tayaḥ)* 或 *(anupūrvavihāra-samādhisa)māpat(tayaḥ)*；K.W.).

⑥ 參照 de Jong 1966: 14 = 1979: 262.

⑦ 參照 de Jong 1966: 14 = 1979: 262.

表 7-1-10　十法

Daśo(Ch1)	Daso(Pā)	Daśo(Skt)	Daśo(Ch2)
1. 十救法	1. nāthakaraṇadhammā	1. nāthakarakā dharmāḥ	1. 十救法
2. 十正行	2. kasiṇāyatanāni	**8.** (kṛtsnāyatanāni)	**8.** 十普定
3. 十色入	3. āyatanāni	3. rūpīṇy āyatanāni	3. 十內外色入
4. 十邪行	4. micchattā	4. ... (bā)hyāni nī(varaṇi)	4. 十內外蓋
5. 十不善行迹	5. akusalakammapathā	5. akuśalāḥ karmapathāḥ	5. 十事惡行
6. 十善行	6. kusalakammapathā	6. kuśalāḥ karmapathāḥ	6. 十淨行
7. 十賢聖居	7. ariyavāsā	7. āryāvāsāḥ	7. 十德道居
8. 十稱譽處	8. saññā	**9.** tathāgatasya balāni	**9.** 佛十力
9. 十滅法	9. nijjaravatthūni	**2.** nirjvaravastūni	**2.** 十種直
10. 十無學法	10. asekkhā dhammā	10. aśaikṣā dharmāḥ	10. 十足學不復學

II. 版本間的差異反應了不同部派教理的差異

如上所見，四種版本間總體上基本相同，但我們比較自一法至十法的子項，就會發現許多不同之處。總的來説，法藏部《長阿含經·十上經》基本與上座部巴利*Dasuttarasuttanta*一致。我們可以因此認爲，不僅是這一部經典，整體漢譯《長阿含經》與整體巴利《長部》，以至可以説這些部派的律典和論書皆顯示出這兩個部派極爲相近的關係。[①]此外，屬於説一切有部的安世高譯及梵本*Daśottarasūtra*幾乎完全一致。狄雍(J.W. de Jong)及筆者都發表過論文，對這四種版本進行了詳細的研究。[②]

這些版本間文字的差異反應了其所屬部派教理的差異。例如，七法第三子項，《十上經》和巴利本列舉了“七識住處” (*satta viññāṇa-ṭṭhitiyo*)，而安世高譯作“七有” (**sapta bhavāḥ*；七種生存形態)，列舉了“一爲不可有 (*naraka-bhava*)；二爲畜生有(*tiryag-bhava*)；三爲餓鬼有(*preta-bhava*)；四爲人有(*manuṣya-bhava*)；五爲天有(*deva-bhava*)；六爲行有(*karma-bhava*)；七爲中有(*antarā-bhava*)” (T.1, no. 13, 236b14–16)等七種存在(梵語寫本此處破損，欠缺)。僅安譯(大約梵本也是如此)有“七有”，這一點十分值得注意。

是否承認“中有”(*antarābhava*，介於今世死有與來世生有之間的存在，即在死後與投生之間的存在狀態。中陰)的問題在各部派之間也存在爭議。説一切有部、正量部、犢子部主張有“中有”的存在，而南傳上座部、分別説部、法藏部、大衆部則否定“中有”的存在。[③] 説一切有部的僧人以講説中有概念的阿含爲論據進行反駁，但這部阿含很可能就是他們自己創作的。即，世親(Vasubandhu; 約 400–480 年)所著説一切有部教理的論書《俱舍論》第八卷有“經典中中有也被認爲是獨立于諸趣的存在。是哪部經？就是《七有經》(**Saptabhavasūtra*)。那部經説七有，即，地獄有、

① 參照Waldschmidt 1932: 229; Bareau 1950: 94.

② 參照de Jong 1966; 辛嶋 2000.

③ 參照Bareau 1955: 291; HB, s.v. *CHŪU* 中有 (Bareau執筆)。亦參照Wayman 1974; Kritzer 2000, 2014.

傍生有、餓鬼有、天有、人有、業有、中有。"[①] 在另一説一切有部論書，即衆賢（5 世紀）著《順正理論》中有"又聖教説有中有故。謂契經言：'有有七種。即五趣有、業有、中有。'"[②] 由此可見，説一切有部擁有一部教説中有的經典。但是，如《俱舍論》所述，"次，依聖教證有中有。謂契經言：'有有七種。即五趣有、業有、中有。'若此契經彼部不誦。"[③] 正是該經典不被其他部派所承認。訶梨跋摩(Harivarman; 約 250–約 350 年)初始學習説一切有部教理，而後研習大衆部及大乘教理，訶梨跋摩著《成實論》(**Tattvasiddhi-* 或 **Satyasiddhi-śāstra*。T. 32, no. 1646)中批判該部講説中有概念的阿含經是被僞造的。他寫道：

(256b12f.) 論者言："有人説有中陰，或有説無。"問曰："何因緣故説有？何因緣故言無？"答曰："有中陰者，...(256b20) 又經中説四有——本有、死有、中有、生有。又説七有——五道有、業有、中有。... (256b28) 以是故知有中陰。" ... (256c2) 有人言：'無有中陰。... (256c12) 又汝言四有、七有者。是經不然。以不順法相故。' ... (257a13) 是故不應分別計有中陰。"

由此，我們可以認爲，最初的 *Daśottarasūtra* 中雖沒有"七有"，但之後，説一切有部的僧人爲了使 *Daśottarasūtra* 與他們主張的中有的存在一致，把這一子項加到 *Daśottarasūtra* 之中了。

通過此例我們可以推論，流傳至今的這四種版本是不同部派按照他們各自的主張而進行"修正"的結果。進一步而言，現存的巴利五部、漢譯阿含經、梵文阿含經寫本很可能是各部派按照其部派教理而進行改訂的結果。[④] 部派佛教時代，五部/阿含經也經過了改訂。以下列舉的《長阿含經·十上經》的改訂例顯示，不僅是部派佛教時代，即使在阿含經漢譯之後，仍舊有人按照特定的部派教義，對阿含經進行了内容的修改。不僅是在印度傳承的時代，在阿含經漢譯之後，經典也被做了脱胎换骨的修改。不言而喻，既然在直至相當以後的時代仍然有人對阿含經持續地進行改訂

---

① T. 29, no. 1558, 42a28–b2. 契經亦簡中有異趣。是何契經？謂《七有經》。彼説七有，謂地獄有、傍生有、餓鬼有、天有、人有、業有、中有; Abhidh-k-bh 114.17ff. *sūtre 'pi ca bahiṣkṛto 'ntarābhavo gatibhyaḥ. kasmin sūtre? "sapta bhavā narakabhavas tiryagbhavaḥ pretabhavo devabhavo manuṣyabhavaḥ karmabhavo 'ntarābhava" iti.*

② 《阿毘達磨順正理論》, T. 29, no. 1562, 475a25–27.

③ T. 29, no. 1558, 42a28–b2; Abhidh-k-bh 121.19f. *sūtra uktaṃ "sapta bhavāḥ. narakabhavas tiryagbhavaḥ pretabhavo devabhavo manuṣyabhavaḥ karmabhavo 'ntarābhava" iti. naitat sūtraṃ tair āmnāyate.* 也參照 Abhidh-k-vy 270.10f.

④ 關於各部派分别按照自己部派的主張改寫 *Daśottarasūtra* 原典的事實，説一切有部《順正理論》中有以下内容可以證實。《順正理論》卷四駁斥譬喻部否定無表色，並批判譬喻部僧人爲了與自己的主張一致而改寫了 *Daśottarasūtra*（《舍利子增十經》、《增十經》）。

T. 29, no. 1562, 352c1ff. 寡學上座於此説言："非觸處中有所造色。所以者何？……"。此説不然，違聖教故。如契經説："苾芻當知，觸謂外處，是四大種，及四大種所造有色無見有對。"彼不許有如是契經。不應不許，入結集故，又不違害諸餘契經，亦不違理，故應成量。彼謂："此經非入結集，越總頌故。如説製造順别處經，立爲異品。"若爾，便應棄捨一切違自部執聖教契經。如説製造二種空經，立爲異品，亦越總頌。如是等類互相非撥。若謂："此經非聖所説，違餘經故，法處不説無色言故。如《舍利子增十經》中，唯作是言：'有十色處。'故知此經非入結集，但是對法諸師愛無表色，製造安置阿笈摩中。"若爾，對法諸師豈不亦能作如是説："譬喻部師憎無表色，製造安置《增十經》中"？如是展轉更相非撥，便爲壞亂一切契經。然《增十經》爲顯十種應遍知法故，但説言有十色處。

説一切有部正統派雖然這樣斥責譬喻部，但他們自己也對 *Daśottarasūtra* 做了改寫。

及內容的更換，那麼現存的巴利五部、漢譯阿含經、梵文阿含經寫本並不比阿毘達磨本更古老。①

III. 兩組《十上經》的版本與写本間讀法的差異

法藏部《長阿含經·十上經》的版本與写本分爲以下兩組，二者在某一部分讀法完全不同。

（A）高麗藏初雕版、高麗藏再雕版、金藏廣勝寺本、房山石經、以及聖語藏中的天平十二年(740年)御願經、金剛寺藏古写經②

（B）宮内廳書陵部所藏舊宋版、思溪資福藏③、磧砂藏等宋版及元、明、清版

以上兩系統的版本、寫本的相異處見於三法、四法。下表對比了巴利 *Dasuttarasuttanta*、《十上經》A組、同B組、梵本、安世高譯對應部分。表中使用下綫來表示版本間內容的不同。

① 參照 Bronkhorst 1985.

② 感謝落合俊典先生給筆者寄來此寫本的照片。

③ 感謝梶浦晋先生使筆者有幸看到了京都大学藏思溪版大藏經若干相關處的照片。

表7-2　巴利 *Dasuttarasuttanta*、《十上經》A 組和 B 組、梵本、安世高譯對應部分比較表

巴利 *Dasuttarasuttanta*	《十上經》A組	《十上經》B組	梵文 *Daśottarasūtra*	安世高譯
tayo dhammā bahukārā, tayo dh° bhāvetabbā, tayo dh° pariññeyyā, tayo dh° pahātabbā, tayo dh° hānabhāgiyā, tayo dh° visesabhāgiyā, tayo dh° duppaṭivijjhā, tayo dh° uppādetabbā, tayo dh° abhiññeyyā, tayo dh° sacchikātabbā.	又有三成法、三修法、三覺法、三滅法、三退法、三增法、三難解法、三生法、三知法、三證法。	又有三多成法、三修法、三覺法、三滅法、三退法、三增法、三難解法、三生法、三知法、三證法。		
(1) katame tayo dh° bahukārā? sappurisasaṃsevo, saddhammassavanaṃ, dhammānudhammappaṭipatti. ime tayo dh° bahukārā.	云何三成法？一者親近善友；二者耳聞法音；三者法法成就。	云何三多成法？一者親近善友；二者耳聞法音；三者非惡露觀。	(1) trayo dharmā bahukarāḥ. satpuruṣasaṃsevaḥ saddharmaśravaṇaṃ yoniśo manasikāraḥ	第一三法行者竟無爲。事慧者，亦聞法經，亦當觀本。
(2) katame tayo dh° bhāvetabbā? tayo samādhī : savitakko savicāro samādhi; avitakko vicāramatto samādhi; avitakko avicāro samādhi. ime tayo dh° bhāvetabbā.	云何三修法？謂三三昧。空三昧、無相三昧、無作三昧。	云何三修法？謂三三昧。有覺有觀三昧、無覺有觀三昧、無覺無觀三昧。	(2) trayo dharmā bhāvayitavyāḥ. trayaḥ samādhayaḥ : savitarkaḥ savicāraḥ samādhir avitarko vicāramātraḥ samādhir avitarko 'vicāraḥ samādhiḥ.	第二三法當思惟。欲念定、不欲但念、亦不欲亦不念。

续表 1

巴利 *Dasuttarasuttanta*	《十上經》A組	《十上經》B組	梵文 *Daśottarasūtra*	安世高譯
(3) katame tayo dh° pariññeyyā? tisso vedanā : sukhā vedanā; dukkhā vedanā; adukkha-m-asukhā vedanā. ime tayo dh° pariññeyyā.	云何三覺法？謂三受。苦受、樂受、不苦不樂受。	云何三覺法？謂三受生處。欲處、色處、無色處。	(3) trayo dharmāḥ parijñeyāḥ. trayo bhavāḥ : kāmabhavo rūpabhava ārūpyabhavaḥ.	第三三法可識。欲有、色有、不色有。
(4) katame tayo dh° pahātabbā? tisso taṇhā : kāmataṇhā, bhavataṇhā, vibhavataṇhā. ime tayo dh° pahātabbā.	云何三滅法？謂三愛。欲愛、有愛、無有愛。	= A 組[①]	(4) trayo dharmāḥ prahātavyāḥ. tisras tṛṣṇāḥ. kāmatṛṣṇā rūpatṛṣṇā ārūpyatṛṣṇā.	第四三法可捨。欲愛、色愛、不色愛。
(5) katame tayo dh° hānabhāgiyā? tīṇi akusalamūlāni : lobho akusalamūlaṃ, doso akusalamūlaṃ, moho akusalamūlaṃ. ime tayo dh° hānabhāgiyā.	云何三退法？謂三不善根。貪不善根、恚不善根、癡不善根。	= A 組	(5) trayo dharmā hānabhāgīyāḥ. trīṇy akuśalamūlāni : lobho 'kuśalamūlaṃ, dveṣo moho 'kuśalamūlam*	第五三法可捨。本三惡。貪欲惡、瞋恚惡、愚癡惡。
(6) katame tayo dh° visesabhāgiyā? tīṇi kusalamūlāni : alobho kusalamūlaṃ, adoso kusalamūlaṃ, amoho kusalamūlaṃ. ime tayo dh° visesabhāgiyā.	云何三增法？謂三善根。無貪善根、無恚善根、無癡善根。	= A 組	(6) trayo dharmā viśeṣabhāgīyāḥ. trīṇi kuśalamūlāni. alobhaḥ kuśalamūlam adveṣo 'mohaḥ kuśalamūlam*	第六三法可增。無有貪欲本、無有瞋恚本、無有愚癡本。
(7) katame tayo dh° duppaṭivijjhā? tisso nissaraṇiyā dhātuyo : kāmānam etaṃ nissaraṇaṃ yad idaṃ nekkhammaṃ, rūpānam etaṃ nissaraṇaṃ yad idaṃ arūpaṃ, yaṃ kho pana kiñci bhūtaṃ saṅkhataṃ paṭiccasamuppannaṃ, nirodho tassa nissaraṇaṃ. ime tayo dh° duppaṭivijjhā.	云何三難解法？謂三難解。賢聖難解、聞法難解、如來難解。	云何三難解法？謂三難解。三摩提相難解、三摩提住相難解、三摩提起相難解。	(7) trayo dharmā duṣprativedhāḥ. trīṇi nimittāni. samādhinimittaṃ samādhisthitinimittaṃ samādhivyutthāna-nimittam*	第七三法難受。相。定相、定止相、定起相。

① A 組爲“欲愛、有愛、無有愛”（參照 Anālayo 2011: 70, 注 216）與梵本、安世高譯内容不同。通常 B 組與 A 組讀法不同，但不知爲什麼，這裡没有改寫。

续表 2

巴利 *Dasuttarasuttanta*	《十上經》A組	《十上經》B組	梵文 *Daśottarasūtra*	安世高譯
(8) katame tayo dh° uppādetabbā? tīṇi ñāṇāni : atītaṃse ñāṇaṃ, anāgataṃse ñāṇaṃ, paccuppannaṃse ñāṇaṃ. ime tayo	云何三生法？謂三相。息止相、精進相、捨離相。	云何三生法？謂空、無相、無作。	(8) trayo dharmā utpādayitavyāḥ. trīṇi vimokṣa-samukhāni : śūnyatā apraṇihitam ānimittam*	第八三法可作。三活向。空、不願、不相(←想)。
(9) katame tayo dh° abhiññeyyā? tisso dhātuyo : kāmadhātu, rūpadhātu, arūpadhātu. ime tayo dh° abhiññeyyā.	云何三知法？謂三出要界。欲出要至色界；色界出要至無色界；捨離一切諸有爲法，彼名爲盡。	云何三知法？謂三受。苦受、樂受、不苦不樂受。	(9) trayo dharmā abhijñeyāḥ. tisro vedanāḥ : sukhā duḥkhā aduḥkhāsukhāś ca.	第九三法可識。三痛。樂痛、<苦痛>、亦不樂亦不苦痛。
(10) katame tayo dh° sacchikātabbā? tisso vijjā : pubbe-nivāsānussatiñāṇaṃ vijjā, sattānaṃ cutūpapāte ñāṇaṃ vijjā, āsavānaṃ khaye ñāṇaṃ vijjā. ime tayo dh° sacchikātabbā.	云何三證法？謂三明。宿命智、天眼智、漏盡智。	= A 組	(10) trayo dharmāḥ sākṣīkartavyāḥ. tisro 'śaikṣyo vidyāḥ : katamās tisraḥ? aśaikṣī pūrve nivāsānusmṛtijñāna-sākṣīkriyā vidyā. aśaikṣī cyutyupapādajñāna-sākṣīkriyā vidyā. aśaikṣy āsravakṣayajñāna-sākṣīkriyā vidyā.	第十三法自證。慧不復學。從本來、亦往生、漏(←爾)無所應除。
ti ime tiṃsa dhammā bhūtā tacchā tathā avitathā anaññathā sammā tathāgatena abhisambuddhā.	諸比丘是爲三十法，如實無虛。如來知已，平等說法。	= A 組	ifima āyuṣmantas triṃśad dharmāḥ pūrvavat*	是爲行者三十法。是不非，是不異，有諦，如有，不惑，不倒。是如{是}有，持慧意觀。
cattāro dhammā bahukārā, cattāro dh° bhāvetabbā ... pe ... cattāro dh° sacchikātabbā.	復有四成法、四修法、四覺法、四滅法、四退法、四增法、四難解法、四生法、四知法、四證法。	復有四多成法、四修法、四覺法、四滅法、四退法、四增法、四難解法、四生法、四知法、四證法。		

续表 3

巴利 *Dasuttarasuttanta*	《十上經》A組	《十上經》B組	梵文 *Daśottarasūtra*	安世高譯
(1) katame cattāro dh° bahukārā? cattāri cakkāni : patirūpadesavāso, sappurisūpanissayo, attasammāpaṇidhi, pubbe ca katapuññatā. ime cattāro dh° bahukārā.	云何四成法？ 謂四輪法。一者住中國；二者近善友；三者自謹慎；四者宿植善本。	云何四多成法？ 謂四天人輪備悉具有天人四輪廻轉生長莊滿[①]於諸善法。一者住中國；二者近善友；三者宿曾發精願；四者宿植善本。	(1) catvāro dharmā bahukarāḥ. catvāri devamanuṣyāṇāṃ cakrāṇi yair deva .... yamānā vṛddhiṃ vaipulyam āpadyante kuśalair dharmaiḥ. katamāni catvāri? pratirūpo deśāvāsaḥ satpuruṣāpāśraya ātmanaś ca samyak-praṇidhānaṃ pūrve ca kṛta(puṇyatā).	第一四法，行者竟無爲。天人輪。好郡居、依慧人、自直願、宿命有本。
(2) katame cattāro dh° bhāvetabbā? cattāro satipaṭṭhānā : idhâvuso, bhikkhu kāye kāyānupassī viharati ātāpī sampajāno satimā vineyya loke abhijjhādomanassaṃ. vedanāsu ... pe ... citte ... dhammesu dhammānupassī viharati ātāpī sampajāno satimā vineyya loke abhijjhādomanassaṃ. ime cattāro dh° bhāvetabbā.	云何四修法？謂四念處。比丘內身身觀，精勤不懈，憶念不忘，捨世貪憂；外身身觀，精勤不懈，憶念不忘，捨世貪憂；內外身身觀，精勤不懈，憶念不忘，捨世貪憂；受意法觀亦復如是。	= A 組	(2) catvāro dharmā bhāvayitavyāḥ. catvāri smṛtyupasthānāni : katamāni catvāri? kāye kāyānupaśyanā smṛtyupasthānam* vedanāyāṃ citte dharmeṣu dharmānupaśyanā smṛtyupasthānam*	第二四法增行。四意止。自觀身觀，內外身觀，莫離意知，著意，離世間癡惱。痛痒 (*v.l.* 癢)、意、法亦如觀身法。
(3) katame cattāro dh° pariññeyyā? cattāro āhārā : kabaḷīkāro āhāro oḷāriko vā sukhumo vā, phasso dutiyo, manosañcetanā tatiyā, viññāṇaṃ catutthaṃ. ime cattāro dh° pariññeyyā.	云何四覺法？謂四食。摶食、觸食、念食、識食。	= A 組	(3) catvāro dharmāḥ parijñeyāḥ. catvāra āhārāḥ : kabaḍiṃkāra āhāra audārikaḥ sūkṣmaś ca. sparśo dvitīyo manaḥsañcetanā tṛtīyā vijñānaṃ caturtham*	第三四法可識。四飯。搏(←摶[②]) 飯、樂飯、念飯、識飯。

① 滿：明版作“嚴”。

② 搏：《大正藏》的誤植。

续表 4

巴利 *Dasuttarasuttanta*	《十上經》A組	《十上經》B組	梵文 *Daśottarasūtra*	安世高譯
(4) katame cattāro dh° pahātabbā? cattāro oghā : kāmogho, bhavogho, diṭṭhogho, avijjogho. ime cattāro dh° pahātabbā.	云何四滅法？謂四受。欲受、我受、戒受、見受。	云何四滅法？謂四受。欲受、見受、戒受、我受。	(4) catvāro dharmāḥ prahātavyāḥ. catvāry upādānāni : katamāni catvāri? kāmopādānaṃ dṛṣṭyupādānaṃ śīlavratopādānam ātmavādopādānam	第四四法可捨。四蟻(*v.l.* 癢)。欲蟻 (*v.l.* 癢)、意生是蟻(*v.l.* 癢)、戒願蟻(*v.l.* 癢)、受身蟻(*v.l.* 癢)。
(5) katame cattāro dh° hānabhāgiyā? cattāro yogā : kāma-yogo, bhava-y°, diṭṭhi-y°, avijjā-y°. ime cattāro dh° hānabhāgiyā.	云何四退法？謂四扼。欲扼、有扼、見扼、無明扼。	云何四退法？謂四梔。欲梔、有梔、見梔、無明梔。①	(5) catvāro dharmā hānabhāgīyāḥ. catasro vipattayaḥ : śīlavipattir dṛṣṭivipattir ācāravipattir ājīvavipattiḥ.	第五四法可減(*v.l.* 滅)。四失。戒失、意是失、行失、業失。
(6) katame cattāro dh° visesabhāgiyā? cattāro visaṃyogā : kāmayoga-visaṃyogo, bhavayoga-visaṃ°, diṭṭhiyoga-visaṃ°, avijjāyoga-visaṃ°. ime cattāro dh° visesabhāgiyā.	云何四增法？謂四無扼。無欲扼、無有扼、無見扼、無無明扼。	云何四增法？謂四無梔。無欲梔、無有梔、無見梔、無無明梔。②	(6) catvāro dharmā viśeṣabhāgīyāḥ. catasro sampattayaḥ. śīlasaṃpattir dṛṣṭisaṃpattir ācārasaṃpattir ājīvasaṃpattiḥ	第六四法可增。四成。戒成、意是失、行失、業成。
(7) katame cattāro dh° duppaṭivijjhā? cattāro samādhī : hānabhāgiyo samādhi, ṭhitibhāgiyo sam°, visesabhāgiyo sam°, nibbedhabhāgiyo samādhi. ime cattāro dh° duppaṭivijjhā.	云何四難解法？謂有四聖諦。苦諦、集諦、滅諦、道諦。	云何四難解法？謂有四聖諦。苦諦、習③諦、盡④諦、道諦。	(7) catvāro dharmā duṣprativedhāḥ. catvāry āryasatyāni. katamāni catvāri? duḥkham āryasatyaṃ duḥkhasamudayo duḥkhanirodho duḥkhanirodha- gāminī pratipad āryasatyam*	第七四法難知。四諦。苦諦、習諦、盡諦(*v.l.* -)、受滅苦諦。

① A 組作"扼"，B 組作"梔"。二者均與梵本、安世高譯不同。

② 這一讀法也與梵本、安世高譯不同。

③ 習：思溪資福藏本讀作"習" (= Daśo〔Ch2〕)。磧砂藏及元、明、清版讀作"集"(= Daśo〔Ch1〕)。

④ 盡：思溪資福藏本讀作"盡" (= Daśo〔Ch2〕)。磧砂藏及元、明、清版讀作"滅"(= Daśo〔Ch1〕)。

续表 5

巴利 Dasuttarasuttanta	《十上經》A 組	《十上經》B 組	梵文 Daśottarasūtra	安世高譯
(8) katame cattāro dh° uppādetabbā? cattāri ñāṇāni : dhamme ñāṇaṃ, anvaye ñ°, pariye ñ°, sammutiyā ñ°. ime cattāro dh° uppādetabbā.	云何四生法？謂四智。法智、未知智、等智、知他心智。	云何四生法？謂四智。苦智、習[①]智、滅智、道智。	(8) catvāro dharmā utpādayitavyāḥ. catvāri jñānāni. duḥkhajñānaṃ samudayajñānaṃ nirodhajñānaṃ mārgajñānam*	第八四法令有。四黠。苦黠、習黠、盡黠、道黠。
(9) katame cattāro dh° abhiññeyyā? cattāri ariyasaccāni : dukkhaṃ ariyasaccaṃ, dukkhasamudayaṃ ar°, dukkhanirodhaṃ ariyasaccaṃ, dukkhanirodha- gāminī paṭipadā ar°. ime cattāro dh° abhiññeyyā.	云何四知法？謂四辯才。法辯、義辯、辭辯、應辯。	云何四知法？謂知小、知大、知無量、知無邊法。	(9) catvāro dharmā abhijñeyāḥ. catasraḥ saṃjñāḥ. parittam eke saṃjānaṃti. mahadgatam eke saṃjānaṃti; apramāṇam eke saṃjānaṃti; nāsti kiñcid ity ākiñcanyāyatanam eke saṃjānaṃti.	第九四法可識。四相識。少識。多識(*v.l.* -)。無有量、無所有不用識。知多，知無有量，知無所有，不用智知。
(10) katame cattāro dh° sacchikātabbā? cattāri sāmaññaphalāni : sotāpattiphalaṃ, sakadāgāmiphalaṃ, anāgāmiphalaṃ, arahattaphalaṃ. ime cattāro dh° sacchikātabbā. iti ime cattārīsadhammā bhūtā tacchā tathā avitathā anaññathā sammā tathāgatena abhisambuddhā.	云何四證法？謂四沙門果。須陀洹果、斯陀含果、阿那含果、阿羅漢果。 諸比丘是爲四十法，如實無虚(←空)。如來知已，平等說法。	云何四證法？謂有法須身證、有法須念證、有法須眼證、有法須慧證。 = A組	(10)catvāro dharmāḥ sākṣīkartavyāḥ. catvāraḥ sākṣīkaraṇīyā dharmāḥ. santi dharmāḥ kāyena sākṣīkartavyāḥ. santi smṛtyā, santi cakṣuṣā, santi prajñayā sākṣīkartavyā dharmāḥ. ifima āyuṣmanto catvāriṃśad dharmās tathā avitathāḥ. pūrvavad yāvat samyakprajñayā draṣṭavyāḥ.	第十四法自證。一法身當知；二法意當知；三法眼當知；四法慧當知。 是爲行者四十法。是不非，是不異，有諦，如有，不惑，不倒。是如{是}有，持慧意觀。

① 習：思溪資福藏本讀作“習”(= Daśo〔Ch2〕)。磧砂藏及元、明、清版讀作“集”(= Daśo〔Ch1〕)。

IV. 漢譯被做了部分改譯

有意思的是，《十上經》B組所列舉内容與說一切有部的安世高譯、梵本極爲一致。這意味著什麼?

如我們在上表I所確認的那樣，一、二、五至十法既然漢譯《十上經》與安世高譯、梵本有很多不一致的子項，那麼按理說，三、四法也應該有不一致的子項。但實際上，上述B組三、四法的記述與安世高譯、梵本一致，因此，自然而然A組的讀法是最初的，B組的讀法是經過後人改譯的結果。不僅如此，改譯者大約是手拿梵語原典，僅在内容明顯不同的部分對漢譯《十上經》進行了改譯。其原典應是同安世高譯、梵本同一系統，也就是說，這是一部說一切有部的經典。

但是，爲什麼有人僅對三法、四法進行了改譯？又是誰進行了改譯？（從其漢譯來看，約是唐代之前進行的改譯）而爲什麼這一改譯的部分僅在B組——從宋版至元、明、清版——得到了傳承?筆者目前還無法做出令人滿意的解釋。

按照以上事實，我們也可以推論，不僅限於《十上經》，宋、元、明、清版《長阿含經》整體可能都是漢譯後的改譯。因此，讀《長阿含經》時，我們不應該輕易地抛棄或無視高麗藏等而選擇宋版等的讀法。更進一步而言，除《十上經》外，或許還存在著其他在漢譯後，依照其他印度原典進行了“修訂”的經典。

V. 南宋版系大藏經中存在改譯的痕跡

《十上經》B組是南宋版系統的大藏經。A組是北宋開寶藏系統及遼藏系統。很多人都認爲，來源於唐代首都長安的一切經寫本系統的南宋版大藏經是"好的"版本，高麗藏、金藏的源頭，即開寶藏則源於流傳在偏僻的蜀地的多種混雜寫本，由這些多種混雜的寫本編纂而成，因此不是“好的”版本。但是，筆者對《正法華經》、《妙法蓮華經》、《道行般若經》版本進行研究，結果顯示開寶藏系統的高麗藏、金藏更接近最原始的讀法。判斷的標準基於版本與梵本的關係，這種判斷的標準是極爲客觀的。《十上經》中的例子也是通過與巴利《長部》及梵本進行比較，其結果明確且客觀地顯示，開寶藏系統及遼藏系統是最初的，而南宋版大藏經中存在改譯的痕跡。隋末唐初的戰亂期間，中原地區的寺院大都湮滅，僧人們避難逃到四川。高僧道德雲集在成都。赴印度之前的玄奘也跟隨兄長離開洛陽去了四川(618年)。當時中原地區的佛典很可能也被搬到四川，保留到後代。唐朝建立後，中原地域的佛教文化復興，十分興隆。中原地域成爲了中國文化的中心，來自印度的新經典、新版本不斷被送到中原地域。不僅如此，這裡也有能翻譯的人才，而且其中一定有不少自負的出家人，認爲自己有足夠深厚的文化素養，有能力可以改寫原來的版本。在中原地域改譯的《十上經》流傳至江南一帶，於是被編入了南宋版大藏經。

與中原地域不同，蜀地位於中國文化邊緣，自古以來就有樸素的保持原有經典的傳統。語言也是如此，越是周邊地域，越是保留更古老的形態。筆者認爲，今後我們在做漢語佛典研究時，需要意識到不斷進取的中原與守舊的周邊地域的對立。同時，也需要與梵文、巴利文、藏文本等其他文本以及異譯對比，用這一客觀的標準來判斷本來的讀法。

文献目録、略稱、記號一覧

Abhidh-k-bh = *Abhidharmakośabhāṣya of Vasubandhu*, ed. P. Pradhan, Patna 1967: K. P. Jayaswal Research Institute.

Abhidh-k-vy = *Sphuṭârthā Abhidharmakośavyākhyā: the Work of Yaśomitra*, ed. U. Wogihara, Tokyo 1936: The Publishing Association of Abhidharmakośa-vyākhyā; Tokyo^{3}1989: Sankibō Busshorin.

Anālayo

2011 *A Comparative Study of the Majjhima-nikāya*, Taipei: Dharma Drum Publishing Corp. (Dharma Drum Buddhist College Research Series, 3).

Bareau, André

1950 "Les origines du *Śāriputrābhidharmaśāstra*", in: *Muséon* 43: 69–95.

1955 *Les sectes bouddhiques du petit véhicle*, Saigon 1955: École Française d'Extrême-Orient.

BLSF = *The British Library Sanskrit Fragments: Buddhist Manuscripts from Central Asia*, editors-in-chief, Seishi Karashima and Klaus Wille, Tokyo, vol. I (2006), vol. II (2009), vol. III (in preparation): International Research Institute for Advanced Buddhology, Soka University..

Bronkhorst, Johannes

1985 "Dharma and Abhidharma", in: *Bulletin of the School of Oriental and African Studies* 48: 305–320.

Daśo(Ch1) = 《長阿含經》第十經《十上經》: T. 1, no.1, 52c–57b.

Daśo(Ch2) = 安世高譯《長阿含十報法經》: T. 1, no.13, 233b–241c.

Daśo(DĀG) = 梵本 *Daśottarasūtra* 写本殘葉：該寫本約發現於巴基斯坦，現爲美國弗吉尼亞個人收藏

Daso(Pā) = 巴利文《長部》的第 34 經 *Dasuttara-suttanta*: *The Dīgha Nikāya*, ed. T.W. Rhys Davids and J. E. Carpenter, vol. 3, London 1911: The Pali Text Society, pp. 272–292.

Daśo(Skt) = 梵本 *Daśottarasūtra*: *Dogmatische Begriffsreihen im älteren Buddhismus, I: Fragmente des Daśottarasūtra aus zentralasiatischen Sanskrit-Handschriften* [I-VIII], ed. Kusum Mittal; *Dogmatische Begriffsreihen im älteren Buddhismus, Ia: Daśottarasūtra IX–X*, ed. Dieter Schlingloff, Berlin 1957, 1962 (Sanskrittexte aus den Turfanfunden 4, 4a).

Hartmann, Jens-Uwe

1992 *Untersuchungen zum Dīrghāgama der Sarvāsti-vādins*, Göttingen (unpublished Habilitation-sschrift)

2004 "Contents and Structure of the *Dīrghāgama* of the (Mūla) Sarvāstivādins", in: *Annual Report of the International Research Institute for Advanced Buddhology at Soka University* 7: 119–137.

2011 "Lost in the *Daśottarasūtra*, Found in the *Kṣudrakavastu*",《敦煌吐魯番研究》第 12 卷, 上海, pp. 85–98.

Hartmann, Jens-Uwe and Klaus Wille

2014 "The Manuscript of the Dīrghāgama and the Private Collection in Virginia", in: *From Birch Bark to Digital Data: Recent Advances in Buddhist Manuscript Research, Papers Presented at the Conference Indic Buddhist Manuscripts: The State of the Field, Stanford, June 15–19 2009*, P. Harrison and J.-U. Hartmann (ed.), Wien: Österreichische Akademie der Wissenschaften, pp. 137-155.

HB = *Hôbôgirin* 法寶義林: *Dictionnaire encyclopédique du bouddhisme d'après les sources chinoises et japonaises*, ed. S. Lévi, J. Takakusu, P. Demiéville, fasc. 1ff., Tokyo, Paris 1929ff.

Hori, Shin'ichirō

2003 "Notes on the Unidentified Sanskrit Fragments in the Ōtani Collection at Ryūkoku University Library," *Journal of the International College for Advanced Buddhist Studies* 6, pp. 101-107 (126-132).

de Jong, Jan Willem

1966 "The Daśottarasūtra",《金倉博士古稀記念：印度學佛教學論集》, 京都: 平樂寺書店, pp. 3–25; 又録於 Gregory Schopen 編, *Buddhist Studies by J.W. de Jong*, Berkeley 1979: Asian Humanities Press, pp. 251–273.

辛嶋静志

2000 《十上經》的解題、本文、注,《現代語訳〈阿含經典・長阿含經〉》第 3 卷, 東京: 平河出版社, pp. 3–12, 37–74, 157–215.

Kritzer, Robert

2000 "Rūpa and the Antarābhava", in: *Journal of Indian Philosophy* 28 (2000), pp. 235–272.

2014 *Garbhāvakrāntisūtra*: *The* Sūtra *on Entry into the Womb*, Tokyo: The International Institute for Buddhist Studies (Studia Philologica Buddhica, Monograph Series XXXI).

K.W. = suggestions given by Klaus Wille in a personal communication (20 November 2013).

SHT = *Sanskrithandschriften aus den Turfanfunden*, ed. Ernst Waldschmidt *et al.*, Wiesbaden/Stuttgart: F. Steiner, 1965– (Verzeichnis der orientalischen Handschriften in Deutschland, Bd. 10), T. 1–

SWTF = *Sanskrit-Wörterbuch der buddhistischen Texte aus den Turfan-Funden*, ed. H. Bechert, K. Röhrborn, J.-U. Hartmann, Göttingen 1973ff.

T = 《大正新脩大藏經》高楠順次郎、渡邊海旭都監, 100 册, 東京 1924–1934 年: 大正一切經刊行會.

Tripāṭhi, Chandrabhāl

1980 "Die Einleitung des Daśottarasūtra, Revidierter Text", in: *Indianisme et bouddhisme*, Mélanges offerts à Mgr. Étienne Lamotte. Louvain 1980, Université catholique de Louvain, Institut Orientaliste. (Publications de l'Institut Orientaliste 23), pp. 353–358.

v.l. = *varia lecto* (variant reading) 異讀.

Waldschmidt, Ernst

1932 *Bruchstücke buddhistischer Sūtras aus dem zentralasiatischen Sanskritkanon*, Leipzig (Kleinere Sanskrit-Texte Heft IV); reprint: Monographien zur indischen Archäologie, Kunst und Philologie, Bd. 2, Wiesbaden 1979: Steiner.

Wayman, Alex

1974 "The Intermediate-State Dispute in Buddhism", in: *Buddhist Studies in Honour of I.B. Horner*, Dordrecht: D. Reidel Publishing Co., pp. 227–239.

- = 沒有對應詞語: 例如, 諦(*v.l.* -)

° = 此符號前或后的部分與之前列舉詞語相同: 例如: *dhammā bahukārā, tayo dh°.*

← = α ← β: 應將漢字 β 替換爲漢字 α: 例如: 搏(← 摶)

{} = 衍字: 例如: 如{是}有

唐末房山石经分栏版式源流考

陈婷婷*

摘　要　在房山云居寺的刻经事业发展过程中，经板的形制及版式直至辽代统一为印板样式之前，都不断地有所变化。在此期间，唐末曾短暂地出现过一种特别的分栏石经版式，也是云居寺唐代刻经的最后一种版式，使用时间极短，所涉及的刻经也仅限于《大般若波罗蜜多经》，大约刻了二十多卷。然而，在整个中国的石刻文字发展史中，这种版式却有不可小觑的地位。本文从房山石经中出现的分栏版式出发，深入探讨此类版式的来源与影响，及其出现的根本原因。

关键词　分栏版式　开成石经　柳公权书《金刚经》　椎拓技术　印刷术

房山云居寺位于北京市西南，距离市中心约75公里。隋大业（604—618年）年间，僧人静琬于此石经山上开始刻经，其事迹最早见于唐初唐临所著《冥报记》："幽州沙门释智苑，精练有学识。隋大业中，发心造石经藏之，以备法灭。既而于幽州北山，凿岩为石室，既磨四壁，而以写经。又取方石，别更磨写，藏诸室内。每一室满，即以石塞门，用铁锢之。……苑所造石经已满七室，以贞观十三年卒，弟子犹继其功。"①经静琬及其后继者们的不懈努力，由隋末经唐、辽，至金代，再到明代，一共雕刻了约15000块佛教石经。这些经板保存于石经山上的九个洞窟中，以及寺内南塔旁一座小塔下的地穴内。

一、房山石经分类

房山云居寺中所保存的自隋代大业（604—618年）年间起，到金代约明昌二年（1191年）止所刻的佛教石经，②按其形制主要可分为四类：

1. 竖长方形经板；
2. 横长方形经板；
3. 带碑首的竖长方形经板；
4. 带碑首与碑座的刻经碑。

第1类竖长方形经板为数量最多的类型。根据经板上经文的排列方式，第1类的经板又可分为1A、1B和1C三种类型。1A型经板的版式是将一部佛经的经板分为几组，经文在每组经板上走向是从第一块板的正面依次刻到最后一块板的正面，再转向最后一块的背面，然后依次回到第一块板的背面。静琬于武德八年（625年）刊毕的《大般涅槃经》即为此型。1B型为正反双面刻经，

---

* 作者单位为德国海德堡大学东亚艺术史系。

① 经塚本善隆考证，智苑即静琬。见塚本善隆．石经山云居寺与石刻大藏经，塚本善隆、长广敏雄等著．汪帅东译．房山云居寺研究．北京：北京联合出版公司，2016：14－28.

② 黄炳章．房山石经辽金两代刻经概述．法音，1987（5）：11－21.

且经文相连的竖长方形经板。此型为房山刻经事业中使用时间最长，且数量庞大的经板，例如600卷《大般若波罗蜜多经》的经板大多为1B型，辽代刻经在通理之前的经板也大多为此型。而1C型经板的正反面上，由上自下分为数栏，经文依次刻于每一横栏中，且正反面经文相连。唐代的《大般若波罗蜜多经》经板自495卷起便以此版式刊刻。

第2类横长方形经板，是辽代通理大师开始在云居寺刻经后，出现的一种模仿印刷佛经时所用印板的样式，外形及版面皆是如此。第3类带碑首的经板主要是于9世纪中期在云居寺的刻经活动中使用，碑首多为梯形，少数呈圭形或半圆形。碑身正背面常刻有短篇经文及题记，碑首及碑身上多装饰有线刻纹样。第4类为传统的刻经碑样式，数量极少，只有十块左右。碑首为螭首形，碑身双面或四面刻有经文。原始碑座皆不存，如今有碑座的皆为后代重修。

二、分栏版式详述

分栏版式经板属于房山石经1C型，每面都由细线沿经板边缘刻出竖长方形的刻经区域，再以双线自上而下等分为六栏。正面第一栏中，最右先刻经名和卷数，第二行是品名和品数以及译者，经文自第三行起，由上往下，从右往左刻，一栏刻满便接下一栏，依然从最右开始，如此依次往下，直至第六栏刻满，翻面再从第一栏最右起刻，依次向下一直将本卷经文刻完为止。最后再刻上经名和卷号，一些经板上还可见供养人名和纪年。以保存最好的《大般若经》第504卷的经板为例（图8－1），每一栏中约为40行（表8－1），正面每行多为19字，背面每行多为17字，如以唐代官本写经常见版式每页纸28行，每行17字计算，每一横栏中刻经约为一张半纸。

此版式始自《大般若经》第495卷，其经板正面前七行经文的版式与传统刻经碑相同，每行经

表8－1《大般若波罗蜜多经》第504卷经板版式

栏	正面		背面	
	每行字数	行数	每行字数	行数
1	21	39	17	40
2	19	39	17	40
3	19	39	17	40
4	19	39	17	40
5	19	39	16	40
6	19	39	16	38

文由经板上部刻至底部，行列从右到左，每行约97字。而后，经板正面剩余的板面便被由上自下分为六栏，每栏含经文37行，每行约21字。此块经板上没有纪年。而《大般若经》483卷的经板上纪年为中和四年（884年），也就是说，此分栏版式在房山石经中的出现应是晚于884年。同属此型的第505卷以及第509卷的经板上皆可见乾宁元年（894年）题记，这也是房山石经中唐代刻经的最晚纪年，中国佛教协会与中国佛教图书文物馆编辑出版的《房山石经》隋唐刻经中收录的最后一张此类型经板拓片为《大般若经》第511卷。然而，《房山石经》辽代刻经的拓片中还能见到一张《大般若经》第520卷残块的拓片，同属此型分栏版式经板。因而《大般若经》在唐代应该至少刻至第520卷。

三、分栏版式的渊源及流变

此分栏版式，如今可见的最早范例，为保存于西安碑林博物馆的大和七年至开成二年（833—837年）间雕刻的开成石经。开成石经共刻有十二种儒家经典，外加《五经文字》与《九经字样》，每块碑两面皆分八栏（图8－2），共114块石碑，分为两组，每组57块碑并列紧挨成排，经文排列为先刻完57块碑的正面，再转向背面，从第57块刻到第1块碑的背面。一卷文章被等分为八段，分别由上至下刻于八横栏中。当此卷文字较多时，分配到每栏中的文字按固定格式排列，所

图 8－1《大般若波罗蜜多经》
第 504 卷经板正面拓片
（来源：中国佛教协会，中国佛教图书文物馆编．房山石经・第五册，北京：华夏出版社，2000：590.）

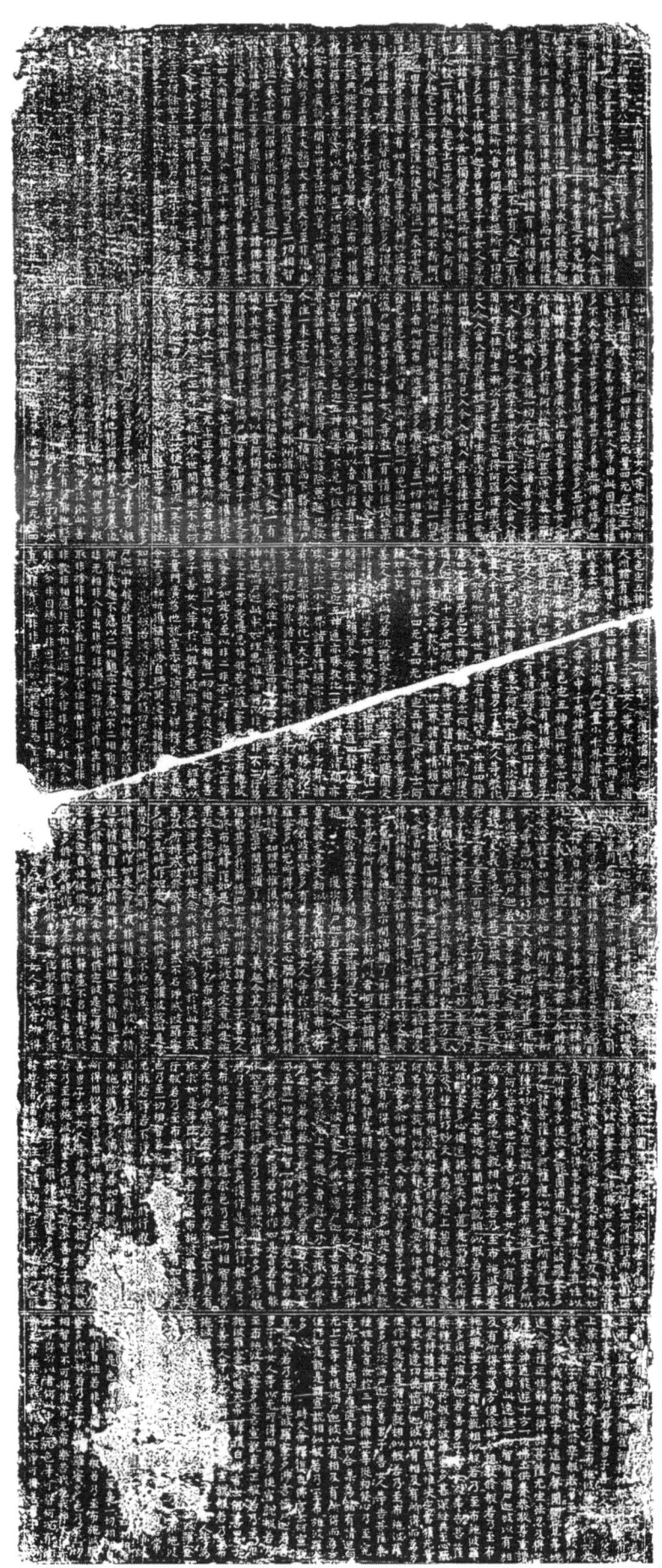

得行数会超出一块碑上一横栏的容纳范围，便顺势占用下一块碑同栏的部分版面，跨石顺读。而当一卷文章篇幅较短时，便只占用这块碑的部分版面。也就是说，始终保证每卷文章始于首栏，终于第八栏。一块碑上每栏约刻39行，每行10字左右。[①]

在始建于北宋初年的河南开封繁塔中，刻经也大多依此分栏版式，例如位于一层甬道东壁上的《金刚经》（图8-3）。刻经壁面由六块石板横排并列组成，分为上中下三栏，每栏之间以双线隔开，经文自上栏最右向左依次竖行刻写，从第一石至第六石，下接第一石中栏，依次往后。单石上每栏中约刻28行，每行约11字。下栏最后附刻有《心经》及发愿文，纪年为太平兴国二年（977年）。[②]

图8-2　开成石经《礼记》卷6拓片

（来源：北京图书馆金石组．北京图书馆藏中国历代石刻拓本汇编·三十一册．郑州：中州古籍出版社，1997：23.）

①〔清〕魏锡曾．开成石经图考．清代宣统二年刻本。

② 开生．开封繁塔石刻记．中原文物1990（04）：44-60.

图 8－3　开封繁塔《金刚经》最后一石拓片

（来源：北京图书馆金石组．北京图书馆藏中国历代石刻拓本汇编·三十七册．郑州：中州古籍出版社，1997：51.）

杭州雷峰塔始建于北宋开宝五年（972 年），太平兴国二年（977 年）完工，在其遗址底层回廊、门道发掘出土的《华严经》石经碎块经整理复原后，亦为此分栏版式（图 8－4）。石经为单面刻经，镶嵌于底层 8 个门道两侧，共 16 壁，每壁分上、中、下三层，每层由左右两石拼合而成，

图 8－4 杭州雷峰塔《华严经》石刻拓片

（来源：黎毓馨．瑞象重明——雷峰塔文物陈列．收藏家 2015（03）：42.）

并且再分上、中、下三栏，栏间以及每层四周装饰有植物纹样花带。每栏中刻 90 至 110 行，每行 17 字。部分石经仅有线刻边框，无纹饰。有些石面还未刻经，表明石经并未完工。①

除佛教的石刻佛经之外，唐以后的儒家石经皆为此分栏版式。其中有后蜀的广政石经、北宋的嘉祐石经、南宋的绍兴石经以及清代的乾隆石经。虽然至今所发现的广政石经的残块都比较小，经复原也可知其版式同为开成石经分栏版式。② 北宋庆历元年至嘉祐六年（1041—1061 年）刊刻的石经，正背面均分六栏，每栏约 30 至 33 行，每行 10 字，因一行楷书、一行篆书间隔而刻，又被称为

① 浙江省考古研究所．雷峰塔遗址．北京：文物出版社，2005：40－59；黎毓馨．瑞象重明——雷峰塔文物陈列．收藏家 2015（03）：42.

② 周萼生．近代出土的蜀石经残石．文物 1963（07）：46－49.

图 8－5　北宋嘉祐石经《周礼》拓片局部

（来源：张子英．河南开封陈留发现北宋二体石经一件．文物 1985（01）：64.）

"二体石经"（图 8－5）。①

南宋始刻于绍兴十三年（1143 年）、约完工于淳熙四年（1177 年）的石经为高宗皇帝亲自书写，又称"宋高宗御书石经"。据《杭州府志》记载："高宗尝御书六经赐国子监，又以石本赐诸州学校……"②

① 张子英．河南开封陈留发现北宋二体石经一件．文物 1985（01）：63－65；杨恒平．北宋二体石经考述．中国典籍与文化 2008（01）：30－34.

② 〔清〕万斯同．唐宋石经考．历代石经研究资料辑刊（卷 3）：411－491.

石经以楷书为主，夹有行书，每石由上自下分四栏，因石碑大小有差异，每栏含28至56行不等，每行15至18字左右。有些石碑经文之上刻有本块石碑篇名简称及编号，如“易一”。较为特别的是，南宋石经每块石碑上每栏右侧增刻了该栏序列号，且部分加刻有篇名简称。其中，《孟子》的石碑上标注栏号使用的是《千字文》编号，其余石碑上均为数字编号。①

乾隆钦定石经于乾隆五十六年至五十九年（1791—1794年）刊制完成。②刻有儒家十三经，共189碑，皆双面刻，每面由上至下分六或八栏，每栏约35行，每行约10字。每栏中每隔4至5行有一空行。每栏右侧皆有小字刻篇名与此栏编号（图8-7）。

通过上面的实例可以看到分栏版式流传的两条途径，一为儒家刻经，一为佛教刻经。然而，于837年制作完成的开成石经虽是如今保存下来纪年最早的分栏版式刻经，且对后世石刻文字的影响深远，却并不一定是源头所在。法国人伯希和带到巴黎，如今保存于法国国家图书馆中的一卷来自敦煌的《金刚经》，由十二张剪裁过的拓片装裱而成，每张拓片含40行，每行11字。经卷高28.5厘米，总长1166.6厘米，为长庆四年（824年）柳公权所书，邵建和刻石（图8-8）。罗振玉于《墨林星凤》前言中说：“金刚经虽已装卷轴，其连合之处尚可见，盖亦为巨碑，而横刻数列，每列首行傍记数字，其第三第九两列尚存三九两半字未尽割弃，盖每列为四十行，制与开成石经正同，故已横截连合而为卷轴，则予初意开成石经可横截连合成卷，以代传钞者，至此乃确有明验。”③如罗氏所言，柳公权书《金刚经》的原石很可能亦为分栏版式的石碑，而刻成这种版式的目的是便于将拓本装订成卷，以此来代替抄写经文。

而在9世纪初，这样以制作拓本来传播经文的方式，在石刻经文题记中已有所反映。王昶《金石萃编》中记录了一尊建于813年的佛顶尊胜陀罗尼经幢上题记：“大唐元和八年癸巳之岁，八月辛巳朔五日乙酉，女弟子那罗延建尊胜碑，打本散施，同愿受持。”打本即为打拓片，是指以椎拓的方式将金石文字转移到纸上。椎便是将纸捶打入碑文的凹槽中；拓是以毡包蘸墨，在纸上轻轻捶打上墨。④

这说明在建幢时，便明确了其功能是以传播为目的，将所刻经文制成拓本“散施”。其幢上经文的排列为每行16字，32行，⑤这也与唐代标准写经版式的每行17字，每纸28行相差不大。如此表明，在9世纪椎拓技术曾被大量用于文字复制，拓本文字和印刷术制作出的印本文字一样，被当作书籍流传。

四、椎拓技术与印刷术

有关椎拓技术的发明时间尚有争议。《隋书·经籍志》载：“（汉魏石经）相承传拓之本，犹在秘府。”这一纪录多被作为椎拓技术出现于唐代以前的证据，然而这里所说的“传拓之本”并不一定是捶打拓本，也可能是摹录拓本。⑥而椎拓技术在唐初已出现则毫无疑问，因敦煌藏经洞中发现了有永徽四年（653年）墨书题记的唐太宗《温泉铭》拓本。唐代诗人韦应物（737—792年）曾作《石鼓歌》：“令人濡纸脱其文，既击既扫黑白分。”清晰描绘了拓石过程，因而椎拓技术在8世纪的流行应是毋庸置疑。

---

① 陈光熙、陈进．南宋石经考述．浙江学刊，1998（01）：85-86.

② 何广棪．《乾隆石经》考述．古籍整理研究学刊，2008（01）：7-17.

③ 罗振玉．墨林星凤．民国五年上虞罗氏景印本。

④ 毛远明．碑刻文献学通论．北京：中华书局，2009：372-373.

⑤ 〔清〕王昶．金石萃编．清嘉庆十年刻本．卷66.

⑥ 毛远明．碑刻文献学通论．北京：中华书局，2009：374.

图8-6　南宋御书石经《春秋》拓片

（来源：北京图书馆金石组．北京图书馆藏中国历代石刻拓本汇编·四十三册．郑州：中州古籍出版社，1997：71.）

图 8-7　乾隆石经《左传》碑阴拓片

（来源：北京图书馆金石组．北京图书馆藏中国历代石刻拓本汇编·第七十六册．郑州：中州古籍出版社，1997：131.）

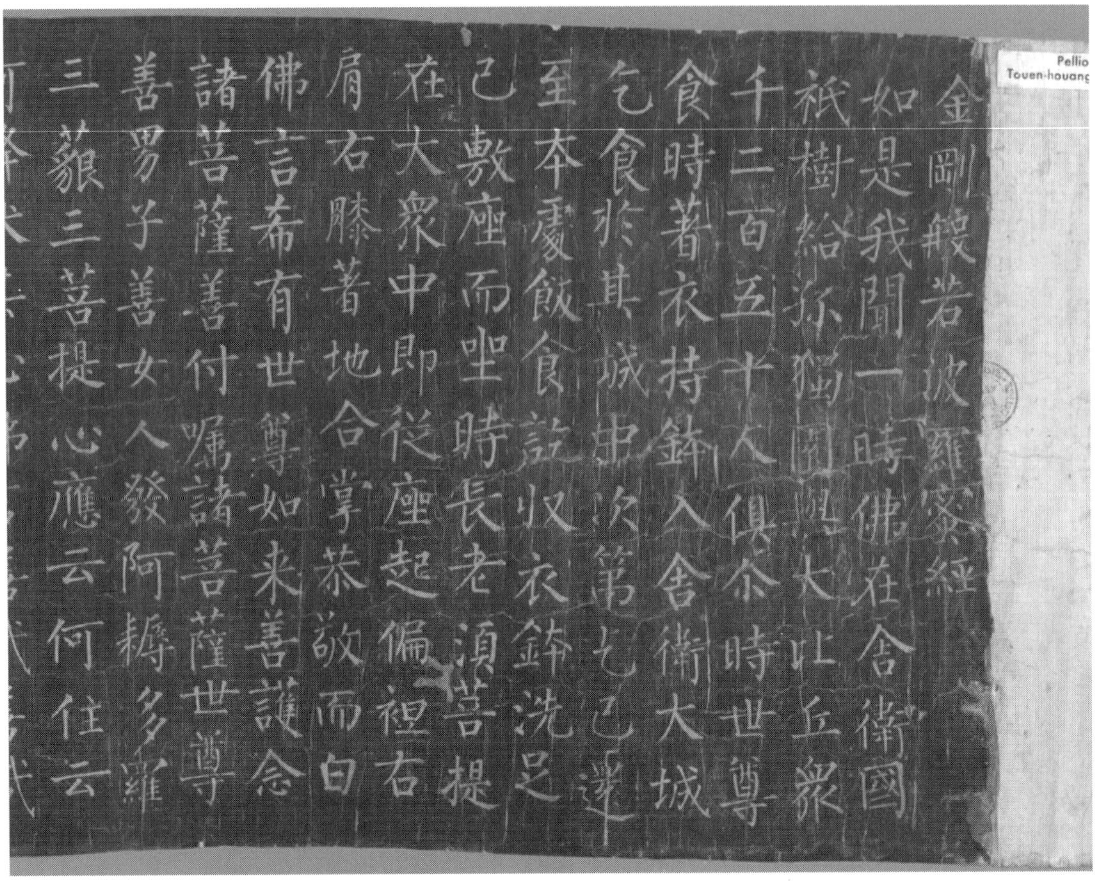
金剛般若波羅蜜經
如是我聞一時佛在舍衛國
祇樹給孤獨園與大比丘衆
千二百五十人俱尒時世尊
食時著衣持鉢入舍衛大城
乞食於其城中次第乞已還
至本處飯食訖收衣鉢洗足
已敷座而坐時長老須菩提
在大衆中即從座起偏袒右
肩右膝著地合掌恭敬而白
佛言希有世尊如来善護念
諸菩薩善付囑諸菩薩世尊
善男子善女人發阿耨多羅
三藐三菩提心應云何住云

图 8－8　柳公权书《金刚经》经卷拓片局部

（来源：毛秋瑾．敦煌本柳公权书《金刚经》拓本研究．中国国家博物馆馆刊，2013（11）：83－89.）

传统的碑刻一般分为碑首、碑身和碑座三部分。碑首中间有额题，碑身一般为竖长方体，两面或四面刻有碑文，文字皆由碑身上部刻至下部，行列从右至左。因而于此类型碑身上椎拓而成的拓片，其版式亦如此。此版式与当时流行的卷轴书籍版式相差较大，不容易将其装订成方便阅读的手卷形式。而根据石刻文字史料，8 世纪中是有将碑刻文字装裱成卷轴的。例如，刻于天宝四年（745 年）的玄宗皇帝御注石台孝经碑，碑身四面隶书，一至三面均 18 行，每行 55 字。第四面前 7 行与其他三面同，后面分上下二层，上层为表文及答批，下层为题名。第四面李齐古表文云："遇陛下兴其五孝，忝守国庠，率胄子歌其六德，敢扬文教，不胜忭跃之至。谨打石台孝经本，分为上下两卷，谨于光顺门奉献两本……"①由此可见，石台孝经碑的碑文于碑刻成当年便已椎拓，拓本被装裱成了两卷。因碑共有四面，说裱成上下两卷，便不可能是挂轴，而是手卷；装裱形式应为剪裱，即将拓本分条分字剪开，再按照手卷的版式粘贴在褙纸上。敦煌发现的永徽四年（653 年）唐拓《温泉铭》便是这样的装裱方式（图 8－9）。

通常认为，雕版印刷术的发明便是建立在印章技术和椎拓技术上的。如今发现的印刷品最早实物，为朝鲜半岛东南部庆州佛国寺释迦石塔内的一卷《无垢净光大陀罗尼经》，经文中有若干"武周新字"，据此判断此卷的印刷不早于该经翻译时间 700 年或 701 年，② 也不迟于石塔竣工的 751 年。虽然此印经经卷发现于朝鲜半岛，研究者

① 北京图书馆金石组．北京图书馆藏中国历代石刻拓本汇编·第二十五册．郑州：中州古籍出版社，1997：86.

② 李致忠．《无垢净光大陀罗尼经》译刻考．文献，1997（02）：201.

们皆偏向于此经卷为当时赴唐留学的僧人或学生带回的。此外，在文献中已有一些记录较为可信的有关 7 世纪应用印刷术的事件，如玄奘法师（602—664 年）曾“印”普贤菩萨像，因而钱存训认为印刷术 7 世纪已在中国发明。[①]目前，来自中国的最早印经是于敦煌藏经洞发现的咸通九年（868 年）的《金刚经》（图 8 – 10）。这卷带有扉页图的《金刚经》已经呈现出了极高的雕版印刷技术。因而，8 世纪至 9 世纪中叶，印刷术在中国已经发展到了相当高的水平，并且已被广泛使用。[②]宿白．

① 钱存训．中国纸和印刷文化史．桂林：广西师范大学出版社，2004：134.

② 唐五代时期雕版印刷手工业的发展//宿白．唐宋时期的雕版印刷．北京：文物出版社，1999：1–11.

图 8 – 9　敦煌藏经洞唐太宗《温泉铭》拓片局部

（来源：施安昌．敦煌石室发现的四种碑刻古拓．故宫博物院院刊，1993（03）：72.）

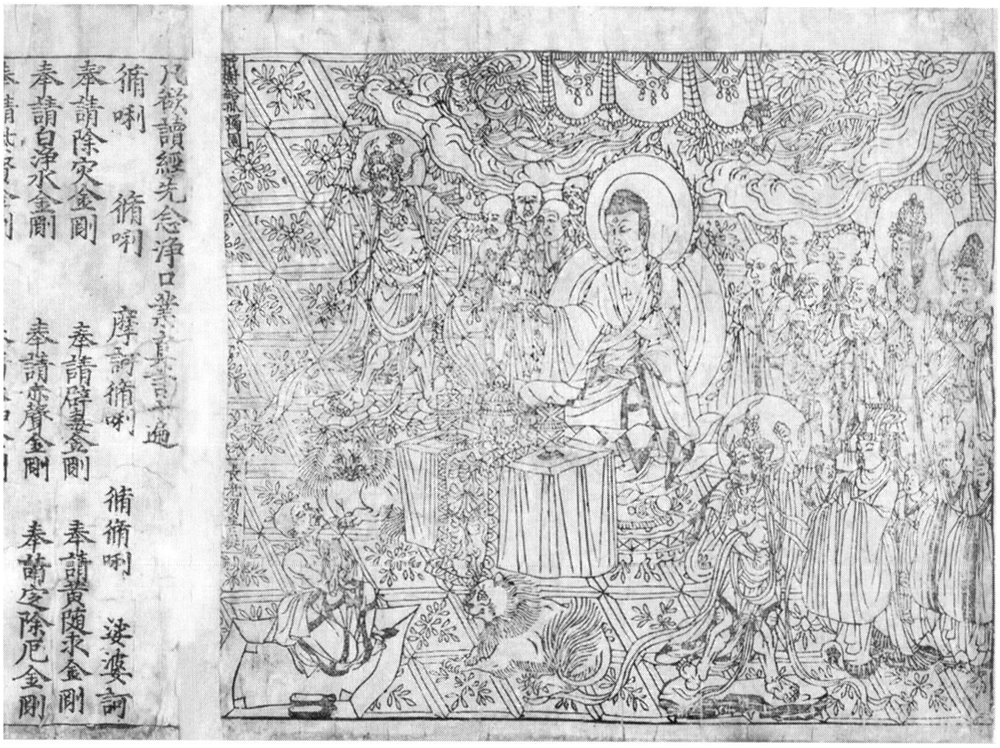

图 8 – 10　敦煌藏经洞咸通九年《金刚经》

（来源：宿白．唐五代时期雕版印刷手工业的发展//宿白．唐宋时期的雕版印刷．北京：文物出版社，1999：1 – 119.）

雕版印刷术逐步流行开来的8至9世纪中叶这段时间内，石刻文字有了新的分栏版式绝非偶然。创造于椎拓技术基础之上的印刷术，在复制文字及制作书籍上取得了巨大成功，印板的版面与写本的版式相同，将复制出的文字装裱成卷轴，也就是当时流行的书籍样式，已无技术难度。而对于用复制石刻文字的椎拓技术所制作出的拓本，将其制作成适合使用的手卷则异常烦琐。因此，工匠们在刊刻碑文时，改变了传统的碑文版式，将其在碑石上排列成每栏都与卷轴文字版式相同的分栏版式，以求在制作拓本后，能更方便地装订成卷。敦煌出土的柳公权书《金刚经》的拓本卷轴便是实例。而在其他儒家石经上见到的，于每栏右侧刻出篇目简称和此栏编号，皆是为了装订方便。值得一提的是，因书籍的装裱在不断地发展，石刻版式也就出现了相应的变化。乾隆石经上虽也是分栏而刻，但一栏中每隔四五行便有一空行，其原因也是为了之后的装订，根据保存下来的清代石经拓本，其装裱方式不再是卷轴装，而是经折装。（图8－11）

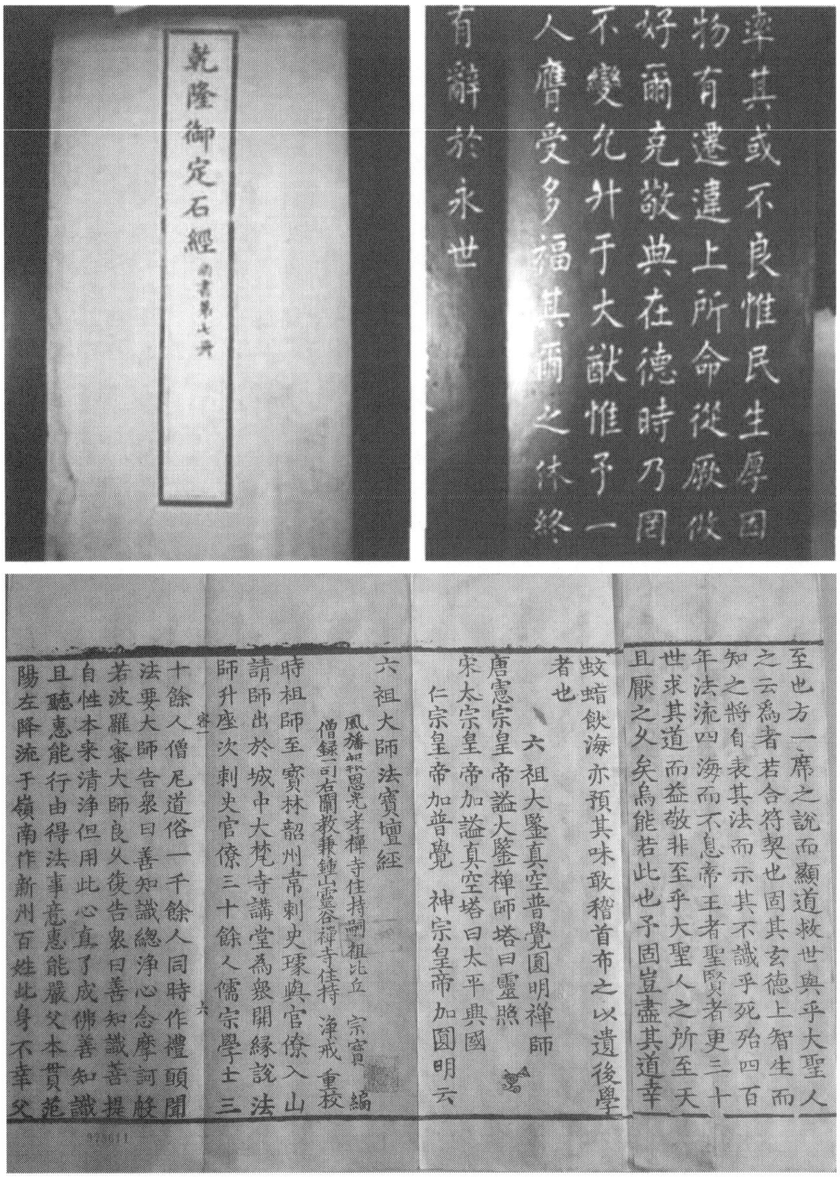

图8－11　北京市文物局图书资料中心藏乾隆御定石经拓本（来源：王琳琳．北京市文物局图书资料中心藏乾隆石经拓本研究．北京文博文丛，2017（01）：77.）

五、结　论

综上所述，房山石经于唐代末期始见的分栏版式刻经，应该是受到了大约9世纪新出现的石刻文字版式影响，而这种版式很可能首先萌生于佛教刻经。分栏版式自9世纪起开始流行主要有三个原因：其一，相对于传统的石刻版式，由于每一栏的文字排列与写本相同，此类版式更方便在石面上排版。与此同时，对于以制作拓本来复制文字为目的而刊刻的石刻，这种版式的拓本更容易装订成手卷，便于使用。其二，与印刷术的发明一样，出现这样的版式进一步说明，以传播经文为目的制成的佛教书籍的需求日益增加，原来的抄写方式已无法满足信众的需求。其三，9世纪中，椎拓技术在书籍的制作方面，曾经与雕版印刷技术并驾齐驱。

涿州云居寺与云居寺塔

杨卫东[*]

摘　要　河北省涿州市老城区的东北隅，曾有一座闻名遐迩的古庙，名云居寺。涿州云居寺有“神州巨刹”之称，始建于隋唐，辽代最为兴盛，金元明屡有修缮，清初开始废弃、荒圮。涿州云居寺塔建于辽代，供奉着释迦牟尼佛顶骨舍利，塔名为释迦佛舍利塔；塔檐层级为偶数六级，辽末在塔下藏有石经。涿州兴隆寺曾为西域寺下院，涿州八景之一“通会灯市”的形成应与辽代供塔灯邑有关。

涿州云居寺创建至今，已逾千载。今天，在世事流迁和岁月风雨的消磨中，当年的圣迹道场、殿堂僧舍、碑碣经幢等，早已澌灭殆尽。遗址唯余一塔，以其隆崇的形制、雄健的身姿，凌空傲立在燕赵大地上，使人在缅怀往昔之际，不禁对这座古刹的历史产生浓厚的兴趣。关于涿州云居寺的详细历史，史籍不载，方志记述也多粗略，故研究者往往有“文献无征”之叹。近年来，笔者翻阅一些辽金时期金石文献时，发现了《涿州云居寺供塔灯邑记》等资料，并结合北京地区的一些方志和金石著作，进行了初步的研究考证。自感略有所得，谨将管窥之见陈述于下，以俟博雅。

一、涿州云居寺

关于涿州云居寺的始建年代，史无详载，因此学术界流行有两种意见：一说建于辽代，一说建于唐代。前者依据是寺内佛塔建于辽道宗时期（见金正隆五年《云居寺重修释迦佛舍利塔记碑》），后者依据是清代吴尊盘《登云居寺浮屠》一诗，因其中有云“经闻辽代供，碑记唐时镌”，意指当时云居寺塔内供有辽代藏经（契丹藏），而塔旁寺内尚立有唐代刊制的碑碣。从考古的角度看，以上所引的两件资料，均为隔代所记，且非直叙其事，只能作为旁证，凭此尚难断定其始创时间。

查阅历代《涿州志》，虽对此寺都有记述，但大多语焉不详。如2018年涿州市博物馆根据日本国立国会图书馆藏明修《涿州志》（杨卫东考订）载：“云居寺，在城之东北隅，内有附图，高二十余丈，周围三十余步。”康熙（丁巳）年间编纂的《涿州志》卷三“寺观”条同样记载：“云居寺，在州东北隅，内有浮屠，高二十余丈，周围三十余步。”其记述粗简且重点在塔，未言及寺庙的其他建筑和历史。乾隆年间修纂的《涿州志》记述稍详，其卷三“祠庙”条载：“云居寺，在城东北隅，有浮图高二十余丈，周围三十余步。有《修建碑记》并《续镌石经记》《秘藏石经塔记》。”其后的清同治、光绪及民国版的《涿州志》《涿县志》，在记述云居寺时，皆因袭上引二志之文，未见有新的内容。

---

* 作者单位为涿州市博物馆。

值得注意的是，乾隆版《涿州志》中，记寺内有辽代碑刻二件，即《续镌石经记碑》和《秘藏石经塔记碑》。虽然这两通石碑早已毁佚，从题目看，涿州云居寺在辽代曾续镌即刻制过石质大藏经，而且是续刻即继前代，也就是唐代。换句话说，该寺不仅在唐代就已创立，而且当时就有过刊刻石经的活动。

在这里，必须提到古涿州的另一个云居寺，即涿州范阳县白带山云居寺（今北京市房山云居寺）。范阳域内的云居寺位于今涿州市西北 20 余公里的白带山麓，该地自汉魏以至清早期均隶属涿郡（或州）的领县范阳或房山。范阳云居寺始创于唐贞观五年（631 年），隋时称“智泉寺”，唐以后除“云居寺”一名外，还有“涿州涿鹿山云居寺”“涿州石经山云居寺”“小西天”“涿州范阳云居寺”“西域寺”“石经山云居寺”“石经寺”等多种称谓。该寺是北方佛教圣地，也是神州名刹之一，以刊刻石经而名闻天下：由高僧静琬法师倡导，寺僧们自隋唐间发起刊制石经，历经唐、辽、金、元至明清，数代相继，千余年间共刻佛教典籍一千一百二十二部、三千五百七十二卷，镌刻石经版一万四千二百七十八石，分别珍藏于石经山的九个藏经洞和云居寺地宫内，被誉为中外文明史上的一大奇迹。涿州云居寺与范阳县的云居寺同名而并存，且二寺南北相辅，相距仅过一舍之地，是否为一寺各院（上下院），或同时创立，尚需考证。然而，据上引方志中所记二碑题目以及发现的一些石刻文献，可知涿州云居寺与范阳白带山云居寺一样，都进行过刊制石经的活动。

辽代乾统十年（1110 年）《大辽涿州云居寺供塔灯邑记》（图 9－1）中有对此寺的描述，可资参考：“涿州云居寺，乃神州之巨刹也，佛事严饰，僧徒骈罗，轮焉奂焉，郁为道场。”记文中称该寺规模宏大，为“神州巨刹”，并说其佛事活动隆重有序，僧徒众多，而且殿堂及佛像美轮美奂，当非溢美之辞。如果确如其述，则涿州云居寺当时的这种地位和局面的形成，绝非短时期所能奠定。

图 9－1　《大辽涿州云居寺供塔灯邑记》碑拓

虽然，我们现在还没有发现对于该寺兴建年代记述的第一手资料，但仅以上引的一些“旁证”，笔者以为，这座在辽代就以“通都大邑”的地理优势远近闻名的神州巨刹，其兴建时间，应不会晚于唐代。

有辽一代，是该寺的“黄金时期”，不仅殿堂轮奂、像设庄严、缁素礼拜，而且佛教邑社大兴，寺僧与檀越（佛教信徒）们出资印制大藏经（契丹藏）、镌刻石经，并建造了释迦佛舍利塔（即今云居寺塔）。到了金代，该寺的佛事活动仍兴盛不衰，邑社组织供塔、供灯，施助行为还在继续。金正隆五年（1160 年），重修了佛塔，并立碑记其事（见《云居寺重修释迦佛舍利塔碑记》）。

到了元代，云居寺仍为一方巨刹，时有高僧大德来主持寺务。世祖至元年间，名僧万松行秀的弟子无住大宗师（智广）应邀主持该寺寺务。他在“传持之暇，创建佛殿、僧舍、云堂，绘观音祖师像。由中及外，灿然一新”。据此可推知，可能在金末元初的兵革之际，云居寺曾遭到过较大破坏，直到元世祖忽必烈至元年间，才进行了较大规模的修缮与增建。

明代，涿州云居寺仍有过几次修缮。乾隆版《涿州志》卷四“碑记”条，载有“《重修云居寺塔记碑》，嘉靖十二年，王道撰”、“《重修云居寺碑记》万历壬寅年，冯时行撰”、“《重修云居寺碑》，崇祯十六年，唐諴撰”。虽然，这些碑石早已毁佚，记文亦不传，但通过所记条目，仍可知在明代，该寺有过三次大型的修葺，香火仍盛。

清代是涿州云居寺的衰落时期，遍翻史籍，不仅没发现有关此寺修缮增建的记录，反而读到了一些感喟寺院衰落、殿庭荒凉的诗作。如清前期诗人张问陶，在其《游涿州智度云居两废寺》一诗中描述：

破殿漏斜阳，螺髻昏鸦据。髡奴以黠奴，势落打包去。临风想云构，楼阁空中塑。实像本非真，盛衰弹指悟。两家墙壁通，一片松荫暮。露坐二如来，遥遥相对晤。旧时门户别，欲辨知何处。塔影自双飞，黄金谁施布。地寒佛不灵，境热僧先赴。世尊妙无心，只向西方住。

据诗中描述，当时（清初）的云居寺，早已僧去庭空，殿堂颓圮，屋顶破漏，佛像头上落着乌鸦，能拿走的可变卖之物已被和尚们“打包”席卷走了，留下的只有塔影松荫与斜阳向暮，凄凉之景，使人低徊不已。溥儒《白带山志》卷十辑清代吴尊盘《登云居寺浮屠》诗，也抒发了相同的感慨：“城隅藏两寺，霞表见双塔。闲来云居游，界与智度搭（寺在智度寺前，俗呼南寺、北寺）……经闻辽代供，碑记唐时镌。崔嵬崇释曲，荏苒阅僧腊。”诗中充溢着盛景不复、秋风离黍的情绪。看来，曾有神州巨刹之誉的涿州云居寺，确是废圮已久了。据上引两诗，推测该寺在明末清初的易代战乱中，曾遭到过严重破坏，此后，一直失修，逐渐衰废，至今已三百多年了。

二、涿州云居寺塔

涿州云居寺、智度寺二寺虽早已不存，时近千年，寺中的云居寺、智度寺两座佛砖塔却保存了下来（图9-2）。涿州双塔巍峨伫立，装点着涿州古城。它们不仅是涿州标志性的历史建筑，是吾族之荣宠，也是燕南的著名古迹。两座辽塔历史上不少文人墨客留下了赞美的诗文，“双塔晴烟”为旧时涿州八景之一。2001年6月25日，“涿州双塔”由国务院核准公布为第五批全国重点文物保护单位。关于双塔，史料记载并不详尽。如：南宋范成大使金至燕山途中有《范阳驿》诗，注云“涿州驿墙塔外有尼寺二，铁塔夹涂如雪”。《名胜志》载：“智度寺在城东北隅，创自唐时，有旧碑刻。其后即云居寺，俱有石基浮图。”康熙十六年修撰的《涿州志》谓：“智度寺，在云居寺前，

图9-2 涿州双塔（摄于清末）

内有浮屠，高二十余丈，周围三十余步；后复一台，高二丈，广百五十步，中有佛殿。初创于唐，碑刻存载。”乾隆三十年版《涿州志》记载与上引同。

涿州云居寺塔，也称北塔，与南塔即智度寺塔形制、风格基本相同，均建于辽代，后经明嘉靖、崇祯年间两度修葺，建筑结构及特征仍保持原来风貌（图9－3）。塔高55．69米，楼阁式砖仿木结构，八角六层，一反佛塔用奇数的惯例而采用偶数。塔身造型上窄下宽，和缓的收分给人以端庄稳定感。塔身每级八角套兽上覆盖铁瓦，下有大铁铃悬挂，檐椽下均挂小风铃，清风吹过，叮咚作响。惜年深日久，铃失瓦落，昔日景象已不复存在。塔身内部有外壁、内壁和中心柱，外壁四面各有券门，临门远眺，涿州古城尽收眼底。塔之内壁每面有佛龛，原数尊石雕坐佛现仅存一尊无头佛像。塔中央有巨大的砖制中心柱，内设阶梯直达顶层。塔内部结构为双环壁、中心柱、套

图9－3　涿州云居寺塔（刘敦桢1934年摄）

筒式，从外墙至中心柱形成双层回廊，一至四层结构相同。五层取消了中心柱形成叠涩砌顶的塔心室，六层只存有外回廊一周。楼阁式和密檐式塔的层数多为单数，一般以七至十三层居多，佛教中有“救人一命，胜造七级浮屠”之说，说明多层塔一般以七级为始。云居寺塔比一般塔少用一层，为偶数六层，这是中国古塔中独有的。

云居寺塔由于规格隆崇，以偶称奇（六层檐），形制罕见，多年来为研究者所关注。但由于一是没进行过考古发掘，二是未见相关史料，所以对于建塔的缘起，塔内奉祀的内容、物品等，了解甚少。根据国家图书馆藏辽代乾统十年的一方佛教刻石拓本（清中晚期拓印），知此石原立于涿州云居寺塔下一侧，今已不存，仅拓片藏国家图书馆善本特藏室。据拓本知碑身高178cm，碑阳刊记文，碑阴镌邑会题名，阴失拓。记文不仅对涿州云居寺的历史、规模和兴盛的局面有记述，而且对佛塔的兴建缘起、供奉的情形，有细致的描述，这些对于我们今天了解、研究这座历尽沧桑、硕果仅存的古代建筑，无疑具有珍贵的史料价值。此碑记文题为《大辽涿州云居寺供灯塔邑记》，撰述者为崇教寺沙门行鲜，沙门圆融书丹，吴志温刻石（碑文见附录及拓本照片）。

按记文所述，建塔缘起于该寺昔年（大约应是隋唐时期）来了位西土（印度）的高僧，授众僧释迦牟尼佛顶骨舍利二粒。寺僧们将舍利藏于木匣之内供奉多年。其后传于百法上人秘藏，上人临逝之日，又传付众僧，遂达于四方，引远近瞻拜。到辽道宗年间，寺僧文密与众谋议后，集钱三万余缗，建成此塔。另记中所叙塔“上下六檐，高低二百余尺”的形制，与今存塔状完全相符；又言中设睟容——释迦之像，下葬舍利即释迦牟尼的顶骨舍利，这就使人们明确了这座佛塔供奉的内容和它的名字：释迦佛舍利塔。

云居寺塔保存基本完好，但因年久失修，塔基座砖雕酥碱严重，并有部分残缺。斗拱、椽飞局部缺损。内部踏垛残毁，塔体出现裂缝。2008年春季，由河北省古代建筑保护研究所对云居寺

塔主体结构进行加固。2009年底完成全部修缮工程。修缮中，严格遵守文物修缮原则，尽量使用了原有材料，注意保存了文物的原有构件。尤其艺术构件，即使是十分缺损，在不影响文物建筑安全情况下，对其进行了加固处理后继续使用，保持了文物的历史、科学、艺术价值，维护了文物自身的可读性。河北省古代建筑保护研究所针对智度寺塔残破情况，制定出“加固塔身、复原塔刹、整治环境”的修缮原则，对涿州双塔进行了全面修缮，使其再现了原有的历史风貌。

三、云居寺塔的始建年代

云居寺塔的始建年代，一般认定建于辽道宗大安八年（1092年），多称“据金正隆五年重修释迦佛舍利塔碑，云居寺塔大安八年建”，实际上金正隆五年（1160年）《云居寺重修释迦佛舍利塔碑》上并没有该塔建于大安八年的明确记载。北京建筑工程学院建筑系教授、北京大学考古文博学院兼任教授曹汛先生在《涿州云居寺塔的年代学考证》（发表于《建筑师》2007年01期）中认为：涿州云居寺塔初建于重熙六年（1037年）或七年（1038年），比误认大安八年（1092年）提早五十余年。

四、塔藏释迦如来二顶骨舍利

中国佛教协会理事、中国佛教文化研究所特约研究员王孺童撰写的《佛顶骨舍利源流考》，对佛顶骨舍利的传承做了详细的梳理和介绍。文载：佛顶骨的六次流布，均在西域地区，其时还未入传中国。

在“入传中国”一节中记载：

唐道世《法苑珠林》卷二九〈感通篇〉第二十一〈圣迹部〉第二〈迦卑试国〉：“又此东南往古王寺，有佛顶骨一片，广二寸余，色黄白，发孔分明。至大唐龙朔元年春初，使人王玄策从西国将来，今现宫内供养。”

南宋志磐《佛祖统纪》卷三九〈法运通塞志〉：“龙朔元年，王玄策进西天所得佛顶舍利。”唐龙朔元年，即公元661年。可知安置于迦毕试国之“小块”佛顶骨，此时被王玄策带回中国，并供奉于长安皇宫之中，故当为第七次流布。自释迦牟尼佛入灭毗荼后，其顶骨流布清晰者，至此而止。为重述源流，列表如下：

拘尸那揭罗国入灭→八王分舍利→摩揭陀国阿育王集合再分→安置东方兜沙罗国→那揭罗曷国醯罗城→迦毕试国旧王伽蓝→王玄策带回中国长安乾陀罗国罽腻吒王演提洒寺。

在“来华贡献”一节中是这样写的：

在迦毕试国旧王伽蓝中供奉之佛顶骨，被王玄策带回长安供奉于皇宫之后，就不知所踪，史籍无载。此后，又有中国赴西域求法僧，或西域来华传法僧，向朝廷贡献了诸多佛顶骨。然诸多顶骨均为携者自称为“佛”顶骨，其传承源流均不清，故只能列出备考。

（1）唐西域进献佛束顶骨（略）（2）唐西域婆罗门进献佛束顶骨（略）（3）唐新罗慈藏梦感佛头骨（略）（4）北宋中天竺法贤进献佛顶骨（略）（5）北宋法遇进献佛顶舍利（略）（6）北宋迦罗扇帝进献佛顶舍利（略）（7）北宋金陵长干寺真身塔藏佛顶真骨（略）（8）北宋志瑜、志津、法顺进献佛顶骨（略）（9）北宋天竺摩伽陀国不动护进献佛顶骨（略）（10）北宋龙兴寺大悲院地宫藏佛顶骨（略）（11）北宋兖州兴隆寺塔地宫藏世尊金顶骨真身舍利（略）（12）西夏承天寺佛顶骨舍利（略）。

第（13）提到“辽涿州云居寺塔藏释迦如来二顶骨”，据中国国家图书馆所藏拓片对录文。崇教寺沙门行鲜撰的《大辽涿州云居寺供塔灯邑记》碑录了文（略），并写道：“此二粒释迦如来顶骨，乃西土高僧藏于左臂带至辽地，后经百法上人秘藏。辽天祚帝耶律延禧乾统十年（1110），涿州云居寺僧文密化钱建塔，将二佛顶骨瘗藏塔下。”

王霈童先生认为："自唐至宋于文献可查者，中土当有佛顶骨十四枚，但大多只见于史籍记载，而无实物留存。自宋以后，则不见再有佛顶骨传入。"

释迦牟尼佛顶骨舍利作为佛教界的圣物，自古以来就受到广大佛教信徒的崇拜敬奉。涿州云居寺塔藏释迦如来二顶骨一事，自然十分重要，其佛学价值有待进一步研考。云居寺塔为六层，一反佛塔奇数惯例而采用偶数，以偶称奇，在国内属独有，其中玄机至今国内佛学界、文物界、建筑界未能破解。又葬有真身舍利释迦头骨，故称释迦佛舍利塔，地位更属尊贵，宜倍加珍爱。

五、絮　语

河北省涿州市马坊村兴隆寺曾有一处西域寺（房山云居寺）下院。涿州清行宫碑廊立有一通清代乾隆十一年（1746 年）《西域寺下院兴隆寺地亩碑》（图 9－4），此碑原立于涿州市清凉寺办事处马坊村兴隆寺，几经辗转，后征集到文物部门保管。此碑汉白玉石质，高 165cm、宽 67.5cm、厚 19cm。碑文记述了明广主持于康熙癸巳年间接得马坊村兴隆寺下院一所，置香火地数顷为众僧供修之地；同时将西域寺屯地、香火地等庙产地亩数量、界至、立照人名镌刻立碑。兴隆寺原为涿州市级文物保护单位，第三次全国文物普查时仍存观音殿一座，后因地方建设六祖文化景区，兴建惠能寺，现已将观音殿落架重建。

图 9－4　《西域寺下院马坊村地亩碑记》拓片

此外，涿州古八景中的"通会灯市"应与涿州云居寺燃灯供塔有关。曾有"通会灯市"始于汉唐的说法，但未见翔实资料，如果说一年一度的正月十五元宵节（上元节）的灯会肇始不晚于辽代，倒是可以从《涿州云居寺供塔灯邑记》碑文中找到依据。《大辽涿州云居寺供塔灯邑记》载："……每岁上元，各揆己财，广设灯烛，环于塔上，三夜不息……"涿州云居寺塔就在涿州城内，而人们开始在正月十五燃灯供塔三夜，"从昔至今，殆无阙焉"，说明环塔供灯的历史是早于辽代乾统年间的。后来，从燃灯供塔扩延至涿城的中心鼓楼大街（图 9－5），以通会楼命名的"通会灯市"也就此形成（图 9－6）。

图 9－5　涿州鼓楼大街旧景

图9－6　涿州通会楼

涿州云居寺这座“神州巨刹”虽然废弃已久，仅余云居寺塔，但历史上其居于佛教活动中心的位置优势，使它曾对当时中国北方，特别是今北京地区佛教文化的传播和发展，起过特殊的促进作用。限于史料的不足，我们今天对这座名刹的了解和认识还有许多盲点，尚待深入研考。不过，仅就已知的释迦佛塔和镌造秘藏石经的信息，就足以令人欣喜不已。如果这些珍贵的佛教文物，确如文献所记，今日尚存于塔内或地下，无疑会给世界和中华文明的宝库再添一段琳琅。

碑文附录

1. 大辽涿州云居寺供塔灯邑记

崇教寺沙门行鲜　撰

昔我释迦氏出世也，声教被于大千之界。垂方便门，饶益众生，天上天下，世出世间，罔不受赐。灭度之后，迨今二千余载，惟窣堵坡以寘舍利。俾见闻之种，能殖梵福，永出迷津，遄臻觉岸。其大抵也，自炎汉而下，迄于我朝，城邑繁富之地，山林爽垲之所，尠不建于塔庙，兴于佛像。欲令居人，率奉常享，实古今之大务也。涿州云居寺，乃神州之巨刹也，佛事严饰，僧徒骈罗，轮焉奂焉，郁为道场，爰降圣迹，兴于是处。昔有高僧，从西土来之于此地。遂开左臂，取出舍利二粒，乃释迦如来之顶骨也。传授数人，椟而藏之，积有年矣。厥后有百法上人，得而秘之，外无知者，临逝之日，方付与众，接响传声，达于四方。遂使远近瞻礼，高低仰慕，如辐辏毂，不可胜数。其间灵异，曷可殚言。是时有寺僧文密，与众谋议，化钱三万余缗，建塔一座。砻砖以成，中设睟容，下葬舍利，上下六檐，高低二百余尺，以为礼供之所。是以灯邑高文用等，与众誓志，每岁上元，各揆己财，广设灯烛，环于塔上，三夜不息。从昔至今，殆无阙焉。而后有供塔邑僧义咸等，于佛诞之辰，炉香盘食，以供其所。花果并陈，螺梵交响，若缁若素，无不响应，郁郁纷纷，若斯之盛也。然而为善虽异，于治亦同。盖从人之所欲，固无定矣。噫！末法之代，去圣逾远。沙门则道眼昏昧，檀越则信心寡薄，往往陷于饕餮之者众矣！苟非舍利因缘，暨我曹循循善诱之力，其孰能与于此乎？所愿邑众等，承是胜缘，俾资遐福，世世生生，恒跻圣处。今具录姓名于碑阴，传之无穷，永垂不朽，以俟来哲，见而迁矣。

维乾统十年，岁次庚寅

九月丙寅朔七日壬申辛时建

阳峻山沙门圆融书

石匠吴志温刻

说明：碑原立于云居寺塔一侧，辽乾统十年（1110）九月七日立。石久佚，仅有拓本流传。据拓本，知碑身高187cm、宽81cm；额高23cm、宽30cm，额篆书“云居寺供塔点灯邑记”九字，碑文首题“大辽涿州云居寺供塔灯邑记。”记文叙云居寺创建历史及西僧施佛顶骨舍利过程，又记辽道宗时建塔葬舍利及邑众供奉事。沙门行鲜撰文，释圆融书丹，吴志温勒石。此碑书法楷体而有行书笔意，流畅遒逸。

此碑曾见录于一些金石、方志著作，但如《攈古录》《艺风堂金石文字目》《光绪顺天府志》等书，均误指其刊立地为今房山云居寺，导致许多研究者在征引时困惑不解。

2. 涿州云居寺重修释迦佛舍利塔碑并序（金代）

朝列大夫前行代州五台县令骑都尉郡紫金鱼袋李构 撰

石经山云居寺沙□□

释迦如来，始以示现，出兴于世，则乃降生于迦维罗国。因悟老病死苦，遂为厌离，僻处山林，幽求佛□。间凡金口所宣，三乘五教之文，无非善巧方便。要之，皆欲济度沙界尘劫，无尽无边，一切含识，咸登彼岸金沙，惟恍惟忽，不皎不昧；莫系于去来，复归于无初矣。诸大弟子及海会大众，咸为沫血，饮泣悲恋。而遂收灵骨，洎贝齿莲舌之余，则复得舍利八斛四斗。尔时四天诸国，若凡若圣，分上所遗，归止塔婆也。考诸图牒，未详终始，止于殿堂梁版上，或见隋唐时年号，亦知其为古道场也。前辽保宁初有一梵请不赴，惟许宝塔寺而驻锡焉。一日俾会七众，其僧谓曰：吾之所以不远万里而至此，则用赍□□，释曰在吾左臂中，于是持刀割肉而出之。观其色洞寒玉，刚侔真金，大众于是顶戴随喜，叹未尝有而愿遂。逮重熙中，有郡守侍中刘公六符，将寺之耆德可信、藏俊、智通、文密等，躬诣祈请，不待再三便蒙允，皆鼓舞郊迎，赞导入寺，择夫善地，当建塔以藏焉。时有圆融大师玄宗，辅国大师思孝，惠然肯来，首图助之。虽经费钜万，而终无惮心。荏苒星霜，其有次序，至大安八年，继有聪辩大师善制，欲思圆结特来，方见大功告毕矣。后此，圣朝抚定其间，屡经厄变，而后日时寖久，益致隳颓，近岁以来，尤为滋甚。此者非特寺众蹙额而忧，亦中都宝塔寺前三学律主传钞大德知殊，初由本科试中于有司，特补崇仪大德，领前件职，而后五岁，终讲经传法，而又卒归于禅那。人有疑而问之曰：此三者异趣，兼而用之，则无乃有疵于醇乎？师曰不然。犹江淮河汉，在处立名，名虽不一，水本无二。律即是法，法不离禅，云何于中妄起分别？至若随机示化，彰而愈为人所钦附。正隆五年四月，寺众以状请师就寺，开四分律并上生等经，讲一席既日戾止，固非不知力不□也。师曰：与公等但□虔心，比九夏讲终，觊须有以办也。寻有寺之尊宿，去遍圆之德见，开启以来，日以听众云集，檀利如涌，诸所得辄募工购材，肆力并作，□经晦朔，其层檐累级之制焕然。曰师之此行，讲传之繇，复能拯衰救弊，就此一段大大胜因，实为可重者，略有三焉。其一则能使塔庙能招显前人辈创造助扬之功，使不中废，以坠于地。又其次则普能慰惬邦人之愿，虽有不出户庭，犹众蒙师之德，其厚矣。将勒石纪矣，以图少报。遂祷文于予，然非予当所为言，以寺众乡旧，加之意勤，而言而为之书。其词曰：

能仁兴世，厥道□□。有□必变，无所不通。智慧如海，淼淼难穷。

功德如山，巍巍愈隆。权虽示灭，实非有终。去来靡系，隐显爰同。

凡在□庇，宁忘奉崇。僧曰慈贤，来自竺国。大建塔婆，凌空翼翼。

夤缘久持，隳圮之极。众心摇摇，忧伤□侧。一旦兴复，殊师之力。

正隆五年七月十三日

尊宿三纲寺主沙门宗岱等立

说明：碑文移录曹汛先生撰《涿州云居寺塔的年代学考证》一文。文载：“据北京大学图书馆古籍特藏库藏拓片，典藏号：24827。艺风堂金石旧藏。《艺风堂金石文字目》著录称碑在涿州，今未见。”拓片背面贴墨书题签，钤“东武刘燕庭式审定金石文字”章，称碑在顺天涿州。

3. 云居禅寺无住大宗师道公碑记

（元代）

大都路□□□□□云居禅寺

开山第一代无住广公大宗师碑

翰林院编修王　撰

大都海云禅寺前住持
传法嗣祖沙门西云子安　书丹

翰林国史集贤院
领会通馆道教事　篆额
正奉大夫安藏

圆功名富贵，非达也；好利欲声色，非达也。人之生也，处乎一世之间，不自洁、不自污，圆顶方袍，不坠尘。如松之贞、如水之清，独能如是，其谁也欤？惟无住大禅师则其人也。

师姓马氏，讳智广。世居怀州河内。母尝梦一贵人，腰金衣紫。忽然惊寤，感而有孕。生五岁，喜就学。年十三，工于笔砚。有迥然不羁之心，飘然出尘之想。父母知其不以纷华为累，不以形迹相拘。遂令礼本县阎公宗主学。师既祝其发，恬然自若。受具之后，编历讲筵。不数年，得花严之奥旨，识大论之幽微，悟性相之不殊，知生佛之无异。师乃叹曰：“大丈夫宁久滞于文字邪？”

闻万松老人独冠天下，首谒万松。万松审其所得，乃谓师曰：“百尺竿头坐底人，虽然得入未为真。更须进步始得。”师曰：“如何得进步去?”松曰：“看脚下。”师礼拜。松曰：“参堂去。”

越数载，飞锡天城，复参清隐湛公，将以求其益也。湛公见师聪敏，命掌记职。久之，若有所得。师犹以为未尽善。又闻溧阳西庵仲休大老德业清高，特造丈室。一见，机缘相契，密以衣颂付之。师凡所咨问，岂止万松、清隐、西庵而已？至于当代宗师，无不参叩。奉圣州前经略使王公国宝慕师之高义，敬住持于州西龙门岩云济寺。师未到日，惟瓦砾荆榛。师既到，烟霞改色，钟鼓新声。道风既振，蔚萝高总管请师开法于仁山法云寺。

出世后，有范阳慈千户、牛提领具疏命师住持永乐村东禅寺院。未几，遇泉石大禅柏，泉石惜师之行，故手自作文，复令往州西之西禅。一日，有二奇相公合兰木官人特持书疏及总所文字，敬请师住本州之此塔云居。传持之暇，创建佛殿、僧舍、云堂，绘观音祖师像。由中及外，灿然一新。凡百所须皆出师意。后之，闻其名，想其德，岂不仰慕而钦羡哉?

师不求其名而称其名，不修其德而备其德。死生穷达而不以为累，齐得失、忘物我；混贵贱、等贤愚。窥恒沙于眉睫之间；视须弥于掌握之上。会万物之一体，了诸法之同源。此释门中之洪范，世俗之所未见。非独自此于前人，将以启迪于后人也。嗣法门人东林退堂虎溪，持师行状，求文于余，义不得辞，及为之铭。铭曰:

堂堂吾师，与世不殊。不自为洁，不自为污。惑色利欲，莫得而拘。辞亲入道，合佛规模。遍历讲肆，不避捐躯。花严识论，一览无余。拔独龙角，捋猛虎须。为大法将，岂守一隅。亡诠得旨，飞锡京都。谒万松老，安肯趑趄。入清隐室，跨三角驴。西庵一见，机若合符。数迁大刹，两住云居。溪山改色，再振钟鱼。盛开法席，广接门徒。雄雄纳子，无不来趋。东林虎溪，诚悫匪谀。状师之行，求文于余。余赞以实，刻铭记诸。

大元至元二十三年，岁次丙戌

清明后六日

住持传法嗣祖沙门虎溪居庆立石

宗主文会监寺文粹蒲水贯德玉刊

说明：碑记据《涿州碑铭墓志》移录。

《鐫葬藏經總經題字號目録》中金代施經人略考

——以張玄徵及其夫人高氏為例

〔德〕莊惠萍*

摘　要　遼代房山石經刻至保大元年（1121 年），十年後，彰信軍節度使知涿州軍州事張玄徵及其妻廣陵郡夫人高氏開啓新一代的續刻。張玄徵出身的遼陽渤海世家大族是金代最顯貴的渤海右姓之一。根據張氏家族的考釋和張玄徵及高氏的題記，反映出渤海世家與皇室及世族之間相互的聯姻關係和政治結盟。

關鍵詞　張玄徵　貞懿皇后　聯姻　渤海右姓　高氏　知涿州軍州事　張浩

《鐫葬藏經總經題字號目録》是一方記録房山石經自遼乾統七年（1107 年）至金天眷二年（1139 年）的刻經目録，由沙門玄英及其弟子史君慶於天眷三年（1140 年）所撰刻。該碑共收録 27 帙經目，其中前 10 帙（“覆”188—“讃”198）[①]全爲遼刻，接下來的三帙（“羔”199、“羊”200、“景”201）既有遼刻亦有金刻，而後面的 14 帙（“行”202 —“八”499）[②]則全爲金刻。

如同遼代刻經，金代房山石經的經版上亦留下許多題記，如施經人、刻經人、書經人、施經目的及日期等，其中尤以施經人題記最爲豐富。《鐫葬藏經總經題字號目録》金代刻經部分的施經人共有 66 位，其身份可分爲官員、官員之家屬、僧人、皇室及平民百姓等數種類型，其中官員共有九位，與其共同列名的家屬有十位，皆是其妻或子女。這九位官員中五位來自涿州地區，擔任知涿州軍州事職者則有兩位。知涿州軍州事自遼代以來受朝廷的委任，負責提點房山石經，金代房山石經雖未由朝廷主持，但知涿州軍州事依然扮演著重要的角色。

本文將以金代最早補刻及接續遼代帙號續刻房山石經的施經人——施主彰信軍節度使知涿州軍州事張玄徵及其妻廣陵郡夫人高氏爲例，探討其背景、刻經動機及目的。

一、張玄徵家族之考釋

張玄徵及其妻廣陵郡夫人高氏自天會十年（1132 年）二月至五月續刻房山石經，在約四個月的

---

* 作者單位為德國海德堡大學跨文化研究中心。

①《鐫葬藏經總經題字號目録》未收録的“詩”帙（千字文 197 號）亦為遼代刻經。

② 此 14 帙千字文為“行”202、“維”203、“書”486、“經”488、“羅”490、“將”491、“相”492、“路”493、“俠”494、“槐”495、“卿”496、“户”497、“封”498、“八”499.

時間裏共施經 30 部,[①] 石經 102 條，平均每天刻約0.85 條，速度可説是非常快。

張玄徵出身於遼陽渤海世家大族，爲金世宗元妃張氏之父，其妻高氏則是世宗母貞懿皇后的遠親，因此張玄徵夫妻與皇室的關係頗爲密切。雖然張玄徵於史無傳，關於其本人的記録亦不多，但張氏家族多人於史籍留有傳記或墓志銘，從其傳記及墓志銘可勾勒出張玄徵的家族背景。

據《金史》載，張玄徵與仕金五朝的著名政治家張浩同曾祖,[②] 而張浩是“遼陽渤海人。本姓高，東明王之後。曾祖霸，仕遼而爲張氏”。[③] 據此日本學者外山軍治認爲東明王是高句麗的始祖，而渤海國有許多高句麗的遺民，因此張浩家族應是高句麗王族的後裔,[④] 其家族本姓“高”，直到張霸仕遼才改爲“張”姓。

又張浩之父《張行愿墓志》載，其“曾祖樂夫，故禮賓使，曾祖母大氏”,[⑤] 而這也是目前爲止所能追溯到最早的張氏先人的名字。張行愿之祖即張霸，曾任辽金吾衛上將軍，祖母李氏，隴西郡夫人。[⑥] 張霸有二子，即張祁和張祐,[⑦] 自此張氏分爲兩個支系，張祁一支以張浩及其子汝霖最具影響力，而張祐一支則以張玄徵、玄素兄弟及張玄徵之子張汝弼爲代表。爲完整瞭解張玄徵的背景，以下分別描述張祁和張祐二支系的家族情況。

（一）張祁支系

張祁爲張行愿之父，官至南海軍節度使，母楊氏，原封爲弘農郡范陽夫人，後二人皆因其孫張浩入參大政，得朝廷贈崇德大夫及虞國太夫人。張行愿則先任樞密院令史，後遷右班殿直，卒於乾統丙戌年（1106 年），享年 36 歲。後張行愿亦以子貴，贈光禄大夫，其妻廣陵高氏，封虞國太夫人，生二男一女，長男出家爲僧，號慧休，圓通辨正大師，爲前東京管内都僧録；次男即張浩，爲參知政事，封虞國公；另一女亦出家爲尼，號即圓，賜紫，圓惠大德。[⑧]

張浩歷仕太祖、太宗、熙宗、海陵王及世宗。據《金史·張浩傳》載，太祖於天輔中（1117—1123）平定遼東後，任張浩爲承應御前文字；太宗天會八年（1130 年），賜進士及第，授祕書郎，後命提點繕修大内、管勾御前文字、定朝儀；於熙宗朝時詳定内外儀式，歷户、工、禮三部侍郎，遷禮部尚書，後又行六部事。海陵王時期張浩尤其受到重用，曾先後任户部尚書、參知政事、尚書右丞、平章政事、尚書右丞兼侍中、封潞王、蜀王、左丞相、封魯國公、太傅、尚書令、封秦國公，並受命營建燕京及汴京。世宗即位後，張浩又拜太師、尚書令、封南陽郡王並爲世宗薦舉人才。張浩於海陵王及世宗朝時期任宰相十餘年，於大定三年（1163 年）逝，謚文康，明昌五年（1194 年）配享世宗廟庭。泰和元年，圖像衍慶

---

① 其中26 部經是單獨施造、3 部是與其他施主合施（“羊”帙：《文殊師利寶藏陁羅尼經》、“景”帙：《金剛頂曼殊室利菩薩五字心陁羅尼品》及“行”帙：《諸法最上王經》）並補刻遼代所刻的《蘇悉地羯囉經》石經一條，見中国佛教协会／中国佛教图书文物馆编．房山石經（第 13 冊）〔M〕．北京：華夏出版社，2000：362.

② 脱脱等．金史〔M〕．北京：中華書局，1975：1868.

③ 脱脱等．金史〔M〕．北京：中華書局，1975：1862.

④ 外山軍治．金朝史研究〔M〕．京都：同朋舍，1964：141.

⑤ 王新英．全金石刻文輯校〔M〕．長春：吉林文史出版社，2012：78.

⑥ 王新英．全金石刻文輯校〔M〕．長春：吉林文史出版社，2012：78。有關《張行愿墓志》之研究，見李智裕．《金贈光祿大夫張行愿墓志》補釋．北方文物〔J〕，2015（3）：96—100.

⑦ 脱脱等．金史〔M〕．北京：中華書局，1975：1868；王新英．全金石刻文輯校〔M〕．長春：吉林文史出版社，2012：78.

⑧ 王新英．全金石刻文輯校〔M〕．長春：吉林文史出版社，2012：78.

宫。[1] 金代渤海人配享廟庭者，只有張浩及睿宗貞懿皇后之弟李石，可見其地位之崇高。

張浩本人亦親近僧人，與法寶禪師交往密切。天德二年（1150 年），張浩請法寶主持金代皇家寺院栖隱寺，後來並以己俸三千萬買法寶禪師離開栖隱寺後自建的大明寺額。[2] 而張浩因過度尊崇法寶，爲此還曾受到海陵王的責難。據《金史》載，海陵王“以左丞相張浩、平章政事張暉每見僧法寶必坐其下，失大臣體，各杖二十。僧法寶妄自尊大，杖二百”。[3] 張浩兄妹三人或出家爲僧尼，或與僧人交往密切，其家族崇信佛教可見一斑。

根據 1956 年於北京出土，撰於泰和七年（1207 年）的《張汝猷墓志》載，張浩有七子，即汝爲、汝翼、汝霖、汝能、汝方、汝招及汝猷，除了汝招 8 歲即卒以外，其餘皆仕金有學識，[4] 其中三子汝霖是張浩諸子中成就最高者，《金史》有其傳。汝霖於貞元二年（1154 年）得進士，曾任禮部員外郎、翰林待制、刑部侍郎、太子少師兼御史中丞、中都路轉運使、太子少師兼禮部尚書、御史大夫、參知政事、尚書右丞，大定二十八年（1188 年）進拜平章政事兼修國史，封芮國公，明昌元年（1190 年）卒，謚文襄。而當世宗病篤時，汝霖還與太尉徒單克寧、右丞相襄同受顧命，[5] 可見汝霖應深受世宗的信賴。另外張浩七子汝猷官至右宣徽使，原娶太尉廣平郡王李石之女，即世宗元妃李氏之妹（這亦是金代兩大渤海世族聯姻的例子之一），但早卒，後繼娶興宗府治中輔國李剛中之女，生五男五女。[6]

（二）張祐支系

張祐一支人口較少，不似張祁後代子孫衆多，但特别的是此一支系與皇室有聯姻的關係，甚至後來還牽涉到皇位繼承，進而影響了張氏家族在金代的政治前途。

張玄徵之祖張祐及其父張匡皆仕遼至節度使。[7] 從張玄徵之子張汝弼的傳記及房山石經題記可知，張玄徵官至彰信軍節度使，並於太宗天會十年（1132 年）任知涿州軍州事。又另據李端謀撰於天會十年六月二十日的《智度寺邑人供塔碑

---

① 脱脱等．金史〔M〕．北京：中華書局，1975：1862—1865.

② 王新英．全金石刻文輯校〔M〕．長春：吉林文史出版社，2012：186—187。關於法寶的研究，見李輝，馮國棟．曹洞宗史上闕失的一環——以金朝石刻史料為中心的探討．佛學研究〔J〕，2008：284—295.

③ 脱脱等．金史〔M〕．北京：中華書局，1975：103—104。關於張浩與法寶的關係，見李智裕，苗霖霖．遼金時期東京地區渤海遺民佛教信仰初探．東北史地〔J〕，2014（1）：30—33.

④ 王新英．全金石刻文輯校〔M〕．長春：吉林文史出版社，2012：470—471。關於張浩子女數，史傳及墓志銘所載頗不同，據《張行愿墓志》載，張浩有四子，即汝為、汝翼、汝霖及汝能，而《張汝猷墓志》言，張浩原娶高氏，但早卒，後娶移剌姓，生汝方及汝猷。汝猷卒於 1207 年，得年 54 歲，故應生於 1154 年，而《張行愿墓志》撰於天德二年（1150 年），其時汝猷尚未出生，也許汝方及汝招亦未出世，故未記此三人。另《金史·張浩傳》云，張浩有五子，即汝為、汝霖、汝能、汝方及汝猷。按《張行愿墓志》載，汝翼雖登進士，任承事郎、東京鶴野縣主簿，但早卒，或許《金史》因此未記録他與更早卒的汝招二人。見脱脱等．金史〔M〕．北京：中華書局，1975：1865；王新英．全金石刻文輯校〔M〕．長春：吉林文史出版社，2012：78.

⑤ 脱脱等．金史〔M〕．北京：中華書局，1975：1865—1868.

⑥ 王新英．全金石刻文輯校〔M〕．長春：吉林文史出版社，2012：470—471。有關《張汝猷墓志》的研究，見候堮．金《张汝猷墓志》〔C〕//宋大川主编．北京文物与考古（第二辑）〔M〕．北京：北京燕山出版社，1991：152—157.

⑦ 脱脱等．金史〔M〕．北京：中華書局，1975：1868.

銘》① 載，涿州東北隅有智度寺，乃遼代著名的寺院，寺中有一塔，遼道宗時郡人周永逸及楊遵式倡眾興供佛塔，後因戰事而停；金天會年間，兵火已歇，時郡人有續修之志，便請“清河使君張公爲邑長”，此邑長即是張玄徵，因該碑銘後列有“邑長彰信軍節度使、金紫崇祿大夫、檢校太保、知涿州軍州事、清河縣開國子、食邑五百户張玄徵”等題記，然而《金史》及房山石經題記皆未收録“金紫崇祿大夫、檢校太保、清河縣開國子、食邑五百户”等官階及爵位，或許是因爲此受封之官階、爵位及食邑皆爲虛名，並慮及經版有限的空間，故未將此刻於石上。

而張玄徵天會十年六月雖仍任知涿州軍州事，但他在房山石經經版上的題記僅止於該年五月，爲何此後張玄徵未繼續施經，原因雖不明，但可確定的是，他在房山石經以外，仍繼續支持其他的佛教事業。又據經版題記可知，繼任的知涿州軍州事張企徵於天會十一年（1133 年）七月續刻石經，因此張玄徵此時已離任。

張玄徵在歷史上較爲人所知的是世宗納其女爲次室，是爲元妃。或許張玄徵在金代的政治影響力不如其從兄弟張浩、弟玄素及子汝弼，但他卻在金代房山石經的續刻中扮演了關鍵性的角色。

遼代房山石經是由時任涿州知州的韓紹芳開始續雕，興宗以來更詔令知涿州軍州事負責提點，及至金代，房山石經雖没有得到金廷的支持，但知涿州軍州事看來仍扮演著重要的支持者及帶領者的角色。張玄徵及其夫人積極參與房山石經的續刻，除了知涿州軍州事的身份以外，更重要的是其宗教信仰。如同韓紹芳家族對佛教的崇敬，② 張氏家族與佛教的關係更爲密切，如前所提的張浩兄妹及張玄徵對佛教事業的支持。

張玄徵之弟玄素及子汝弼於《金史》皆有傳。張玄素以其父親之蔭而得官。先是當高永昌於收國二年（1116 年）據遼陽時，玄素亦在其中，但當金將斡魯軍至，玄素反而開城門出降，可見張玄素是遼陽渤海人反遼後降金的例子，而他也因此受封爲同州猛安。玄素在天會年間（1123—1138 年）歷任西上閤門使、客省使、東宫計司，於天眷元年（1138 年）任静江軍節度使知涿州，並以察廉稱道。③ 玄素在其兄任知涿州軍州事後的數年亦調任涿州，然而張玄素在涿州時並没有參與續刻房山石經。爲何張玄素在任時没有續刻石經，原因不明。事實上，從經版題記來看，《鐫葬藏經總經題字號目録》金代刻經部分自天會十二年（1134 年）七月以後就未有知涿州軍州事的題記，而以平民百姓及僧人爲主要施經人，其中尤以沙門玄英及其弟子史君慶施經最多，此後直到大定十七年（1177 年）所刻的《金剛頂瑜伽中略出念誦經》才又有知涿州軍州事施經並提點。而當熙宗之子道濟於皇統三年（1143 年）任中京留守時，直學士阿懶爲都提點，張玄素爲同提點，共同輔佐道濟，④ 因此最遲至 1143 年張玄素已離開涿州。張玄素後任鎮西節度使，接著又遷回遼陽，任東京路都轉運使，改興平軍節度使。

---

① 曹汛．涿州智度寺塔的史源學考證．建築師〔J〕，2007（2）：184—193；楊衛東．《古涿州佛教刻石》補遺〔C〕//燕南覓古集〔M〕．北京：北京燕山出版社，2017：197—203。2009 年，涿州智度寺塔下發現該碑的殘部，僅存文字 10 行，194 字，現存涿州博物館，見楊衛東．古涿州佛教文化的歷史變遷——涿州博物館佛教刻石考略〔C〕//燕南覓古集〔M〕．北京：北京燕山出版社，2017：208—215。該碑銘亦收録於清朝文獻及地方志：《授堂金石文字續跋》《蕉廊脞録》《藝風堂金石文字目》《畿輔通志》《順天府志》，但將張玄徵改為張元徵，張玄素改為張元素，其原因應是為避清聖祖玄燁諱，遂改“玄”為“元”．

② Hui－Ping Chuang. *Das Steininschriftenprojekt des Wolkenheimklosters wahrend der Liao－Dynastie (907—1125)—eine Analyse seiner Kolophone*〔M〕. Berlin：De Gruyter，2018：57.

③ 脱脱等．金史〔M〕．北京：中華書局，1975：1868.

④ 脱脱等．金史〔M〕．北京：中華書局，1975：1798.

張玄素雖與世宗有姻親關係，但當世宗貞元三年（1155年）調回東京留守時，時亦在東京的玄素仍希海陵王旨，“言世宗嘗取在官黃糧，及摭其數事”，① 不過當世宗即位後，玄素又前去投奔。也許因玄素是元妃張氏之叔的緣故及遼陽渤海世家是擁戴世宗稱帝的主要力量之一，又顧及張氏在渤海人的影響力，因此世宗並不計前嫌，仍予以重用。玄素還曾與世宗之舅李石同勸世宗宜早遷燕京，世宗也深以爲然，可見世宗還是看重玄素的建議的。玄素後來遷户部尚書，出鎮定武，年八十四卒。《金史》對張玄素的評價是：“厚而剛毅，人畏憚之。往往以片紙署字其上治瘧疾，輒愈，人皆異之。”② 可説是頗正面的。

張玄徵之子汝弼是世宗元妃張氏的兄弟，最初以父蔭得官，於正隆二年（1157年）得進士第，任潘州樂郊縣主簿，而當世宗於大定二年（1161年）即位於遼陽時，汝弼及其叔玄素俱往歸之，擢應奉翰林文字。汝弼曾任左司郎中，後又兼修起居注，轉右司員外郎，母憂去官，起復吏部郎中，累遷吏部尚書，於大定十六年（1176年）從吏部尚書拜參知政事。③ 可見其母高氏於大定十六年以前已逝。汝弼於大定二十一年（1181年）拜右丞，大定二十三年（1183年）攝太尉，同年汝弼再拜左丞，其族弟汝霖則以禮部尚書爲參知政事，④ 由於二人同時進位高官，因此“時人榮之”。⑤ 過二年，大定二十五年（1185年）汝弼及汝霖卻皆因坐擅增東宫諸皇孫食料，各削官一階，⑥ 次年世宗罷汝弼尚書左丞職改爲廣寧尹，⑦ 卒於大定二十七年（1187年）。史上對他的評價並非完全正面，説他爲相“不能正諫。上所欲爲，則順而導之，所不欲爲，則微言以觀其意。上責之，則婉辭以引過，終不忤之也。而上亦知之。且黷貨，以計取諸家名園甲第珍玩奇好，士論薄之”。⑧ 此評價意味著汝弼不但不能正諫，且貪財物。

對於汝弼的阿順，世宗其實頗惡之，所以曾對左右説到汝弼“每事依違苟避，不肯盡言，高爵厚祿何以勝任”。⑨ 雖然如此，自大定十六年至二十六年，汝弼仍任宰輔長達十年的時間，其原因可能與張玄素類似，雖然有過，但因元妃張氏與世宗的聯姻及渤海世家政治影響力的緣故，得以在世宗朝任高職。

張汝弼及其妻高陀斡於史上有一件著名的事跡，由於涉及繼承皇位，後來還禍及元妃張氏之子永中，並導致張氏家族的没落。

當大定二十五年世宗所立的皇太子允恭病逝後，由於永中是諸子中最長者，因此對皇儲之位頗有覬覦之心，故與其舅汝弼“陰相爲黨”⑩，尤其是汝弼妻高陀斡“屢以邪言怵永中，畫元妃像，

① 脱脱等．金史〔M〕．北京：中華書局，1975：1869.

② 脱脱等．金史〔M〕．北京：中華書局，1975：1869.

③ 脱脱等．金史〔M〕．北京：中華書局，1975：165，1869.

④ 脱脱等．金史〔M〕．北京：中華書局，1975：181，183，185，1866.

⑤ 脱脱等．金史〔M〕．北京：中華書局，1975：1866.

⑥ 脱脱等．金史〔M〕．北京：中華書局，1975：190.

⑦ 脱脱等．金史〔M〕．北京：中華書局，1975：1871，2049；有關世宗罷張汝弼丞相職之探討，見劉浦江．渤海世家與女真皇室的聯姻——兼論金代渤海人的政治地位〔C〕//祝总斌，郑家馨主编．北大史學（第三輯）〔M〕．北京：北京大學出版社，1996：169—187.

⑧ 脱脱等．金史〔M〕．北京：中華書局，1975：165，1869.

⑨ 脱脱等．金史〔M〕．北京：中華書局，1975：2625.

⑩ 脱脱等．金史〔M〕．北京：中華書局，1975：1871.

朝夕事之，覬望徼福，及挾左道”。[①] 事發後，高陀斡於明昌五年（1194 年）被誅，汝弼則因事發前已卒，故未削官爵，而永中也因爲章宗的猜忌，終究於次年被賜死，針對此事，《金史》評爲“金代外戚之禍，惟張氏云”。[②]

張玄徵一支在高陀斡事件後逐漸没落，不復世宗朝時的顯赫。而永中的後代亦受到嚴密的監視與防禁，自明昌年間（1190—1196 年）至哀宗正大末年（1224—1234 年），近 40 年的時間受到禁錮。[③]

從上面張氏兩個支系的簡史來看，張氏家族初仕遼，自張浩及張玄徵兄弟一代起成爲金代最顯赫的渤海世家大族之一。事實上，金朝皇室很早就注意到渤海人的影響力，對渤海人採取懷柔的政策，以女真、渤海同源於靺鞨族，而提出“女直、渤海本同一家”[④] 的口號，以收人心共同抗遼，“授予要職”即是女真拉攏渤海人的策略之一，宋人因此評論道：“契丹時不用渤海，渤海深恨契丹，女真兵興，渤海先降，所以女真多用渤海爲要職。”[⑤] 張氏家族中張浩、汝霖父子及張汝弼三人官至宰輔，於渤海人中絕無僅有，然而後來卻又因爲捲入皇位之爭而没落。

二、張氏的聯姻關係

女真皇室拉攏渤海人的另一項策略便是以聯姻的關係來加强政治同盟。不同於契丹皇族與渤海人的通婚僅王族大氏，女真則擴大了與渤海人聯姻的對象，早在金太祖時即有計劃地選擇了遼陽渤海世族之女作爲宗室諸王的側室，[⑥] 金朝九位皇帝中至少有三位是由渤海人所生，即海陵王、世宗及衛紹王。[⑦]

根據張玄徵於房山石經的題記及上述張氏家族的歷史，可反映出金代渤海世家大族與女真皇室及世族間相互聯姻的關係，以下將分述之。

（一）張氏與女真皇室的聯姻

談到張玄徵之女嫁與世宗爲側室，就不能不提到世宗母貞懿皇后李氏。[⑧] 李氏名洪愿，出身於遼陽渤海世家，其父雛訛只，仕遼，官至桂州觀察使。當金廷於“天輔間（1117—1123 年）選東京士族女子有姿德者赴上京”[⑨] 時，李氏即入選爲太祖第三子宗輔府邸爲側室，因此貞懿皇后李

---

① 脱脱等．金史〔M〕．北京：中華書局，1975：1522。《金史・永中傳》云：“汝弼妻高陀斡自大定間畫永中母像，奉之甚謹，挾左道為永中求福，希覬非望。”然而《張汝弼傳》則謂“章宗即位，汝弼妻高氏每以邪言怵永中覬非望，畫永中母像侍奉祈祝”。二者記録高陀斡事件的時間不同，前者發生於世宗朝時，後者則在章宗即位後。見脱脱等．金史〔M〕．北京：中華書局，1975：1899，1871.

② 脱脱等．金史〔M〕．北京：中華書局，1975：1522.

③ 脱脱等．金史〔M〕．北京：中華書局，1975：1900.

④ 脱脱等．金史〔M〕．北京：中華書局，1975：25.

⑤ 徐夢莘．三朝北盟會編二百五十卷〔M〕．臺北：文海出版社印行，1962：卷 98.

⑥ 外山軍治認為金廷召渤海世族之女為宗室諸王的側室，除了出於懷柔渤海人的目的外，另一方面也表明金朝重視渤海人的教養方式，想要通過她們將中國式教養帶進宫廷。外山軍治．金朝史研究〔M〕．京都：同朋舍，1964：135.

⑦ 金宣宗之母劉氏亦是遼陽人，劉氏是否為渤海人尚無確實的明證，故存疑。見外山軍治．金朝史研究〔M〕．京都：同朋舍，1964：151.

⑧ 有關貞懿皇后的研究見鄒寶庫．遼陽市發現金代《通慧圓明大師塔銘》．考古〔J〕，1984（2）：175—177；張博泉．遼陽市發現金代《通慧圓明大師塔銘》補證．考古〔J〕，1987（1）：89—90；范壽琨．李石族屬新証．學習與探索〔J〕，1983（5）：141—142；外山軍治．金朝史研究〔M〕．京都：同朋舍，1964：453—456.

⑨ 脱脱等．金史〔M〕．北京：中華書局，1975：1518.

氏是金初女真皇室與渤海世家聯姻最早的例子之一。而張玄徵之女因其母高氏“與世宗母貞懿皇后葭莩親”① 亦入選爲世宗次室。

李氏於天輔七年（1123 年）生下烏祿，即後來的世宗。金太祖三子宗輔於天會十三年（1135 年）過世後，世宗由其母撫養長大。在女真宗室爭權的壓力下，出身於渤海世家的貞懿皇后對世宗的前途不得不做一些考慮與佈局。爲此她積極地聯合渤海世族，將與自己有遠親關係的高氏之女嫁與世宗爲側室，使世宗與渤海世家大族張氏及高氏有緊密的關係。而與皇室聯姻一事，必對張玄徵或張氏家族成員的仕途有所影響。②

史籍中關於元妃張氏的記載並不太多，其生卒年及何時嫁與世宗爲側室，史無明確記載，但這卻是一個應該關注的問題。

《金史・世宗元妃張氏傳》載：“父玄徵。母高氏，與世宗母貞懿皇后葭莩親。世宗納爲次室，生趙王永中，而張氏卒。大定二年，追封宸妃。是歲十月，追進惠妃。十九年，追進元妃。”③

根據此一記録，有些學者認爲張氏在生下趙王永中後不久即去世。④ 但事實上張氏有二子，永（允）中⑤是長子，另一子爲越王永（允）功，⑥ 可見張氏不可能在生下永中後不久即去世，《金史》所載應有誤。又元妃次子永功生於貞元二年（1154 年），而張氏於大定二年（1162 年）追封爲宸妃，故張氏可能卒於大定二年或此前，⑦ 在永功年尚幼時即去世。

另外，雖然永中的生年不詳，但他是世宗諸子中最長者，⑧ 而世宗的次子——皇太子允恭於皇統六年（1146 年）生，因此永中至少生於此前，與其弟永功相差約十歲。而張玄徵於 1132 年開始續刻房山石經時，世宗年僅十歲，與張氏尚未有聯姻的關係，因此玄徵當時的仕途並未受到聯姻的影響。

如前所説，《金史》載張玄徵的官職爲彰信軍節度使，與 1132 年他在房山石經所留下的題記相同，但未録知涿州軍州事一職，亦未記《智度寺邑人供塔碑銘》所載的散官名、爵稱及食邑，而張玄素、張汝弼及張浩父子皆在世宗即位後不斷地高升，擔任重職，並官至宰輔，唯獨元妃張氏之父張玄徵的官職未有升遷或更動，且《金史》對張玄徵的記録著墨不多，大大少於其他張氏家族成員，這似乎有些不合理，其中應存在著某些因素。推測其原因，可能是張玄徵在世宗即位前已逝，因此在仕途上不及其他張氏家族成員顯赫，甚或可能在擔任知涿州軍州事不久後即逝，故他在史籍中所載的官職除了知涿州軍州事以外與天會十年房山石經的題記相同。

---

① 脱脱等．金史〔M〕．北京：中華書局，1975：1522.

② 苗霖霖．試析金朝渤海遺民集團的形成與影響．遼寧省博物館館刊〔J〕，2014：396—400.

③ 脱脱等．金史〔M〕．北京：中華書局，1975：1522.

④ 外山軍治．金朝史研究〔M〕．京都：同朋舍，1964：150；孫煒冉．金代渤海世家及其金朝皇族的聯姻．博物館研究〔J〕，2016（4）：73—82.

⑤ 世宗諸子名皆排“允”字，後章宗避其父允恭諱，遂改“允”為“永”。見脱脱等．金史〔M〕．北京：中華書局，1975：1897.

⑥ 脱脱等．金史〔M〕．北京：中華書局，1975：1897.

⑦ 外山軍治．金朝史研究〔M〕．京都：同朋舍，1964：459；學者劉浦江及都興智均認為張氏卒於世宗即位（大定元年 1161 年）以前，見劉浦江．渤海世家與女真皇室的聯姻——兼論金代渤海人的政治地位〔C〕//祝总斌，郑家馨主编．北大史學（第三輯）〔M〕．北京：北京大學出版社，1996：169—187；都興智．試論遼陽政變及遼東渤海人．文化學刊〔J〕，2007（4）：154—160。筆者認為，雖然世宗即位時間距離大定二年張氏被追封為宸妃的時間不長，但目前仍無確實資料可證明張氏卒於世宗稱帝之前，故對此觀點持保留看法．

⑧ 脱脱等．金史〔M〕．北京：中華書局，1975：1522，1899，2049.

（二）張氏與渤海世家大族高氏的聯姻

由於渤海人的門閥觀念强烈，故世家大族間存在著通婚關係。①

洪皓《松漠紀聞》載“渤海國……其王舊以大爲姓，右姓曰高、張、楊、烏、李，不過數種”。② 從張氏的系譜來看，自遼代以來，張氏的聯姻對象幾乎都是渤海右姓，如高樂夫之妻大氏乃渤海王姓、張汝猷之妻李氏則是貞懿皇后弟李石之女，而其中又以與高姓通婚的次數最多，共有四人，除了張玄徵之妻外，張行愿、張浩及張汝弼皆與高姓聯姻。

遼金時期有許多高姓的渤海人於朝廷任職，不過首先應釐清的是，遼代渤海高氏家族包括原渤海國右姓高氏及以渤海爲郡望的漢人高氏家族，後者主要包括高嵩及高勛家族，但此二家族在遼景宗（969—982 年在位）末年時没落。③ 目前除了知道張玄徵之妻是貞懿皇后的遠親外，其他三位高氏的家庭背景不可得知，而由於渤海右姓的通婚關係，故與張氏聯姻的高氏，應是渤海人而非漢人。張汝弼之妻高陀斡，雖不詳，但從其名看亦非漢人。雖然與張氏聯姻的高氏家庭背景的直接資料很少，但透過史籍中的蛛絲馬跡，仍能找到一縷與張氏家族相關的訊息。以下將分述遼金時期重要的渤海國右姓高氏。

1. 高模翰家族

渤海國右姓高氏中最著名的便是高模翰家族。高模翰先後仕遼太祖、太宗及穆宗三朝，爲遼朝立下卓越的戰功。他曾間接地助遼得到燕雲十六州，又在滅後晉的過程中立下大功，歷任檢校太師、封悊郡開國公、開府儀同三司、中臺省右相，後又遷左相，卒於應曆九年（959），是遼朝最顯赫的渤海世家大族。④

高模翰子孫繁衍，分爲兩支，其中以第三代高爲裘遷往山西朔州的一支系譜較爲完整，但於金初已衰落。根據《高爲裘墓志》及其子《高澤墓志》載，此支系的通婚對象基本上是漢人，如天水閻氏、太原孫氏、彭城劉氏、扶風馬氏等，他們與遼陽渤海世族似乎關係不大；⑤ 另一支居於遼陽，以高模翰的五世孫高楨爲代表。

據《金史·高楨傳》載，當完顔斡魯於收國二年（1116 年）討伐據東京的高永昌時，其時在瀋州的高楨來降，並助金伐高永昌有功，遂以楨同知東京留守事，授猛安。高楨歷仕金太祖至海陵王，曾任尚書左僕射、廣寧尹、太子太傅、太子太師、提點河北西路錢帛事、封戴國公、燕京留守、行臺平章政事、西京留守、封任國公、中京留守、封河內郡王、太子太保、御史大夫、封莒王、司空、封代王、封冀國公等，因其政令肅清，爲人忠直，甚爲海陵王所重。⑥ 高楨仕途顯赫，卒於正隆四年（1159 年），得年 69 歲，則應生於遼道宗大安七年（1091 年），而當他助金伐高永昌時，應年 26 歲。值得注意的是，如前所提，當完顔斡魯軍於收國二年至遼陽時，玄素開城門出降。玄素與高楨同年出降完顔斡魯並同受封猛安，二人很可能相識，但是由於史料的缺乏，無法得知高楨支系是否與張玄徵家族有聯姻的關係。

---

① 外山軍治認為，史籍中可判定為渤海家族者，幾乎無有例外地都娶渤海人為妻。外山軍治．金朝史研究〔M〕．京都：同朋舍，1964：143。不過遼代渤海右姓高模翰遷往朔州的後代子孫多與漢人通婚。向南．遼代石刻文編〔M〕．河北教育出版社，1995：609—612.

② 洪皓．松漠紀聞〔M〕．百部叢書集成．臺北：藝文印書館，1965：7A.

③ 苗霖霖．遼代渤海高氏家族考辨〔C〕//刘寧主编．遼金歷史與考古（第六輯）〔M〕．瀋陽：辽寧教育出版社，2015：195—201.

④ 脱脱等．金史〔M〕．北京：中華書局，1975：1249—1250.

⑤ 向南．遼代石刻文編〔M〕．河北教育出版社，1995：609—612.

⑥ 脱脱等．金史〔M〕．北京：中華書局，1975：1889—1890.

2. 高德基家族

遼陽渤海高氏還有高德基家族，傳兩代。高德基於皇統二年（1142 年）登進士第，皇統六年（1146 年）入仕爲尚書省令史。高德基爲人公直，當海陵王爲相時，敢與之詳辨。海陵王即位後，陸續任德基爲南京行省勾當、燕京行臺省都事、右司員外郎、户部員外郎、中都路都轉運副使、户部郎中。正隆三年（1158 年），左丞相張浩、參知政事敬嗣暉奉命營建南京宫室，次年高德基爲營造提點人之一，① 可見張浩應識高德基其人。

世宗時，高德基的仕途頗有起伏。先是於大定三年（1163 年），以察廉治狀不善，下遷同知北京路都轉運使事，又因防止水患有功，遷刑部侍郎，後又任中都路都轉運使、轉刑部尚書，大定十一年（1171 年）改户部尚書，後因事降爲蘭州刺史，次年濫支朝官俸錢四十萬貫，杖八十，同年德基卒，年五十四，因此高德基應生於 1119 年。② 爲何高德基屢次違背朝廷旨意或有過失但僅被杖責或降職，有學者認爲是因爲得到張浩及出身舊渤海王族的海陵王母大氏之幫助。③ 不過張浩雖然知高德基，甚或曾經幫助過他，且張浩本人亦娶高氏，但史籍中並無任何關於高德基家族與張浩家族的聯姻記載，且高德基登進士第時，張浩已歷仕三朝至熙宗，並擔任重職，對於重視門閥之第的渤海世家大族來説，似乎並非門當户對，且張浩一支的後代並没有與高氏通婚的記載，因此張氏是否與高德基家族有聯姻關係仍不能肯定。

3. 高永昌

渤海人高永昌原爲遼廷駐守遼陽城，天慶六年（1116 年）東京留守蕭保先被殺後，高永昌僭號稱帝大渤海國王，據遼東五十餘州，同年女真破渤海軍，斬高永昌，④ 因此張氏不可能與高永昌家族聯姻。

4. 高慶裔

高慶裔原爲金朝譯契丹字，投靠握有大權的宗室完顔宗翰後深得器用，爲其腹心，官至尚書左丞。高慶裔常教宗翰反，事發，於天會十五年（1137 年）斬於會寧市。⑤ 若張氏與其聯姻，應會受其牽連，故高慶裔家族可能也不在張氏的聯姻範圍之内。

5. 高衎

高衎以科舉入仕，年二十六登進士第，頗有文采，歷任滁陰丞、尚書省令史、右司都事、吏部員外郎、左司員外郎等職。高衎曾因與永寧太后族人大奉國臣有同鄉關係，而欲徇私擬爲貴德縣令，此事觸怒了海陵王，降高衎爲清水縣主簿，後任大理司直、户部員外郎、中都都轉運使、太常少卿、吏部郎中。世宗時任左司郎中，後遷吏部尚書，世宗頗看重高衎的文采，命他傳達詔令。⑥

值得注意的是，高衎與張玄徵子汝弼同朝爲官，並識張浩。《金史》載："浩有疾，在告者久之。遣左司郎中高衎及浩姪汝弼宣諭。"⑦ 又有一次："世宗御翠鑾閣，召左司郎中高衎及汝弼問曰：'近日除授，外議何如？宜以實奏，毋少隱也。有不可用者當改之。'衎、汝弼皆無以對。"⑧

高衎有三子，次子守信，以蔭補官，其妻是著名文學家、藝術家王庭筠之姐妹，生子高憲，

---

① 脱脱等．金史〔M〕．北京：中華書局，1975：1995—1996.

② 脱脱等．金史〔M〕．北京：中華書局，1975：1995—1997.

③ 苗霖霖．遼、金時期渤海遺民高氏家族考述．北華大學學報（社會科學版）〔J〕，2013（03）：74—77.

④ 宇文昭懋撰，崔文印校證．大金國志校證（上）〔M〕．北京：中華書局，1986：14.

⑤ 宇文昭懋撰，崔文印校證．大金國志校證（上）〔M〕．北京：中華書局，1986：140.

⑥ 脱脱等．金史〔M〕．北京：中華書局，1975：2005—2006.

⑦ 脱脱等．金史〔M〕．北京：中華書局，1975：1864.

⑧ 脱脱等．金史〔M〕．北京：中華書局，1975：1869.

幼學於外家，是金朝的文學家。王庭筠之父王遵古娶張浩之女，因此王庭筠是張浩的外孫，而守信妻亦是張浩之外孫女，又張浩的另一孫女亦嫁王庭筠①。張氏、高氏及王氏是遼陽渤海人世家大族相互聯姻的例子。張汝弼雖與高衎同朝爲官，高衎子守信又娶張浩外孫女，看起來似乎高衎家族與張氏頗有淵源，不過張汝弼妻高陀斡是否來自高衎家族，由於史籍並未記載，故不得而知。

遼代時，除高模翰外，再無渤海遺民得過封爵，但至金代，張氏及李石家族成爲渤海右姓中最顯貴者。上述幾個著名的渤海高氏中，高楨、高德基及高衎家族與張氏有關聯，尤其是高衎子還與張浩孫輩通婚，是唯一確實與張氏家族有聯姻關係的渤海右姓高氏家族。

（三）渤海遺民佛教信仰

渤海人受到唐朝文化的影響，佛教興盛，特別是第三任國王大欽茂在位時（737—793年）大力發展佛教，上自皇室貴族，下至民間，崇佛風氣盛行，留下了許多佛教遺跡，現今舊渤海國的上京、中京及東京仍可發現許多佛寺遺跡、佛塔和佛像。②

遼太祖耶律阿保機於天顯元年（926年）滅渤海國，並於天顯三年（928年）強遷渤海貴族及渤海人民於遼陽後，這些渤海遺民仍舊延續了對佛教的信仰傳統，尤其是世家大族。③

天會十三年宗輔薨，按照女真舊俗，婦女寡居，宗族接續之，但貞懿皇后不願意，便在寡居十年後，於皇統五年（1145年）祝髪爲尼，號通慧圓明大師，賜紫衣，歸遼陽，又得内府錢三十餘萬，營建清安禪寺，並別建尼院居之，於正隆元年（1161年）卒，世宗即位後，謚爲貞懿皇后。④ 據《英公禪師塔銘》載，貞懿皇后於遼陽所居的垂慶寺，其尼皆“戚里貴人”，⑤ 而這些崇信佛教的“戚里貴人”很可能就是貞懿皇后李氏的親戚或遼陽的世家大族，顯示渤海上層出家爲僧尼的情況似乎很普遍，而作爲李氏親戚的張玄徵之妻高氏崇信佛教也是情理之中的。⑥

除了參與房山石經的續刻外，張玄徵又受邀擔任供智度寺塔的邑長。按《智度寺邑人供塔碑銘》云，張玄徵“勇於義，好於善，一言則許”，⑦ 可見張玄徵對佛教事業頗爲熱心。從張玄徵及其妻高氏的家族中皆有出家爲僧尼者、與僧

---

① 姚奠中．元好問全集〔M〕．山西人民出版社，1990：469—473。關於王庭筠家族之研究見外山軍治．金朝史研究〔M〕．京都：同朋舍，1964：138—149.

② 有關渤海佛教遺跡的研究，參見盧偉．渤海國佛教遺跡發掘及其佛教的傳佈考．牡丹江師範學院學報〔J〕，2010（5）：69—72；于卓．淺析大欽茂時期渤海國佛教信仰的發展．齊齊哈爾大學學報〔J〕，2016（5）：81—83；胡秀杰，劉曉東．渤海佛教遺跡的發現與研究．北方文物〔J〕，2004（2）：50—59；宋玉彬．試論佛教傳入圖們江流域的初始時間．文物〔J〕，2015（11）：62—69；关燕妮．淺谈渤海上京城的佛教文化．黑龍江史志〔J〕，2013（7）：193.

③ 關於東京地區上層社會對佛教信仰的研究，見李智裕，苗霖霖．遼金時期東京地區渤海遺民佛教信仰初探．東北史地〔J〕，2014（1）：30—33；李智裕．遼陽《東京勝嚴寺彦公禪師塔銘》補議．北方文物〔J〕，2017（3）：75—77.

④ 以上有關貞懿皇后的記録，見脱脱等．金史〔M〕．北京：中華書局，1975：1518—1519；王新英．全金石刻文輯校〔M〕．長春：吉林文史出版社，2012：112；羅福頤．《英公禪師塔銘》．滿洲金石志．滿日文化協會印行，〔1937〕：卷3.

⑤ 羅福頤．《英公禪師塔銘》．滿洲金石志．滿日文化協會印行，〔1937〕：卷3.

⑥ 據王寂的《鴨江行部志》載：“世宗之母，可謂富貴極矣。早年，厭棄榮華，喜修禪定，落髮披緇。”見王寂著，羅繼祖、張博泉注釋．鴨江行部志注釋〔M〕．哈爾濱：黑龍江人民出版社，1984：5.

⑦ 曹汛．涿州智度寺塔的史源學考證．建築師〔J〕，2007（2）：184—193.

人交往密切以及渤海人對佛教崇敬的背景來看，當張玄徵就任涿州後，目睹自隋至遼已續刻約500年的房山雲居寺石經尚未完成，且因遼、金、宋之間的頻繁戰事已停刻十年，而有續刻房山石經的想法，自是可理解之事。

自遼代以來，知涿州軍州事以地方官之職，在續刻房山石經上一向扮演著重要的角色。或許張玄徵當初在考察石經時，曾經讀過趙遵仁撰於遼道宗清寧四年（1058年）的《四大部經成就碑記》①，感於知涿州軍州事一職與房山石經的連結及責任，並受到韓紹芳"取出經碑，驗名對數"、遼聖宗命瑜伽大師可玄"提點鐫修，勘訛刊謬，補缺續新"以及後來興宗"委郡牧相承提點"的啓發，因此張玄徵續刻房山石經時亦態度嚴謹，首先檢查校對尚未埋藏於洞穴的經版，對缺漏的部分先行補刻。而與前朝所不同者，在於張玄徵的續刻並非由朝廷所主持及支持，而是私人施造，這也更說明張玄徵除了因知涿州軍州事一職與房山石經的特殊關係而具有的責任感外，對佛教的崇敬應是更大的動力。張玄徵在短短約4個月的時間裏刻經數量達102石，若非因其職位便於調度人力且有一定財力，是很難做到的。② 值得注意的是，金代房山石經由於是私人施造，因此，其所施經版上多刻有施經目的，如爲父母或自身惡業而造等。然而，張玄徵所刻的經版並無留下刻經目的，從上述張玄徵開始續刻石經之時，即補刻缺漏的經版，並按照帙號依次續刻，加上知涿州軍州事對房山石經的責任感，以及渤海人崇信佛教的信仰等種種情況來看，"續刻大藏經"應是張玄徵與高氏施經的初衷。

根據以上的研究，可發現張玄徵及其妻高氏的題記反映了渤海世家與皇室以及世族之間相互聯姻和政治結盟的關係，更重要的是，渤海人崇敬佛教的傳統在金初女真尚未全面接受佛教時對房山石經所扮演的推動性角色。③

遼金兩代房山石經的續刻都不是由契丹人及女真人所開啓，若非時任知涿州軍州事且崇信佛教的漢人韓紹芳及渤海人張玄徵，或許房山石經的發展又是另一種光景。

---

① 陳燕珠．新編補正房山石經題記彙編．臺北：覺苑出版社，1995：13—14.

② Hui – Ping Chuang. *Das Steininschriftenprojekt des Wolkenheimklosters wahrend der Liao – Dynastie (907—1125) — eine Analyse seiner Kolophone*〔M〕. Berlin: De Gruyter, 2018: 283.

③ 有關金代佛教的研究，參見野上俊靜．遼金の佛教〔M〕．京都：平樂寺書店，1953；王德朋．金代佛教政策新議．世界宗教研究〔J〕，2013（6）：38—44；都興智．金代女真人與佛教．北方文物〔J〕，1997（3）：67—71；武玉環．論金代女真的宗教信仰與宗教政策．史學集刊〔J〕，1992（2）：12—18；宋德金．金代宗教簡述．社會科學戰綫〔J〕，1986（1）：313—320.

房山石刻中的《六祖壇經》與《永樂南藏》及其捐資人趙琦美

〔美〕龍達瑞*

摘　要　傳為記録中國禪宗六祖惠能説法的《壇經》，自古以來就有不同的版本。其文字内容有不少差異。學界對此有共識。自20世紀20年代，敦煌文獻中發現《壇經》以來，中日學界幾乎全力以赴研究各種版本，成績斐然，大致弄清了敦煌本、法海本、惠昕本、契嵩本和宗寶本的關係。現行本的《壇經》是元代宗寶的修改本。筆者三年前發現，明代房山石刻的第一部經是《壇經》，以明代《永樂南藏》為底本。為什麽房山石刻到了明代才刻《壇經》？為什麽《壇經》到了明代（1368—1644年）才正式進入漢文大藏經？筆者多次與中外學者對此進行探討，不少研究佛教的學者也感到這是值得研究的問題。拙文只是初步探索，意在抛磚引玉，希望學界尤其是研究《壇經》、禪宗的學者能提供更多的思路，求得合理的解答。

主題詞　《壇經》　大藏經　《永樂南藏》　房山石刻　明代　趙琦美

前　言

2016年，承蒙北京房山雲居寺文物管理處的邀請，筆者有幸參加了“紀念房山石經與雲居寺創建1400週年暨中國佛教協會發掘拓印房山石經60週年國際學術討論會”。筆者向大會提交了“房山石刻明代刻經捐資者研究”的論文。拙文首先討論了《六祖壇經》的問題，限於篇幅，未能深入討論。近日再讀拙文，覺得還應繼續修訂。

由於學殖未充，本文只能提出問題，而如何解決問題，得出令人信服的結論，還得請各位專家學者指教。

《六祖壇經》是中國佛教最重要的著作之一，全稱《南宗頓教最上大乘摩訶般若波羅蜜經六祖惠能大師於韶州大梵寺施法壇經》，是佛教禪宗六祖惠能説，弟子法海集録的一部經典。其思想對禪宗乃至中國佛教的發展起了重要作用。中國佛教著作被稱爲“經”的，僅此一部。

2012年，明生法師主編的《六祖壇經研究集成》中，哈磊先生聲稱“在歷史文獻中曾有《壇經》收入宋藏及遼藏的記敘，但現存宋元藏經均未見收録。《壇經》明代始入藏經”。[①]柳田聖山認爲：“《六祖壇經》在宋初似乎曾一度入藏。傳説遼道宗出版大藏經時，把這本書與《寶林傳》燒毁，這證明宋代已經入藏。”[②]但是柳田聖山用了“似乎”二字，並没有把握。

---

* 作者單位為美國洛杉磯西來大學宗教係。

① 明生主編，《六祖壇經研究集成》，北京：金城出版社，2012年，第24頁。

② 柳田聖山，《〈六祖壇經諸本集成〉説明》，俊忠譯，見廣東新興國恩寺編，《〈六祖壇經〉研究》，北京：中國大百科全書出版社，2003年，第四册，第329—330頁。

本文提出的問題是：爲什麽大藏經到了明朝，大概是《洪武南藏》,[①] 才將《壇經》收進去？爲什麽以前的大藏經，如《開寶藏》《崇寧藏》《毗盧藏》《資福藏》《圓覺藏》《普寧藏》《趙城金藏》《磧砂藏》《高麗藏》，均無《壇經》的記載？據童瑋先生的《二十二種大藏經通檢》，《壇經》進入大藏經是《永樂南藏》（大致刻於1409—1419年）,[②] 後續的大藏經才收入了《壇經》。

筆者查閱了歷年來的《壇經》研究，學者們更多關心的是敦煌藏經洞發現的《壇經》，海外學者翻譯《壇經》，多採用敦煌本，認爲敦煌本是最原始的本子。早在上世紀八十年代，郭朋先生最先出版了《壇經校釋》，他在序言裏列了一個《壇經》的大致發展譜係（图11－1）。

郭朋先生説，這個圖表所列的《壇經》本子，多達十四種，其實，真正獨立的《壇經》本子仍不外乎敦煌本（法海本）、惠昕本、契嵩本和宗寶本這四種；其餘的都不過是這四種本子的翻刻本或傳抄本。[③] 日本學者柳田聖山主編了《六祖壇

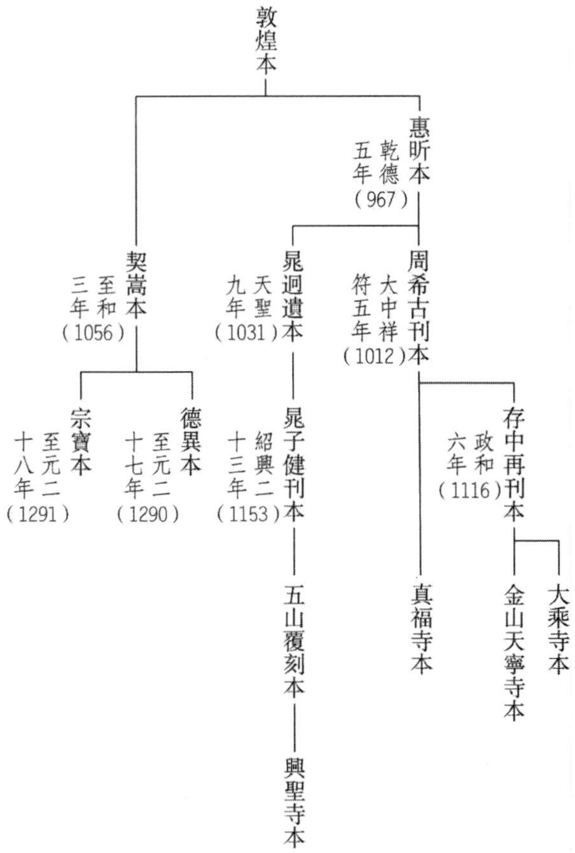

圖11－1　《壇經》版本譜係（重新绘制）

經諸本集成》，所列版本共十一種，它們是：

1. 敦煌本，英國倫敦大英圖書館，S.5475，一卷，手抄本；

2. 興聖寺本，京都堀川興聖寺，二卷，刻本；

3. 金山天寧寺本，日本東北大學附屬圖書館，二冊，手抄；

4. 大乘寺本，日本金澤市石川縣美術館，二貼，手抄；

5. 高麗傳本，日本福冈市穴山壽美子，一卷，刻本；

6. 明版南藏本，日本山口縣菊川町快友寺，刻本，“密”字一號；[④] 明版正統本，明正統四年（1439年），一冊，手抄；

7. 清代真樸重梓本，清丙辰年（1676年）刻，一卷；

8. 曹溪原本，清順治壬辰年重鋟，一卷；

9. 流布本，日本江戶時代（明末）寫萬曆甲申恆照齋書，手抄；

10. 金陵刻經處本，民國十八年（1929年），一卷，刻本。[①]

查柳田聖山先生的《六祖壇經諸本集成》，其“明南藏”的《壇經》第一版五頁均系歐體，後

① 查四川彭州菩提印經院於2000年翻印的《洪武南藏》和《四川省古籍善本聯合目録》，成都：四川辭書出版社，1989年，均無《六祖壇經》的記載。何梅近年編寫的《歷代漢文大藏經目録新考》，將《六祖壇經》列為“譽”，標有星號。北京：社會科學文獻出版社，2014年，第1206—1207頁。

② 童瑋，《二十二種大藏經通檢》，北京：中華書局，1997年，第404頁。

③ 郭朋，《壇經校釋》，北京：中華書局，2006年再版，第13頁。本書初版于1983年，存在一些不足。鄧文寬先生對此書有批評。《“壇經校釋”訂補》，載《文史》總第42期，中華書局，1997年，第83—104頁。

④ 柳田聖山，《六祖壇經諸本集成》，京都：中文出版社，1976年，見其表“六祖壇經諸本集成原本一覽”。千字文號誤寫為“寧”。

面幾個版頁全是仿宋體。末有題記：“東海佛弟子蔣顯捷捐刻壇經頌古，以續曹溪一派，而千佛慧命亦未出於斯也，捷豈不爲此中一數耶？謹跋。”[②] 此本顯然不同於太原山西省圖書館和天津圖書館藏的《永樂南藏》的《壇經》。筆者爲此專門去天津圖書館查了《永樂南藏》，並拍了照片。[③] 天津圖書館的《壇經》末没有捐資人題記。相傳《永樂南藏》在日本有若干套，此爲山口縣菊川町快友寺藏，備考爲“寧字一號”。第一版最後一個字“相”與接下來的仿宋體版重複了“相”字，顯然是兩個版本拼湊時的疏忽。千字文序號均爲“密”。另外，《六祖壇經諸本集成》的《明北藏》也非真正的明朝廷敕的正統五年或明神宗時敕的《永樂北藏》，而是一個抄本，每半版 8 行，每行 16 字。最後的題記是“大明正統四年歲次己未仲秋八月中元日”，正統四年即 1439 年。而《永樂北藏》則是每半版 5 行，每行 17 字，其初印本每函第一冊的禦牌題記是“正統五年”（1440 年）。從版式看柳田聖山的《明北藏》不是《永樂北藏》。

2002 年，廣東新興國恩寺編輯了《〈六祖壇經〉研究》一書，共五冊。第一冊是臺灣學者張曼濤編寫“現代佛教學術叢刊”裏的《六祖壇經研究論集》的重印本，臺北大乘文化出版社於 1976 年出版。在這五冊書裏，學者們探討《六祖壇經》的論文有 143 篇，多是有關版本的文章，並無專文探討《六祖壇經》與大藏經的關係。

白光博士在他的博士論文中則綜合了近百年學界和教界對《壇經》的研究，他根據經文字數將搜集到的 22 部《壇經》分爲三類：一卷本法海集記系列；二卷本惠昕所述系列；三卷本契嵩校勘系列。白光博士將三類《壇經》分別對應惠能

① 柳田聖山，《六祖壇經諸本集成》，京都：中文出版社，1976 年，“六祖壇經諸本集成原本一覽”。

② 柳田聖山，《六祖壇經諸本集成》，京都：中文出版社，1976 年，第 188 頁。

③ 2016 年 7 月去天津圖書館善本部查閱時，承蒙李國慶先生關照，多方協助，謹致謝忱。

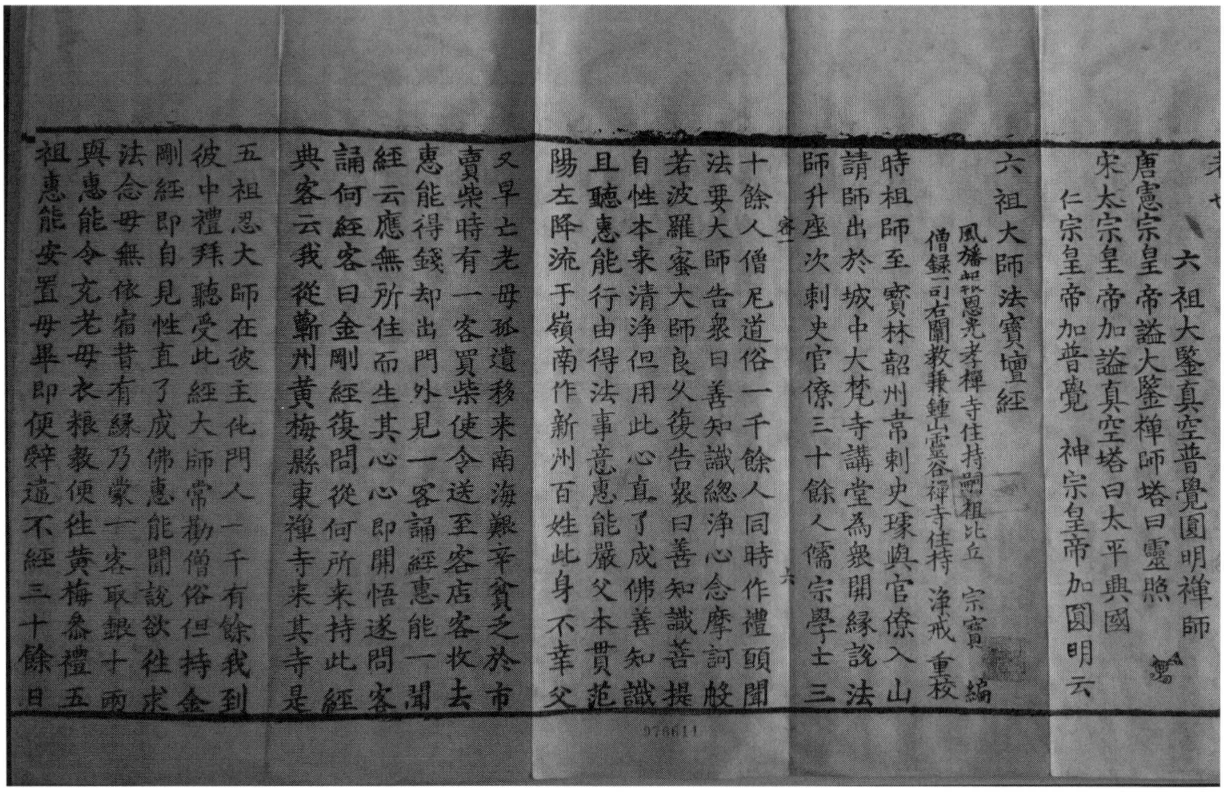
六祖大鑒真空普覺圓明禪師
唐憲宗皇帝謚大鑒禪師塔曰靈照
宋太宗皇帝加謚真空塔曰太平興國
仁宗皇帝加普覺　神宗皇帝加圓明云
六祖大師法寶壇經
風旛報恩光孝禪寺住持嗣祖比丘　宗寶　編
僧錄司右闡教兼鍾山靈谷禪寺住持　淨戒　重校
時祖師至寶林韶州韋刺史璩與官僚入山
請師出於城中大梵寺講堂為衆開緣說法
師升座次刺史官僚三十餘人儒宗學士三
十餘人僧尼道俗一千餘人同時作禮願聞
法要大師告衆曰善知識總淨心念摩訶般
若波羅蜜大師良久復告衆曰善知識菩提
自性本來清淨但用此心直了成佛善知識
且聽惠能行由得法事意惠能嚴父本貫范
陽左降流于嶺南作新州百姓此身不幸父
又早亡老母孤遺移來南海艱辛貧乏於市
賣柴時有一客買柴使令送至客店客收去
惠能得錢却出門外見一客誦經惠能一聞
經云應無所住而生其心心即開悟遂問客
誦何經客曰金剛經復問從何所來持此經
典客云我從蘄州黃梅縣東禪寺來其寺是
五祖忍大師在彼主化門人一千有餘我到
彼中禮拜聽受此經大師常勸僧俗但持金
剛經即自見性直了成佛惠能聞說欲往求
法念母無依宿昔有緣乃蒙一客取銀十兩
與惠能令充老母衣糧教便往黃梅參禮五
祖惠能安置母畢即便辭違不經三十餘日
978611

圖 11－2　天津圖書館藏《永樂南藏》

南宗發展的三個重要階段：法海集記《壇經》對應惠能南宗早期發展，即以神會系、無住系及法海系至悟真系爲代表將惠能豎立爲“頓教法”的時期。惠昕所述《壇經》對應惠能南宗的中期發展，即以馬祖系、石頭及神會至宗密系爲代表將惠能南宗轉化爲“見性法”的時期。契嵩校勘《壇經》對應惠能南宗後期發展，即以延壽系及契嵩系爲代表推動惠能南宗進一步加強“禪教融合”（或“三教融合”）的時期。① 本文作者讀了白光博士的論文後，很受啟發，獲益匪淺。

本文關注的是《壇經》收入大藏經很晚的問題，從幾個方面進行探討。

一、《洪武南藏》的編纂情況

朱元璋在南京登基建立明朝後不久，就開始考慮刊刻大藏經，洪武五年（1372 年）命四方名德沙門，集合於南京蔣山寺點校藏經。② 蔣山寺時爲金陵（南京）三大寺之一。洪武十四年（1381 年）其寺住持仲義奏遷蔣山寺及寶公塔於東崗，明太祖賜寺額曰“靈谷禪寺”，榜外門曰“天下第一禪林”，命度僧一千名，悉給度牒。贍僧田二百五十頃有奇。③ 該寺初建於晉，宋時改爲“太平興國寺”。明太祖召集名僧於此校點大藏經，顯然與該寺的廟舍、經濟實力等有關。點校藏經是一件大事，選地址必擇大寺，生活條件有保障，以利於高僧們集中精力點校，保證質量。

最後的校對工作，各宗乘的要籍編入，禪籍數種都是在洪武二十七年（1394 年）以後由淨戒重校。《新編高僧傳》四集卷第十九說：

淨戒定嚴者，亦字幻居，吴興人，年十一出家後至金陵，值覺源慧曇住天界，命居維那。……洪武丙子（1396 年）授左覺義兼主雞鳴，永樂初敕居靈谷，遷右闡教。④

《古尊宿語録》卷八淨戒題識：“大明□□改元己卯春，佛心天子重刻大藏經板，諸宗有關傳道之書制許收入。然吾宗雖不執語言文字，若《古尊宿語》諸録，實後學指南，又不可無者。乃依舊本謄録，重加校正，傳燈重複者去之，謹以六祖《壇經》列於首，‘南嶽’、‘馬祖’四家語繼之。而頤公所未收者，則采《廣燈録》諸書，以聯《尊宿語》。自南嶽至晦機等，又通得四十二家，共四十八卷。謹繕寫進刊，與經律論永久流通，故書此以識歲月云。越三年壬午（建文 4 年，1402 年）春，僧録司左講經兼雞鳴禪寺住持沙門幻居淨戒謹識。”⑤

“呂澂先生說《壇經》在‘用’函，因目前洪武南藏殘佚，没有發現‘用’函有的痕跡。呂澂先生的論斷，没法證實。北京有關方面複製《洪武南藏》，對這件事，也是沿用呂澂先生的説法。或許他那個年頭還看得見《洪武南藏》中有此《壇經》?”⑥

---

① 白光，《〈壇經〉版本譜系及其思想流變研究》，北京：宗教文化出版社，2013 年，導言，第 13—14 頁。

② 葛寅亮，《金陵梵刹志》，何孝榮點校，天津：天津人民出版社，2007 年，第 49 頁。

③ 同上，第 50 頁。

④ 《高僧傳合集》，上海：上海古籍出版社，1991 年，第 840 頁下。

⑤ 李富華、何梅，《漢文佛教大藏經研究》，北京：宗教文化出版社，2003 年，第 394 頁。這段淨戒的題記最早是何梅教授在《洪武南藏》的《古尊宿語録》卷八尾發現的。

⑥ 引自國家圖書館善本部主任李際寧先生的通訊，2019 年 7 月 8 日。又據李際寧先生，北京大方廣華嚴書局、北京華嚴古籍文化研究院、北京華嚴慈善基金會組織的華嚴修藏團隊，自籌資金，經過八年艱苦努力，終使《洪武南藏》得到修復，還原了它 600 年前的歷史原貌，並由文物出版社發行，出版後將分別贈送國家級圖書館、博物館，省級圖書館、博物館，國家級重點開放寺院以及部分高等院校圖書館收藏。另外，據呂澂先生，《壇經》在千字文的“用”字函。《呂澂佛學論著選集》，濟南：齊魯書社，1996 年，第 1477 頁。

《洪武南藏》經版毁於永樂六年（1406年）。[①] 2000年，四川彭州菩提印經院重印了《洪武南藏》。其目録雖然没有找到《壇經》，《四川省圖書館古籍善本聯合目録》也没有《壇經》的記録，[②] 但淨戒的題記和呂澂先生的記録可以相互佐證，《洪武南藏》應該是收了《壇經》的。可以肯定的一點是：《壇經》是到了明代才正式進入大藏經的。

二、明《永樂南藏》與《壇經》的宗寶本

大約是在永樂七年（1407年），明成祖就準備重刻，召集名僧善啟[③]等校勘底本。《永樂南藏》的《壇經》是由淨戒重校的，[④] 底本是元代僧人宗寶在至元二十八年（1291年）的本子，被稱爲宗寶本，也是通常的流通本。

白光先生詳細分析了《壇經》正文的數字，列了一份22部《壇經》經文的正文字數統計表。本文作者只選了白光博士論文中明清兩朝四部大藏經收的《壇經》的統計數字：

表11-1　四部大藏經收入《壇經》統計表

编號	經代稱	經版字數	正文字數
19	南藏淨戒本	9958	9826
20	明代北藏本	9927	9824
21	房山石刻本	9957	9826
22	清代龍藏本	9927	9825

從上表可以看出，淨戒重校的南藏本的正文字數與房山石刻本的數字相同。[⑤]

這個統計表充分説明了明南藏淨戒本《壇經》是房山石刻的底本。[⑥]

白光先生指出：

"南藏"的編校者處有"風播報恩光孝寺住持嗣祖比丘宗寶編、僧録司右闡教兼鐘山靈谷禪寺住持淨戒重校"，千字文編號為"密"，可見此本是以元代宗寶所編的《壇經》為底本校定的。經研究，此本《壇經》在初刻南藏中被淨戒編於《古尊宿語録》之前，《古尊宿語録》千字文編號為"譽"；後來因為初刻南藏有損毁，淨戒則加以重修，此時《古尊宿語録》編號為"勿"，而"密"字處在"勿"字之前。[⑦] 該南藏雖然以宗寶本為底本，但是亦有自己的特色，這主要表現在兩個方面：一方面只取惠能大梵寺傳法授戒這一《壇經》主體内容，在這一意義上，可稱為"短本

---

① 對《洪武南藏》經版是否全部損壞一事提出異議的有日本學者野沢佳美，Yoshimi Nozawa, *Mingdai Daizōkyō shi no Kenkyū: Nanzō no rekishigaku teki kenkyū* 明代大蔵経史の研究——南蔵の歴史學的基礎研究，Tokyo: Kyūko shoin, 1998；另見《明初的兩部南藏——再論從〈洪武南藏〉到〈永樂南藏〉》，綏遠譯，《藏外佛教文獻》，（第二編，總第十輯），北京：中國人民大學出版社，2008年，第443—459頁。中國西北大學的學者何穎也表示懷疑初刻南藏的經版是否全部被毁，見《有關〈永樂南藏〉論證的考辨》，《圖書館界》，2015年第4期（No. 4, 2015），第25—29頁。

② 《四川省圖書館古籍善本聯合目録》，成都：四川辭書出版社，1989年。

③ 善啟參加《永樂大典》的編纂和《永樂南藏》的編輯。見《大明高僧傳》卷四，《高僧傳合集》，上海：上海古籍出版社，1991年，第582頁下。該頁有"蘇州延慶寺沙門善啟傳"。説他曾"應詔纂修永樂大典併教大藏經"。

④ 見童瑋先生的《二十二種大藏經通檢》，北京：中華書局，1997年，第404頁，《六祖壇經》一卷，（唐）惠能説，法海集，（元）宗寶重編，（明）淨戒重校。

⑤ 白光，《〈壇經〉版本譜系及其思想流變研究》，北京：宗教文化出版社，2013年，第2—3頁。

⑥ 《永樂南藏》本和房山石刻的《壇經》都有"風播報恩光孝寺住持嗣祖比丘宗寶編、僧録司右闡教兼鐘山靈谷寺住持淨戒重校"，千字文編號為"密"。

⑦ 李富華、何梅，《漢文佛教大藏經研究》，北京：宗教文化出版社，2003年，第382—394頁。

《壇經》"；另一方面對於該主體部分也有比較深入的修訂。關於修訂部分，特别體現在"往生西方"與"自性三身佛"方面，前者反映了淨土信仰在明代的盛行及其對禪宗和《壇經》的影響，後者則是《壇經》理論水準逐步提高的表現。①

《永樂南藏》淨戒本、《永樂北藏》本、房山石經本和《清敕修大藏經》（即《龍藏》）的《壇經》自成一系。它們的共同特點在於其經的正文只有惠能在大梵寺傳法授戒及回答刺史疑問的部分。

白光先生指出，在《永樂南藏》淨戒本的《壇經》形成後不久，《永樂北藏》重校後收入其中，而《永樂北藏》的《壇經》本後來又經校改被收在《乾隆大藏經》。淨戒校對的《壇經》本除了對官版大藏經的《壇經》影響深遠外，對私版藏經的刊刻也有著直接或間接的影響，房山石經所收録的《壇經》便是其中的代表。②

白光的博士論文還提供了兩個表格，現轉抄録如下：

表 11－2　房山石經本與明版南藏本的差異統計表

	數額	比例%
明版南藏本與房山石經本的不同	2	0
明版南藏本與房山石經本的相通	133	1
明版南藏本與房山石經本的相同		99

表 11－3　房山石經本與明版南藏本的明顯差異

	明版南藏本	房山石經本	其他本
1	蒙師付法今已得悟	蒙師付法今已得悟	蒙師付法今已得悟
2	智慧化爲上界愚癡化爲下方	智慧化爲上方愚癡化爲下方	智慧化爲上界愚癡化爲下方

白光指出，從兩處文句看，由於不同的字並不影響文意，房山石經本與明版南藏本有 133 處文字相通的地方，而且在這些相通的地方，房山石經本的用字比明版南藏本要統一。比如，房山石經本只有"蜜"而没有"密"，只有"礙"而没有"碍"，只有"歎"而没有"嘆"。③

三、為什麼《壇經》到了明朝才收入大藏經？

前面學者説過："在歷史文獻中曾有《壇經》收入宋藏及遼藏的記敘，但現存宋、元藏經均未見收録。"

藍吉富先生指出："遼代（道宗時）曾敕令焚燬《六祖壇經》與《寶林傳》等書經版，將它們自大藏經録中除名。"④ 藍吉富先生提供了一條線索。

查《佛祖統紀》卷十四，有下列記録：

古之所謂禪者。藉教入禪者也。今之所以禪者。離教説禪者也。離教者。執其名而遺其實。藉教者。因其詮而得其旨。救今人矯詐之敝。復古聖精純之道。珠公論辯斯其至焉。近者遼國詔有司。令義學沙門詮曉再定經録。世所謂六祖壇經寶林傳等皆與焚棄。而比世中國禪宗章句多涉異端。⑤

---

① 白光，《明代大藏版〈壇經〉源流略釋》，未刊稿，承蒙借閲，謹致謝意。

② 白光，《〈壇經〉版本譜系及其思想流變研究》，北京：宗教文化出版社，2013 年，第 153 頁。

③ 同上，第 154 頁。

④ 藍吉富，《刊本大藏經之入藏問題初探》"，《中華佛學學報》，第 13 期，2000 年，第 167—178 頁；《佛祖統紀》卷 14，《大正藏》冊 49，頁 223 下；高雄義堅著，陳季菁譯，《宋代佛教史研究》，第 92 頁，《世界佛學名著譯叢》冊 47，1987 年，臺北：華宇版。

⑤ http：//tripitaka. cbeta. org/T49n2035 _ 014.

加州大學柏克萊分校東亞系的佛學專家路易斯？藍卡斯特教授也注意到了《高麗藏》的情况。高麗高宗十九年（1232 年），蒙古軍入侵高麗，所有原雕版片毀損於戰火。二十三年（1236 年）重新恢復刊刻，由高麗僧守其（1214—1259 年）主持，相互校勘《高麗藏》初雕本、《開寶藏》及《契丹藏》，是爲《再刻高麗大藏經》。在此之前，高麗僧人義天（1055—1101 年）注意到了大量的非印度僧人的論述和其他文獻的重要性，很可惜的是這些文獻没有入藏。由於人們缺乏保存文獻的意識，義天擔心它們會散失。他盡可能收集了這些非印度僧人撰寫的文獻，並將這些文獻雕刻成印版。這樣，一大批東亞有學問的出家人撰寫的著作就能夠和印度梵文翻譯過來的佛經一樣保存下來，義天對自己的傑作感到由衷的自豪。然而，高麗僧守其接替了校勘和編輯《再刻高麗大藏經》的工作後，完全不理會義天編寫的目録，而主張用《開元釋教録》，把義天增加的部分省略了。義天擔心的事不幸發生了，他收集的許多文獻亡佚了。①

從《再刻高麗藏》審視《壇經》，既然守其恪守《開元釋教録》，就不大可能收《壇經》入大藏經。惠能又作慧能，是一位漢傳佛教禪門南宗祖師，與北宗神秀大師分庭抗禮，世稱禪宗六祖。其生卒年代是公元 638 年至 713 年。而《開元釋教録》是由唐代僧人智昇編於開元十八年（730 年）。這時惠能已經去世十七年了，但惠能作爲禪宗六祖的地位並未建立起來，其影響有限，《壇經》作爲中國僧人的著作，《開元釋教録》更重視從印度傳入的佛經，没有收入《壇經》是有其理由的。

禪宗的宗旨，是“教外别傳，不立文字，直指人心，見性成佛”。既然不立文字，就不在乎是否入藏。加拿大學者冉雲華先生指出：“這一段話如果被當作是宗門公案，目的在於引導禪者頓悟成佛，促成解脱，自然不必去作文字推敲、尋根溯源，只要能達到宗教目的，管他是誰所説，是真是假。”② 禪宗的這種忽略文字的態度就使得他們對禪宗文獻入藏的積極性打了折扣。

現已發現的《壇經》分屬唐、宋、元三個朝代編訂，一爲法海集本（即敦煌本和敦博本），二是惠昕述本，三爲契嵩改編本（已佚，或即“德異本”），四是宗寶校編本（簡稱“宗寶本”）。

《壇經》自從問世起，就不斷經歷增刪的過程。最早提到《壇經》的是唐朝的南陽慧忠禪師（卒於 775 年）。他説他見過兩種《壇經》：“吾比遊方，多見此色，近尤盛矣！聚卻三五百眾，目視雲漢，云是南方宗旨，把他《壇經》改换，添糅鄙譚，削除聖意，惑亂後徒，豈成言教？苦哉！吾宗喪矣！”③ 此時爲惠能圓寂後五十多年。

元和十三年（818 年），洪州道一弟子大義卒，韋處厚爲其撰《碑銘》，再次批評荷澤禪系，謂神會之徒“迷真，桔枳變體，竟成《壇經》傳宗”。④ 自此以後，洪州禪系發起了一次重新解釋《壇經》的運動。

日本京都堀川興聖寺藏有《六祖壇經》，此本前面有手抄《六祖壇經》序，首行云：依真小師邕羅秀山惠進禪院沙門惠昕述。

惠昕在《六祖壇經》序中説：

> 故我六祖大師，廣為學徒直説見性法門，總令自悟成佛，目為《壇經》，流傳後學。古本文繁，披覽之徒，初忻後厭。……於思迎塔院，分為二卷，凡十一門，貴接後來，同見佛性者。⑤

何照清教授認爲，這就是人們所稱的“惠昕本”。有關“古本文繁”的問題，説明《壇經》

---

① Lewis Lancaster, *The Korean Buddhist Canon: A Descriptive Catalogue*, Berkeley: University of California Press, 1979, xiv - xv.

② 冉雲華，《禪宗見性思想的發展與定性》，《中華佛學學報》，第 8 期，第 59—75 頁，1995 年。

③ 釋道原，《景德傳燈録》，卷二十八，《大正藏》，第 51 册，第 437—438 頁。

④ 《全唐文》，卷 715。

⑤ 見《興聖寺本》，柳田聖山，《六祖壇經諸本集成》，京都：中文出版社，1976 年，第 49 頁。

的流傳曾經過從繁到簡的修改過程，更改是早已公認的事實。①

元朝比丘德異的《壇經》序説：

> 惜乎壇經為後人節略太多，不見六祖大全之旨。德異幼年嘗見古本，自後遍求古本三十餘載，近得通上人尋到全文，遂刊於吴中休休禪庵。與諸勝士，同一受用。②

何照清教授指出，比丘德異自謂幼年曾見到“古本”，然而這些“古本”可靠與否也是很大的疑問，更有甚者，乾脆根據流行的不同本子，結合自己的心得加以“改造”，元朝的宗寶本就是一個例子，宗寶這樣説明自己增删的原則：

> 余初入道，有感於斯，續見三本不同，互有得失，其板亦漫滅，因取其本校讎，訛者正之，略者詳之，復增入弟子請益機緣，庶幾學者得盡曹溪之旨。③

禪宗本來是不重視文字的，爲什麽後來演變得對文字如此字斟句酌呢？印順法師回顧了從不重視文字到重視文字的變化，他指出：

> 禪者是不重文記的，所以雖知道有這部《壇經》，也没有過分的重視。等到悟真本傳入京洛，神會門下利用這次第傳授，而加強其意義。以“稟承壇經”，為“南宗弟子”的依約，補充付法統系而成為“壇經傳宗”本。這一偏重文字，偏重形式的傳授，受到洪州門下的抨擊，然《壇經》也就從此大大的傳開了。④

何照清教授認爲，《壇經》的内容、文字和形式、版本等之受重視有其複雜因素，從一開始《壇經》版本之所以形成紛爭，可説是與法統之爭有一定關係。⑤

我們再回到明代的《永樂南藏》。官刻大藏經最後是皇帝欽定的。《壇經》的本子出現這樣多元的情况，到底選哪一個本子呢？哪一個是最正宗的本子？正是由於有多個版本的原因，使編輯大藏經的高僧們感到爲難，選任何一個本子都會帶來爭議，因此明代以前參與編輯大藏經的高僧都没有收《壇經》入藏，遼代甚至還發生毁掉《壇經》的事件。高麗僧守其也是由於這個原因，爲了保證大藏經的正藏收的是印度佛教正宗的著作，因而拒絶收入《壇經》和非印度僧人的著作。

大概到了元明時期，《壇經》逐步得到了社會的廣泛承認。明太祖朱元璋（1368—1398 年在位）滅元以前曾出家爲和尚，他登皇位後即發起了點校刊刻《洪武南藏》。朱元璋是貧苦人家出身，據説文化不高，對佛教高深的義理恐怕瞭解有限，不過他應該是熟悉這部中國出家人編寫的《壇經》的，讀《壇經》至少比讀義理深奥的佛經容易些。有皇帝欽定《壇經》，就爲參與《洪武南藏》編纂的僧人消除了各種顧慮。也許這個《壇經》的本子就是朱元璋曾經讀過的本子。這大概就是明官藏收了《壇經》的原因之一。明太祖死後四年，朱棣（明成祖，1403—1424 在位）奪得皇位後，處處都要表現他是朱元璋的孝子，既然先帝住持的大藏經有《壇經》，成祖住持的大藏經也就順理成章地收入了《壇經》。

明成祖在位期間，下令編纂了《永樂大典》。《永樂大典》有兩條《壇經》的記録，而且解釋

---

① 何照清，《〈壇經〉研究？法的反省與拓展——從《〈壇經〉的版本考證談起》，見《從印度佛學到中國佛學：楊惠南先生七十壽慶論文集》，臺北：華藝學術出版，2011 年第 7 頁。

② 《高麗傳本》，柳田聖山，《六祖壇經諸本集成》，京都：中文出版社，1976 年，第 115 頁。

③ 《曹溪六祖壇經》，明代泰倉禪師刻本，廣東南華寺印本，2002 年，第 71 頁。

④ 印順，《中國禪宗史》，臺北：正聞出版社，1971 年，第 269 頁。

⑤ 何照清，“《壇經》研究方法的反省與拓展——從《壇經》的版本考證談起，”http：//www.fodian. net/hanchuan/tanjingyjff. pdf，第 10 頁。

這些術語時多少有融合儒道釋的情况：①

1.《永樂大典》卷 10812/13B，鬻薪養母：六祖壇經　六祖少孤，及長家益貧，乃鬻薪奉母。一日過市廛，聞客頌金剛經，至“應無所住，而生其心”，即開悟。②

2.《永樂大典》卷 14707/15A，悟了自度：六祖壇經云，祖因五祖忍禪師送至九江驛邊上船，能即把艫。五祖云：“合是吾度汝。”能云：“迷時師度。悟了自度。”③

由於《永樂大典》系解縉和少師姚廣孝作主編，《壇經》的詞條進了《永樂大典》，那麼進入大藏經就不會有多大問題。姚廣孝（1335—1418年），法名道衍，是明初政治、佛教史上的重要人物，是“靖難之變”的策劃者、推動者。曾出任僧録司左善世。永樂年間，監修《太祖實録》，纂修《永樂大典》。據學者研究，《永樂南藏》的雕造是在僧録司的領導下進行的。④ 那麼，姚廣孝參與其事是有可能的。

呂澂先生論述《明初刻南藏》時指出：“《初刻南藏》收入禪宗語録一類的書較多，啟發了後來的刻藏向這一方面大大的發展，這也是值得注意的。”⑤ 後來民間發起的刻《嘉興方冊大藏經》的倡刻者紫柏、密藏，都很注意搜集藏外著述，開版以來即陸續刻出，所以後來匯成龐大的續藏、又續藏，將以往大藏“未收疏論，皆收梓於藏中，印施於海內”。筆者曾在2015 年撰寫了一篇《〈刻藏緣起〉、其多位作者與〈徑山方冊大藏經〉》，文中對《徑山方冊大藏經》的特色做了敘述：

由於正藏是皇帝欽定，臣下不能逾越，所以《嘉興藏》的正藏仍保持《永樂南藏》和《永樂北藏》的部數，仍為1676 種，因此要表現特色首先是它的續藏 95 函，收藏外典籍 248 種，約 3800卷。又續藏 47 函，續收藏外典籍 318 種，約 1800卷，這就把《洪武南藏》、《永樂北藏》沒有收到的宋元佛典比較完備地作了一次力所能及的補充。其次是把《永樂北藏》以後明人所作的佛經疏釋、語録、佛教詩文補充了進去，增加了許多內容。許多單行著作，流通不多的明人佛學著述，均因此保存下來了。清代雍正和乾隆年間刻《龍藏》，清人有清人的眼光和取捨的尺碼，他們認為有違礙的明人佛學著述就没有收，這樣一來便形成了《嘉興藏》最獨有的特色，即《永樂北藏》未收，而清代《龍藏》因種種原因未收，唯有《嘉興藏》獨有，這就不能不引起學者們的注意了。⑥

據李富華和何梅教授的研究，《徑山方冊大藏經》中收入的中國佛教著述多達532 種，其中禪師語録大約有 270 種，超過了續藏、又續藏收録典籍總數的一半，其次是禪宗的史傳著作，其數量也不少，如《禪林僧寶傳》《教外別傳》《居士分燈録》《五燈會元》《指月録》《增集續傳燈録》《續燈存稿》《南嶽單傳記》《錦江禪燈》等等，以及《碧岩集》《正法眼藏》《林間録》《石門文

① 明成祖即位後，為整理知識，令解縉等人修書。編撰宗旨：“凡書契以來經史子集百家之書，至於天文、地誌、陰陽、醫蔔、僧道、技藝之言，備輯為一書，毋厭浩繁！”過程召集 147 人，首次成書於永樂二年（1404 年），初名《文獻集成》；明成祖過目後認為“所纂尚多未備”，不甚滿意。永樂三年（1405 年）再命太子少傅姚廣孝、解縉、禮部尚書鄭賜監修以及劉季篪等人重修，動用朝野上下共2，169 人編寫。五年（1407 年）定稿進呈，明成祖看了十分滿意，親自為序，並命名為《永樂大典》。感謝白光先生的提示。

② 《永樂大典》，北京：中華書局，1998 年，第 5 冊，第 4435 頁。

③ 《永樂大典》，北京：中華書局，1998 年，第 7 冊，第 6644 頁上。

④ 李富華、何梅，《漢文佛教大藏經研究》，北京：宗教文化出版社，2003 年，第 408 頁。

⑤ 呂澂，《呂澂佛學論著選集》，濟南：齊魯書社，1996 年，第 1479 頁。

⑥ 龍達瑞，《〈刻藏緣起〉、其多位作者與〈徑山方冊大藏經〉》，見《刻本大藏經研究的回顧與展望：徑山藏國際學術研討會論文集》，杭州：徑山禪寺，2015 年，第 70—94 頁。

字禪》等其他的禪宗著作。[1]

這樣看來，到了明代，大藏經編輯過程中的尺度有了變化，從《洪武南藏》起，中國僧人的著述開始進入大藏經。由於《壇經》收進了《洪武南藏》，以後有更多的中國佛教徒的著作收入了大藏經。這也是研究大藏經發展史應該注意的。

四、房山石刻的《六祖壇經》

房山石經在明代刻經書目很少，約十二部，第一部經就是《六祖壇經》（圖 11－3）。時爲明神宗四十八年（1620 年），即明神宗死的那一年。捐資人是江蘇常熟人趙琦美。

趙琦美撰寫了題記，抄録如下：

道本無言，壇經非言耶，言則道晦矣。壇經毋乃為蛇之足乎？蓋添蛇之足則不蛇，而去蛇之腹則不足矣。何也？蛇以腹行，則腹足也。道以言晦，則誠足矣，而道□□□則亦腹言也，故明其義則壇經為行蛇之腹，而泥其詞則壇經為足腹之蛇。其於面壁之宗又添□種注腳。然則讀是經者，通其運腹之旨，毋甘從附足之蛇，則壇經雖言而鑿師無口矣，此美向梓壇經跋語也，今復鐫石藏白帶山，不得更有言矣，有言則不止足蛇，且未架屋疊牀益晦本真矣。請重宣原跋於後。

旹萬曆四十八年歲在庚申六月吉旦

海虞清常道人趙琦美

閬中學人真靜書丹

六洞一九三[2]

趙琦美（1563—1624 年），原名開美，字仲朗，一字如白，號玄度，一作元度，自號清常道人。常熟（今屬江蘇）人。其父是趙用賢（1535—1596 年）。趙用賢於隆慶五年（1571 年）中進士，選庶吉士。趙琦美以父蔭補官太僕丞，南京都察院照磨、太常寺典簿、都察院都事、

① 李富華、何梅，《漢文佛教大藏經研究》，北京：宗教文化出版社，2003 年，第 507 頁。

② 北京圖書館金石組和中國佛教圖書文物石經組，《房山石經題記彙編》，北京：書目文獻出版社，1987 年，第 619—620 頁。另陳燕珠，《房山石經題記彙編》，臺北：覺苑出版社，1995 年，第 476 頁。

圖 11－3－1　趙琦美捐資的房山石刻《六祖壇經》（局部）

圖11-3-2　趙琦美捐貲的房山石刻《六祖壇經》（局部）

遷刑部郎中。他是明代著名的藏書家，錢謙益説他“天性穎發，博聞彊記，……網羅古今載籍，……朱黄讎校，移日分夜，窮老盡氣，好之之篤摯，與讀之之專勤，蓋近古所未有也。……尤深信佛氏法，所至以貝葉經自隨。正襟危坐而卒，享年六十有二。”① 趙氏家族系江蘇常熟望族，其父趙用賢也是藏書家。趙琦美刻《壇經》，底本用《永樂南藏》，在“六祖大師法寶壇經”經名後，有“風旛報恩光孝寺住持嗣祖比丘宗寶編”，後面有“僧録司右闡教兼鐘山靈谷禪寺住持淨戒重校”一句。這是《永樂南藏》的題記。趙琦美所刻房山石經雖然是以《永樂南藏》爲底本，題下重校人改爲“明盩厔住山比丘圓載、西吴學人真程同校”，時爲萬曆四十八年（1620年），即明神宗的最後一年。真程大概也是勸募鎸刻房山石經的重要人物，可惜的是，他和圓載兩人的資料很少。

結　語

多年來，學者們圍繞《六祖壇經》的版本問題，展開了大量的討論。但似乎忽略了《壇經》與大藏經的關係，拙文僅初步討論了《壇經》與大藏經的關係問題。這個問題遠遠沒有解决，還需要進一步探討。

參考書目

1. 白光，《〈壇經〉版本譜系及其思想流變研究》，北京：宗教文化出版社，2013年

2. 白光，《明代大藏版〈壇經〉源流略釋》，未刊稿

3. 北京圖書館金石組和中國佛教圖書文物石經組，《房山石經題記彙編》，北京：書目文獻出版社，1987年

4.《曹溪六祖壇經》，明代泰倉禪師刻本，廣東南華寺印本，2002年

5. 杜繼文、魏道儒，《中國禪宗通史》，南京：江蘇古籍出版社，1995年

6. 傅璿琮、謝灼華，《中國藏書通史》，寧波：寧波出版社，2001年

7.《高僧傳合集》，上海：上海古籍出版社，1991年

8. 葛寅亮撰，《金陵梵刹志》，何孝榮點校，天津：天津人民出版社，2007年

9. 郭朋，《壇經校釋》，北京：中華書局，1983年初版，2006年再版

10. 廣東新興國恩寺編，《〈六祖壇經〉研究》，全五册，北京：中國大百科全書出版社，2003年

11. 河北禪學研究所主辦，《中國禪學》第一卷，第二卷，第四卷，北京：中華書局。

12. 何梅，《歷代漢文大藏經目録新考》，北京：社會科學文獻出版社，2014年

13. 何穎，《有關《永樂南藏》論證的考辨》，見《圖書館界》，2015年第4期（No. 4，2015）

14. 何照清，《〈壇經〉研究方法的反省與拓展——從〈壇經〉的版本考證談起》，見《從印度佛學到中國佛學：楊惠南先生七十壽慶論文集》，臺北：華藝學術出版，2011年

15.《刻本大藏經研究的回顧與展望：徑山藏國際學術研討會論文集》，杭州：徑山禪寺，2015年

16. 藍吉富，《刊本大藏經之入藏問題初探》，《中華佛學學報》，第13期，2000年

17. 李富華、何梅，《漢文佛教大藏經研究》，北京：宗教文化出版社，2003年

18. Lancaster, Lewis. The Korean Buddhist Canon: *A Descriptive Catalogue* , Berkeley: University of California Press, 1979

19. 藍吉富，《刊本大藏經之入藏問題初探》，《中華佛學學報》，第13期，2000年

20. 柳田聖山，《六祖壇經諸本集成》，京都：中文出版社，1976年

21. 欒貴明，《永樂大典索引》，北京：作家

① 錢謙益，《牧齋初學集》，上海：上海古籍出版社，2009年，第3册，第1536—1538頁。

出版社，1997 年

22. 呂澂，《呂澂佛學論著選集》，濟南：齊魯書社，1996 年

23. 明生主編，《六祖壇經研究集成》，北京：金城出版社，2012 年

24. Nozawa，Yoshimi. *Mingdai Daizōkyō shi no Kenkyū：Nanzō no rekishigaku teki kenkyū* 明代大藏経史の研究——南蔵の歴史學的基礎研究，Tokyo：Kyūko shoin 汲古書院，1998.

25. 野沢佳美，《明初的兩部南藏——再論從〈洪武南藏〉到〈永樂南藏〉》，綏遠譯，見《藏外佛教文獻》，（第二编，總第十輯），北京：中國人民大學出版社，2008 年

26. 錢謙益，《牧齋初學集》，上海：上海古籍出版社，2009 年

27.《欽定四庫全書總目》（整理本），中華書局，1997 年

28. 冉雲華，《禪宗見性思想的發展與定性》，《中華佛學學報》，第 8 期

29.《四川省圖書館古籍善本聯合目録》，成都：四川辭書出版社，1989 年

30. 童瑋，《二十二種大藏經通檢》，北京：中華書局，1997 年

31. 印順，《中國禪宗史》，臺北：正聞出版社，1971 年

32.《永樂大典》，北京：中華書局，1998 年

天书与北齐石经

〔日〕北岛信一　魏广平 译

摘　要　至今汉字文化圈的文字史研究以汉字为中心，对书法的特性，从政治、文化、民族方面开展综合研究，取得了一定成果。笔者从日本书法史研究实践中亲身感受到极有必要以新的国际性的视野，把汉字历史研究延伸到日本、印度。在古代，各个国家都有神祇天语·天书的概念，即为了与神祇交流产生的语言和文字，因而世界各国孕育出各种各样的文字、书体、书法。在中国和日本，依靠国家威权诞生了文字神话和传说，发展了毛笔书法。鸟书、双钩书、飞白书、一笔书是具有代表性的体现。它们还被刻在岩石上，与祭祀有着千丝万缕的联系。

关键词　天书　楷书　瑞应书　石经　螭首龟趺碑　自然崇拜

一、日本的天书思想和假名神话

笔者最近在《聚美》杂志31—34期连载发表了《假名神话》①。在没有文字的原始社会，日本人创造了“神道”方式的口头语言体系，它使得日本人形成了一种独特的世界观。到了五六世纪，日本人引进中国汉字，于是开始融合“日本神道”的世界观和中国的“天书思想”。7世纪中期，终于形成了日本的天书思想。从8世纪末到9世纪初，通过简化汉字，完成了假名（平假名源于汉字的草书，片假名源于汉字的部首）。在9世纪，假名的写法出现了连笔书体，到9世纪中期形成了“连绵假名”书体（图12－1）。

连绵假名书体与中国草书有着密切的关系。无须讳言，这个书体形成过程中一直存在政治庇护的背景。我在《假名神话》一文中指出，一是至少有两种假名神话，二是那两种假名神话和政治有密切关联，它巩固了“藤原文化”的基础。

先介绍“假名神话”。

1. 水茎神话

语言和文字表达意思的单词，在日语中固化为日本汉字词汇“言葉”。究其词源，诸说纷纭。笔者认为它源于远古的驱邪除秽神社仪式。至今我们还可以看到神社的“神官”在节日的各种仪式，甚至企业的成立、大楼奠基仪式上，用带树叶（葉）的树（榊）枝做驱邪祝福仪式。自古以来，日本人认为任何生物（包括动物、植物）都附有其神灵、祖灵、精灵，这些众多的“灵”会通过树葉使得“天·神界”与人间界达到无所不及的交流，人间的交流也有赖于由此而来的“言葉”。“天·神界”的声音语言（天语）通过它的文字“天书”与“人间界”声音语言（人语）的文字（汉字、假名）达到天地间的意思沟通；山川、岩石以及自然界的风、云等各种现象也是神灵降临的“天道”；而鸟、四神（青龙、白虎、朱

① 北島信一．新たに見えてきた仮名の歴史（一〇至一三）《聚美》31—34号〔J〕．2019—2020.

雀、玄武）等灵兽则负有传令的使命，共同构成了“天语”与“人语”的沟通载体。这是日本人形成于5世纪的语言观和文字观，自此开始了正式使用汉字的历史。在研究文字起源时，不能忽视这种天语·天书思想的历史背景，后文还将揭示它在中国·日本文字石刻中的表现形式（图12－2）。

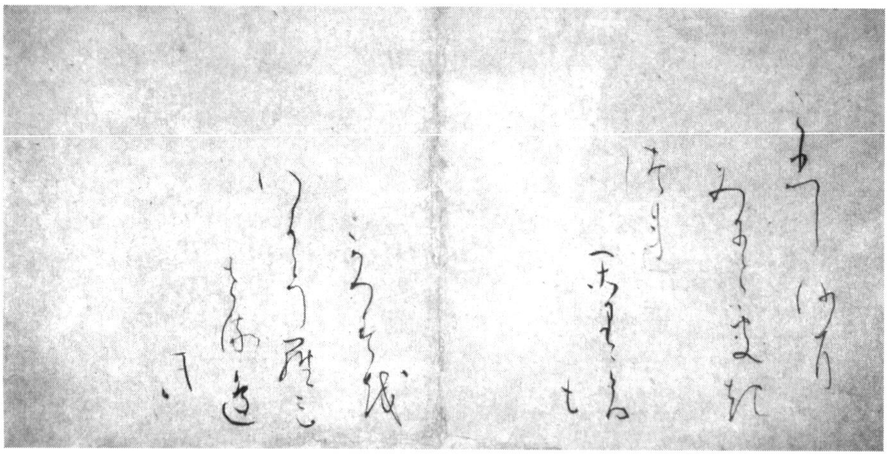

图12－1 写在继色纸的文字

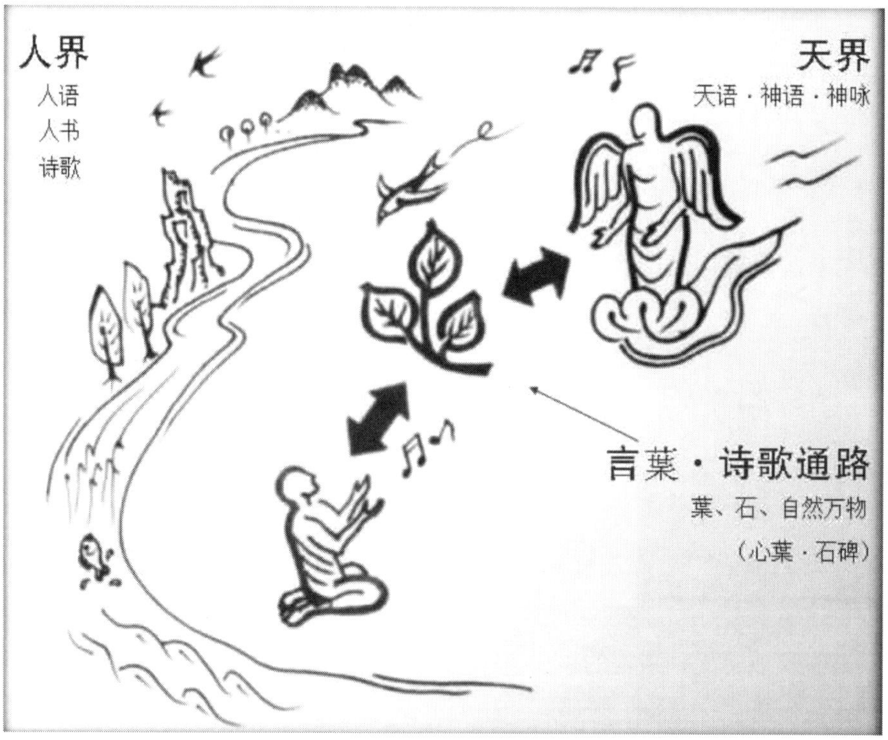

图12－2 天语、天书与人语、人书相互关系概念图（笔者制作）

下列书籍中随处可以看到水茎神话。《古今和歌集》假名序（905年）《大井川行幸和歌》序（10世纪初）《天禄三年规子内亲王前栽歌合（女四宫歌合）》（972年）《永承五年丽景殿女御延子歌绘合》（1050年），这些书籍中的和歌都有以大自然为舞台的假名神话，大意如下：

和歌（日本歌谣）好像以心情为种子从嘴里出来的“语言”一样。开天辟地以来，就有了歌声，所有动物都有自己的歌。神也和人类一起咏唱自然，歌声能让大家身心愉悦。吟歌和书写要有清澈的眼睛和心情，映着倒影的水面为“水镜”。用清澈的眼睛和心情作出的和歌，以连绵书体写就的假名，如山间溪水绵延不断，像砾石聚成砾岩，使后世珍惜怀念。

鸟迹的根据是日本、中国的鸟神传说和仓颉传。通过咏叹自然万象，日本人感觉到神仙的灵验。本来“水镜”是一种古代咒术，具有看透真实的神奇力量。另外，“鉴”字也是表示“水镜”的象形文字。日本的水镜习俗可以上溯到绳文时代（公元前300年左右）。和歌和假名继承这个传统，进入10世纪，影映在水镜上的自然万象，以假名表记，因而假名被称为“水茎”。

日本假名的连笔书体与中国传统的一笔书有着密切关系，存在于“天、神、佛”之中。古代日本人认为神仙在河流上游，人们吟咏和歌（日本传统诗型）歌颂美好的河边和大自然风景。连笔书体写的假名，好像川流和万物一样，和歌使人和神仙融成一体。因此假名是礼法书体的具象。

当时，假名是日常实用文字，虽然不适合公文但是适合写和歌。另一方面，如上述，和歌与神仙世界有密切的关系，于是9世纪后半期假名的地位渐渐提高，在905年，终于首次完成了用假名写的敕命和歌集：《古今和歌集》。

2. 风与扇子的神话

《能宣集》（921－991年）、“天禄四年（973年）圆融院，资子内亲王乱碁合，同负态扇合”、“天喜四年（1056年）皇后宫宽子春秋歌合”等，都有以下神话：“吟咏和歌时，摇扇风始吹，心葉如树葉，汇成‘言葉’飘飘向空中，荡漾在被人们称为‘歌神’的住吉大社、玉津嶋大社等神社所在的海滨、湖畔、河边，其间的芦苇、小鸟随着和歌的‘言葉’起舞。由苇葉、鸟带来的文字与和歌作者心中浮现的‘心葉’汇合，成就了一首和歌。”如此和歌作者的“心葉”通过“言葉”向神祇表达心声。

图12－3　久能寺法华经随喜功德品（1142年）

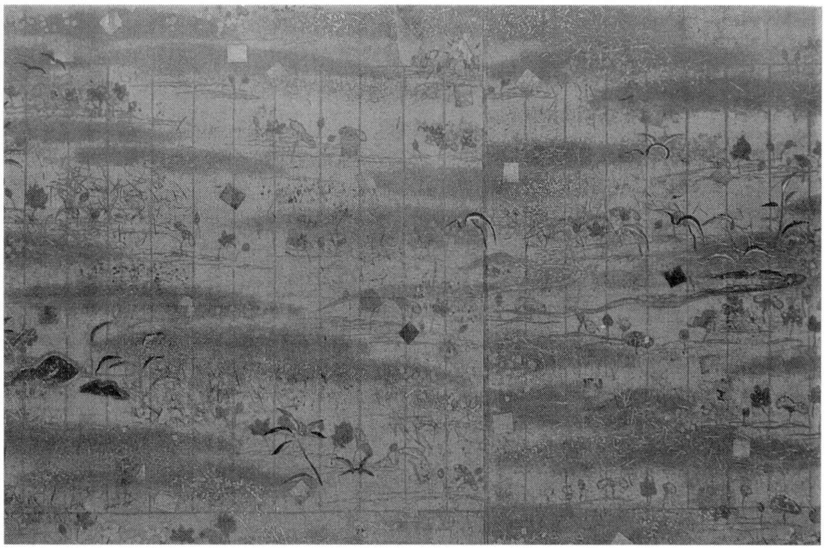

图12－4　久能寺法华经随喜功德品

所以日本书道把写得像河边乱苇或飞鸟怪石等表达心(葉)声的书体称为“葦手”。就假名的特殊瑞应书体书法而言，在当时通行书体中，除了“葦手”，还有“男手”（多数假名之间不连贯，追求厚重的氛围，主要由男性文人书写）和“女手”（写得轻飘连绵假名书法。9世纪多用女性文人书写。后来轻飘连绵假名成了主流，男性文人亦与之趋同）；被写成好似花、红叶、玉石、（神道）溪流、织女在银河边上纺出的丝线的假名书法，成为一种日本式的瑞应书（图12－3—4）。

日本在7世纪产生了与中国、高句丽、百济、新罗以及印度（佛教）的天书思想比肩、有自己特色的天书思想。到了9世纪初，空海在其著作中记载了中国、印度的语言学、音韵学、天书思想，还介绍了各种瑞应书。他在当时提出的日本书法理论无懈可击，建立了包括中国书法在内的天语、天书理论基础。直到9世纪中叶以降，宫廷贵族、上层文人根据中国书法和日本独特的语言感觉，假名与日本神仙渐渐接近，终于完成了把引进的中国汉字融入日本多神信仰的语言文字的过程。

假名与神祇的联系的背后存在举行祭神仪式的掌权者，就是藤原家族。假名的发达对藤原一族掌权大有益处。在古代，文字与祭神政治浑然一体，文字是掌握政权的一种武器，不仅在日本，在中国也是一样。

从具有普遍权威的国际法的角度可以看到，各个国家都曾崇拜各自的神祇，用自己的文字表述神圣言语。所以应当重视天语·天书思想，深入研究这些神话传说，这样做才有利于追溯语言和文字起源的真相。如今，随着文明电子化，现代的文字只有实用性就好，和古代的大不相同。

二、中国石经的天书和瑞应书思想

1. 天书和书法

古代语言与文字中的天语·天书思想，不仅在亚洲甚至在全世界都曾存在，但是现在的书法史多无涉及。不过，在以下古籍中都曾论及天书：《尚书》《易经》《礼记》《论语》《管子》《墨子》《说文解字》等等。它们往往含有文字传说：

“庖犧……作易八卦以垂宪象……黄帝之史仓颉见鸟兽蹄迒之迹，知分理可相别异也，初造书契。”（东汉《说文解字》序）

“书名起于玄洛，字势发于仓史。”（梁·庾肩吾《书品》）

“臣闻圣王受命，则有大应。而河图洛书，皆寄于虫兽之文。未若今日人神接对，手笔粲然，辞旨深妙，自古无比。”（北齐《魏书》）

从汉代到宋代，天书作为政治正统而被继承下来。

2. 佛教的天书思想

我们再探索佛教天书思想给中国带来的影响。① 最早的经典是《普曜经》（公元前3世纪），论及在印度使用的六十四种书体。

《十四训音叙》是《大般涅槃经》文字品的注解。其中说到：“胡书者梵书，道俗共享之也。而本由佛造。故经云：异论咒术言语文字皆是佛说，非外道也。外道因此以通文字，胡字谓之佉楼书。佉楼书者，是佉楼仙人抄梵文以备要用。然梵文者，成劫之初，梵王所出。至住劫时，俱楼孙佛灭后，佛慧比丘之时，外道创起。”佛典中，谁是梵字的创始人，有两种说法：善慧比丘（前世的释迦牟尼）说和梵天说。②

僧佑在《出三藏记集·安世高传》载：“天竺国自称书为天书，语为天语，音训诡蹇，与汉殊异，先后传译，多致谬滥。”

6世纪的《胡汉译经音义同异记》中说：“昔造书之主凡有三人，长名曰梵……次曰佉楼……少者仓颉。梵及佉楼居于天竺，黄史仓颉在于中夏。梵佉取法于净天，仓颉因华于鸟迹。……唯梵及佉楼为世胜文，故天竺诸国谓之天书。西方

① 下列图书是近年来涉及南北朝时期河图洛书研究研究成果的书籍：

王永宽：河图洛书探秘〔M〕. 河南人民出版社. 2006；谢世维：天界之文〔M〕. 台北市：台湾商务，2010；方潇：天学与法律〔M〕. 北京：北京大学出版社，2014；黄昊：朱子学与河图洛书研究〔M〕. 西南交通大学出版社，2015.

谢世维在《天界之文》一文中指出：汉传佛教绝大部分译自从中亚传来的梵书，站在佛教的立场上，它不是普通的异国文字，而是具有神圣特质的“天书”（devalipi）；因此佛教经典的汉译不是平行的外国文字传译，而是神圣文字转译成世俗文字的上下翻译模式；这种将梵书视为天界书体的观念也保留在道教经典里，并被吸纳入道教天书系谱中；《隋书》经籍志记载，道教的天书天文意识颇高，可以看出它受佛教天书思想影响很深。

② 梵语（Siddha），意为成就或完美，是约公元600至一1200年间书写梵文的文字，源于笈多文（Gupta script）。后者源于婆罗米文（Brahmic script），且是藏文等文字的祖先。

写经虽同祖梵文，然三十六国往往有异。譬诸中土犹篆籀之变体乎，案仓颉古文沿世代变，古移为籀，籀迁至篆，篆改成隶，其转易多矣。”

印度梵字就是天书。虽然梵天、佉楼仙人和仓颉被称为造字始祖或造字三兄弟，但是汉字地位最低。其他经典也认为梵字是最崇高的天书，为了翻译天书，才使用汉字，那么汉字还是不是天书，这在魏晋南北朝，可是宗教界的一个大问题。

论及佛教天书思想的经典有很多，翻译汉文、念经、研修教义等各种场合都要尊重释迦牟尼说法时本来的发音。自古至今人们虔诚地信从佛法，认为释迦牟尼的言语神圣，必须一丝不苟地遵守；在汉传佛教中，汉字成为佛教经典的载体，融合了各种各样的本土因素，出现了中国传统的天地阴阳、神仙、中外混搭的佛塔与石碑等等。佛教甚至格义于本地宗教，净土逐渐接近道家仙界，在佛教中引进了灵魂这个新的概念，因此佛教又开辟了祖先祭祀的道场。

另一方面本土固有的道教天书思想也受到了佛教的影响，创作了很多道教经典，其中以梵字为天书，展开了独特的天书理论。南北朝道教经典上写的天书思想、道教造像碑、郑道昭的摩崖艺术，与佛教都有密切关系。这种现象还波及周围汉字圈的国家，使得这些国家的文字与神仙信仰、佛教产生了密切关系。

3. 自然崇拜

从南北朝时代到唐代，表达《华严经》的世界观的佛像特别流行。如图12-5，法界人中像表达了佛心中怜悯人间众生，表象佛心论教义：佛和人间众生心意相通。

东汉以后接连不断出现的瑞应书（杂体书）有很多以大自然为题材的字形和书法。它们表达了《华严经》的“佛本草木国土迹”，《法华经》“草木成佛”的教义。

汉字神话中常常出现各种各样的传令神，比如风、灵龟、凤凰等。还有佛教有祭祀和山神、

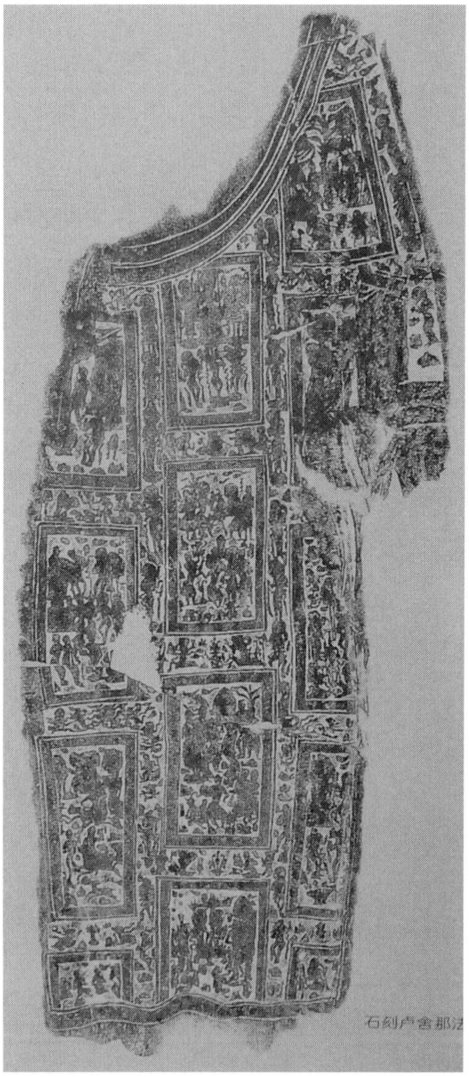

图12-5　山东省龙兴寺遗址出土的北齐造像拓本

川神、树木神等自然神的传统，可见在普及佛教的过程中使用了瑞应书。僧安参与的刻经《华严经》《法华经》中，示说一切众生皆有佛性。还有岗山刻经中有《入楞伽经》,[①] 其中有如下叙述：

> 一时婆伽婆住大海畔、摩罗耶山顶上、楞伽城中……照曜金山。复有无量花园、香树皆宝，香林微风吹击，摇枝动叶……重岩屈曲处处皆有仙堂、灵室龛窟无数……皆是古昔诸仙贤圣思如实法得道之所……是诸菩萨具足无量自在三昧。

---

① 北岛信一：岗山石经の考察〔C〕// 相川铁崖古稀记念书学论文集〔M〕. 日本：木耳社，2007：146.

这篇经文跟佛心论有关，是风格独特的瑞应书法（图12－6）。笔者认为岗山刻经的意义是佛教向儒家或者神仙道家示好，所以选择了对大自然有亲近感的经文。《庄子·知北游》也体现了对大自然的热爱，其中阐述的“道”即是佛教“菩提”。北响堂山《唐邕刻经记碑》、铁山《石颂》、各地《般若经》和《涅槃经》等刻经也充满了对大自然热爱的内容。

图12－6　岗山摩崖石经

《礼记》祭法：“山林川谷丘陵，能出云为风雨见怪物皆曰神，有天下者祭百神。”

天台宗智顗有“摩诃止观”的思想，认为“草木国土悉皆成佛”。

北齐僧安道一奇特的刻经文字，不能不让人联想到与他的神豪有密切关系。

甲骨文以来，文字的意义与其说是记录公文的工具，不如说是执行政务的神器。并且书法、美术都因此得以继续发展。佛教东渐给中国思想带来巨大影响，六朝时期达到鼎盛，同时也提升了汉字中天书思想层次。

佛教的自然崇拜同日本人的自然崇拜的融合给和歌和日本书法带来巨大影响。日本神道中出现的神仙，基本上是自然神，《记纪万叶》中出现的也几乎都是自然神。自古以来日本人为赞美大自然而举行祭奠仪式，自然适合信仰佛教。① 另外弘法大师在《声字实相义》中说道：“……如来说法必藉文字。文字所在六尘其体。六尘之本法佛三密即是也。……归趣之本非名教不立。名教之兴非声字不成。声字分明而实相显。……内外风气才发必响名曰声也。响必由声。声则响之本也。声发不虚。必表物名号曰字也。……字则声之字。依主得名。……五大皆有响。十界具言语。六尘悉文字。法身是实相。……佛界文字真实。”细致而周到的佛经融入了日本宗教，更加丰富了文化内涵。

在日本平安时代，天台宗的本觉思想和自然崇拜的根本是“摩诃止观”，它包括中国思想、中国自然信仰、山水画、书法、禅宗书画等；其中特别重要的鸟书、一笔、飞白、双钩等瑞应书传到了日本，又与假名书法产生了密切关系。在印度、中国和日本，欣赏大自然的心是相近的，佛学带有普遍性，自然可以超越国境，孕育出统一的天书思想与礼教书法。

4. 山岳崇拜和天柱

北响堂山的《唐邕刻经记碑》造形独特，结构精巧：碑首的形状好似须弥山或像圭首，上面刻着佛像、天部、火焰宝珠、法相花、博山炉等（图12－7—8）；台座已残，还能看到龟趺的前足；石碑正面的发愿文描绘了宏伟的石经造营计划和对山岳风景的赞美之词。

与之类似的“古中皇山碑”、洪顶山“摩诃衍经碑”、“安公之碑”、铁山“大集经碑”都不是立于地上的石碑，而是摩崖石刻。并且洪顶山“僧安道壹”的摩崖题名还沿文字刻着圭首形状的框线，它旁边刻着的文字记载了他曾在崆峒山中修炼（图12－9）。

---

① 西田正好：神と仏の対話〔M〕. 日本工作舍出版社，1992：23，141.

图 12－7　北响堂山唐邕刻经记碑

图 12－8　唐邕刻经记碑拓本

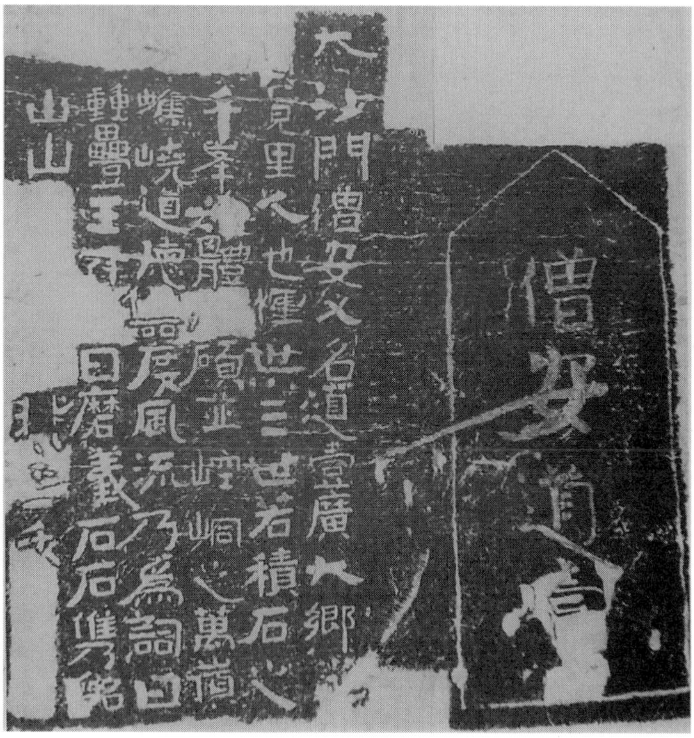

图 12－9　僧安道壹题名

不仅是佛教刻石，秦始皇东巡各地刻石、北魏郑道昭各地刻石、汉代画像石上的仙山和天柱、初唐的《艺文类聚》“昆仑山天中柱也”以及儒教、道教、各种瑞应书也都有山岳崇拜。

汉字是一种天道。石碑有一种样式叫“宝堪碑”，“堪”是天道的意思。比如，《僧惠等造天宫像记》（545 年）“多宝同座，涌出飞堪”、《合邑诸人造佛堪铭》（567 年）“敬造七佛宝堪”，这些石碑是层塔形式的造像碑（图 12－10—12）。

摩崖石经、佛教石塔、碑塔、经幢、造像碑，都象征着天柱，是佛塔与中国碑的融合形式。

图 12－10　张敢鬼造像碑

图 12－12　河南省浚县佛時寺北齐武平三年造像碑

图 12－11　合邑诸人造佛龛碑

5. 螭首龟趺碑

僧安道一写的《铁山石颂》刻有“三阶之路”。“三阶之路”就是在天地之间起桥梁作用的神道。为了追悼故人的佛教仪式而造像、造碑是一种通天礼仪，它也是人间世界连接天界净土的桥梁，这种碑刻就是宣示发愿的标志。① 其他六朝造像记也是如此。铁山石颂和小南海石窟有“雪山童子”本生谭，内容是在雪山里，童子为拼命得到佛教偈而在山崖上抄写，这就是释迦牟尼涅槃前说的“诸行无常”偈，揭示佛经根本理论。这个故事也反映在摩崖石经的布局设计之中。岗山摩崖刻经在山中的分布位置，就是一个明显的例子。书院山、鼓山、大寨山、神童山、尖山、陶山、泰山、葛山刻于缓坡石坪符合“雪山童子”本生谭的内容。

此外由安法师造营的石经中可以看见法华信仰和据弥勒信仰的佛塔信仰。小南海石窟、南北响堂山、安阳宝山石窟等等，与佛教的国家化有密切关系。中国的碑塔的各种形式都有天道思想。在南北朝时期出现的“螭首龟趺碑”是中国礼教的象征，灵龟背负大地，天柱支撑着天空，佛塔与之融合，产生了新的石碑形式。②

图 12－13　人物御龙图

6. 礼教风和瑞应书

在凤凰传说、河洛传说中，出现了与风相关的各种自然现象或传令神：北响堂山《唐邕刻经记碑》（572 年）载：“粤若稽古。逖听风声。握神纪以应物。游灵教而至道者。有矣。咸弘之在人。道不虚泄。然则轩从七圣。兰叶传文。舜共三公。芝泥观字。周朝关令。望东气而稽首。丘门弟子。向北斗而磬折。天书道记可略言也。盖不出于九流且未闻于三世。……天文星象。人文书契。先圣后贤。道纔身世。……诸法为祖。诸经亦王。一文半偈。与物行藏。”

其中有三个“风”的记载，意思都是为天堂传令。当时人们相信这么奇怪的思想了吗？有人说，北齐人狂热信仰佛教。可是我觉得他们在认真地思索神佛和死后的永恒世界，用虔敬的态度向神佛祈祷。他们觉得最重要的是能得到神佛的庇护，一直幸福地生活下去。

在洪顶山，“风门口”附近有很多石刻，比如《文殊般若经》《僧安道一》署名、《安公之碑》《风门口碑》题名等。

《安公之碑》中把“安一，一安”的词相接，笔者认为它寄托着“国安，安国”的企望。从这一点也能看出僧安和邺都照玄寺的密切关系，关于这一点，笔者另有拙作详细论述。③

笔者认为，一是从僧安的传教活动与孔孟之乡摩崖刻经中的独特仪式痕迹中，可以看出他与国家要人有密切关系；二是自然崇拜也是僧安之道的重要内容。

---

① 北島信一：鉄山《石頌》〔C〕//房山石経博物館編《石経研究》第一輯〔M〕. 燕山出版社，2016：131.

② 平・隆郎：亀の碑と正統〔M〕. 日本白帝社出版社，2004：32；王文广：中国古代碑之设计〔M〕. 荣宝斋出版社，2013：42，49，185.

③ 北島信一：神の香り秘法の書—中国の摩崖石経〈上〉—〔M〕. 新典社出版社，2008/神の香り秘法の書—中国の摩崖石経〈下〉—，2009：119.

三、石碑文字——根据神话的正楷

许多古代文献中记载了天堂和山岳、河川、碑塔的关联：

《礼记·礼运第九》："天降膏露，地出醴泉，山出器车，河出马图。"

《春秋纬》："河以通乾出天苞，地以流坤吐地符，河龙图发，洛龟书感。"

《礼纬》："天应以鸟兽之文章，地应以河图洛书。"

《艺文类聚·符命·魏氏春秋》："明帝青龙三年（235 年）……金山玄川溢，涌宝石负图，状象灵龟……又有麒麟在东，凤凰在南，白虎在西，……此司马氏革运之征。"

《通门论》（南朝·宋文明）："当今的道教经典、皆是以隶字转译他界天书"

《册孙登为东中郎封侯策》（魏文帝）："盖河洛写天意，符谶述圣心，昭晰著明，与天谈也。故《易》曰：河出图，洛出书，圣人则之。"

《魏书》（北齐）："臣闻圣王受命，则有大应。而河图洛书，皆寄于虫兽之文。"

《鼓吹曲》（曹魏·缪袭）："河洛吐符瑞，草木挺嘉祥。"

这就是说，虫鸟奉天命降临，借助虫兽之文写就的河图洛书传达了上天的旨意。有关河洛、神鸟的话题，常见于儒佛道的典籍、金石，它们通天达地，在礼仪文书中被赋予了无比的权威性。石刻资料中关于桥梁的记载不少。笔者在《石经研究》第一辑的论文中就介绍过数个例子，当然此外还有很多，例如《西门豹祠堂碑》（北齐 554 年?）、《高叡定国寺塔碑》（北齐 557 年）、《冯翊王平等寺碑》（北齐 572 年）、《洺州南和县澧水石桥碑》（591 年）、《栖岩寺舍利塔铭》（604 年）。

《论语·阳货》中，叙述由河水的流动与四时的推移，可以察看到无形的神和天心。自古以来，河川流水一直是信仰的对象，于是形成了河图洛书神话。

《楚辞·天问》载："夜光何德，死则又育？厥利维何，而顾菟在腹?"顾菟指科斗，就是说在月亮的蟾蜍。《唐栢梯寺之碑铭》（718 年）载："灵龟负石，科斗悬书。"科斗是蝌蚪的意思。书者认为石碑上的瑞应书"蝌蚪"畅游于天空银河（科斗悬书），它具有神秘的魔力。

《艺文类聚》引《孝经援神契》载："河者水之伯，上应天汉。"

《艺文类聚》引《梁沈炯归魂赋》载："托马首之西暮，随槛车而回辙。履峨峨之曾水……跨清津之幽咽……映岘首之沉碑……龟图雀书之秘……忽魂归而气旋。解龙骖而见送……"雀书是由赤雀的文字传说而来。

《邑师道略等造神尊碑像记》（571 年）载："石出蓝田、求工班尔、敬造神碑一所、尊像八堪、龙螭钜镂、若云山之烈、彩丽拔妙、形似七宝之庄严、而改天动地之奇、穷神尽圣之巧、阎浮娑婆之珍、众生大慈之业……云飞浮虚、□极扬影、紫微悬空、三界徘徊、地居胜土、寺绕花莲、周迴风观、遍带流渊、上干浮汉、下际幽泉、方须玉櫂、事籍金船、踵兹洪福、为海舟□、发心何远、彼岸犹长，天人觉悟、超投太康、所愿阎浮、同登净乡。"据字面，这个石碑也许是螭首碑样式，用鲁班技艺制作。这种样式体现了来自印度的佛教与中国礼教的融合。

在南北朝，碑额的汉字书体是当时人们认为风格高贵的篆书、隶书，还多用飞白书、鸟书、双钩笔法，碑文上写的反而是日常使用的汉字书体。

《邑师道略等造神尊碑像记》（571 年）和《铁山石颂》（579 年）撰文的文风很相似，都是在说明碑的定义。这类文章中记载了汉字传说，比如龙、龟、鸟、蝌蚪是从此岸"渡"到彼岸的灵兽，龙是载逝者到天堂的坐骑（图 12 - 13）。到了唐代，刻有螭首龟趺的碑的样式，被限定只有特权阶级才可以使用。

僧安书法作品中有很多双钩书。双钩书作为阴阳和神仙的象征，是自公元前就出现的书法样式。洪顶山双钩书，体现了佛教的究极：“空”，这就是大空王佛法。摩崖石经上看见的各种瑞应书法不只是图画文字，还与河图洛书有着密切的关系。虽然不合乎现代的情理，但当时的人们认真地相信它是天意，体现了佛法。古代人靠神佛生活，心中有坚定的宗教信仰。

原来中国山岳信仰的中心是灵峰泰山、各地的名山和仙山。早在汉代就完成了这个民族的祭祀习惯和石刻传统。在汉代有许多摩崖石刻的杰作，陕西省开通褒斜道刻石（66 年）、石门颂（148 年）等是其代表作。人们把石刻当成通天的道、桥梁、楼阁、车辆，确立了石刻的神秘思想。

古代中国的礼教美术体现在河图洛书、凤凰传说、自然崇拜之中，它包括了天语、天书传说、各种天地思想、天人感应说，体现了中国古代的文化自信。在人们心中，石碑上文字有着崇高的地位，人们把它称为正书、真书、楷法、楷书等。

不同于表音文字，汉字仅凭视觉就可以进行信息交流，执着于“形而上”，可追溯到三星堆文化中双眼异常突出的神像；在日本则是水镜。青铜镜文化所象征的是透视形象本质的神圣咒力的传统习俗。这类似于古代宗教独特的天眼，神通眼，在佛教中也受到重视。冈山楞伽经中就有关于天眼的描述。象形是汉字极具神奇的能力，既反映万物，又不乏严肃与尊严。即使书体不断演化，这个传统一直被遵守下来。篆书被大胆地简化为隶楷行草书 ，本着六书法则和文字传说，保留着象形的尊严性。因此隶楷行草也因袭象形规则，一直显示自然万象。埃及文字、玛雅文字，象形的尊严性也极高。

可是，最简化的草书受到了批评。《非草书》（后汉）中，赵壹认为草书是离经叛道的俗书，是不利于兴道兴世的低俗之物。在日本也有“实用则低俗”的思想。草书只用来写信，然后经过更加简化草书创作了假名，这是在 9 世纪初期。当初假名也被认为是低俗之物，所以地位低下。但是随着发展出了连笔书诞生了假名神话。在这种神话中，连笔书象征了河流，使神界与人界得以沟通，得到永恒。有了这个背景，历经百年之久，假名终于升格为国家文字。在中国也是直到唐代初，由于太宗皇帝、则天武后的认可，草书的地位得到提高，开始允许用于正式公文，至此草书才和真书匹敌，可以用来刻碑。草书虽然偏离了篆书，但不违背六书法则和文字传说。草书被认为与阴阳乾坤神佛天道有密切关系，具有崇高的礼教性。汉代墓室里看见的一笔书、神碑、神书等显示了上述的过程①。汉字基于“自然万象”“阴阳乾坤”“通天一道”而成立，这是最重要的特征。

四、楷书体

在不同的时代，正统礼教会裁定使用哪种汉字的字形和书体。汉代以后，汉字中象征传令神的鸟书，象征阴阳的双钩书，象征为清扫仪礼场所的扫帚状“白土书门”之神的飞白书，象征天道的一笔书，这四种书法作为正书使用；在它们的基础上强化绘画性，又派生出来了瑞应书。南梁的庾元威《论书》对此持批评态度。这样的书法多见于汉朝到六朝碑等，被后世的楷书体所传承。瑞应书、杂体书都派生于正体书，是礼教意识更为明显的书法；每位爱好者根据其信仰及感性书写出富有个性的字体、书法、石刻形式；由此产生的多样性成就了历代书法和金石文字。

欧阳询则在《艺文类聚》中说过多种艺术文化传承，关于汉字神话或者自然传令神的记述随处可见。被后世称为楷书达人的欧阳询的书法中确实充满了多元化的文化气息。

---

① 北島信一・新たに見えてきた仮名の歴史（三至四）《聚美》24・25 号〔J〕，2017；北島信一鉄山摩崖石経的天書理論与神豪之思考〔C〕//房山石経博物館編．石経研究 第二輯〔M〕．華夏出版社，2018.

在褚遂良的《雁塔圣教序》等历代著名书法石刻中可见楷书中糅合了篆书、隶书的波磔笔法，飞白、双钩共同构成瑞应书（图12－14—17）。

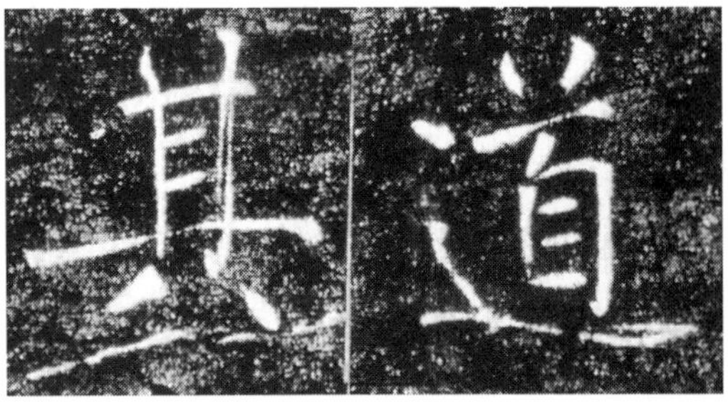

图12－14　褚遂良《雁塔圣教序》

图12－15　元诠墓志铭

图12－16　怀令李超墓志

图12－17　杨真及妻王氏墓志

颜真卿楷书以蚕头燕尾而闻名，与瑞应书也有共同之处。楷书笔划也有了凤书、鹄头书等瑞应书；楷书笔中仍然保留了传统文字的笔法。

笔者认为正式书体是礼教的象形化；虔敬的礼教意识，成就了瑞应书。

虞世南的楷书也是以隶书为原点，与欧、褚齐名并妍。他的基本用笔方法是基于相传为东晋王羲之的永字八法。古代礼教社会，精确表现永字八法的毛笔沿用了河洛传说等汉字传说的表现性能。各种书体各有最适合的毛笔。比如，用来抄经的雀头笔很适合“永字八法”。“永字八法”是中国天书思想和瑞应意识的具体表现。

北魏时代的龙门造像（图 12－18）及僧安集团曾用平笔（图 12－19—21）写经。在南北朝和唐代，中国被称为“世界国家”。这是因为很多外国人住在中国，他们的书法也影响到了楷书。他们经常用平笔和木笔书写楷书。敦煌文书中就有许多这样的例子。在唐代不仅扫帚笔而且平笔也用来写飞白体（图 12－22），在印度、伊斯兰的影响下，龙门造像也有用平笔书写的例子①。由此可见各国在书法、书法工具等方面的交流，古已有之。

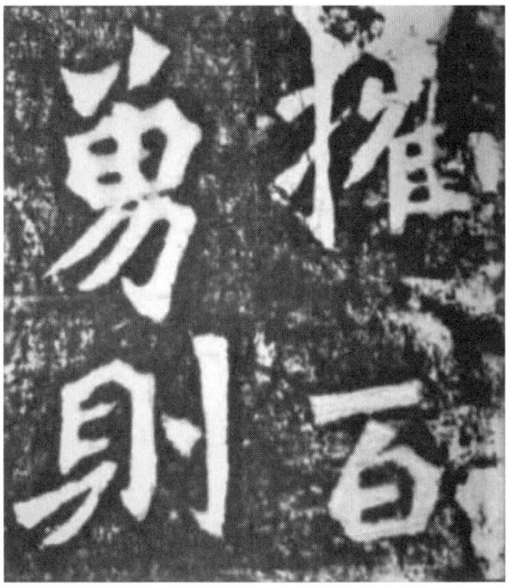

图 12－18　龙门石窟杨大眼造像记

图 12－19　岗山入楞伽经

图 12－20　洪顶山双钩《大空王佛》的起笔

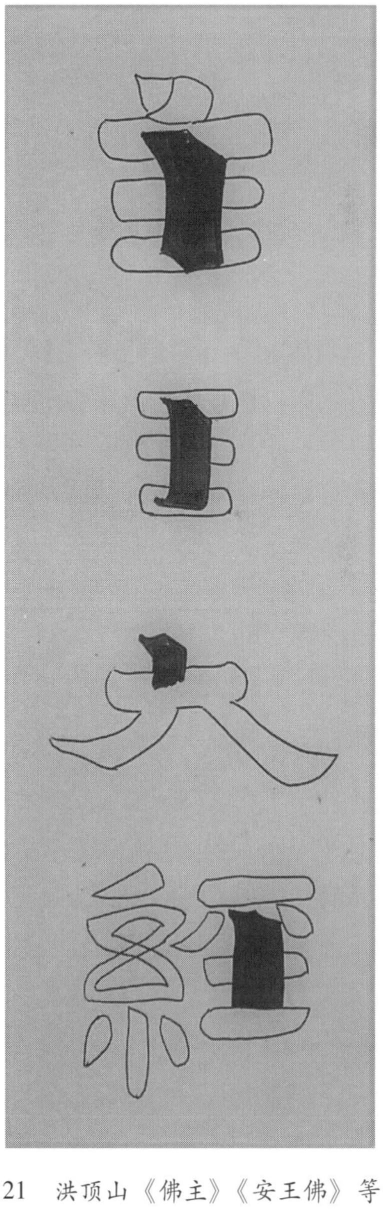

图 12－21　洪顶山《佛主》《安王佛》等的起笔

① 冈本光平老师是一位著名的日本书法家。他主张龙门造像记，用平笔写最好。他指出唐代的平笔和飞帛体受阿拉伯书法的影响。

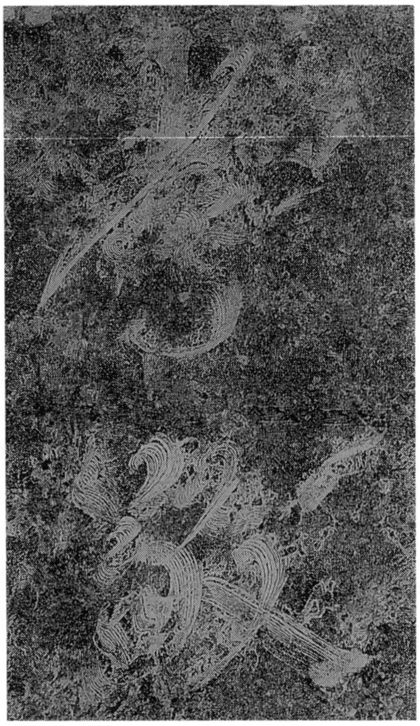

图 12－22　孝敬皇帝睿德记题额

用平笔写的文字笔划，与楷书露锋很相似。我们应该以国际性的广阔思路来考虑楷书，笔者认为露锋受到了西方诸国的影响①。自古以来，文字是国家特别重要的文化象征，各个国家都存在着固有的文字样式。但是中国古代的执政者、宗教家也不会完全不受外国文字、外国的书写工具的积极影响。

7 世纪以来，在日本诞生了独自的天书思想。空海在自己的著作中介绍了中国、印度的语言学、音韵学，还介绍了很多瑞应书。他根据天语和天书理论为日本书法提供了理论支持。我觉得每个国家都有独特的神祇，用独自的文字记述神祇的启示。为了证明文字的普遍性、正当性，他们都重视天语·天书思想。于是经过研究，终于树立了根据神话传说的书法。

隶书由篆书简化而生，比篆书象形性少。因为立足于六书法则和河洛式，避免了无秩序的简化，遵守了传统，保持了尊严。此后，隶书又逐渐演变为楷书，笔者认为在这个演变过程中，参考了外来文字，以自然万象和神祇的重新字形化为目标，用最先进的笔划表现来规范楷书。不容置疑作为权威和文化的象征，楷书被广泛地宣扬。

五、国家与石经

日本历史学家上山春平先生说："中国皇帝史就是法律史。每次王朝替换都改变执政规则，可是皇帝一直掌握实权，天帝与儒教一直保持皇帝的权威。易姓革命的根据是《书经》等儒教经典。"

于法治国家宗教的领导者即僧侣、道士、儒者等等，以掌握仪式而博得声望。北齐年间，在僧安的指挥下，营造了很多石经。僧安只不过是个僧侣，这么大的事业跟他的身份不符。这样看来，这些石经造营一定由国家在背后支持，他的书法与瑞应书才会有权威地位。世界史上，对于执政者来说，利用神佛、经典、佛迹、神话，在任何时代都是惯用的手法。所以记述法令条文的文字和神器同等崇高，都在保护文化。当今的文字只是沟通载体或美术装饰；古代文字则不同，它被赋予了更为特殊的意义。

北齐佛教被用来解释高氏皇帝的正当性，所以皇家佛寺北响堂山的《唐邕刻经记碑》论及天书。中国历史上天书思想取得最显著的发展就是在南北朝，篆书复古、隶书和楷书都得以发展。我觉得因为天书理论被有效利用，人们的意识为政教合一的神佛折服，便于连年混乱的国家趋于稳定。

古代日本，在引进神祇、汉字等外来文化过程中，发生了争夺权力的斗争、思想改革，终于藤原一族国家祭祀仪式中使用假名，掌握政权，树立了日本平安时代的贵族文化。因此笔者确立了天书思想与政治权力有密切关系的观点。自甲骨文以来，汉字、神祇、法律一直活跃在历史第一线。

僧安也经常使用瑞应书，他的书法被誉为神豪，可以看出中国河图洛书传说与佛教天书思想发生了折衷调和。另一个原因是僧安把天书翻译成汉字，刻于众山，所以把他的书法奉为神豪。

① 拉丁字母的原型被认为是图画文字。

图 12－23　中皇山石经

僧安的书法从国家的观点来看也非常重要，比如说，中皇山可见刻经中途作者被替换的迹象，僧安取代别人（图 12－23）。笔者认为作者替换的背后一定有政治斗争。中国最大的石经《泰山金刚经》造营中断了；马忠理先生说“中皇山《思益梵天所问经》可能是刚开始不久，仅书勒 121 行，就‘中途换将’变书经人；这些案例都可能与宫廷和政局变化有关”①。另外铁山刻经同样也有“三阶之路”的内容，可以说那是举行了国家规模的佛教仪式的证据；尖山题记有“唐邕”、“陈德信”等政界泰斗的名字。这些事实显示了僧安他们掌握祭祀权，一手包办了祭祀仪式。

铁山题记《石颂》“天子得无生法忍”一句②有很深刻的历史背景：北周灭北齐之际，陈德信等人带着北齐年幼的小皇子逃到山东青州时，被北周军队追上杀死。此句是于北周末年在原北齐域内，隐晦地向北齐幼年皇子表示哀悼。当然这个看法是否恰当，有待进一步研究。

① 马忠理：邯郸北朝摩崖仏経时代考〔C〕//北朝摩崖刻経研究（三）〔M〕．内蒙古人民出版社，2006：42.

② 北島信一：鉄山《石頌》〔C〕//房山石経博物館編《石経研究》第一輯〔M〕．燕山出版社，2016：138.

山東等地刻《文殊師利所説摩訶般若波羅蜜經》九十八字節文

Re - visiting the "98 character passage" carved in Shandong and beyond

〔德〕温狄婭 (Claudia Wenzel) *

Introduction

The most frequent text among the *moya* cliff inscriptions carved during the Northern Qi (550—577) and Northern Zhou (557—581) dynasties is a passage taken from the *Sutra on the Great Perfection of Wisdom Spoken by Mañjuśrī*. This passage comprises of 98 characters (T#232, 8: 731a15—21) in total. It was carved eight times on cliffs in Shandong Province, at six different sites; two sites thus present this passage twice. The same passage is also found carved on steles outside Shandong, in cave 2 on Southern Mt. Xiangtang 南響堂山 in Hebei Province, where it is combined with another quotation from thes *Bodhisattva Ocean - like Wisdom Chapter of the Great Collection Sutra* (T# 397, 13: 50b19—21). [①] A large number of stele fragments were found in 1994 at the Jinkou embankment 金口壩 in the city of Yanzhou 兗州, among them a yet unknown number of steles featuring the 98 character passage. [②] In addition, the Museum in Wenshang County 汶上縣 hosts a stele which originally stood on Mt. Shuiniu. [③] This stele quotes the 98 characters as the final part of an expanded text passage (T#232, 8: 731a1—21) that comprises 297 characters in total. [④]

In what follows, I will take a closer look at this group of stone carvings, in order to investigate by whom and against which historical background they were created. The carvings provide strong evidence for the popularity of the 98 character passage under the Northern Qi dynasty. Its selection from the multitude of scriptures in the Buddhist canon reveals the doctrinal

---

* 作者單位为海德堡科學院。

① Zhang Lintang 2007: 1: 15, fig. 2.

② Lai Fei 2006, 13. Lai Fei 2007, 165—167. *Shandong fojiao kejing quanji* 2015, 1: 67—72. Parts of the fragmented steles are now at display in the local museum in Yanzhou.

③ Lai Fei 1994, 33. Lai Fei 2007, 167—169.

④ Shandong 3, 419—422, 431—441.

preferences of the donors and clerics who were involved in these carving projects. The cliff inscriptions are particularly remarkable as they feature a layout that suggests a highly organized creation process.

The text passage in 98 characters

The 98 character passage is about the perfection of wisdom 般若波羅蜜, *prajñāpāramitā* , and how it should be practiced by the aspiring bodhisattva. In this short text passage, Mañjuśrī asks the Buddha to explain *prajñāpāramitā* , and the Buddha responds with an enumeration of negations that initially outline what *prajñāpāramitā* is not; namely, that it is "without boundary, without bourn, without name, without attributes, inconceivable, without refuge, without sandbank, without transgression, without merit, without obscurity, without illumination." In the final section, the Buddha explains *prajñāpāramitā* as equivalent to the site of bodhisattva - mahāsattva practice, which is said to be neither a site of practice nor a site of non - practice, because "it is unthought and unconditioned" 無念無作. Here the short passage ends.

All of the cliff carvings display this text in identical wording, and there are no variations whatsoever among different inscription sites. This fact alone provides strong evidence for the cohesion of these sites. The identification of the text passage itself is unproblematic. It is extracted from the *Sutra on the* 〔*Great*〕 *Perfection of Wisdom Spoken by Mañjuśrī* 文殊師利所説〔摩訶〕般若波羅蜜經, a translation of the *Śaptaśatikā - prajñāpāramitā - sūtra or Perfection of Wisdom in 700 Lines* . The Chinese Buddhist canon contains two translations of this Sanskrit text, one by *Mandra〔sena〕(Mantuoluoxian 曼陀羅仙, fl. 503; T#232), and another one by *Saṃghabhara 僧伽婆羅 (460—?; T#233).

When the carved text is compared with the modern *Taishō* print edition of the Buddhist canon, one finds that *Saṃghabhara's translation 僧伽婆羅 (460—?) contains an almost identical passage (T#233, 8: 738a19—24). ① However, this passage has not always been part of *Saṃghabhara's translation. When Prof. Luo Zhao visited Heidelberg University in 2004, he made good use of the 98 character passage to demonstrate the importance of the Fangshan canon, which also sheds light on the text history of this particular text passage.

The 98 character passage is not contained in the original version of *Saṃghabhara's translation. Stone slab no. 374 from cave 2 in Fangshan ② is a textual witness for his translation from the Liao 遼 (907—1125) or Jin 金 (1115—1234) dynasty. Instead of the 98 characters, it contains a passage which is similar in meaning, but differs in wording. ③

Aside from the Fangshan canon, Dunhuang manu - scripts provide more text witnesses for the wording of the 98 character passage. Among them, the manuscript S. 2653 is identically worded to the version carved on the Shandong cliffs. In addition, this manuscript indents the text at the beginning and at the end in

① The only difference is that Mañjuśrī's name is abbreviated to Wenshu 文殊 in the *Taishō* text, while a full transliteration of the name, Wenshushili 文殊師利, is given in the carving.

② Zhongguo fojiao xiehui 2000, 7: 375.

③ On this slab—in column 13, counting from the left—the following passage is carved: 尔時文殊師利白佛言:世尊,何故名般若波羅蜜?佛告文殊師利:般若波羅蜜者,無量、無邊、無有、無處、無去、無來、無作、無為,即是一切法界,故名般若波羅蜜。文殊師利,此般若波羅蜜是菩薩摩訶薩行處。菩薩於此處行,故名行處。何以故?以無處故。

order to single it out as a paragraph on its own. ① One can easily imagine how such a paragraph was selected from a template manuscript for its doctrinal meaning, and how the characters were then copied and transferred to the rock on which they were chiseled. However, before the carvers could set to work, the person who wrote the text on paper or directly on the rock had to ponder over the layout of these 98 characters.

The layout of the 98 character carvings

When we examine all of the 98 character passages carved in Shandong, we recognize layout variations at individual sites. All carvings are arranged either in portrait or in landscape format. In portrait format, represented by inscriptions HDS 22, Yi 3, and JS 6, each of the seven vertical columns comprise 14 characters. The landscape format arranges either 14 columns with 7 characters (CLS 1), or 10 columns with 10 characters, which provides an even more unified appearance. ② However, the latter layout, represented by inscriptions HDS 16.2 and Yi 1, leaves two blank spaces in the last column, which thus contains only eight characters. In this way, there are two layouts: Landscape and portrait.

The character *wu* 無 is written, either in complex or simplified form, in order to individualize inscriptions sharing the same layout, like HDS 16.2 and Yi 1, or HDS 22, Yi 3, and JS 6. Thanks to this small trick, each of the 98 character carvings is different, apart from inscriptions JS 6 and HDS 22 in portrait format, which both write *wu* in complex form. However, HDS 22 contains double grid lines between the characters, to differentiate it from JS 6.

Moreover, it is noteworthy that one title for the 98 character passage was carved at three sites. It reads *Wenshu bore* 文殊般若, *Mañjuśrī Prajñā* or *Mañjuśrī's Wisdom*. It is an abbreviation of the full sutra title, *Great Perfection of Wisdom Spoken by Mañjuśrī*, which was also used in Buddhist catalogs. On the Summit of Five Flowers 五華峰 of Mt. Yi 嶧山, ③ the abbreviated title was simply added in one column in front of the carved text (Yi 1). Yet on Mt. Jian, this four character title was written separately in larger characters than the sutra passage, and is located ca.7 m above this passage. The title also appears on the head of the undated stele originally erected on Mt. Shuiniu 水牛山 (SNS 2). ④ This title is much more than a simple abbreviation. The careful arrangement of the four characters on the head of the Mt. Shuiniu stele or atop the Mt. Jian sutra passage makes *Mañjuśrī Prajñā* an emblem of all 98 character carvings. In conjunction with the layout principles described above, the carvings create a network of inscriptions imprinted on the natural rock to mark off individual sacred sites. Because the wording of the carved text is always identical, one may even speculate whether all carvings were based on the same prototype or manuscript.

Donors

This brings us to the question: who were the donors of the 98 character carvings? Three carvings—two located on Mt. Hongding, and one on Mt. Jian—can safely be assigned to a person who ostentatiously refers

① The identical wording and the indentation was already noted by Zhang Zong 2000, 62.

② The first recognition of this vertical and horizontal type of composition of the 98 character passage is credited to Jung Lu and Lu Dadong 2009, 280—283. However, the authors did not see these carvings as a network of inscription, but as calligraphy samples by Seng'an Daoyi.

③ Shandong 2, 60, 63—68.

④ Shandong 3, 419—422, 431—441.

to himself as "the great *śramaṇa* Seng'an Daoyi" 大沙門僧安道壹 This monk is unknown in historical records, but he has left his signature on Mts. Hongding, Jian, and Tie, where his achievements in calligraphy and in the Dharma are praised with the words: "His way has illuminated non – duality, and his virtue has awakened to the One Origin. Not only does he grasp all the mysteries—his calligraphic skill is of the very highest order."① The calligrapher – monk Seng' an Daoyi, who is today honored with a life – size statue erected in Dongping County, implemented his first large carving project on Mt. Hongding in Dongping 東平 County around the year 564. At that time, he collaborated with another monk by the name of Fahong (法洪, as in HDS 18, 21. 2, 23. 2, or 法鴻 as in HDS 9. 16), probably of Indian origin.② Later, he apparently moved to the region of Zoucheng 鄒城, where he was able to secure the support of two powerful local families. In 575, he collaborated on Mt. Jian with the Wei 韋 family, whose female members had social connections with the spouses of high – ranking court officials. Finally, in 579, he was asked by the wealthy Kuang 匡 brothers to write out the giant stele text on Mt. Tie.

Among the two 98 character carvings Seng'an allegedly initiated on Mt. Hongding, one follows the landscape format and is signed "Seng'An Daoyi" (HDS 16. 1; 16. 2). The second displays the portrait format with additional double grid lines around the characters (HDS 22). The first carving is located on the northern slope of Mt. Hongding, high up on a cliff above all other carvings, some of which are dated according a Buddhist calendar "to the year such and such after Śākyamuni 〔entered into nirvana〕 under the twin trees." If the underlying Buddhist calendar is identical to that used by Master Huisi 慧思 (515—577), then the inscription HDS 15 must be dated to the year 553, and inscription HDS 7 to the year 556. Inscription HDS 15 is an encomium to Seng'an entitled "Stele of Sire Serenity." It is located in the immediate neighborhood of the 98 character passage that towers above the northern slope. The text is a play on words, using the four character name of Seng'an Daoyi, and it conveys the impression of a honorary stele. There is debate whether the monk himself composed and wrote the stele text, or if rather it was written by his students and followers;③ it is still unclear if the signature "Seng'an Daoyi" next to the 98 character passage should be understood as Seng'an's own signature to mark his calligraphy, or whether it was intended to identify him as the personality who propagated the teaching of the 98 characters. The 98 character passage on the southern slope is not signed. An inscription nearby (HDS 21. 1) designates this southern carving as a donation by "the sutra donor, Shi Fahong" 經主釋法洪. The southern slope also features an encomium for this monk, śramaṇa Shi Fahong 沙門釋法洪 (HDS 18). It is dated to 564, the third year of the heqing 河清 era of the Great Qi dynasty.

During the same year, 564, the 98 character passage was carved on Mount Yi 嶧山, situated about 100 km south east of Dongping, south of the city of Zoucheng 鄒城. On Mt. Yi, we also find two carvings of the 98 characters, one at the Summit of the Five Flowers 五華峰, at the actual peak of Mt. Yi, and once next to the Cave of the Bewitching Fairy 妖精洞 further downhill. Apart from these two carvings, no other sutra texts or Buddha names were carved on this mountain. Mt. Yi stands out as the most significant historical site in the

---

① 大沙門安法師者，道鑒不二，德悟一原，匪直秘相咸韜，書工尤最。Shandong 2, 156, 161, 164.

② Zhang Zong in Shandong 1, 73—80.

③ Liu Tao 2003, 238 – 239 and Chen Kunlin 2003, 326 – 329 believe it to be a work by followers of Seng'an, and Kitajima 2003, 279, proposed that the monk was asked by his followers to write the text by himself.

region. It is famous for being one of four places in Shandong Province where, in 219 BCE, the First August Emperor of Qin (Qin Shi Huangdi 秦始皇帝; r. 221—210 BCE) erected steles in order to commemorate his unification of the empire. The imperial stele of Mt. Yi was, however, lost long ago, and its original location remains unknown.

The 98 character carving on the summit of the Five Flowers is dated to 564 by a nearby colophon, which is located on a cliff around the corner from the sutra passage. It records the names of a group of eight lay donors and that of one monk, a *śramaṇa* named Sengwan 僧万. The sutra passage next to the cave of the Bewitching Fairy was carved a few years later, between 570 and 572. It is the donation of an individual by the name of Dong Zhentuo 董珎陁.

Both carvings on Mt. Yi are about the same height, ca. 3.5 meter, but the text is differently arranged. At the Summit of the Five Flowers, ten columns of text (excluding the title) are arranged in landscape format. Columns 1—9 comprise of 10 characters, and the final column contains the remaining eight. The carving next to the Cave of the Bewitching Fairy follows the portrait format. It has seven vertical text columns (excluding the colophon), and each column comprises exactly 14 characters. The carvings are further differentiated by the character *wu*, which is written in complex form 無 at the Summit of the Five Flowers, and in simplified form 无 at the Cave of the Bewitching Fairy.

A person by the name of Lü Jiufei 吕九斐 from Dongping 東平 figures among the names of lay donors recorded in the colophon on the Summit of the Five Flowers. As we have seen, the layout of the inscription at the Summit of the Five Flowers is identical to that on the northern slope of Mt. Hongding (HDS 16.2), located in Dongping. Thus it is likely that donor Lü Jiufei knew about the Mt. Hongding carvings in his home district, and that he introduced the idea and the blueprint for the carving of this key passage to Mt. Yi. In this way, Mt. Hongding may have inspired the carving on Mt. Yi, which was then executed by a different group of people.① Moreover, when the second 98 character passage was carved on Mt. Yi several years later, between 570 and 572, it adopted the format of the 98 character passage on the southern slope of Mt. Hongding (HDS 22). This time, the donor was Dong Zhentuo 董珎陁, who calls himself "Household Retainer of the Grand Guardian Hulü 斛律太保家客." The Grand Guardian Hulü probably refers to Hulü Wudu 斛律武都 (? —572), the son of Hulü Guang 斛律光 (515—572).② Donors like Dong Zhentuo may have been in the possession of paper calligraphies by Seng'an Daoyi, which were then transferred to cliffs at other sites when a new donation was made. Alternatively, the donors may have ordered the writing of the same sutra passage, which was then executed in the style of the master calligrapher. In this way, the texts that were most favored by Seng'an Daoyi—the 98 character passage and the name of "Buddha King of Great Emptiness"—and his calligraphic style were copied and spread to other sites in the region by members of a social network which eventually had connections to the uppermost classes of society. This network becomes even more evident in the Mt. Jian carvings.

By 575, Seng'an Daoyi had shifted his area of activities from today's Dongping County, near Lake Dongping, to the city of Zoucheng. We may assume that the doctrinal program of Mt. Jian was created by Seng'an alone, as he proudly leaves his name above all of the carvings. These consist of: Veneration of the "Buddha King of Great Emptiness," carved in four large characters at the center of the inclining boulder, the 98 character passage on *Mañjuśrī's Prajñā* located

① Shandong 2, 55.

② Shandong 2, 55—57.

above, and an explanation of the six perfections of the bodhisattva below. The latter was taken in this case from the *Sutra of the Questions of Viśeṣacintibrahma* (T#586, 15: 46a26—46b1), ① which elaborates on the six perfections in paradoxical terms.

The name of the *śramaṇa* appears on Mt. Jian next to those of three male donors of the local Wei 韋 clan, who claim descent from a famous Great Minister of the Han dynasty, Wei Xian 韋賢 (148—60 BCE). A colophon (JS 4), dated to June, 24, 575, indicates that "the great *śramaṇa* Seng'an Daoyi carved sutra passages and a Buddha name together with … Wei Zishen, his wife, nee Xu, and his sons, Wei Qinzhi and Wei Fu'er" 大沙門僧安與……韋……子深，妻徐，息欽之、伏兒等同刊經佛. ② In another colophon (JS 11), the great chief donor of sutras and the Buddha name, Seng'an Daoyi 大都經佛主大沙門僧安道壹, appears again in connection with a vow to conceive an aspiration for *bodhi* 大發心. This vow was taken by the two sons of Wei Zishen, Wei Qinzhi and Wei Fu'er, probably after the death of their father. ③

Mt. Jian also features separate colophons by female donors, most notably that of the wife of Wei Zishen, Xu Faxian. She is listed as "Donor of Sutras, Xu Faxian, wife of Wei Zishen" 經主韋子深妻徐法仙 (JS 5) next to one of the two carved sutra passages. In another colophon (JS 8) next to the large "Buddha King of Great Emptiness" carving, her name follows those of three other ladies: Lady Zhao 趙, wife of Tang Yong 唐邕; Lady Dong 董, wife of Chen Dexin 陳德信; and Lady [Fan], ④ wife of Chen Demao 陳德茂. The names of five *bhiksuṇīs* (JS 9) are carved next to the names of these three ladies. This arrangement agrees with the custom of grouping donors' names or portraits according to gender, often to the left and right of their donation. It is also common for groups of lay believers to be joined or led by clerics, with monks preceding laymen, and nuns preceding laywomen. This also holds true for the inscriptions on Mt. Jian.

It is worth noting that the colophons give no official titles for the three male donors, Wei Zishen and his sons. Only the title of their celebrated ancestor and of an elder brother of Wei Zishen by the name of Wei Xingzu 韋興祖, who held the post of Recorder and concurrently Assistant Magistrate of the Region 州主薄兼治中, are indicated. By contrast, the female donors enjoyed higher social standing thanks to marriage ties. The husbands of the ladies commemorated in the inscription JS 8 were active at the court: Tang Yong and Chen Dexin are known from the dynastic histories as advisors of Emperor Houzhu (r. 565—576). ⑤ Chen Demao was probably a younger relative of Chen Dexin. However, there is no indication that Tang Yong or the other two court gentleman were involved in the sutra carving project on Mt. Jian. Rather, evidence points to a network of female donors, into which Lady Xu, the wife of Wei Zishen, was embedded. She appears to have maintained social contacts with ladies

---

① An identical passage was carved on the fragmentary stele found in Pingyin County, see Shandong 1, 453—458. A quotation on the six perfections drawn from the *Chapter on the Bodhisattva of Ocean-like Wisdom* 海慧菩薩品 in the *Great Collection Sutra* (T#397, 13: 50b15—18) was carved on Mt. Hongding (HDS 2; see Shandong 1, 88—89, 103—107), and as part of a longer sutra passage on Mt. Tie (Tie 1; see Shandong 2, 105—109, 117—147).

② Shandong 3, 63—71.

③ Shandong 3, 40—41, 50, 106—111.

④ Character supplied after *Colophons to Epigraphica from the Stone Well Studio* 石泉書屋金石題跋 by Li Zuoxian 李佐賢 (1807—1876), p. 14194.

⑤ For the biography of Tang Yong, see *Bei Qi shu*, juan 40: 530—532. Chen Dexin is mentioned in BEIQISHU, juan 8: 111—112, juan 11: 145, juan 42: 556, juan 50: 692—693.

closer to the imperial court than herself. The most prominent figure was Lady Zhao, wife of the powerful politician Tang Yong, who had served as Minister under all rulers of the Northern Qi. In 572, Tang Yong was eventually declared Prince of Jinchang 晋昌王. Before this appointment, he had four Mahayana sutras① carved on a surface of about 65 m^2 inside and outside the so-called southern cave of the imperial caves of Northern Mt. Xiangtang. In a stele text placed next to his stone sutras Tang Yong recorded that his project was executed during the years 568—572. ②

The most prestigious project in which Seng'an Daoyi was involved was the carving of the giant stele text on Mt. Tie in Zoucheng. Here, the donors not only carved a surface measuring around 560 m^2 with a long passage taken from *the Chapter on the Bodhisattva of Oceanlike Wisdom* 海慧菩薩品 of the *Vast and Universal Great Compilation Sutra* 大方等大集經（T# 397, 13: 50a16—c13), ③ they also carved the outline of a giant stele out of the sloping boulder, complete with soaring dragons above, and a pair of supporting turtles below the stele body. The sutra text is accompanied by a fine piece of literature entitled *Stone Hymn*, which, among other things, indicates the date of donation, September 23, 579. ④

The planning and execution of the giant stele on Mt. Tie was accomplished by a large team. The main patrons of this sumptuous project were two brothers of the local clan of the Kuang 匡 family, as well as Li Tao 李桃, who led more unnamed members of a Buddhist association. Seng'an Daoyi's role seems to have been restricted to calligrapher of the selected sutra text. The eulogy entitled Stone Hymn praises the virtues of the donors, who donated their property to "paint the rock and picture a stele" and to carve the dragons above and the tortoises below, ⑤ yet it also draws attention to Seng'an Daoyi's excellent calligraphy, which is considered to be a result of his spiritual achievements: "And there was the great *śramaṇa*, Dharma Master An of the Qi, whose way has illuminated non-duality, whose virtue has awakened to the One Origin. Not only does he grasp all the mysteries—his calligraphic skill is of the very highest order." ⑥ The calligraphy of this Dharma Master is praised as even surpassing that of Wang Xizhi 王羲之（303—361）. ⑦

---

① The *Sutra Spoken by Vimalakīrti* 維摩詰所説經, T#475; the *Śrīmālā-sūtra*（*Śrīmālādevī-siṃha-nāda-sūtra* 勝鬘師子吼一乘大方便方廣經）, T#353; the *Sutra Spoken by the Buddha on Maitreya's Rebirth Below and Accomplishing Buddhahood* 彌勒成佛經（佛説彌勒下生成佛經, T#454）; and the *Sutra Spoken by Buddha on Bo*〔*Pushya?*〕（佛説孛經 T#790）. The last text may be a revision by Zhi Qian of a previous translation by Lokakṣema, see Nattier 2008, 133.

② Zhang Lintang 2007: 2: 117—118, fig. 109—110.

③ Shandong 2, 105—109, 117—141.

④ Shandong 2, 109—112, 149—174.

⑤ Zhang Zong in Shandong 2, 103.

⑥ 於是有齊大沙門安法師者，道鑒不二，德悟一原，匪直秘相咸韜，書工尤最，Shandong 2, 156, 161, 164.

⑦ Shandong 2, 166: Seeking the master's treasured brushwork, in all regions〔…〕〔…〕high; its refinement surpasses〔Wang〕Xi〔zhi〕and〔Wei〕Dan, its marvels exceed〔Zhang Bo〕ying and〔Zhong〕You… 尋師琁翰區□□高。精跨羲誕，妙越英繇；……For Wang Xizhi as an exemplary model under the Northern dynasties, see Bi Fei 畢斐, "The *Stone Hymn* and Art Criticism" in Shandong 2, 35-40.

A social and a topographical network

Summing up all of the information provided by colophons on the Mountains. Hongding, Jian, and Tie about Seng'an Daoyi, there is little doubt that this otherwise unknown monk initiated the first 98 character carvings on Mt. Hongding, that he later secured the support of at least two powerful local clans in the Zoucheng region, and that his calligraphy finally became celebrated when he wrote out the sutra text to be carved on Mt. Tie. Yet ascribing the creation of many or all Shandong inscription sites to him, and constructing his biography out of sites that he allegedly visited, may stretch this argument too far. ① Instead, I believe that social contacts like those fostered by Xu Faxian, the wife of Wei Zishen, to ladies at the imperial court, or those the Mt. Yi donor Lü Jiufei certainly maintained with his home district Dongping, were instrumental in the spread of the 98 character carvings, as well as the dissemination of a celebrated style of calligraphy. A broad social network involving multiple people, eventually connected to the uppermost classes of society, was responsible for the distribution of the carefully laid out 98 character carvings over the Shandong hills, which then formed a topographical network of sacred sites in a regional sacred geography.

The topographical network seems to have extended as far as Southern Mt. Xiangtang 南響堂山 close to the capital of the Northern Qi. Here, in cave 2, the 98 character passage was carved again, this time in combination with a passage on the four immeasurable states of mind 四無量心, i. e., loving kindness 慈, compassion 悲, joy 喜, and relinquishment 捨, which was taken from the *Chapter on Bodhisattva Ocean - like Wisdom* of the Great Collection Sutra (T#397, 13: 50b19—21). ② It is notable that the quotation on the four immeasurable states of mind is also part of the text carved on the giant stele of Mt. Tie in Zoucheng. The carving in cave 2 at Southern Mt. Xiangtang has no colophon or date, therefore we may never know if its donor or donors were familiar with the network of 98 character passages carved all over Shandong, or if they ever saw or heard of the giant stele of Mt. Tie. However, I believe that it is very much possible that they did, as this sutra passage and

---

① Lai Fei 2003, ascribes the majority of the unsigned Buddha - names and sutra passages to Seng'an Daoyi, on purely stylistic grounds. He considers Seng'an Daoyi as master calligrapher of almost all inscription sites, and also assumes that this monk travelled west towards the capital of Ye during the years 572—574, and that he wrote sutra passages and more Buddha - names on Northern and Southern Mts. Xiangtang. This hypothetical construction of the biography of this *śramaṇa* Seng'an Daoyi known from Mt. Hongding came to a head in an article by Kiriya Seiichi 桐谷征一, who claims to have found traces of this monk at almost every inscription site in Hebei, Henan, and Shandong, and who also believes that the monk actively took part in Tang Yong's carving project, and even wrote the dedication text of the so - called Tang Yong stele with his own brush. See Kiriya 2003, on the basis of his other articles, Kiriya 1996, Kiriya 2001, Kiriya 2001a, Kiriya 2001b, Kiriya 2002, and further developed in Kiriya 2006.

② Zhang Lintang 2007: 1: 15, fig. 2.

some others carved at Southern Mt. Xiantang[①] are fully compatible with the general gist of the texts at the Shandong sites.

Steles with the 98 character passage

The hub of activity from which the network of inscription sites were expanded may have been Yanzhou, where there was a nunnery allegedly founded by the Yang 羊 clan of the Mt. Tai region,[②] in which Buddhist doctrines similar to those expressed in the cliff carving were cherished.[③] Moreover, a yet unknown number of stele fragments with sutra passages were found in nearby Jinkouba embankment 金口壩,[④] some of them exhibiting the familiar 98 character passage, either in landscape or in portrait format.[⑤]

The same Yang clan of Mt. Tai who patronized the nunnery at Yanzhou are known to us as donors of the text of the Mt. Shuiniu stele, which quotes the 98 characters in the final section of a text comprising 297 characters in total (T#232, 8: 731a1—21). The votive inscription (SNS 3)[⑥] carved on both narrow sides of the stele names lay donors who belong almost exclusively to the Yang 羊 and Shu 束 families. At least five members of the Yang family are named. The highest ranking among them is Yang Zhong 羊鍾, one of three sutra donors 經主. Thus, Yang Zhong was certainly one of the leading figures in carving the stele.[⑦]

---

① I refer to the carving of "Buddha King of Great Emptiness" 大空王佛 on the eastern cliff (Zhang Lintang 2007, 2: 95, fig. 91); the carving of a passage taken from the Larger Version 大品般若經 of the *Great Perfection of Wisdom Sutra* 摩訶般若波羅蜜經 (T#223, 8: 421b27 - c8) on the rear wall of the corridor in cave 2 (Zhang Lintang 2007, 1: 16, fig. 3); the carving of the 52 character passage taken from the *Sutra on the Great Perfection of Wisdom Spoken by Mañjuśrī* (T#232, 8: 728a26—29) with a yet unknown extension above cave 4 (Zhang Lintang 2007, 1: 31, fig. 5); and the carving of a verse taken from the *Nirvana Sutra* (T#7, 1: 204c23—24; T#374, 12: 450a16, 451a1, 497b9—10) above the lintel of cave 6 (Zhang Lintang 2007, 1: 32, fig. 6). The overlap of the contents of these carvings and the text choices at the Shandong sites has long been noted by numerous authors.

② Bei Qi shu, 43: 576: "The family of [General Yang] Lie transmitted a vocation of embellishment of the inner chambers, which was praised in the world: Their female members did not remarry. During the *taihe* era (477—499) of the [Northern] Wei dynasty (386—534), [the family] founded a nunnery in Yanzhou, where the widows lived. Childless women [also] renounced secular life and became nuns. In their comportment, they all preserved the precepts. 烈家傳素業，閨門修飾，為世所稱，一門女不再醮。魏太和中，於兗州造一尼寺女寡居。無子者並出家為尼，咸存戒行。" Translation by the author.

③ See Jung Lu and Lu Dadong 2009, 272—275, for a transcription and analysis of the *Eastern Shaqiu Nunnery Sculpture Inscription* 沙丘東城尼寺像記 that resounds with phrases phrases (六度，三空，一道一原) also found on the southern cliff at Mt. Hongding in the *Encomium to Fahong* (HDS18; Shandong 1, 93, 267—273), and on Mt. Tie in the sutra passage (Tie 1) as well as the accompanying *Stone Hymn* (Tie 2).

④ Lai Fei 2006, 13. Lai Fei 2007, 165—167. *Shandong fojiao kejing quanji* 2015, 1: 67 - 72.

⑤ Jung Lu and Lu Dadong 2009, 281.

⑥ Shandong 3, 422, 442—447.

⑦ Shandong 3 3, 412—413; 422. Yang Zhong is said to have been from Mt. Tai 太山羊鍾. He probably was a member of the clan of General Yang Lie 羊烈 (513—586), who is mentioned in the *History of the Northern Qi Dynasty* 北齊書. Yang Lie held the post of Governor of Yangping 陽平 from 558 to 561. This is the region where Mt. Shuiniu is located. According to the votive inscription, more than eleven clerics were also involved in carving the stele. Although the inscription indicates that they were affiliated with five different mona - steries, most of them came from nearby Baishi Monastery 白石寺, which was once located in Baishi Village at a distance of about 3 km from Mt. Shuiniu.

The extended quotation taken from the *Sutra on the Great Perfection of Wisdom Spoken by Mañjuśrī* and carved on the Mt. Shuiniu stele is particularly instructive about the soteriological expectations likely cherished by the donors of the 98 character passage. The passage begins with Mañjuśrī, who wonders how to study the unfathomable *Prajñāpāramitā* . The Buddha assures him that in posing this question he has already studied *Prajñāpāramitā* , and he now needs to achieve the Samādhi of *Bodhi* Sovereignty 菩提自在三昧. When he does so, he will be able to illuminate all exceedingly deep Buddha *dharmas* 照明一切甚深佛法, to know all Buddha names without exception 知一切諸佛名字, and to fathom thoroughly all Buddha worlds 悉了達諸佛世界; that is, he will be fully awakened. ① This is likely exactly what the donors of the 98 character passage hoped for: Clear instructions on how to achieve awakening, thanks to the power of *Prajñāpāramitā* .

Conclusion

I have attempted here to demonstrate that the repeated carving of the text passage in 98 characters, taken from the *Sutra on the Great Perfection of Wisdom Spoken by Mañjuśrī* in ＊Mandra〔sena〕's translation, was stamped on the mountainous landscape in Shandong during the Northern Qi dynasty in order to form a regional network of sacred sites. The cohesion between the separate sites is revealed by the intentional arrangement and layout of the 98 characters, which were carved in small but important variations, as well as in a calligraphy by or in the style of Seng'an Daoyi. A social network of people who shared common beliefs about Buddhist practice was responsible for the creation of this topographical network of sites, which centered on the realization of emptiness and *Prajñāpāramitā* as essential preconditions for Buddhahood. The donors commission of these 98 character carvings honored *Mañjuśrī's Prajñā* , Mañjuśrī's Wisdom.

The 98 character carvings may be the most explicit evidence for the existence of a sacred geography, at least on a regional level. ②However, there is more evidence available to support the existence of a network between all *moya* cliff carvings of the Northern Qi and Northern Zhou dynasties, connected by doctrinal coherence. ③ Because the emergence of these sutra carvings from the second half of the sixth century onwards is a particularly Chinese phenomenon, the inscription sites constitute an indigenous form of a regional sacred geography — something not previously encountered. ④

The existence of such a regional network of sacred sites has not yet received sufficient attention. The only scholar who has recognized the impact this regional

---

① "得是三昧已，照明一切甚深佛法，及知一切諸佛名字，亦悉了達諸佛世界。"

② On sacred geographies on a national and interna - tionallevel, see Robson 2004, Robson 2010, and Robson 2012.

③ To this kind of evidence belongs the repeated carving of the name "Buddha King of Great Emptiness," and other Buddhanames not included in the scriptures of the canon; the interest in "Buddha Guanshiyin" (not Bodhisattva Guanshiyin), which probably goes back to the apocryphal *Sutra on the Ten Great Vows* ; the focus on the six perfections of a bodhisattva; the exaltation of the sixth perfection, *Prajñāpāramitā* , at various sites in various forms; the repetition of another passage in 52 characters taken from the *Sutra on the Great Perfection of Wisdom Spoken by Mañjuśrī* that includes a certain phrase also found in the *Vimalakīrtinirdeśa - sūtra* ; and an obvious affinity to magical spells.

④ Robson 2010, 1357, suggested that in the Six Dynasties (222—589) "a well - organized Chinese Buddhist sacred geography did not exist", and that further "Chinese Buddhists did not develop a uniquely indigenous form of sacred geography or establish sacred sites on uncharted terrain."

network had upon Buddhist practice during the seventh century is Lin Wei – cheng. In his book *Building a Sacred Mountain: The Buddhist Architecture of China's Mount Wutai*, he examines the rise of Five Terrace Mountain (Mt. Wutai) to the most important Buddhist pilgrimage center, also begun during the Northern Qi dynasty. ① Most essential for this rise to international fame was the identification of Mt. Wutai as the abode of Mañjuśrī. Lin argues that regional circumstances played a seminal role in transforming a formerly unknown mountain into the sacred locus of this new divinity. The stone sutras carved under the Northern Qi dynasty must have driven this process, as Mañjuśrī figures prominently among them. ② The identification of the 98 character carvings as a well laid – out regional network hopefully corroborates Lin Wei – cheng's argu – ment. The same argument may even offer a solution to a hitherto unresolved question: Why was all carving activity discontinued at the end of the Northern Zhou, and why did many inscription sites fell into oblivion during the centuries that followed? I suggest that the regional network of inscription sites was eventually superseded by the new pilgrim center on Mt. Wutai, which grew into an international destination. The mystical residence of bodhisattva Mañjuśrī thus overshadowed the earlier dedications to *Mañjuśrī's Prajñā*, which had once fostered Mt. Wutai's success.

---

① Lin Wei – cheng 2014, 63—64. Susan Andrews recently challenged the alleged founding of Mt. Wutai's Temple of the Prince Who Torched his Body 王子燒身寺 by an unnamed prince of the Northern Qi dynasty. Andrews argues that this story is part of the historiographical writing of the 7th century *Ancient Chronicle of Mount Clear and Cool* 古清涼傳 (by Huixiang 慧祥, T# 2098; 51: 1092c—1100c), which fashioned an ancient past for this temple.

② Lin Wei – cheng 2014, 60—87, identifies Mañjuśrī as a main player in many of the sutras that were carved under the Northern Qi at various sites (Xiaonanhai near Anyang, Northern Mt. Xiangtang, and Mt. Zhonghuang in She County, and the Shandong sites): The *Avatamsaka – sūtra*, the *Treatise on the Ten Stages* (*Shidilun* 十地論), and the *Vimalakīrtinirdeśa – sūtra*.

作為禮儀道場的四川安岳臥佛院

蔡穗玲*

摘　要　安岳縣臥佛院遺址以巨大的臥佛石雕像、十一面千手千眼觀音及15個刻經窟等佛教遺跡聞名於世。自8世紀初營造以來，在原來的地面寺廟建築內、窟前、窟內以及窟與窟之間的像龕前，必定舉行過無數規模不等的禮拜儀式。本文根據刻經窟中的經文、遺址內的造像以及供養人題記，舉出三個曾經在臥佛院內舉行過的特殊佛教儀軌，为研究安岳臥佛院在歷史上扮演的宗教功能提供新的視角。

关键词　佛教儀軌　安岳石刻　臥佛院　大般涅槃　涅槃圖　藥師佛　續命儀　水陸法會

安岳縣臥佛院遺址以巨大的臥佛石雕像（3號龕（见下页圖14－1）、十一面千手千眼觀音及15個刻經窟等佛教遺跡聞名於世。自8世紀二三十年代營造以來，在原來的地面寺廟建築內、窟前、窟内以及窟與窟之間的像龕前，必定舉行過無數大大小小的禮拜儀式。除了日常的禮佛、經窟像龕完工時的開光典禮，臥佛院也舉行過一些特殊的禮拜與儀式。本文根據刻經窟中的經文、遺址內的造像以及供養人題記，舉出下列三個曾經在臥佛院内舉行過的特殊佛教儀軌。

一、涅槃像前的“勸請佛陀轉大法輪、莫般涅槃”儀式

臥佛院3號龕的涅槃像軀體匀碩，面相端祥莊嚴，足供信者在像前瞻仰膜拜。最令人驚詫的是，涅槃像採取左脇而臥的姿勢，與臥佛院内鎸刻的《大般涅槃經》（59、66、83、51和46號窟）對於佛陀涅槃的描述完全相反：“爾時世尊，與文殊師利、迦葉菩薩及以純陀，而受記莂。受記莂已，説如是言：‘諸善男子！自修其心，慎莫放逸。我今背疾，舉體皆痛，我今欲臥，如彼小兒及常患者。汝等文殊，當爲四部廣説大法，今以此法付囑於汝。乃至迦葉、阿難等來，復當付囑如是正法。’爾時如來説是語已，爲欲調伏諸眾生故，現身有疾，右脇而臥，如彼病人。”[①]傳統涅槃圖即源自這段經文，除了極少數的例外，[②]佛陀皆右脇而臥。

刊刻於佛陀腳下的《妙法蓮華經》提供了這個新圖像的佛學思想背景，經云：“是故舍利弗！

＊ 作者單位為海德堡科學院。

①《大般涅槃經》卷10〈一切大眾所問品·5〉。CBETA，T12，no. 374，p. 428，b4—12。

② 温玉成將此圖像定為“臨涅槃場景”，並提及中國的其他三例。温玉成. 於闐僧人法藏與兖州宋代金棺芻議. 世界宗教研究〔J〕. 2010年第2期：42. 另參見温玉成. 於闐僧人法藏與兖州宋代金棺〔C〕//黃夏年編. 兖州佛教歷史文化研討會論文集〔M〕. 北京：科學出版社，2011. 任婧在其博士論文中對左脅涅槃圖像做了系統性的探討。任婧.《涅槃經》與涅槃像——以安岳臥佛院為中心〔D〕. 北京大學博士學位論文，2019：84—89.

圖 14－1　安岳縣臥佛院遺址巨型臥佛石雕像與供養的香燭（2012 年拍攝）

我爲設方便，説諸盡苦道，示之以涅槃。我雖説涅槃，是亦非真滅，諸法從本來，常自寂滅相。”① 是故，佛陀非真入滅，臥佛院的佛陀涅槃圖以左脇而臥的方式呈現，② 似乎有意爲之。

臥佛院内另一部大篇幅的刻經《合部金光明經》（73 和 76 號窟）對於佛陀入滅的真諦與《妙法蓮華經》説法相同：“一切諸佛，不般涅槃；一切諸佛，身無破壞。但爲成熟，諸衆生故，方便勝智，示現涅槃。”③

就在《合部金光明經》中，佛陀特别宣説功德無量的“勸請佛陀轉大法輪、莫般涅槃”儀式：“若有善男子、善女人欲得阿耨多羅三藐三菩提者，應修聲聞、緣覺、大乘之行。其有未修行者，日夜六時偏袒右肩，右膝著地，合掌恭敬，一心一意口自説言：‘頂禮十方世界一切諸佛世尊欲捨應身入涅槃者，我今稽首莫般涅槃，久住於世，度脱安樂一切衆生，如前所説，乃至人天皆蒙安樂。我今以此勸請善根功德，悉以迴向阿耨多羅三藐三菩提，亦如過去、未來、現在諸大菩薩所有功德，皆悉迴向阿耨多羅三藐三菩提。我亦如是，所有勸請一切功德皆悉迴向阿耨多羅三藐三菩提。’善男子！譬如善男子、善女人三千大千世界滿中七寶供養如來，若有善男子、善女人勸請如來轉大法輪，勸請功德其福勝彼。何以故？是上善根即是財施，勸請功德即是法施。善男子！且置三千大千世界七寶。如是恒河沙數世界，若有善男子、善女人以七寶滿恒河沙數世界而用供養一切諸佛，若善男子、善女人勸請如來轉大法輪，其福勝彼。何以故？其法施者，有五種事。何者爲五？一者、法施彼我兼利，財施不尒；二者、法施能令衆生出於三界，財施不出三界；三者、法施利益法身，財施增長色身；四者、法施增長無窮，財施必有竭；五者、法施能斷無明，財施止伏貪心。是故，善男子！勸請功德無量無數，難可譬喻。如我昔行菩薩行時，如前諸佛世尊勸請轉大法輪。是善根故，一切帝釋及大梵王勸請於我轉大法輪：‘世尊！請轉法輪，爲度脱安樂一切衆生及諸人天。’我於往昔爲菩提行，勸請如來久住於世、莫般涅槃，依諸功德，我得十力、四無所畏、四無？辯、大慈大悲，得無量無數不

① 《妙法蓮華經》卷 1〈方便品 2〉（CBETA，T09，no. 262，p. 8，b22—25）。

② 鄧星亮亦强调左胁涅槃图像和《妙法蓮華經》的关系。鄧星亮．四川安岳臥録佛院石窟刻經研究〔M〕．成都：巴蜀書社，2016：121—127。

③ 《合部金光明經》卷 1〈壽量品 2〉（CBETA，T16，no. 664，p. 362，b27—29）。

共之法。我已入於無餘涅槃，而我正法久住於世。我法身者，無比清淨，種種相貌、無量智慧、無量自在、難可思議無量福德，一切眾生深蒙滋潤，百千萬億劫說不可盡。法身能攝藏一切之法，一切之法不能攝藏法身。法身常住，不墮常見，雖復斷滅，不墮斷見。破一切眾生種種妄見，能生一切種種真見，能解一切眾生之縛與縛不異，能種一切眾生諸善根本，能成熟一切眾生，已諸善根，能令解脫，無作、無動、無爲寂靜，安樂自在、遠離憒鬧，過於三世、能現三世，過於聲聞、緣覺境界，大地菩薩之所修行，一切如來皆無異體。勸請功德善根力故，如是法身我今已得。是故，善男子！若有善男子、善女人爲得阿耨多羅三藐三菩提，一句一偈以持勸化，爲人解說，功德善根難可限量，何況勸請如來轉大法輪，久住於世，莫般涅槃?”

以上“請轉法輪”與“請莫般涅槃”之段落都提到“未得修行”“未修行者”，強調欲想成佛之人，應修行三乘（聲聞、緣覺、菩薩或大乘）；但若有想要成佛卻還沒有修行此三乘的人，即應請轉法輪以及請佛住世，透過“勸請”獲得無量的功德，將此功德迴向自身成佛的目標。釋迦牟尼佛更以自身爲例，力證自己即以此儀式，獲“得十力、四無所畏、四無？辯、大慈大悲……”，最終取得攝藏一切的“法身”。

因此，臥佛院的臥佛表現的很可能是此“無比清淨，種種相貌、無量智慧、無量自在、難可思議無量福德，一切眾生深蒙滋潤，百千萬億劫說不可盡”的法身，非入滅相。相對地，清淨智慧法身臥佛像的上方即是一幅於現在與未來永遠可以再現的佛陀說法場景，並非僅表現過去某個說法的時刻。上下二圖正提供了舉行“勸請如來轉大法輪，久住於世，莫般涅槃”儀式的最佳莊嚴道場。

刊刻了《合部金光明經》的73號窟中有臥佛院最早的刻經題記云：“檀三藏經開元十五年(727年）二月鎸了。”[①]此紀年爲臥佛的雕鑿以及臥佛院內曾舉行“勸請如來轉大法輪、莫般涅槃”儀式提供一個可參考的時間範圍。

二、藥師佛續命儀

大概與上述時間同時，臥佛院也舉行過續命儀。29號窟刊刻的《佛說灌頂拔除過罪生死得度經》首先敘述藥師佛救濟眾生的十二大願，後段闡述消災除病、避免橫死的續命法儀軌。難能可貴的是，臥佛院也留下了舉行此儀軌的造像遺跡。

南崖中部有三個比較大的刻經窟，可稱之爲“三聯窟”（46、51、58號窟；圖14－2）。除了涅槃像之外，臥佛院另一尊備受矚目的十一面千手千眼觀音像（45號龕；圖14－3），即刻在46號窟前廊西壁上。臥佛院的續命法儀式就在此尊十一面千手千眼觀音像前進行。

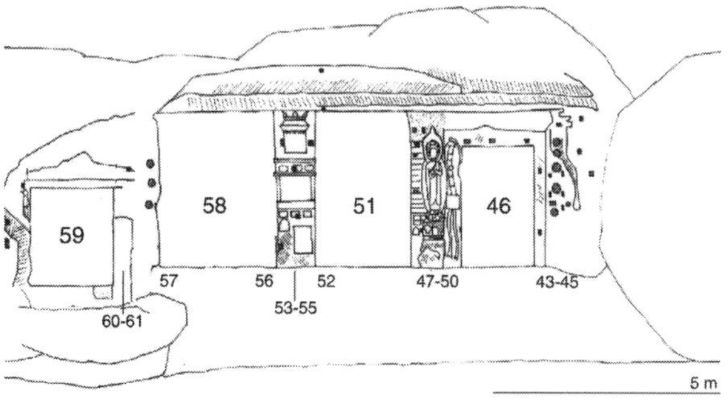

圖14－2　臥佛院46、51、58號三聯窟立面圖

圖14－3　46號窟前廊西壁十一面千手千眼觀音像

① 此則为臥録佛院最早的刻经題記。臥録佛院最早的題記为開元十一年（723年）造像題记。

首先關注51號窟外壁面（圖14－4），臥佛院紀年最早的題記即在此處，其紀年爲“開元十一年（723年）”，內容提到佛弟子楊義爲自身平安敬造千佛百身。全文曰：“惟開元十一年，歲（在）癸亥，今有普州樂至縣芙蓉鄉普德里弟子楊義，爲自身平安敬造千佛百身供養。”（圖14－5）

圖14－4　46號窟及51號窟之間的外壁面
（47號佛幡、49號立佛、50號千佛龕，
紅色框處為開元十一年〔723年〕題記。）

圖14－5　開元十一年（723年）題記
（圖14－4局部）

壁面上的100尊坐佛即楊義所供養。這則題記的紀年可以視爲46號窟開鑿時間的下限，因爲百尊坐佛是沿著窟前立佛的背光雕鑿的，而立佛勢必在開元十一年之前便與46號窟一併規劃，預留雕造立佛所需的岩石。因此，開鑿46號窟的時間下限是開元十一年（723年）。

立佛左側有一處被打破的佛幡圖像。海德堡科學院的考古學者馬本漢先生將風化及被打破的部分作了完整的復原（圖14－6），並指出佛幡上方杆頭的樣式亦可見於同時期的敦煌壁畫。[①]此外，敦煌博物館藏的一方絹幡，紀年是“開元十三年（725年）”，亦可作爲臥佛院佛幡斷代的佐據（圖14－7）。

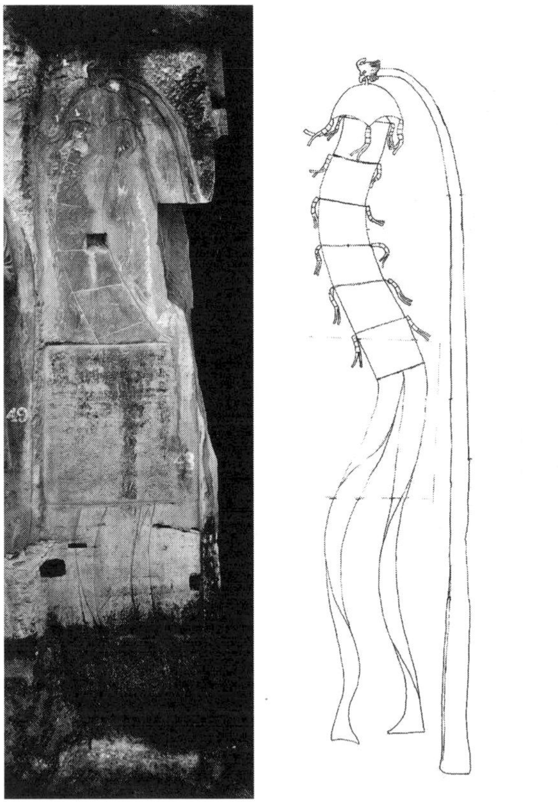

圖14－6　46號窟i壁浮雕佛幡及復原圖(馬本漢繪製)

《佛説灌頂拔除過罪生死得度經》所言續命儀軌亦見諸壇法，例如北大藏敦煌遺書（編號D180），該文獻分爲《禮懺文》與《藥師道場壇法》兩部分。後者指示如何設像、安排其他儀場

① 馬本漢．46號窟i壁浮雕佛幡研究〔C〕// 温狄婭、孫華編．中國佛教石經·四川省·第三卷．杭州：中國美術學院出版社，2016：52—64．

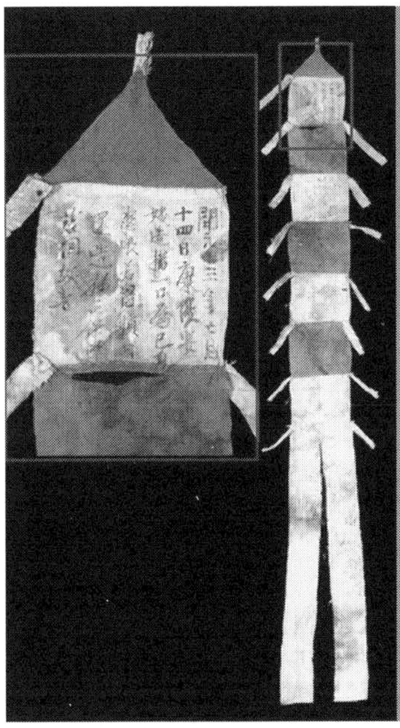

圖 14－7　題記紀年爲 725 年的旌幡（出自敦煌 130 號窟）[①]

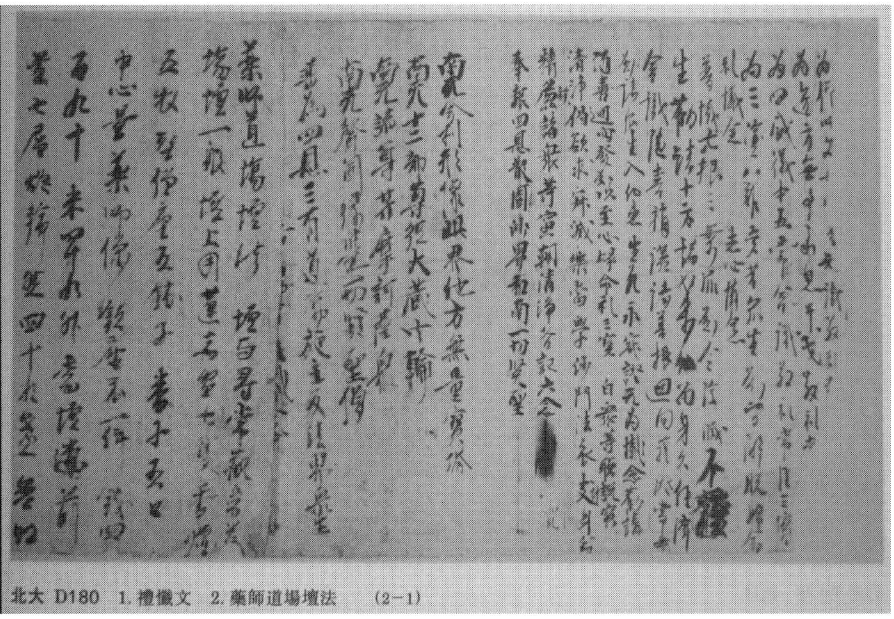

圖 14－8a　北大藏敦煌遺書（編號 D180）[②]

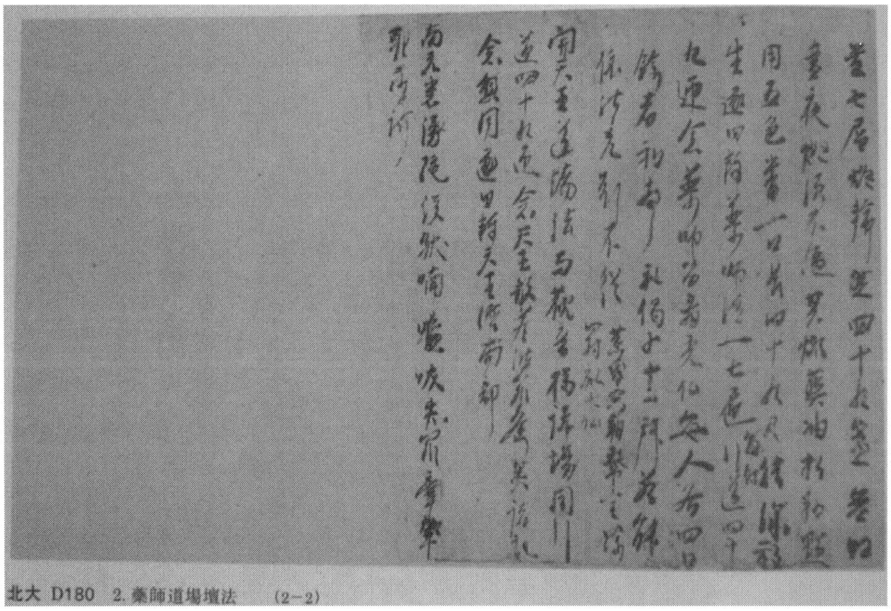

圖 14－8b　北大藏敦煌遺書（編號 D180）

必要的配備，例如“中心置藥師像……”“七層燈輪，燃四十九盞無明晝夜燈，需要五色幡一口，長四十九尺，逐日轉《藥師經》一七遍，每時行道四十九匝，念藥師琉璃光佛……”（圖 14－8a—b）。

雖然上述臥佛院立佛像手臂損壞嚴重，但是我們仍可由周圍配置來推測這尊立佛像即是藥師佛（圖 14－4）。除了位於立佛之旁的佛幡，千手千眼觀音像下方的形狀類似三角形的小龕（圖 14－3、圖 14－9），亦可爲佐證。之前學者不知道它們的用處爲何，馬本漢亦對此作了復原：小龕有七層，總共應有 49 個，顯然是爲舉行續命儀法所需的 49 個燈龕（圖 14－9）。

由此可知，46 號窟窟廊曾經舉行過藥師續命儀法。至於此儀式何時不再此處施行，我們可從七層燈龕被其他兩個像龕打破的時間推知。44 號像龕裡（圖 14－3）有一位女供養人手指上舉，目前的討論一般認爲這是五代時期的作品。而手指之所以上舉，或是暗指其出資增擴上方觀音的圖像，將十一面觀音改造成千手千眼觀音。如今壁面上仍然可見像碑和十一面千手千眼觀音龕往後挖深、

① 圖片采自樊錦詩和海蔚藍．*Dunhuang: Buddhist Art at the Gateway of the Silk Road*——敦煌：絲路佛光．紐約：Dunhuang Academy and China Institute Gallery，2013：71．

② 圖片采自黃永武．敦煌寶藏．臺北：新文豐出版公司，1981—1986．

圖 14－9　43 號像龕旁的小燈龕及復原圖（馬本漢繪製）

重新刻造的痕跡。① 因此，本人推測，五代時期，臥佛院的藥師佛續命儀式已經不再繼續舉行，當時的信衆對這些小燈龕的功能渾然不知，於是予以破壞。至於宋代，由於遊客題刻無情打破佛幡中間部分（圖 14－4、圖 14－6）現象的存在，臥佛院不再進行藥師佛續命儀式的事實更爲清晰。因此，我們可以推測，大概在唐末或五代時期，最晚在宋代，藥師佛續命儀在臥佛院已經中斷並失傳，且在宋代由水陸儀軌起而代之。

三、水陸法會

臥佛院遺址存有兩則可能和水陸法會有關的宋代題記：一則位於 70 號窟，此處之所以稱爲窟，是因爲此窟爲臥佛院 60 幾座開鑿完成卻尚未鎸刻經文的刻經窟之一，後代將其用途轉變爲像龕。70 號窟主要供養釋迦佛，題記如此記述："修妝釋迦牟尼佛部衆一龕。修造遮佛龕廈舍一面。"（圖 14－10）題記並未交代窟前建築的遮佛龕廈舍有多大。但此窟外壁留存許多小洞，作爲窟前建築的榫洞，從榫洞遺跡判斷，此工程浩大，似乎一整區的龕窟全部受到保護。

圖 14－10　70 號窟開寶七年（974 年）修椿題記

① 雷玉華 2010 年於現場有力地指出，十一面觀音被改造成千手千眼觀音。

供養人馮崇夫婦發願修造了前述兩個物件。開寶七年（974 年）十一月十八日工程完成，隨即歡喜“設齋、表慶了酬”。馮崇夫婦設了什麼齋？開寶七年是 974 年，此時水陸齋顯然最爲流行，而且已經到達泛濫的地步。所以，次年宋太祖下詔禁止水陸道場。開寶八年（975 年）四月丁酉《禁灌頂道場水陸齋會夜集士女詔》云：“像法真宗，適當崇闡；緇徒戒行，尤在精嚴。如聞灌頂道場，水陸齋會，並夜集士女，就寺開設，深爲褻瀆，無益修持。宜令功德司及尚書祠部，告諭兩京諸道州府，並禁之。”①

石刻文獻亦明確記載，宋代安岳地區“水陸齋會”普及的狀況。安岳縣城圓覺洞石窟，當時稱爲“真相寺”，有一“真相寺石觀音像記”。此記現已損毁，但録文在方志中得以保存。碑文記載一位名爲楊振卿的信徒，在 1099 年開始開鑿觀音像，直到 1107 年，工程告畢，於是籌辦水陸齋會，開四大部經，請僧人和道士一起重振佛乘，規模非常龐大。這裡可以很清楚地看到安岳地區在 11—12 世紀進行了盛大的水陸齋會。全文曰：

至道寥廓，肇造萬法，不得其門，無自而入。古有大法王子，三法輪常轉，日用裕前。牆壁瓦礫，與文殊助機；安坐不動，共普賢謳和。原其深趣，未盡圓通。必欲得佛上乘，還寂滅性海，唯觀音門庭，易為受道。蓋一心清淨，周遍十方。無古無今，圜證三際。目非觀障，意自染塵，鼻舌及身，難窮等妙。即此聞性，無處不通。夢寐覺眠，了然有在。群方擊鼓，隨擊俱聞。假使隔垣，是心非滅。心非滅故，則又何與諸佛如來同一聞法？十力、四無畏、八萬四千陀羅尼門，施及眾生，莫非自聞而入。則觀音妙智，不可思議。

本州信善楊正卿，以厥祖舊願，造觀音石像一尊。擇真相崖龕，鳩工集事，闔家隨善，共建良緣。元符己卯（1099 年）創初，大觀丁亥（1107 年）告畢。設水陸齋會，開四大部經。飯合郭僧道，崇贊佛乘，遠酬祖意。巍巍聖像，睹即見真。泉石鬆風，皆談實相。俾人人回心覺觀，自返其聞，探觀音最上之機，到菩提妙湛。檀那功行，豈易遽量。

噫！妙法圓通，斯門第一，遽初方便，何假他求？根不著有，是非就耳。不即不離，無去無來。意取則六賊競馳，情解則萬緣交構。空諸所有，彷佛其源。一念澄虛，真觀斯在。餘喜楊生措誠於道，挺出塵累，崇奉法要，求之妙諦，如火中蓮。特為書其本末，而刊諸石云。

宋大觀二年戊子（1108 年）春二月

奉議郎通判漢州軍州管句學事

兼管內勸農事借緋馮世雄撰②

此記明確記載，真相崖龕觀音石像的雕鑿工程歷時八年，從元符己卯（1099）至大觀丁亥（1107）。大功告成时，則設水陸齋會以慶之。

釋祖覺（1087—1150 年）於其《重廣法施水陸大齋題綱》（以下簡稱“《水陸大齋提綱》”）也顯示水陸齋在宋代的重要性及普及性。根據《水陸大齋提綱》，臥佛院確實擁有舉行水陸齋會的最佳條件，如文中所述：“在鷲嶺，在祇園，然後説法；依名山，依古寺，方可設齋。無其處，何以莊嚴？遵其道，庶幾感應。蓋聖跡之所在，有神明而主張，故設善緣，當依勝地。”③《水陸大齋提綱》下文亦清楚指出，所謂“設齋”講的就是水陸齋：“昔政和八年（1118）七月十四日，夔州任襲者以父亡不知時日，因值中元節，就臥龍山設水陸齋薦之。”④

《水陸大齋提綱》又言及，舉行水陸齋必須先徵求土地神的意見：“行法事僧爲如法關申土地，

① 〔宋〕佚名編．宋朝大詔令集．〔C〕// 顧廷龍主編．續修四庫全書・史部・詔令奏議類 456．清抄本．上海：上海古籍出版社，2002：卷第二百二十三，1599．

② 龍顯昭編．巴蜀佛教碑文集成．成都：巴蜀書社，2004：147．

③ 全文見侯沖．雲南阿吒力教經典研究．北京：中國書籍出版社，2008：79—80．

④ 同上。

至第三度迎請。”① 土地神正是臥佛院在宋代新增的神祇圖像之一。66 號窟《涅槃經》旁的 65 號窟原來規劃也是刻經窟，但後來挪爲他用，現留存宋代刻畫的三個矩形方塊（圖 14－11），其用途可由其上方的題記一窺一二：

/1/講經論沙門惠文發心畫廣

/2/齊［護法］、靈濟護法、土地三身同一堂，

/3/永爲供養。意乞閤院僧童

/4/進道修行。以皇宋丁未歲②正

/5/月十七日了謹記。（圖 14－12）

圖 14－11　65 號窟全景及正壁現存宋代刻畫的三個矩形方塊

圖 14－12　65 號窟正壁三個矩形方塊上方的宋代題記

由此可知，空白的方塊原來是畫了三身神祇。目前爲止，調查學者作如此斷句：廣齊靈濟、護法、土地。廣齊靈濟所指爲何，無跡可尋。因此，本人認爲，句讀應改爲“廣齊、靈濟護法”，廣齊和靈濟是兩位護法。根據《文獻通考》對四川寺院的記録，可以確知：①祭祀治水李冰的廣濟（“齊”通“濟”）王廟，李冰即是廣濟王；②而靈濟公是治旱的陸弼。③

65 號窟的三塊矩形原來彩繪了兩位四川的地方英雄，李冰和陸弼，以及土地神。鑒於土地神在水陸儀式中扮演的重要角色，並且水陸儀式不斷納入新的神祇，彩繪的三身神祇很可能曾被列入臥佛院水陸道場所召請的神明系列中。

四、結　語

本文試著以儀式的角度考量臥佛院在歷史上曾經扮演過的宗教功能。在開元十五年（727 年）左右，《合部金光明經》的刊刻告一段落。主持刊刻此經的僧人既然崇仰此經，必然亦注重經中闡揚的“勸請佛陀轉大法輪、莫般涅槃”儀式，繼而遵循實踐。從這個角度考察，臥佛院的巨型臥佛和佛陀説法圖的儀式功能就顯而易見：巨型臥佛表現的是清淨智慧的法身；説法圖非特指某個過去的歷史性時刻，而是永遠可以再現正法常在的説法場景，并且，令其不斷再現的主角即是臥佛院的僧人及信徒。

再進一步仔細審視巨型臥佛和佛陀説法圖，我們可以發現，上下兩個場景是一個完整的構圖：上方佛陀端坐説法，右手作説法印，左手平放左

① 全文見侯沖. 雲南阿吒力教經典研究. 北京：中國書籍出版社，2008：79—80.

② 根據臥録佛院其他宋代題記推算，此丁未年當為 1067 年。

③ 馬端臨. 文獻通考. 臺北：新興書局，1963：第 2 册：卷九十，（考）823.

膝上，身後兩側排站天龍八部、九位弟子、二菩薩、一力士。説法場景和臥佛圖藉由面向佛陀、背對觀者的第十位佛弟子以及佛陀腳邊的第二位力士圈合成一個整體。這個圈合即涵攝了佛教傳承的三股力量，“佛”“法”“僧”三寶：應盡還源的佛陀法身、説法之佛陀、護法之天龍八部與力士、得法之菩薩以及延續廣佈佛法之僧。在此進行儀式的臥佛院僧人及信徒，一方面藉“佛”“法”“僧”三寶的力量，精進修行；另一方面，他們也可以觀想自己即是坐於佛陀之前、輕觸佛陀之手的弟子，誓願將持守其正法、使之永在。

除了上述以自身成佛及傳承正法爲目的的“勸請佛陀轉大法輪、莫般涅槃”儀式之外，其他二例與庶民的現世利益有關：藥師佛續命儀和水陸法會著重消災除難，祈求自身的壽命和平安。這兩種趨向反映了僧俗各自的信仰訴求，與院內所刻佛經的選取內容不謀而合。

杭州九曜山五代吴越国洞窟刻经遗迹

赖天兵

摘　要　洞窟刻经为新发现的一处佛教石刻遗迹，石灰岩洞窟位于浙江省杭州市西湖区九曜山西坡，洞窟内外还存像龛两个，造像8尊，摩崖题记2方。洞北山崖存香严寺（吴越国王钱俶为一代高僧延寿所建）和永庆寺山地之间的分界摩崖。本文叙录洞窟刻经及造像的客观现状。指出刻经系《弥勒上生经》残文，考证其为五代吴越国产物，经文与洞窟七尊一铺造像相适配。九曜山刻石佛经残文是东南地区已知唯一的洞窟刻经，遗迹的揭示对研究我国洞窟刻经的分布与刻经形态的演化皆具裨益。

关键词　九曜山　洞窟刻经　年代　题材　香严寺

九曜山位于浙江省省会杭州市西湖西南山区，东北与净慈寺所在的南屏山一脉相接（图15－1），西面与青龙山隔虎跑路相望，东南接玉皇山，南面为大慈山。山体海拔高201米，为石炭纪晚期的船山石灰岩，质地宜于雕刻。发现刻经的洞窟位于山的西坡，这里林木繁茂，人迹罕至（图15－2）。除刻经外，石灰岩洞窟内外还存像龛2个，造像8尊（图15－3）。作为洞窟刻经发现亲历者之一，笔者依据实地勘察与相应碑拓，介绍刻经残文及洞窟造像的客观状况，阐述其特征，初步考察洞窟刻经的内容、年代及背景。

图15－1　杭州九曜山（高）与南屏山（低）（东北—西南视界）

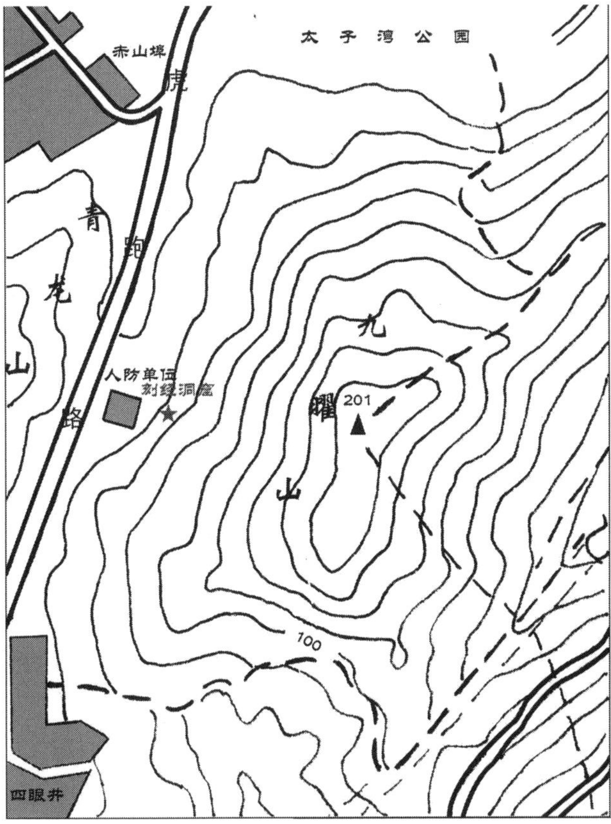

图 15－2　九曜山刻经洞窟位置示意图

图 15－3　九曜山刻经洞窟外远景（西北—东南视界图）

一

九曜山西坡的天然石灰岩洞窟坐东南面西北，高467cm，深787cm，洞口处宽约245cm，立面接近直角三角形，上窄下宽，外宽内窄，洞底已退缩为一小穴。洞左右侧壁（面向洞口时）近洞口处分别凿像、刻碑（图15－4）。左壁刻七尊一铺造像龛，右壁距泥地高约2.30m处磨高110cm、宽148cm的摩崖碑。碑右上角①崩毁，左端亦有凹损，字迹肉眼不辨（图15－5）。此摩崖碑容量较大，不像一般的造像题记。2019年5月6日笔者持早年撰成的《杭州九曜山窟龛造像调查》一稿重访九曜山，邂逅进山访碑、拓碑的杭州市园文局花港管理处文物科倪小蒙、碑拓专家陈洁与奚峋强等一行，在陈洁等对洞窟摩崖碑的拓碑过程中，笔者辨识出在摩崖碑上部在书刻了近五分之四的位置上有“尔时……佛……”的小楷刻字，

图 15－4　洞窟左右侧壁的像龛与摩崖碑

表明这确是一处难得的石窟石刻佛经。后奚峋强据拓片按字口辨识出“尔时此宫中有一大神（中泐）遍礼十方佛发弘誓愿（后泐）”，笔者进一步辨识为：“蜜/尔时此宫中有一大神（泐8字）/起遍礼十方佛发弘誓愿（后泐）”，中间所泐8字应为“名牢度拔提即从座”。刻字出自沮渠京声译

---

① 此处及后文描述造像位置之“左”“右”，是以摩崖碑或造像本身的视角而定。

图 15－5　洞窟摩崖碑

《观弥勒菩萨上生兜率天经》（简称《弥勒上生经》）。① 残存的刻字字径在1—1.2cm。据字径及书写换行情况推测，经文分上、中、下三栏书刻，前揭辨识出的文字处于上栏后部，这些文句处于整篇经文的前部，摩崖碑完全可以容纳整篇《弥勒上生经》（参见下页图 15－6），不排除经末附有发愿文。② 经过摩崖碑、像龛往里，洞壁完全保持嶙峋的天然状态。

与摩崖碑相对的洞窟左壁开平缓的尖拱形龛，高143cm，宽235cm，龛底距泥地252cm，内雕一佛二弟子二菩萨二天王七尊一铺龛（图 15－7）。由于洞壁近洞口处局部有坍塌，外侧立像头部已随之崩失，立像及其右侧的坐像已基本处于露天。主尊佛陀倚坐（善跏趺坐）于平面呈长方形的须弥座，座下现三层叠涩，像坐高103cm，足踩莲台高2.35cm。有内圆外桃尖形头光与椭圆形身光，

图 15－7　洞窟弥勒七尊一铺龛像

头光从内向外依次为花卉、双重圆环与较宽的火焰纹，身光依次为花卉缠枝、双重圆环与火焰纹，背光石质因水渍而变色。佛像肉髻，右旋螺发，脸型长圆饱满，双目俯视，眉间毫相处圆形内凹，右袒僧支衹于胸腹系带，敷搭双肩下垂式袈裟的领襟合围成大U字形，袈裟一角系于左肩之软质钩纽。右手（毁）举胸前结印，左手抚膝，手背表面风化，仅见大拇指。二弟子跣足立双重宽瓣仰莲台，光头，内著交领广袖僧衣，外披袒右袈裟，头部微微转向主尊，双手于胸前合十。左侧弟子老年形象，头顶左侧稍损，像身高63.5cm，莲台高9.5cm，手有损，像因水渍而略显古铜色。右侧弟子青年形象，头面左上部崩毁，像身高62cm，莲台接近半球状，高11cm，身体重心略微右偏，左手有损伤。二菩萨跣足倚坐方座，座面前倾。菩萨眉间毫相作圆形内凹，双足各踏圆形重瓣仰莲台，莲台所在的水平面低于两弟子莲台，有内圆外桃尖形头光与椭圆形身光，头光从内向外依次为花卉、双重圆环与两重火焰纹，右胁侍背光明显突出龛壁。缯带垂于肩后，垂下的帛带于膝前横过两道，绕肘后下垂及座两侧。胸前短璎珞系结于从颈后两侧垂下的帛带上，腹部微鼓，长裙的衣带自腹前翻出，在两腿间呈蛇形摆动垂地，裙装下缘刻出纵向褶皱纹。右侧菩萨坐高72.5cm，双莲台高7.5cm，头光的三分之一已随龛壁崩毁，鼻尖与左眼珠略损，两眼张目前视，高宝冠中心饰由卷曲小祥云拱卫的圆珠，冠上部的云纹则呈纵向舒展状。左侧菩萨坐高74.5cm，双莲台高7cm，首微颔，头面左上部崩毁，冠型不辨，脸形饱满呈双下巴，头微微转向主尊。二天王身披铠甲，著战裙，持兵器，开脚立岩台，岩台水平面低于二菩萨莲台，与龛底齐平。左侧天王头失，身残高48cm，岩台高8cm，双手屈肘置腹前，右手在下握剑柄，左手在上覆掌触剑柄

① 〔北凉〕沮渠京声译：《观弥勒菩萨上生兜率天经》，《大正藏》第14册，第416a页，No.452.

② 拓片的进一步释读仍在进行中。

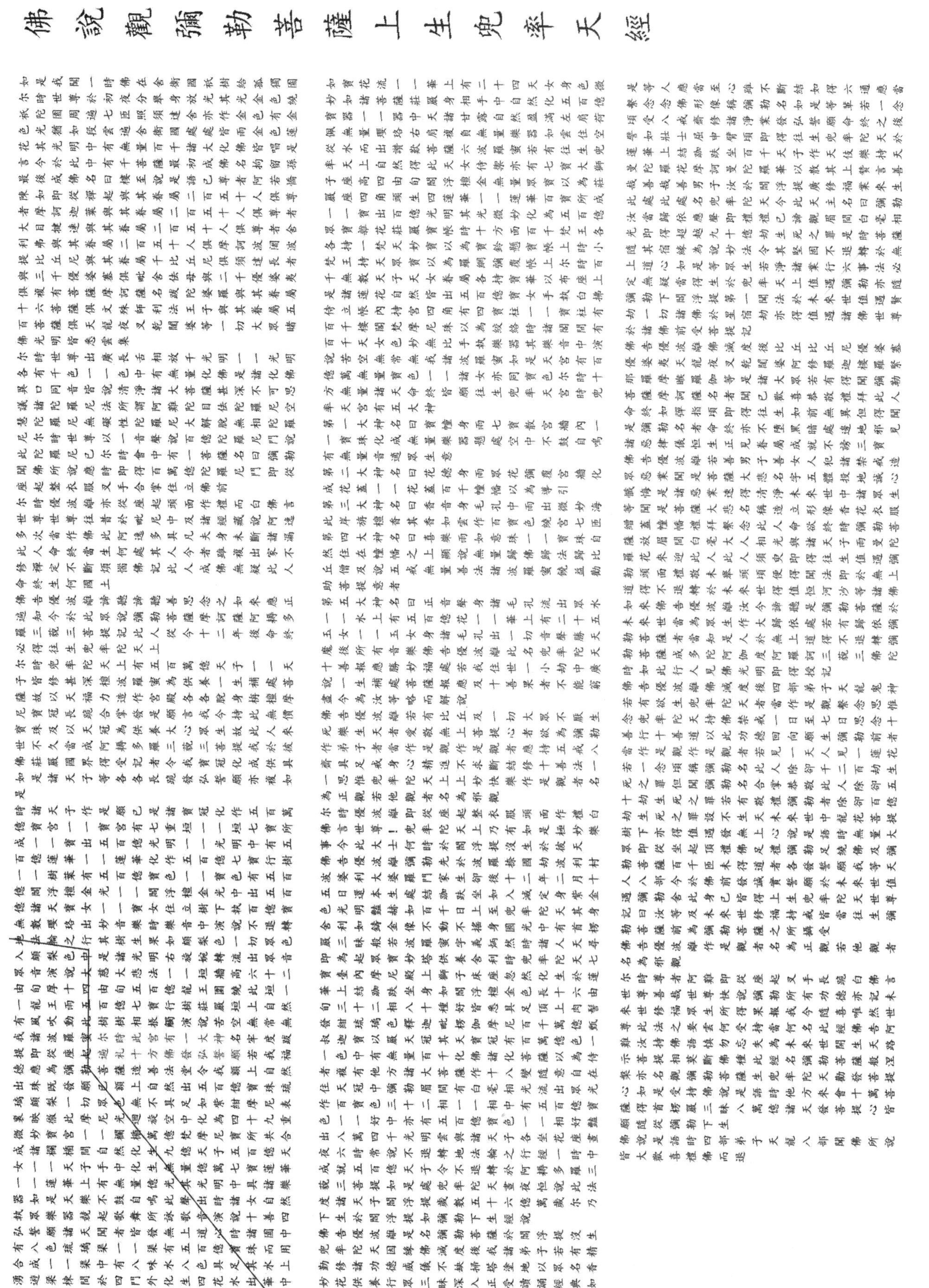

图15-6　洞窟摩崖碑模拟复原图（奚峋强制）

末端，宝剑柱地，剑下端有损（图 15 －8）。右侧天王身高 62cm，岩台高 8cm。头戴兜鍪，头部比例大，脸略偏向主尊，青年形象，口唇略残，面含稚气。右手当胸结施无畏印，左手（四根手指残）贴体下垂执长柄钺。由于洞壁石灰岩中含有高价铁成分，天王两腿间与右侧洞壁局部呈红褐色。

图 15 －8　七尊一铺之外侧天王立像

洞口外南 2.4 米处的山岩上开一弧拱形龛，高 136cm，宽 84cm，龛底立面呈弯月形，距泥地 140cm。龛内缘中下部的绿色条状分布系微生物所至。龛内雕双手合十披帔帛的立姿菩萨一尊，背光风化甚重，层次与窟内菩萨类似，但较后者窄。头冠高耸，顶部两侧饰向外翻卷的涡旋，腹部翻出的裙带呈蛇状下垂（图 15 －9）。龛外右上方磨高 34cm、宽 26.5cm 题记一方，系成化十七年的后世题刻，非造像记。龛外右侧偏下刻高 24、宽 16cm 题记一方，惜无字迹可辨（图 15 －9）。洞窟外北面嶙峋山崖中有两处直接刻于未加工岩面的并行题刻“香严界”（偏北）与“永庆寺山界”（偏南）。[①] 前者高 30cm、宽 10.4cm（图 15 －10）。依刻字推测，洞窟外曾是古代香严寺与永庆寺山地的分界线，以北当属香岩，往南属永庆。

图 15 －9　洞窟外菩萨立像龛

图 15 －10　洞窟外东北高处寺界摩崖

① 此摩崖系在 5 月 6 日的寻访中，由奚岣强先生发现。

二

唐代高宗、武周以后，呈倚坐姿，右手举胸前结印，左手抚膝成为弥勒佛像供奉的主流，汉地摩崖窟龛中的弥勒佛几乎全为本造型，故可以明确九曜山洞窟中七尊一铺为弥勒七尊。主尊弥勒右手位的老年相弟子为迦叶，左手位的年轻弟子为阿难。持钺斧天王造型与五代吴越国（907—978年）杭州将台山慈云岭造像龛、玉皇山天龙寺造像①龛样式雷同，洞窟内外两龛中菩萨像垂带呈蛇形摆动与天龙寺弥勒七尊大龛胁侍菩萨像、慈云岭地藏龛俗装侍从像一致，白毫处圆形内凹的做法与飞来峰青林洞五代吴越国2号西方三圣龛二菩萨像②如出一辙。洞外南菩萨立像（最可能为观音像）所踏祥云与杭州烟霞洞东壁五代吴越国定印罗汉的胁侍立像③相似，头冠上部两侧对成的涡旋装饰与某些吴越国金铜坐像头冠样式④类似。胁侍菩萨腹部微鼓、短璎珞悬挂在丝质带上及卷云冠式亦皆为五代吴越国石刻造像“杭州造型”的表现。⑤ 故洞窟内七尊一铺为典型吴越国石刻造像，洞口外菩萨立像亦可判为吴越国时期所作。

弥勒是信徒往生与再生的教主，信仰者祈愿今生卒后能往生兜率天宫，未来久远时，还可随弥勒一同回归娑婆世界，与西方净土不同，兜率天宫就在娑婆世界的上方。⑥

《弥勒上生经》是弥勒三部经之一，为弥勒经典中最晚成立的作品，也是弥勒净土信仰所依据的主要经典之一，内容叙述弥勒菩萨入灭后往生兜率天宫，为教化诸天昼夜六时说法。国家图书馆藏有五代后晋天福十二年（947年）《弥勒上生经》的经幢刻经拓本，幢身八面，每面刻经宽15cm、高90cm（图15－11）。本洞窟《弥勒上生经》与造像适配，系吴越国刻经与弥勒信仰盛行之产物，每行17字，分上中下三栏的书刻方式与雷峰塔（建于971—977年）原底层回廊石碑刻经（主体为《华严经》）相同（图15－12）。⑦ 残经中左右结构的“誓”（图15－13）和右偏旁接近“口”字的“弘”（图15－14），与2016年6月5日北京保利拍出五代刻本卷轴《弥勒上生经》（图15－15）⑧中相应字的写法相同。久居杭州的南宋遗民四水潜夫（周密）辑《武林旧事》卷五《湖山胜概》列有“香严寺”。⑨ 清释际祥纂辑的《净慈寺志》卷三《兴建三》之“香严寺”条曰：“在九曜峰之钱王岭，建隆初（960年），吴越王闻寿禅师（永明延寿大师——引者注）感天乐，创建此寺，额曰‘香严’。嘉靖初，改为庵，隆、万间，为俗氏毁。”⑩ 一代高僧、著有百卷《宗镜录》的永明延寿大师（904—976年）于建隆二年被钱俶迎请为南屏山麓慧日永明院（后称净慈寺）住持，

---

① a．中国社会科学院考古研究所浙江工作队：《杭州慈云岭资贤寺摩崖造像》，《文物》1995年第10期。b. 常青：《杭州玉皇山天龙寺佛教摩崖造像》，《文博》2016年第1期。

② 赖天兵著：《汉藏瑰宝：杭州飞来峰造像研究》，文物出版社，2015年，第23页。

③ 丁明夷主编（本卷）：《中国石窟雕塑全集》卷十，重庆出版社，2000年，图版14.

④ 指苏州瑞光塔金铜菩萨像与浙江金华万佛塔出土若干金铜像。据浙江省博物馆主办“佛影灵奇：十六国至五代佛教金铜造像”所展实物，2018年11月至2019年3月。

⑤ 赖天兵：《吴越国石刻佛教造像的造型及组合》，《石窟寺研究》第九辑，科学出版社，2019年，第160—164、168与171页。

⑥ 王惠民主编：《敦煌石窟全集6·弥勒经画卷》，香港：商务出版社，2002年，第20、10页。

⑦ 浙江省博物馆编著：《雷峰藏经》，文物出版社，2011年，图版53.

⑧ 有关此经拍卖的信息由奚峋强先生告知，谨此致谢。

⑨ 〔宋〕四水潜夫辑《武林旧事》卷五《湖山胜概》，浙江人民出版社，1984年，第73页。

⑩ 〔清〕释际祥纂辑，刘士华等标点：《净慈寺志》卷三，杭州出版社，2006年，第106页。

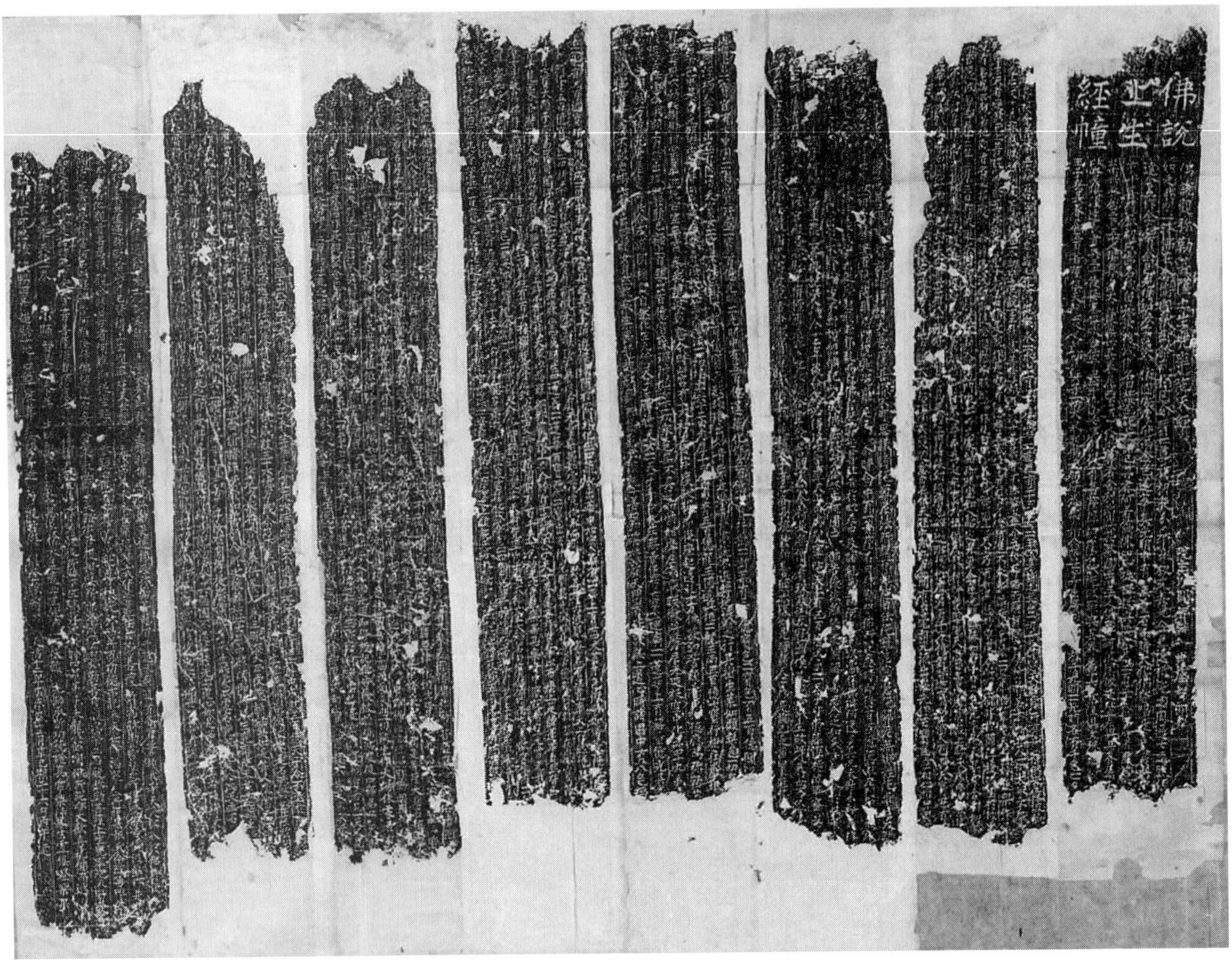

图 15－11　《弥勒上生经》经幢刻经拓本（五代后晋天福十二年，947 年）（国家图书馆电子版）

图 15－12　杭州雷峰塔塔基出五代吴越国刻经残碑

（采自《雷峰藏经》）

图 15－13　誓字的一种写法

图 15－14　弘字的一种写法

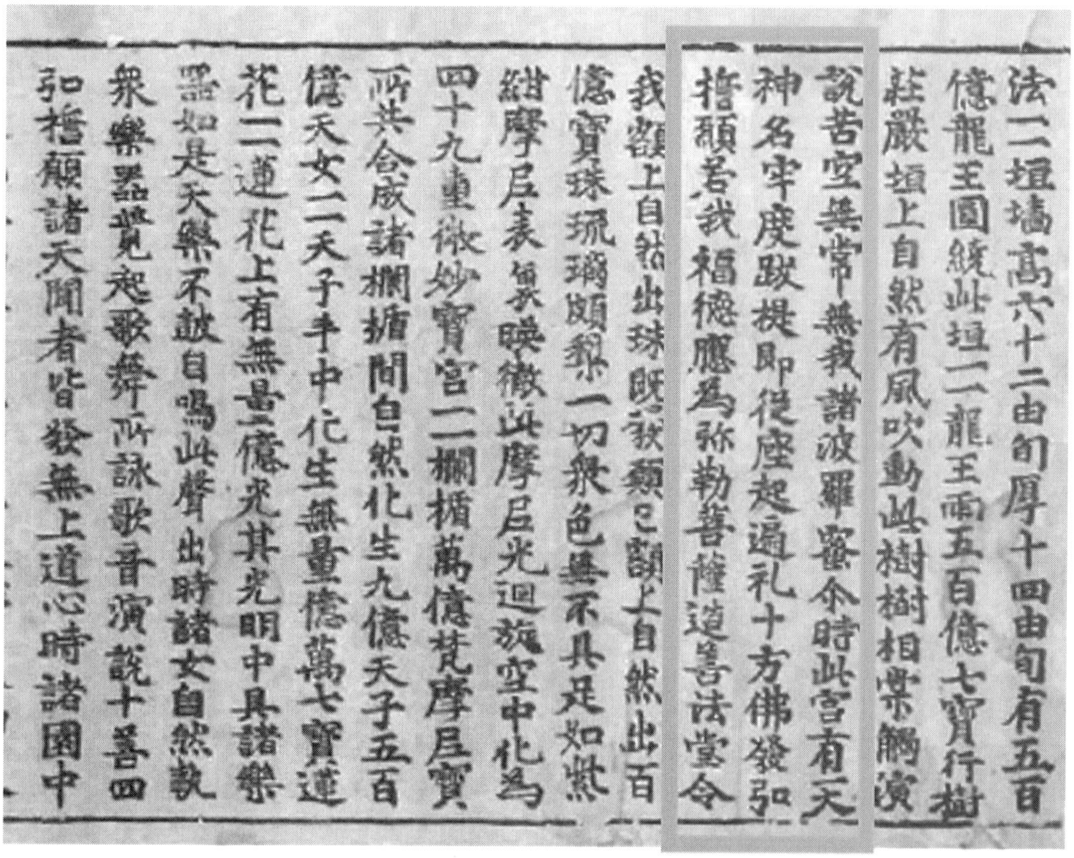

法一垣墻高六十二由旬厚十四由旬有五百
億龍王圍繞此垣一一龍王雨五百億七寶行樹
莊嚴垣上自然有風吹動此樹樹相衝觸演
說苦空無常無我諸波羅蜜爾時此宮有一大
神名牢度䟦提即從座起遍礼十方佛發弘
誓願若我福德應為弥勒菩薩造善法堂令
我額上自然出珠既發願已額上自然出五百
億寶珠瑠璃頗梨一切衆色無不具足如紫
紺摩尼表裏映徹此摩尼光迴旋空中化為
四十九重微妙寶宮一一欄楯萬億梵摩尼寶
所共合成諸欄楯間自然化生九億天子五百
億天女一一天子手中化生無量億萬七寶蓮
花一一蓮花上有無量億光其光明中具諸樂
器如是天樂不鼓自鳴此聲出時諸女自然執
衆樂器競起歌舞所詠歌音演說十善四
弘誓願諸天聞者皆發無上道心時諸園中

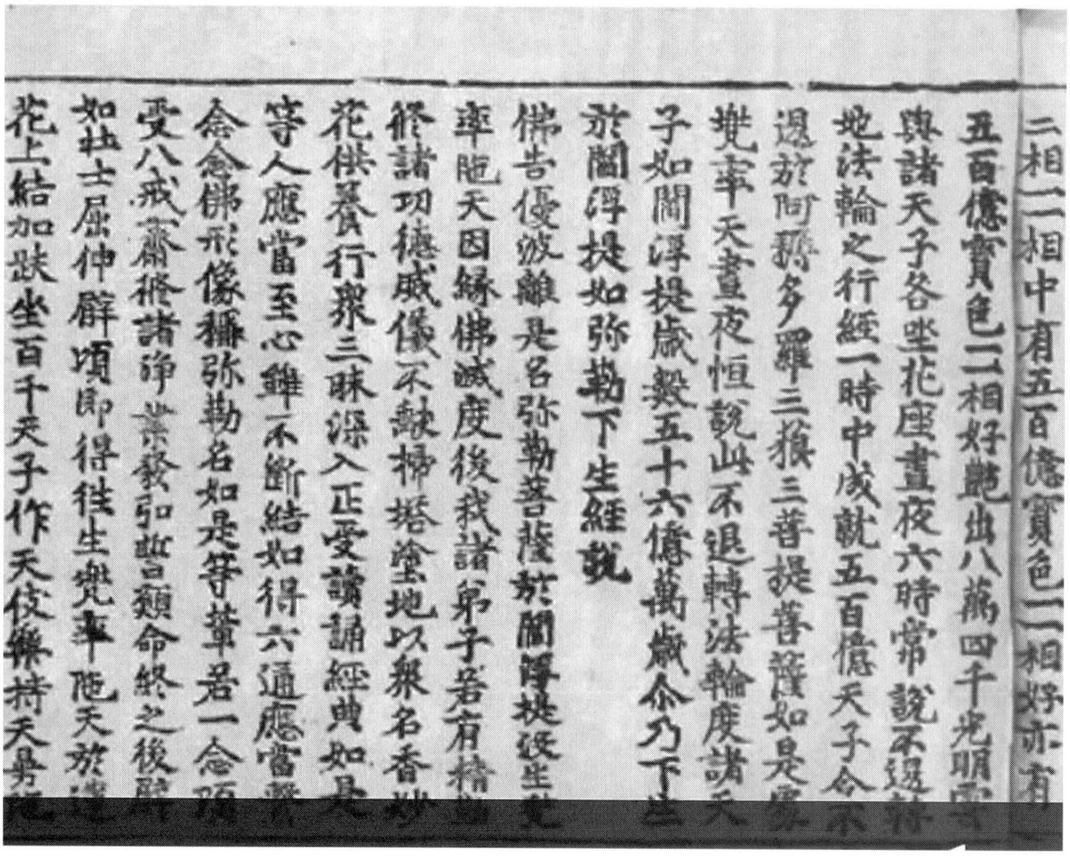

二相一一相中有五百億寶色一一相好亦有
五百億寶色一一相好艷出八萬四千光明雲
與諸天子各坐花座晝夜六時常說不退轉
地法輪之行經一時中成就五百億天子令不
退於阿耨多羅三藐三菩提菩薩如是處
兜率天晝夜恒說此不退轉法輪度諸天
子如閻浮提歲數五十六億萬歲爾乃下生
於閻浮提如弥勒下生經說
佛告優波離是名弥勒菩薩於閻浮提沒生
兜率陁天因緣佛滅度後我諸弟子若有精勤
修諸功德威儀不缺掃塔塗地以衆名香妙
花供養行衆三昧深入正受讀誦經典如是
等人應當至心雖不斷結如得六通應當繫
念念佛形像稱弥勒名如是等輩若一念頃
受八戒齋修諸淨業發弘誓願命終之後譬
如壯士屈伸臂頃即得往生兜率陁天於蓮
花上結加趺坐百千天子作天伎樂持天曼陀

图 15－15　五代刻本卷轴《弥勒上生经》（局部）

（据保利拍卖行信息）

圆寂后葬于九曜山以南的大慈山。[①] 其中的“钱王岭”位置不详，从地形上看，猜测五代吴越王钱俶建隆初（960 年）所建香严寺旧址可能在九曜山西麓虎跑路东的今人防单位内，此地恰处于九曜山与青龙山的分水岭（今虎跑路之一段）九曜山一侧，地势较低。九曜山洞窟的造像与刻经活动是否与当时所建的香严寺有关，尚需考证。至于洞窟弥勒像未做成经中所述弥勒在兜率天的菩萨形象，恐应归于 7 世纪后期以后，倚坐如来形弥勒已成弥勒雕像的主流，凡汉地的摩崖窟龛，多尊一铺中的主尊弥勒像大多数为此样式。辽代庆州白塔藏《弥勒上生经》插图残片中的主尊也是如来形的弥勒说法像（图 15 – 16）。[②]

图 15 – 16　辽代庆州白塔藏
《弥勒上生经》中的插图残片
（采自《文物》2019 年第 2 期）

乾德六年（968 年），吴越国王钱俶于临湖的杭州城西建奉先寺以荐其父文穆王，石刻铭文提及寺院佛像形制巨丽——“列倚天之像设，释迦化主，高俨睟容，慈氏、弥陀分坐而净标妙相”，[③] 由此可知弥勒佛（慈氏）在吴越国王家寺院中的地位。

三

五代吴越国扶持、崇信佛教，推动两浙地区逐渐成为全国佛教的一个中心[④]，建寺、造像、刻经蔚然成风。九曜山洞窟刻经是 10 世纪东南地区佛教复兴、刻经流行的产物。此前所知同时期吴越国石刻佛经为杭州雷峰塔底层回廊所嵌石经残件。九曜山石刻为东南吴越国佛教的繁荣和弥勒信仰的流行增加了新的例证。造像、刻经或与建隆初吴越王钱俶为延寿大师所建的香严寺有关。杭州的另一处摩崖刻经是西湖北山余脉弥陀山麓的晚清弥陀寺摩崖刻经——《佛说阿弥陀经》，成于光绪七年（1881 年），与九曜山刻经《弥勒上生经》南北遥遥相望。我国境内所存石刻佛经，若干摩崖或石窟刻经会与造像并处一壁或一窟，但造像与经文题材统一的为数甚少。与中原等地区因末法而刻经的动机有所不同，九曜山刻经主要是与洞窟造像相适配，强化弥勒净土信仰。较他处洞窟刻经而言，九曜山更像一处大型洞窟造像记。摩崖刻经中，有佛教图像，且图像与经文有一致性的存例除旁有浮雕观音像的河南博爱县青天河丹河大峡谷北魏《法华经·普门品》刻经外，其他似仅见于大足、安岳。九曜山石窟刻经是东南地区唯一一处洞窟刻经，也是罕见的与造像有机结合的刻经存例。

---

① a.〔宋〕道元辑，朱俊红点校：《景德传灯录》卷第二十六，海南出版社，2011 年，第 917919 页。b.〔宋〕赞宁撰，范祥雍点校：《宋高僧传》卷二十八，中华书局，1987 年，第 709 页。

② 王珊、李晓岑等《辽代庆州白塔佛经用纸与印刷的初步研究》，《文物》2019 年第 2 期。

③〔清〕阮元主编：《两浙金石志》，浙江古籍出版社影印版，2012 年，第 101 页。

④ 何勇强著：《钱氏吴越国史论稿》，浙江大学出版社，2002 年，第 408 页。

《每月十斋记》并《心经》碑考

曹元琪　张　总*

摘　要　《每月十斋记》碑，虽然尺度很小，仅数十厘米高宽，但其内容却很有吸引力。其碑阳周围环以“十斋日”下界巡察的神祇之图像，中心镌刻的《每月十斋记》，实为“四/五时斋记”与“持斋十种利益”之内容，其前者可与唐净土宗《念佛镜》“校斋功德门”相互对应，后者则不见于经藏典籍。碑阴铭刻《般若心经》，则依写经的横排规式而竖成纵列，十分独特。碑两侧则镌有供养施主家族人名与赞词等，可辅助理解此碑功能。

关键词　十斋日　下界巡察　五时斋记　持斋利益

一、《每月十斋记》碑简介

此碑为小型螭龙首双面刻镌文图经本之碑，原有残裂，经拼合后碑身仍缺一块，但不影响大体。碑额为双龙护珠，碑阳之中心镌刻《每月十斋记》，周围镌刻着图像（图 16－1—4）。碑阴则铭刻《般若波罗蜜多心经》，文依玄奘译本，格式却是竖列横写。看起来是由下而上，依碑侧观才行，很是特别。究其原因则是全依唐代写本——每纸 20 余行，行 17 字的格式而为。碑两侧面均有铭刻，内容有些为题辞与题记，亦不太完整。此碑的内容及图像，相当特别，而且可以与敦煌文献等相对应甚至衔接，因而可以揭示出中古社会中斋记及仪式的情形状况。因而，探讨此碑有特殊意义。

此碑高 61.5cm，宽 35.5cm，厚 7.6cm，，现属于北京木木美术馆藏品，来源不可考。上面有坚硬土锈，可以推导为出土碑刻。碑额螭龙前后均镌共计四条，龙身高浮雕，鳞饰丰满自然，富有表现力，中心浅浮雕摩尼宝珠。碑身平坦，底座有残失。碑额与文字图像雕镌之风格近似中原，碑石材料亦使用中原地区常见的黑色石灰岩。从图像学与材料综合推测，是近河南洛阳或者陕西地区制品。正面与背后制式构成极为独特，未尝见于其他造像碑或石刻。文字距离左右边线不对称。正面距离左边线 0.4cm，距离右边线 7.2cm。内容《十斋记》等未尝见于唐宋其他石刻。其刻文均以双线界格划分，分三栏，顶上标题行，每字加线成格，下方两栏镌铭内容；背面镌刻有《般若波罗蜜多心经》，所刻《心经》文本长 42cm，宽 27cm。距离左边线 0.4cm，距离右边线 8.3cm。左右两侧镌文分别为佛教文本与供养家族信息。

石刻之中相关“十斋记”内容十分稀少，前此所知的石刻已是南宋时大足宝顶大佛湾 20 号刊文。但敦煌纸质文书里有不少《十斋记》的写本，多有唐代抄本等，法国学者苏远鸣最先对敦煌诸

* 作者单位：曹元琪为中国美术学院，张总为南海佛学院、中国社会科学院。

图 16－1　碑阳

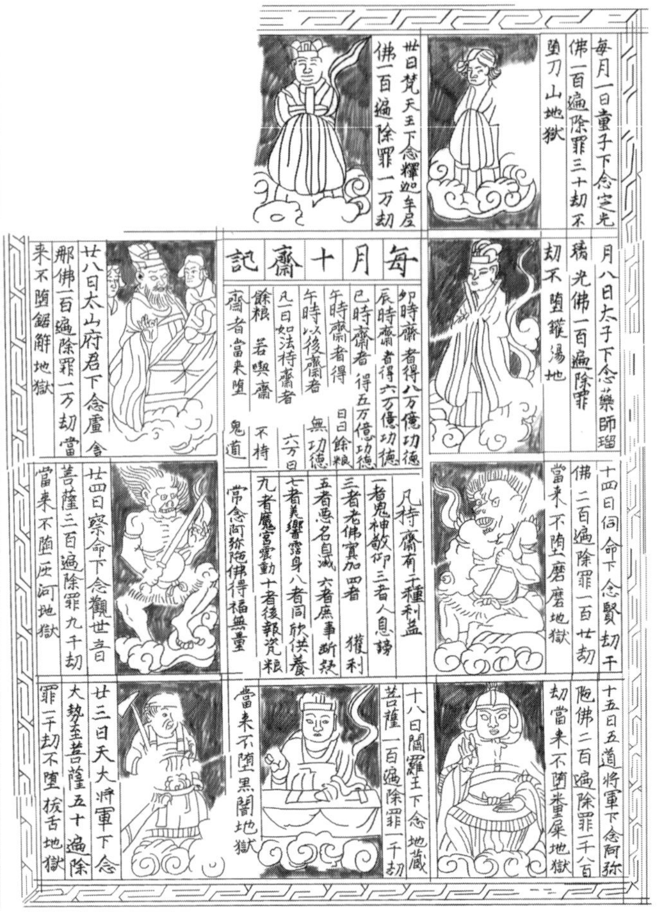

图 16－2　碑阳线图（元琪绘）

图 16－3　　　　图 16－4

碑阳《每月十斋记》　　每月十斋记碑阳中心图

种“十斋日”类文书整理研究，并探求其与佛道教关系纠结等问题，但未及石刻。① 而笔者曾整理过包括纸质与石刻的文献，② 具体情况详后。

简要来说，“十斋日”是一种古代信佛居士中流行的日常守戒行为规范。在家居士，亦要遵守戒律，但所遵只有八条。佛典中有专门的《八关戒斋经》。实际上，这就是《西游记》“猪八戒”

① 苏远鸣《敦煌写本中的地藏十斋日》，收入耿昇译《法国学者敦煌学论文选萃》，中华书局，1993 年，391－429.

② 张总《地藏菩萨十斋日》，校录及解题。方广锠主编《藏外佛教文献》第七辑，宗教文化出版社。2000 年。此后有尹富《十斋日补说》，《世界宗教研究》2007 年 1 期，对其起源与佛道起源有一些探讨，辨明唐之前流行道教十直日，唐代佛教徒改造并使其流行。但也存一些问题，只注意唐初法律用十直日断屠戒杀之影响，对佛教十斋日与八关斋戒之关系、佛道十斋内涵之同异缺少分析。本文列举材料所示即常被忽视之斋日中颇核心的断食层面。

之“八戒”的来源。八条斋戒，每次只守一日一夜，每月只守十个斋日，即初一、八、十四、十五、十八、廿三、廿四、廿八、廿九、卅日。在遵守斋戒的同时，念诵相应的神佛尊号，就能获相关利益。每月一日时念定光佛，可以不下刀山地狱，可以除罪灭灾数十百劫。如此等等。

敦煌文书中有十余件十斋日类文献，名称形态颇有变化，可以形成前后发展序列。而大足南宋石刻是图文并茂的雕造，其中既节选镌刻了“十斋日”之内容，更雕造了诸斋日所念诵之佛菩萨之像以及诸地狱的场景。其“斋日”文字内容，是诸图像之依据，更是石窟雕刻之配合。有趣的是，大足石刻中没有雕出的下界巡察诸神祇，恰恰在此《每月十斋记》的小碑上出现了。就是说，如将此小碑与大足的图像配合，可得十斋日仪式之三个环节之全貌。而敦煌纸本与石刻文本的配合，可显示出十斋日仪式程序的演变过程。所以，将这些材料汇集起来，分重点研讨，很有必要。

我们现在仔细观察此件小碑，其文字铭刻虽然题为《每月十斋记》，但实际上还有更丰多的内容。严格说来，此碑阳面周遭一圈之神祇图像，可对应于“十斋日”且起补辅作用。而其中心部分虽题为“每月十斋记”，却实为“四〔五〕时斋记”与“持斋十种利益”之内容。以下将此中心部分内容录出（行号为笔者所加）（表16－1）

表16－1　每月十齋記（题额）

上　栏	下　栏
1. 卯時齋者得八万億功德	一者鬼神敬仰　二者人息謗心
2. 辰時齋者得六万億功德	三者諸佛冥加　四者□□獲利
3. 巳時齋者得五万億功德	五者惡名自滅　六者庶事断疑
4. 午時齋者得〔五〕百日餘糧	七者美響霑身　八者同欣供養
5. 午時以後齋者〔了〕無功德	九者魔宮震動　十者後報資糧
6. 凡一日如法持齋者六万日	常念阿弥陁佛　得福無量
7. 余粮　若喫齋　不持	
8. 齋者當來堕餓鬼道	

经过查对，我们现知，此碑标于《每月十斋记》题下内上栏中之铭刻，与前此主要见于敦煌文书中的诸种《十斋日》并不相同，实际近同于“五时斋记”且具“持斋十种利益”。其前者之“四/五时斋记”与道镜和善道所集《念佛镜》中相关文字相当契合。其下栏中的“持斋者”的“十种利益”，则诸藏经中均无，仅见于此则石刻。大藏经中存有种种十功德，唯无此持斋者《十功德》。而《念佛镜》系净土宗的重要文献之一，由唐代道镜、善道共集，辽代始刊，现已收入大藏经。[①] 此集文因宣讲净土与诸说对比而称“镜”，共分为十一门，其第六门的“挍（校）量斋福门”，内容正讲此五时斋与持斋功德，但其诸时斋内容与碑铭高度符契，功德益好方面却有不同。

此《念佛镜》流传应较早，或者说集有不少唐代资料，其印行却稍晚，辽代清宁五年（1059年）首刊；北宋熙宁七年（1075年）刊印，无为子杨杰序；明代万历续再刻印。因为此《镜》依净土宗立场对佛教内诸宗及法门多有批驳责难，故早有影响，而其编集者道镜与善道生平行迹与时段却又不明，所以颇得中外研究者注意，多有推测或剖断。[②] 或谓是书中屡及的大行和尚之门人，或据书中《泗州道丰传》，说善道是逝于元和十三年（818年）的道禅师之弟子，因而推此《镜》为晚唐贞元、元和时所集成。或说只有道镜而无善道，[③] 其内容涉及且特别注意的大行和尚即《镜》作者之师，如塚本善隆、望月信亨等人所

① 又名《求生西方净土念佛镜》，收入《大正藏》第47册，124页起。亦收入《万续藏》107册。

② 日本学者岩井大慧《善导传の的一考察》，《史学杂志》第40编第1号。内说署编集者的善道并不可靠。依笔者看亦如此，书中的善道，其实只是托善导大师之名。塚本善隆也有文参与探讨，见《佛教辞典》等相关条目。

③ 望月信亨《中国净土教理史》据澄观《华严经随疏演义钞》，说大行可能是中唐人。尹富《中国地藏信仰研究》完全据日人成果，对《念佛镜》著者时代等也有述说。巴蜀书社2009年，251页。但澄观原文即“高齐大行和尚”，不知其人由何作出此解。

说，此大行为唐僖宗（874—888年在位）或中唐时人。因此《念佛镜》与三阶教之交涉，笔者专著中曾加以考证，[①] 澄观《华严经随疏演义钞》卷85中言其为北齐时人，并叙其净土念佛理论。“又高齐大行和尚宗崇念佛云，四字教诏”，[②] 因而某些相关背景或可关注。山东巨野存一北齐河清《华鲜经》（华严经偈）碑，内容即破斋者入饿鬼地狱如何。至敦煌文献有篇幅更多且完整之《大方广华严十恶品经》，内容亦见造于宝顶大佛湾第20号巨龛中，其间演变迁化或颇有趣。当然，彼疑为伪经且挂华严旗号，与此净土法门有所不同。这些内容还可详考，但应先将石刻文与《念佛镜》中文对照清楚（表16－2）。

以下简录《念佛镜》第六挍量斋福门内容：

第六，挍量斋福门

问：“念佛法门亦复持斋已不?”

答：“念佛之法亦须持斋，大行和上一食持斋，长时无阙。”

问：“持斋得几功德?”

答：“《大云密藏经》、《斋法清净经》、《挍量斋福利经》中所说，斋有五时：寅时斋者，得八万四千亿岁余粮；卯时斋者，得八万亿岁余粮；辰时斋者，得六万亿岁余粮；巳时斋者，得四万亿岁余粮；午时斋者，得五百日余粮。午时后不得成斋，得罪，无一分功德。言余粮者，余则不尽，故言余粮。今生多足衣食，皆是过去持斋所获。所以大行和上说：‘念佛之人要须持斋。’又譬如一日得粮食，尚不可思议，何况十年粮食?十年粮食尚不可思议，何况百年粮食?乃至百亿、千亿、万亿、八万亿粮食?既准经说，故知持斋功德不可思议，念佛人要须持斋。”

从《每月十斋记》与《念佛镜》之对比来看，其同源应毫无问题。文字内容近同，前者仅少一“寅时”情形（或实为四时斋），功德与余粮有些交错。所以，石刻的《每月十斋记》，内容为每日数时持斋功德，且随之展拓为十种利益。但《念佛镜》中侧重于粮食，强调念佛，以大行和上言为准，将持斋功德聚焦于粮食多寡；而前者仅有午时斋者得余粮说，其余几时斋中八、六、五、四万亿“功德”与“余粮”之对应，非常有趣。其孰先孰后源流关系，现难考清。同源交源而扩变，侧重有所不同。而且，此中所谓持斋，应该就是断食之义，含过午不食且有延伸。[③]

表16－2　《每月十斋记》与《念佛镜》对照表

每月十斋记	斋有五时
1.卯時齋者得八万億功德 2.辰時齋者得六万億功德 3.巳時齋者得五万億功德 4.午時齋者 得〔五〕百日餘糧 5.午時以後齋者 〔了〕無功德 6.凡一日如法持齋者六万日 7.余粮　若喫齋　不持 8.齋者當來墮餓鬼道 凡持斋有十种利益 （见上文，略）	寅时斋者，得八万四千亿岁余粮； 卯时斋者，得八万亿岁余粮； 辰时斋者，得六万亿岁余粮； 巳时斋者，得四万亿岁余粮； 午时斋者，得五百日余粮。 午时后不得成斋，得罪。无一分功德。言余粮者，余则不尽，故言余粮。今生多足衣食，皆是过去持斋所获。所以大行和上说：“念佛之人要须持斋。又譬如一日得粮食，尚不可思议，何况十年粮食？十年粮食尚不可思议，何况百年粮食？乃至百亿、千亿、万亿、八万亿粮食？既准经说，故知持斋功德不可思议，念佛人要须持斋。”

《念佛镜》文称的校斋功德所据有三经，即《大云密藏经》《斋法清净经》与《挍量斋福利经》。前者即《方等大云经》，《斋法清净经》为疑

---

① 笔者《中国三阶教史》第三章第五节之一《念佛镜》部分，中国社科文献出版社，2013年。此僧若高寿也可至初唐，但至中唐就太远了。《念佛镜》中大行言行虽也念佛，却与澄观所叙者稍不同，也有很大可能是同名两人。

② 澄观《华严经随疏演义钞》：“四字教诏。谓信忆二字不离于心。称敬两字不离于身口。彼论云。往生净土要须有信。信千即千生。信万即万生。信佛名字不离心口。诸佛即救诸佛即护。心常忆佛口常称名。身恒常敬始名深信。任意早晚终无暂住阎浮之法。此策初心最为要也。”《大正藏》36册666页。

③ 古十二时辰对应现代小时：寅3：00—5：00、卯5：00—7：00、辰7：00—9：00、巳9：00—11：00、午11：00—13：00.

表 16－3　五时斋功德对照表

五时斋	念佛镜	十斋记
寅时斋者	得八万四千亿岁余粮	
卯时斋者	八万亿岁余粮	万亿功德
辰时斋者	得六万亿岁余粮	万亿功德
巳时斋者	得四万亿岁余粮	五万亿功德
午时斋者	得五百日余粮	得□百日余粮
午时后	得罪。无一分功德	无功德

伪经，有敦煌古逸本藏日本龙谷大学，后者《校量斋福利经》则无见传存，其内容亦不见于《斋法清净经》及《大云经》中。持五时斋法可获利益、聚焦粮食多寡之功德，虽未见此三经有所言，但仍可从早期经典中查得一些线索。

三国吴康僧会译《旧杂譬喻经》：①

佛言：一日持斋，有六十万岁粮。复有五福。一曰少病身安，二曰少睡，三曰少淫，四曰得生天上，五曰知宿世因缘。

由上引文字可知，其内容完全是对应的，虽然《旧杂譬喻经》中较为简短，但后世经本文字等应是由此发展而来。康僧会所译此说在后世经藏中多有引用，影响深远。确实，如唐法琳《辨正论》，宋志槃《佛祖统纪》，明株宏校正、庄广选辑《净土资粮全集》，元贤《律学发轫》，日本无著道忠《禅林象器笺》都有引用。相关则有《佛说护净经》，内容即为不净手触僧食得恶报等，已收入《斋法清净经》中。

总之，我们可以看到，由《旧杂譬喻经》所阐发的一日持斋可以得粮并获五福之观念，后世颇有发展延拓。其中破斋（即非时食、过午食）得罚之例，山东巨野北齐《华鲜经》碑（即《华严十恶品经》），其碑阳面刊隶书约 200 字，起首即：迦叶菩萨……白佛言，世尊唯愿如来为我解说，破斋者堕何地狱……。李静杰曾有文认为此碑所言为僧团不守戒律事，或系误解。② 尹富讲十斋日之佛道关系等，也未注意到佛道教十斋日内容实有不同而笼统说之。敦煌遗书《大方广华严十恶品经》留存九写卷，③ 徐绍强先生有整理。④ 后世还有南宋的大足石刻图文内容。

而此《每月十斋记》中的持斋十种利益，不见余例，在佛典内以六度为主的诸多十种利益之说中独树一帜。其诸十种利益之说，明代僧人曾有总括汇集：

布施十种利益、持戒十种利益、慈忍十利益、精进十种利益、禅定十利益、般若十种利益、多闻十种利益。（《大明三藏法数》⑤）

二、《每月十斋记》与《地藏菩萨十斋日》十斋日神祇与巡察

此碑阳中心《每月十斋记》周围所刻，正为《十斋日》下界巡察神祇的图像与铭文释说，减地与线条结合所刻，生动而传神，且其旁各有榜题（图 16－5—9）：

十四日伺命下，念贤劫千/佛二百遍，除罪一百廿劫/，当来不堕磨磨地狱。

十五日五道将军下，念阿弥/陀佛一百遍，除罪千八百/劫，当来不堕粪屎地狱。

十八日阎罗王下，念地藏/菩萨一百遍，除罪一千劫。当/来不堕黑暗地狱。

廿三日天大将军下，念大/势至菩萨五十遍，除/罪二千劫，不堕拔舌地狱。

每月一日童子下，念定光/佛一百遍，除罪三十劫，不/堕……地狱。

---

① 《大正藏》1 册，513 页。

② 李静杰《六世纪的伪经与僧团整顿》，《敦煌学辑刊》，1997 年 1 期。

③ 《大正藏》85 册之 N. 2875 号经即选刊 S1320 号经。

④ 徐绍强《大方广华严十恶品经》整理，方广锠主编《藏外佛教文献》第一辑。宗教文化出版社。1995 年。

⑤ 〔明〕一如等编《大明三藏法数》卷三十二，《永乐北藏》181 册，406 页。

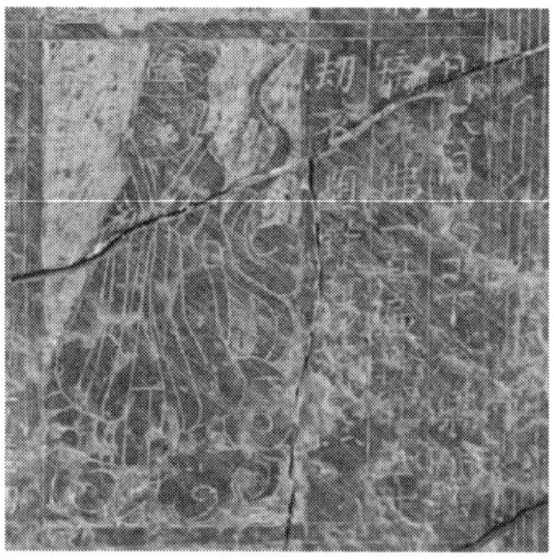

图16－5　太子

图16－6　五道将军

图16－7　天大将军

图16－8　太山府君

月八日太子下，念药师琉/璃光佛一百遍，除罪……/劫，不堕镬汤地……

廿四日察命下，念观世音/菩萨三百遍，除罪九千劫/，当来不堕灰河地狱。

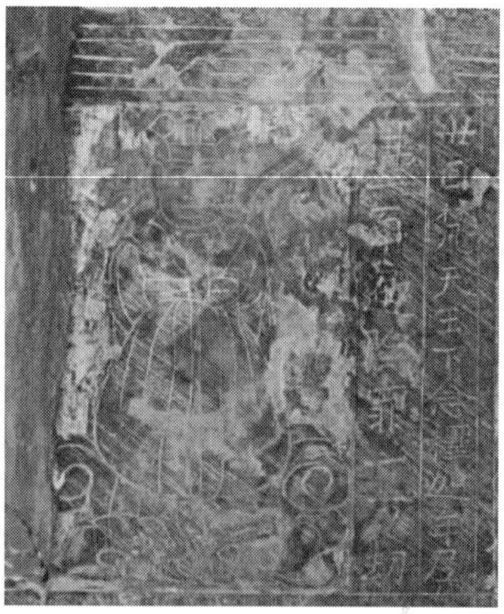

图16－9　梵天王

（残缺，应是廿七日下……）

廿八日太山府君下，念卢舍/那佛一百遍，除罪一万劫。当/来不堕锯解地狱。

卅日梵天王下，念释迦牟尼/一百遍，除罪一一劫……

笔者曾作过“地藏菩萨十斋日”整理，以敦煌文献为主，在法国苏远鸣辑录11种的基础上，增补繁简经本至18种并加上大足石刻，录文发表。① 录出四种标题，即《玄奘法师礼拜逐月有十斋日》《每月有十斋日》《地藏菩萨十斋日》《大乘四大斋日》；梳理出六种系统，八种录文。但原刊为敦煌文献整理，若从斋事演进来说实可减省，略为四种（其系一与系三无佛菩萨名，而系二与系四有）。所以可将四种基本文字分两系列出，以利阐明（表16－4）。②

---

① 张总《地藏菩萨十斋日》，方广锠主编《藏外佛教文献》第四辑，宗教文化出版社，1999年。

② 此处只列两种，余详下。录文三：底本为上海博物馆48（41379）中的第30号，校甲本为斯6897号、乙本为斯5541号、丙本为斯2143号（前残）。录文八：大足宝顶第20号龛石刻本，无校本。此处只用四种主要录文来说明，亦参考了尹富《十斋日补说》意见。

表 16－4　四种主要录文对照表

<table>
<tr>
<td>〔系一〕
*录文一：底本为北京大学图书馆藏 D. 074 号本，无校本。
月一日童子下；
八日太子下；
十四日伺命下；
十五日五道大神下；
十八日阎罗王下；
廿三日大将军下；
廿四日岁命稽；
廿八日太山府君下；
廿九日四天王下；
卅日梵天王下。
（录文完）</td>
<td>〔系二〕
*录文二：底本为伯 3809 号，校甲本为斯 4175 号，乙本为斯 2565.
月一日，童子下，念定光如来佛；
八日，太山下，念药师琉璃光佛；
十四日，察命下，念贤劫千佛；
十五日，五道大将军下，念阿閦佛；
十八日，阎罗王下，念观世音菩萨；
二十三日，天大将军下，念卢舍那佛；
二十四日，太山府君下，念地藏菩萨；
二十八日，天帝释下，念阿弥陀佛；
二十九日，四天王下，念药王药上菩萨；
三十日，大梵王下，念释迦牟尼佛。（录文完）</td>
</tr>
<tr>
<td>〔系三〕
*录文三：底本为斯 2567 号，校甲本为伯 3795 号。
每月十斋日：
月一日，童子下来，日持斋，不堕刀山地狱，修诸善法，断诸恶，除罪廿劫；
八日，太子下来，日持斋，不堕粪屎地狱，属眼不观一切诸色，除罪五十劫；
十四日，司命下来，日持斋，不堕镬汤地狱，属耳不听一切色声，除罪百廿劫；
十五日，五道大神下来，日持斋，不堕寒冰地狱，属鼻不嗅一切香，除罪一千劫；
十八日，阎罗王下来，日持斋，不堕剑树地狱，不煞一切众生，除罪九千劫；
廿三日，天大王下来，日持斋，不堕饿鬼地狱，属舌不说一切他人长短，除罪万劫；
廿四日，察命下来，日持斋，不堕拔舌地狱，不妄言绮语传说他人，除罪二万劫；
廿八日，太山府君下来，日持斋，不堕铁床地狱，不染一切诸色，除罪二万劫；
廿九日，天大将军下来，日持斋，不堕硙磨地狱，属身不着一细滑衣服，除罪四万劫；
卅日，大梵天王下来，日持斋，不堕灰河地狱，除罪五万劫；五月、正月，持斋不堕三恶道，具修十善，得生西方净土。
（录文完）</td>
<td>〔系四〕 P2568.
*录文四：底本为斯 2568 号（《大正藏》第八五卷已录），校甲本为伯 3011 号、乙本为斯 4443 背面（后缺）、丙本为斯 5892 号、丁本为北图发七号（详续 112）。
地藏菩萨十斋日
一日童子下念定光如来佛，不堕刀枪地狱，持斋除罪四十劫；
八日太子下念药师琉璃光佛，不堕粪屎地狱，持斋除罪三十劫；
十四日察命下念贤劫千佛，不堕镬汤地狱，持斋除罪一千劫；
十五日五道大将军下念阿弥陀佛，不堕寒冰地狱，持斋除罪二百劫；
十八日阎罗王念观世音菩萨，不堕剑树地狱，持斋除罪九十劫；
二十三日大将军下念卢舍那佛，不堕饿鬼地狱，持斋除罪一千劫；
二十四日太山府君下念地藏菩萨，不堕斩斫地狱，持斋除罪一千劫；
二十八日帝释下念阿弥陀佛，不堕铁锯地狱，持斋除罪九十劫；
二十九日四天王下念药王药上菩萨，不堕硐磨地狱持斋除罪七千劫；
三十日梵天王下念释迦牟尼佛，不堕灰河地狱，持斋除罪八千劫。（录文完）</td>
</tr>
<tr>
<td colspan="2">**《地藏菩萨本愿经》列十斋日转经读诵的功德利益**
复次普广，若未来世众生，于月一日，八日、十四日、十五日、十八日、二十三、二十四、二十八、二十九乃至三十日，是诸日等，诸罪结集，定其轻重。南阎浮提众生，举止动念，无不是业，无不是罪……能于是十斋日对佛、菩萨、诸贤圣像前读是经一遍。东西南北百由旬内，无诸灾难。当此居家，若长若幼，现在未来百千岁中，永离恶趣。能于十斋日每转一遍，现世今此居家无诸横病，衣食丰溢。</td>
</tr>
<tr>
<td colspan="2">**日本《地藏因缘十王经》有关段落**
众生于十斋日，受持十戒存当苦悲。一日至心进念定光佛，八日至心进念药师琉璃光如来，十四日至心进念贤劫千佛，十五日至心进念阿弥陀佛，十八日至心进念地藏菩萨……二十三日至心进念势至菩萨，二十四日至心进念观世音菩萨，二十八日至心进念毗卢遮那如来，二十九日至心进念药王药上菩萨，三十日进心敬念释迦牟尼佛。</td>
</tr>
</table>

总之，从诸写刻文梳理中，可见其四种形态之演进。

第一，某日某神下。第二，某日某神下含某佛菩萨名。第三，某日某神下，持斋不堕某地狱除罪数劫。第四，某日某神下，念某佛菩萨名不堕某狱除罪数劫。[①]

上述情况交错发展较为清楚，最初是某日某神下，而后加称名念佛，或持斋免狱免罪。但此一与三无佛菩萨名，二与四则有佛菩萨名，其两系中孰先孰后较为难说。此外，还有繁简结合且加上赞词的大足石刻本。总括而言，此小碑本确与存数最多的《地藏菩萨十斋日》（共七件）最为相近，形式较完备，仅末两句次序相反。[②]

另外，由于常见的佛教十斋日文献中，四个主要元素即时日、下界神祇、念诵佛菩萨之名、地狱称号及劫数的对应，经常有所变化，查比相当繁难，所以，在此列一简表，以便读者比对（表16－5）。

表16－5　四种主要录文对照表[③]

/	一日	八日	十四	十五	十八	廿三	廿四	廿八	廿九	三十
1	童子	太子	伺命	五道将军	阎罗王	大将军	岁稽	太山府	四天王	梵天王
2	善恶童子	太子	察命伺录	五道大神	阎罗王	大将军	帝释	太山	四天王	天曹地
3	四天王定光佛	摩酰首罗药师	摩酰首罗贤劫	四天王太子弥陀	四天太子使者/地藏	摩酰首罗势至	四天太子观音	四天使者卢舍那	摩酰首罗药王	四天王使者释迦
4	童/定光	太/药师	察/贤	五/阿閦	阎/观音	天/卢舍	太/地藏	天/弥陀	四/药药	梵/释
5	童/定光	太/药师	司/贤劫	五将/弥陀	阎/地藏	天/势至	察/观音	太/卢舍	四/药药	梵/释
6	童/铁树	太/铁犁	司/镬汤	五神/锯解	阎/粪屎	天/铜柱	察/黑暗	太/铁床	四/铁钹	梵/铁轮
7	童/刀山	太/粪屎	司/镬汤	五神/寒冰	阎/剑树	天/饿鬼	察/拔舌	太/铁床	天/硙磨	梵/灰河
8	童/定光刀枪	太/药师粪屎	司命/贤镬汤	五大/弥陀寒冰	阎/地藏剑树	天/势至饿鬼	察/观音斩斫	太山/卢铁锯	四/药药硙磨	梵/释迦灰河
9	童/定光刀枪	太/药师粉草	察命/贤镬汤	五道/弥陀寒冰	阎/观音剑树	天/卢舍饿鬼	太/地藏裁截	帝释/弥陀/锯解	四/药药硙磨	梵/释迦寒冰
木	童/定光刀山	太/药师镬汤	司命/贤磨磨	五道/弥陀粪屎	阎/地藏黑暗	天/势至拔舌	察/观音灰河	太山/卢锯解	四?	梵/释迦
足	定光佛刀山	药师佛镬汤	贤劫千佛寒冰	阿弥陀佛剑树	地藏菩萨	大势至毒蛇	观音挫碓	卢舍那佛/锯解	四/药药铁床	梵/释迦黑暗
经	定光佛	药师	贤劫千佛	阿弥陀佛	地藏	势至	观世音	毗卢佛	药王	释迦佛

从表中可见有趣的一点，即地藏菩萨与阎罗王的对应与整合，为渐次形成。十八日阎罗王下凡时，有念观世音菩萨以免罪灾，二十四日也有念地藏菩萨以免狱灾。或许敦煌本《佛说地藏菩萨经》之说反映出了其倾向，地藏菩萨以四种缘由，来阎罗王身旁与其共同处理阴间大事，这种组合以后渐成主流。

① 上列表格中，系三、系四的持斋除罪数与不堕地狱的次序恰相反。

② 由此还可推想一种可能，即碑记中之标题《每月十斋记》是为图像榜题部分所用，其下为再增出。

③ 表中诸文多参据笔者《地藏菩萨十斋日》。前七种为下界神祇与诸地狱，后数种加上了所念诵的佛菩萨之名，最后三种即木木美术馆石刻、大足石刻及日本《地藏十王经》斋日佛菩萨情况。为便于比对，表格中对部分佛菩萨名称采用了不恭敬的略称与小号字，希望读者谅解。

三、碑侧与碑阴

此碑的两侧亦铭有词句（图16－10）。左边碑侧为典型佛教意味的偈赞文本，书写方式与正面和碑阴的书写结构、笔法运用差别很大，极有可能为不同人所书写，文本内容富丽对仗。

□□□獄／風拂龍宮／四門誠老／三車誘□／□□天上／花生地中 素毫晨照／紺髮□□／□□有盡／法□無窮

此碑右边碑侧（图16－11）中录文为：

鳳男道遵／遵男盡忠／忠男 過庭等／共同供養

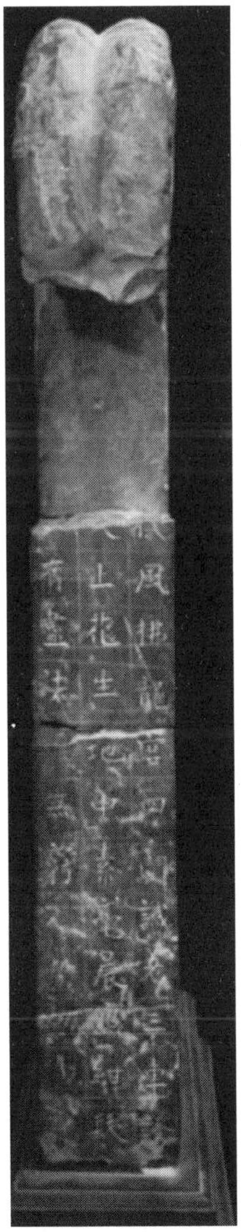

图16－10
左边碑侧

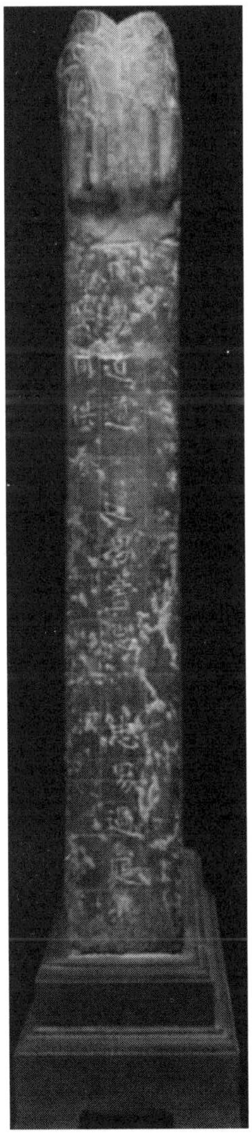

图16－11
右边碑侧

由碑右题记可以得知，此碑为一家人供奉的家族用碑，很有可能放置在家族的祖庙中或者其他与本家族有直系关系的地方。供养人为祖孙四代——凤、道尊、尽忠、过庭共同供养。碑阴《心经》最右侧有一个变形而似是“李”字的姓氏，说明或有可能是李氏家族。同时，从书法形式上可知，碑右侧与左侧应为一人镌刻，但与《十斋记》和《心经》的书法风味均不相同。

碑阴镌铭之艺术风格展现典型的中唐风格，文本周围一圈辅以云气纹装饰，线条有力自信，边侧菩萨造型丰腴，法相庄严，流畅自然，风姿神秀，菩萨左边存一变形“李”字（图16－12）。此《心经》为玄奘译本，唯一字有别。① 刻本字体俊秀，但采取竖碑却横向镌刻的形式。

《心经》（含最右侧观音像）长42cm，宽27cm。距离左边线0.4cm，距离右边线8.3cm。此碑给人以强烈的版式化的观感：此《心经》尺幅，符合唐代时期标准纸本写经的尺寸大小，且版式规整，每列17字，有18行，加之旁边线刻精到的观音画像共约23行，为标准的一纸唐代写经（图16－13）。如果工匠将其直接竖刻于石头上，容易破坏制式化美感，因此按照碑的大小，选择横向镌刻，可符合碑的形状。单看此处《心经》完全就是按照唐代流行的写经格式，因此可合理推测，工匠是利用纸本的《心经》尺度为母本，平移镌刻至此碑，才令其呈现此般效果，为写经与石刻的直接关系的证据。纵观文本写法，与前文十斋信息应为一人镌刻，书体倾向于欧体。

从选字习惯等来看，其时代或晚于中唐，所遵唐写经习惯成为碑刻中的奇景。但一般来说，纸本写卷都是如此。行17字，每纸可写23行左右。如果内容多就要续写，而后将纸粘接，数纸粘接，成为一卷。一卷的长短虽非严格等长，大约接近一万字。如果佛经较多，有经律论三藏，再将十卷包入一帙。每帙写上千字文的编号，置

① 玄奘译本：菩提薩婆訶。石刻文本：菩提娑婆訶。

图 16－12 碑阴

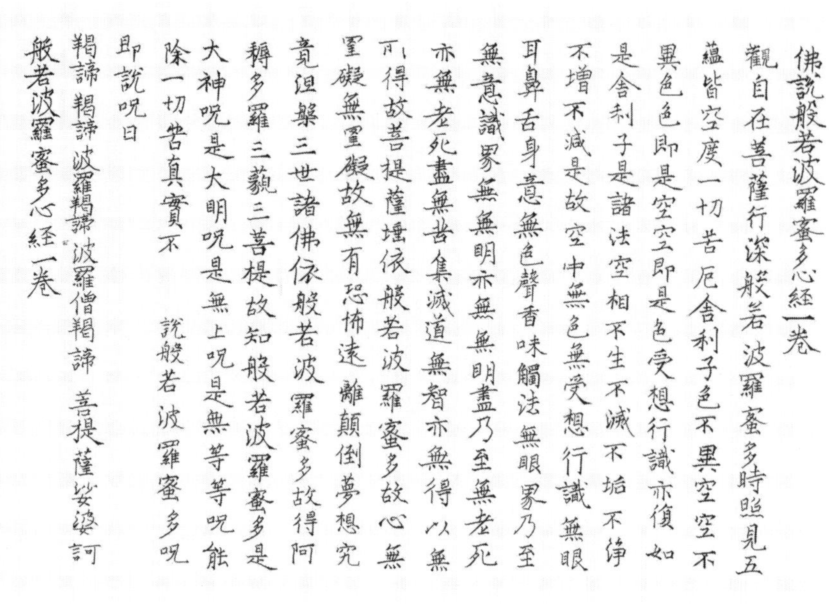

图 16－13 《心经》图示

于架上。古代的图书馆、佛教之“一切经”或者说“大藏经”的物理存在形态就是如此。

现迻录此碑之碑阴经文如下：

佛說般若波羅蜜多心经一卷

觀自在菩薩行深般若波羅蜜多時照見五/蘊皆空度一切苦厄舍利子色不異空空不/異色色即是空空即是色受想行識亦復如/是舍利子是諸法空相不生不滅不垢不淨/不增不減是故空中無色無受想行識無眼/耳鼻舌身意無色聲香味觸法無眼/界乃至無意識界無無明亦無無明盡乃至/無老死亦無老死/盡無苦集滅道無智亦無得以無所得故菩提薩埵/依般若波羅蜜多故心無挂礙無掛挂礙故無/有恐怖遠離顛倒夢想究/竟涅槃三世諸佛依般若波羅蜜多故得阿/耨多羅三藐三菩提故知般若波羅蜜多/是/大神咒是大明咒是無上咒是無等等咒能/除一切苦真實不虛故說般若波羅蜜多咒即說咒曰/羯諦羯諦波羅羯諦波羅僧羯諦菩提薩娑婆訶/

般若波羅蜜多心经一卷

末　语

以上简略探讨了《每月十斋记》碑的铭刻及图像等。由于篇幅与内容等等原因，本文侧重于石刻中绝少出现的“五时斋记”部分，亦仅作初步探考。此碑刻经与文字图像等等还涉及书法、俗字等多个方面，恕另文再加探讨。

总之，由一日持斋可以获得福报，发展出来更细微的四/五时持斋，可获十种利益、得余粮功德，展现于《每月十斋记》碑铭和《念佛镜》内的校斋功德门。如果承认此碑铭“斋记”中卯辰巳午为四时斋，那么此碑刻四时斋或较《念佛镜》之五时斋更早。两者均有佛教净土宗色彩而后者更浓。持斋从过午不食进而拓展到晨朝等时的断食，与十斋日及念佛法门联结，强调可获无量余粮、必可节省粮食。这些散弥于古代世俗社会善信之中的习俗，仍然多有益处。通过此《每月十斋记》碑，可核出佛典中持斋获福、得粮食之功德利益及其发展流变，还有破斋者堕饿鬼地狱之惩罚等等，从而揭示出此一“斋”事从印土入华，不仅有茹素非荤，更有节省粮食、福报功益以及受惩被罚的系列演变。

"斋"自古有之，原为洁净。其梵文 Upavasatha，巴利 Uposatha，本为清净之义。后来衍转多义。丛林中白天所食米饭称为斋，斋供为供僧饭食。后转指不过中食（过午不食）之法，守之曰持斋。汉传佛教又一转为不食肉、禁肉食之义。此由梁武帝创制，至唐初又有三长月（正、五、七）与十斋日之断屠。此断屠禁杀并不等同宗教生活中的斋戒事，不能将其理解为国家强制推行斋日，不可能全体民众都遵从某宗教仪式。上举尹富《十斋日补说》讨论佛道教十斋日关系时，就有混淆未清之处，① 而且对"十斋日"形成演变为"地藏菩萨十斋日"事，也有些臆断，如将《地藏菩萨本愿经》对十斋日的引入视为"十斋日"类文本以地藏菩萨为名之原因。其实此类文本名中加"经"实无证例。更主要的是《地藏菩萨本愿经》中引入十斋日的内容，具体是说在此十斋日时若念诵此《本愿经》，可获功德利益。这已明显是在利用"十斋日"，而非给其以合法地位。

我们现从古代石刻等材料中，可以看到古代社会中八关斋戒特别是斋之本义——断食在僧俗信徒中的运用。只有认真阅读研究这些古代社会层面的第一手材料，才能掌握中古社会的真实情况，不被虚妄猜说所误导。

---

① 参见前文注解张总《地藏菩萨十斋日》。尹富虽列举理由讲十斋日讲佛教改造道教十直日，但显然对十直日与十斋日之宗教内涵混淆未清，更将此中"断食"义增变为"素食"之义。尹富还认为佛教十斋日由《地藏菩萨本愿经》而成，所以应名为"地藏菩萨经礼十斋日"，但未析明《本愿经》具体内容，且析说阎罗王地位升降如何，但以今人概念臆推古人，不明《十王经》系为中阴所用、余诸经是冥界所用。见《中国地藏信仰研究》第三章，巴蜀书社，2009 年。因关涉较多，容另文探讨。

藏地石经传统略述

——以巴格嘛呢为中心

萨尔吉[*]

摘　要　本文以巴格嘛呢石经墙为中心，以对巴格嘛呢石经墙的历史记述《历辈巴珠活佛事迹·石堡法蕴历史·信仰祈愿·夏日鼓声》为基础，通过对巴格嘛呢的修建缘起和经过的探讨，说明了藏传佛教石经传统与印度佛教的渊源，以及藏传佛教石经传统的特色，提出了神圣地理空间的建构和石经镌刻的内在互动，分析了藏传佛教石经传统与特定教派的关系。

关键词　石经　巴格嘛呢　藏传佛教　六字真言

一、缘　起

勒石为记是许多民族的传统，也影响到许多宗教对典籍的书写保存。以印度为例，印度孔雀王朝的阿育王留下的摩崖法敕和石柱铭文不仅是我们所知的印度最早的文字留存，也是我们了解印度历史，尤其是早期佛教历史的重要材料。若以中国为例，石刻材料就更为丰富，现藏故宫博物院的石鼓文是现今发现的我国最古老的石刻文字，而2017年在蒙古国杭爱山发现的《封燕然山铭》或为边塞纪功碑的滥觞。具体到佛教而言，则从公元5世纪初就有石窟题词刻字、摩崖石刻、造像刻经碑，等等，不绝如缕。[①]其中以房山云居寺石经最为突出，云居寺石经上自隋代，下迄清代，在一千多年中逐步形成，堪称全世界最古老、最大的石刻图书馆。20个世纪50年代起，中国佛教协会对云居寺石经进行了调查、发掘、整理、拓印、出版，1999年，云居寺石经重新回填地穴。相较汉传佛教，藏传佛教勒石刻经的传统亦源远流长，及至后期，乃蔚为大观，形成今日藏区独具特色的石经文化，尤以康巴、安多藏区（今四川、青海一带）为盛。值此房山云居寺石经回藏20周年之际，本人不揣浅陋，草成此文，一是纪念云居寺石经回藏这一盛事，二是就藏传佛教石经传统作一探索，以就教于方家。

二、佛教经典的集成与流布——从口传到书写

众所周知，在印度文化重视口传的大背景下，佛教在印度产生伊始，并无文字记载释迦牟尼的言教，甚至在释迦牟尼圆寂多年以后，经典的传承依然是通过口耳相传的方式进行。这种传承方式不仅要求僧团具备一定数量的博闻强记的僧人，同时也要求经典的编排要有适合记忆的系统性。随着

---

* 作者单位为北京大学外国语学院。

① 关于这方面的资料，最近的可以参看罗炤《中国佛教石经概述》，刊载于中国古迹遗址保护协会石窟专业委员会和龙门石窟研究院编，《石窟寺研究》（第7辑），2017年，第86—96页。2004年，德国海德堡科学院与中方合作，对中国汉传佛教石经进行全面考察，目前已经出版了四川省石经四卷、山东省石经两卷。

佛教的发展，这两方面都受到了一定程度的挑战。我们先来看第一个方面。根据南传佛教《岛史》的记载，公元前1世纪斯里兰卡曾发生了一次非常严重的饥荒，造成僧人四散逃亡，导致熟知经典的僧人大量减少，为了保证经典传承的延续性，南传佛教的僧人在历史上第一次把释迦牟尼的言教以文字的方式记录下来，形成书面形式的三藏经典。就此记载而言，最早的文字记录的三藏经典应是在公元前1世纪产生。长期以来，我们认为这只是一个传说，不足为凭，因为没有实物资料的证明。但是上个世纪末在古代犍陀罗地区（今阿富汗、巴基斯坦一带）发现了大量的用佉卢文书写在桦树皮上的早期佛教典籍，根据字体、内容判断，尤其是通过碳十四测定，专家们认为这批经典最早的可以追溯到公元初期，这不仅是迄今为止我们发现的最早的佛教典籍，① 同时也从一个侧面证实了南传佛教记载的可靠性。

就经典的编排要有适合记忆的系统性而言，虽然从第一次结集开始，僧团就在这方面做了很多工作，但是在具体的经目、编排的顺序等方面仍然有许多分歧。从现存部派佛教的典籍，如南传佛教三藏，汉译四部阿含，以及中亚的梵文残卷来看，无不反映出部派的差异。而且，佛经三藏浩如烟海，留存下来的仅仅是冰山一角而已。② 及至大乘佛教的兴起，这方面的问题更加突出，而且，大乘佛教非常强调经典的书写，这对佛教文本的书写流布起到了非常重要的推进作用。

综上，佛教典籍从口传到书写不仅仅有技术进步的外在推动，更有佛教自身发展的内在要求，这一点我们在后面还会讲到。当然，就佛教而言，书写的产生没有，也不可能完全替代口耳相传的传承方式，甚至在某些方面还强化了口耳相传的传承方式，这是我们需要注意的。③

古代印度书写的材质主要是桦树皮、贝叶等，虽然也有在石头、金属、兽皮等其他材质上书写的传统，但从现存的资料来看，在数量和规模上都不成气候。比如，印度有早期的桑奇大塔、阿摩罗瓦底大塔的铭文，一些石窟铭文、铜版铭文、泥版铭文。历史上受印度影响的南亚东南亚佛教传统文化圈中，比如斯里兰卡、印度尼西亚、马来西亚、柬埔寨、泰国等地也有石窟铭文、刻写在金箔上的铭文等等，但是一方面这些铭文多是供养人题记，与我们所述的石经内容有差异，另一方面与佛经内容直接相关的考古材料披露得也不是很多。

目前南亚东南亚地区我所知的直接与佛经相关的石刻资料有：印度奥里萨邦喀塔克省博物馆藏石刻《十万菩提心庄严陀罗尼》；④ . 印度尼西亚石刻《无量寿经》真言、《一切恶趣清净怛特罗》真言、《密集怛特罗》真言，时代大约是8到9世纪；⑤ 斯里兰卡无畏山发现的石刻《一切如来

---

① 这方面最近的介绍可以参看 Richard Salomon, *The Buddhist Literature of Ancient Gandhāra: An Introduction with Selected Translations*, Wisdom Publications, 2018.

② 最近发现的犍陀罗语佛典中就有许多不见于巴利三藏以及藏汉译本的独立文本。

③ 佛教的终极目标是超越世俗分别，了达真谛，这导致语言文字和觉悟之间有一种天然的张力。所以从这一角度而言，佛教对语言文字有天生的“不信任”，认为实相是离言绝相，最后的觉悟是“言语道断，心行路绝”。禅宗讲的“不立文字，教外别传”，以及藏传佛教讲的“净相传承”也可以从这一角度理解。

④ Gregory Schopen, “The *Bodhigarbhālaṅkāra-lakṣa and Vimaloṣṇīṣa Dhāraṇīs* in Indian Inscriptions: Two Sources for the Practice of Buddhism in Medieval India,” *Wiener Zeitschrift für die Kunde Südund Ostasiens*, vol. 29 (1985), pp. 119—149. 重印于 Gregory Schopen, *Figments and Fragments of Mahāyāna Buddhism in India: More Collected Papers*, Honolulu: University of Hawai'i Press, 2005, pp. 314—344.

⑤ Arlo Griffiths, “Written traces of the Buddhist past: Mantras and Dhāraṇīs in Indonesian inscriptions,” *Bulletin of the School of Oriental and African Studies* 17, 1, 2014, pp. 137—194.

心秘密全身舍利宝箧印陀罗尼经》；① 马来西亚吉大港石刻《海慧菩萨所问经》中的偈颂；② 柬埔寨发现的石刻《顶礼三宝》颂。③ 这里面除了后两种，其余的均与密教陀罗尼相关。南亚东南亚发现的石刻铭文最常镌刻的内容当属缘起法颂，该颂往往作为三藏十二部经乃至全部佛法的代表而被广泛镌刻。这种传统也影响到了汉传佛教，房山云居寺的佛塔即镌刻有缘起法颂。

三、关于巴格嘛呢的文献

受到中原和印度的影响，藏地也形成了勒石纪功的传统，目前矗立在布达拉宫以南的恩兰·达扎路恭纪功碑即是我们所知的最早有明确纪年（764 年）的此类实物。而昌都察雅县仁达摩崖石刻刻有藏译《普贤菩萨行愿品》，应是已知最早的藏地石刻佛经（804 年）。近年在青海玉树勒巴沟的考古调查发现，这一地区不仅有大日如来、八大菩萨造像题记，还有以笈多字体刻写的完整的梵文佛经。这些吐蕃时期的实物资料昭示佛教传入藏地伊始，藏族人已经开始在石壁上镌刻佛像、刻写经文，中间虽有低潮时期，但是这种传统并未中断，一直延续至今。如今规模比较大的石刻群有四川省阿坝州壤塘县棒托寺石经；四川省甘孜州石渠县松格嘛呢、巴格嘛呢；青海省黄南州泽库县和日石经；果洛州石经群。④

就笔者目前所知，关于巴格嘛呢有一份类似目录的修建纪要，兹以该文献为据，对巴格嘛呢稍作介绍。

记述巴格嘛呢的文献全称为《历辈巴珠活佛事迹·石堡法蕴历史·信仰祈愿·夏日鼓声》（dpal sprul sku'phreng rim byon gyi mdzad rjes rdo mkhar chos kyi phung poi'lo rgyus dad pa'i gsol'debs dbyar gyi rnga sgra，以下简称《历辈巴珠活佛事迹》），作者是格蒙寺（dge mang）堪布白玛旺嘉（padma dbang rgyal）。⑤ 跋文中没有交代成书时间，只是说巴格嘛呢在作者写作时已逾 311 年（第 37 叶正面第 2 行），如果我们认可巴格嘛呢始建于 1640 年，那么成书时间就是 1951 年。整本书篇幅不大，笔者所见为梵箧装印本，40 叶，双面，每面有藏文 6 行。

据书的标题可知，记述的主题是历辈巴珠活佛，尤其是巴珠·邬金晋美曲吉旺波（dpal sprul o rgyan'jigs med chos kyi dbang po，1808—1887 年）的事迹。标题的第二部分是本书记述的主要内容，即巴格嘛呢的历史，标题中的石堡（rdo mkhar）指的是石头堆砌成的堡寨，在上下文中汉语可译为石经墙或石经城。法蕴是佛教术语，指佛陀宣说的一切教法，在这里特指石刻经文。正文中该词组和巴格嘛呢往往交叉使用。标题的第三部分可以视作副标题，交待了本书属于祈愿类文献。第四部分则纯粹是修饰性标题，形容该书犹如夏日的鼓声，其实也就是夏日的雷声，按照印度的

① Gregory Schopen, "The Text on the 'Dhāraṇī Stones from Abhayagiriya': A Minor Contribution to the Study of Mahāyāna Literature in Ceylon," *Journal of the International Association of Buddhist Studies*, 5.1 (1982), pp. 100—108. 重印于 Gregory Schopen, *Figments and Fragments of Mahāyāna Buddhism in India: More Collected Papers*, Honolulu: University of Hawai'i Press, 2005, pp. 306—313.

② Peter Skilling, "*Sāgaramati-paripṛcchā* Inscriptions from Kedah, Malaysia", Lutz Edzard, Jens W. Borgland and Ute Hüsken (eds.), *Reading Slowly, A Festschrift for Jens E. Braarvig*, Harrassowitz Verlag, 2018, pp. 433—459.

③ Peter Skilling, "Namo Buddhāya Gurave (K. 888): Circulation of a Liturgical Formula across Asia", *Journal of the Siam Society*, Vol. 106, 2018, pp. 109—128.

④ 关于果洛石经群的文章，最近的可以参看尕藏加，《藏传佛教石刻大藏经考述——以青海果洛石经墙为例》，《青海民族研究》，2017 年第 3 期，第 20—24 页。

⑤ 格蒙寺坐落于石渠县格蒙乡境内，属于宁玛派寺院，始建于 1790 年。堪布白玛旺嘉生于 1929 年，是巴珠·邬金晋美曲吉旺波的再传弟子。

传统，夏日的雷声预示着雨季的来临，孔雀会随着雷声翩翩起舞，雨水也会一扫旱季的燥热，让人内心得到清凉，作者以此比喻来说明这本书的功能。

根据此文，巴格嘛呢（dpal dge ma ni）的创建者是第一世巴格喇嘛桑旦彭措（dpal dge bla ma bsam gtan phun tshogs，—1781 年），他曾在游方中得到一位名叫巴格，即“祥善”的施主的招待，驻锡在他的领地，因此得名巴格喇嘛。巴格喇嘛出生之初，今巴格嘛呢所在之地就被诸位高僧授记，说此地是一祥瑞宝地，将来会有一位观音菩萨化现的大士建立十万石刻（rdo' bum）的嘛呢堆。书中说巴格喇嘛桑旦彭措有一次莅临长沙贡马（今石渠县境内），在此处歇息之际，听到了自然发声的六字真言，循声而行，发现一人拿着一块刻有六字真言的嘛呢石板，问喇嘛是否交换，喇嘛询问他的名字，此人自称为刻工嘛呢次仁（rdo sko ma ṇi tshe ring），① 于是喇嘛用所骑的骡子换了嘛呢石，以此缘起，奠定了巴格嘛呢的基础。

巴格喇嘛桑旦彭措的转世是甲德囊热罗（rgya sde'i nang ra lo，1782—1807 年），由佐庆寺第三世活佛恩敦·丹增桑波（nges don bstan' dzin bzang po，1759—1792 年）认定。甲德囊热罗对巴格嘛呢的护持和发展也做出了贡献，他 25 岁去往拉萨朝圣，圆寂于当地。他的转世就是著名的巴珠·邬金晋美曲吉旺波。

书中重点介绍的是巴珠·邬金晋美曲吉旺波（第 7 叶背面以下），② 他由第一世多竹庆·晋美赤列维色（rdo grub chen' jigs med' phrin las' od zer，1745—1821 年）认定。巴珠·邬金晋美曲吉旺波曾言及要对先辈修造的“十万石刻”进行补足（第 10 叶背面第 1 行），为此他在四五年中精心积累别人给他的供养，遴选好的石材，精雕细琢，大大地扩建了巴格嘛呢。

书中讲到了巴珠·邬金晋美曲吉旺波之所以延续石刻经文的传统，是基于如下理由：擦擦和泥塑有雨水侵袭的危险；金铜佛像有劫盗的危险；壁画和唐卡具备的条件不够；建寺则需要香灯师并供给他们饮食资具，而且一般很难找到好的香灯师；经函容易散佚和耗费；刻板则需要精心校对，很难做到没有夺文、衍文和错乱。相较而言，石刻经文一旦修造完毕，则夏日无须遮阳挡雨，冬日无须扫雪，无须害怕鼠患鸟害，无须香灯师。这可以看作是从世俗逻辑的方面来论证。另外，延续石刻经文的传统也来自于观音的授记，书中说巴珠·邬金晋美曲吉旺波曾在梦中看到建造巴格嘛呢的草原变成了一顷琉璃色的大海，并且面见观音，观音将手中白色的水晶念珠抛入大海，勉励他为利益众生而修造如此的嘛呢石经城。

巴珠·邬金晋美曲吉旺波扩建完巴格嘛呢后，延请众多高僧为其开光，中途出现了诸多异象（第 13 叶）。之后书中用了大量篇幅讲述围绕巴格嘛呢右旋礼拜的功德。而且巴格嘛呢的声望和神圣性也越来越高，甚至传播到了卫藏地区。书中说曾有一位康巴朝圣者前往拉萨朝拜，拜谒了达隆仁波切（stag lung pa Ngag dbang bstan pa' i nyi mas，1788—1856 年），后者询问康巴人的家乡，当得知他来自石渠时，非常惊叹地说：“你们那里有被称为‘巴格嘛呢’的石经城，它在 33 天中自然发出嘛呢音声，是与佛陀没有差异的圣地，你为何舍近求远呢?”（第 18 叶背面）

巴珠·邬金晋美曲吉旺波圆寂后，出现了诸多转世，其中对巴格嘛呢护持最突出的是岗夏·曲尼多吉（gang shar chos nyid rdo rje），他主持雕造了一套《甘珠尔》，以及诸多的六字真言、大小经典、八大佛塔等。《历辈巴珠活佛事迹》一书收录了岗夏·曲尼多吉对巴格嘛呢的赞颂文辞，

---

① 这应该不是他的真名，刻工表明的是他的身份，嘛呢代表他手持的嘛呢石，次仁是长寿的意思，暗示嘛呢石会长久驻世。

② 关于巴珠活佛生平事迹的介绍，最近的可以参看 Matthieu Ricard, *Enlightened Vagabond: the Life and Teachings of Patrul Rinpoche*, Boston: Shambhala Publications, 2017.

说巴格嘛呢从外面看是佛法的大宫殿，从里面看是圆满的无量宫，从秘密的角度而言则是无量诸尊的曼荼罗，这样就把巴格嘛呢提到了一个很高的地位，而且说巴格嘛呢是摧伏地狱的锉刀，断除恶趣的门闩，通往善趣的阶梯，是断除八万四千烦恼的良药，是烧毁罪恶习气的火焰，是涤除二障的水流（第22叶背面）。

这之后坚赞饶央（rgyal mtshan rab yang）和喇嘛衮噶（bla ma kun dga'）等人再次扩建了巴格嘛呢，包括再次雕造了一套《甘珠尔》（第30叶正面第1行）。

书中最后引经据典，讲到了对巴格嘛呢维修建造的利益（第31叶正面以下），说哪怕是刻木为像，聚沙成塔，也能见即获益，更何况是修造巴格嘛呢，如此等等。

四、对文献的简单分析

从《历辈巴珠活佛事迹》来看，巴格嘛呢修造的主要动因在于自身积累功德，以及让他人见即获益。而我们一般认为汉传佛教的刻经传统，尤其是云居寺石经主要是受到了末法思想的影响，① 直接的原因则是佛教在中原遭受的法难。反观藏地，虽然传统叙事也讲到了朗达玛的灭法，但是末法思想并未在藏地出现。从这一角度而言，藏地的刻经传统主要还是受到了大乘佛教重视经典书写的影响，但在此基础上又有所发展。

从巴格嘛呢所刻经文的内容来看，最多的当属六字真言，也就是俗称的“嘛呢”，巴格嘛呢的得名也源于此。之所以刻写六字真言，书中认为一方面是因为六字真言不易出错，无须校对，俗人刻工都铭记于心，无须参考样本，另一方面是六字真言含摄了佛陀八万四千法蕴的精华，犹如树木的根茎，而且传统的说法是人死后在阎王面前称量善业恶业时，嘛呢石的重量可以用于增添善业的重量。②

前面说过，印度佛教最为青睐的是“缘起法颂”，认为该颂代表了佛陀言教的精华，而藏传佛教则认为六字真言含摄了八万四千法蕴，并且强调六字真言的灵验，这与后期观音信仰对藏族社会的影响密不可分。

除了六字真言，书中提到了两套完整的《甘珠尔》，这可能是依据德格版雕造的。从其他材料来看，巴格嘛呢还刻有多部《贤劫经》和《解脱经》，各类佛像三千多尊。《贤劫经》的雕造目的可能是因为其中有贤劫千佛的名号，《解脱经》雕造的目的则与救度恶趣、往生善趣密切相关。经过持续不断的修造，目前整个巴格嘛呢长1.7公里，平均宽2—3米，高2.5—3.5米。

巴格嘛呢的修建理念不仅受到了大乘佛教重视经典书写的影响，同时还受到了密教，尤其是密教中的神圣地理观念的影响。前面说过，巴格嘛呢的修建地址并非率意而为，而是有观音授记、高僧堪舆等等作为前提，而且书中明确提到巴格嘛呢汇聚了邬金刹土、空行刹土、印度尸林等八大圣地和上千小圣地，所以，从逻辑上讲，是巴格嘛呢所在地域先成为了一个神圣的地理空间，然后修造石经的行为又进一步强化了这一空间的神圣性。

另外，我们还需注意到巴格嘛呢以及类似石经墙与宁玛派的渊源。初步研究表明，康巴、安多地区的石经墙往往与特定的教派，尤其是宁玛派相关，这一现象并非偶然。宁玛派因为宣称自身直接承续自吐蕃时期的密法，尤其是经由莲花生传承下来的密法而来源古老，但中间因为有朗达玛灭法，以及吐蕃帝国的崩溃，造成其中部分传承的晦暗不清。为了证明自身传统的合法性和

① 关于法灭和末法思想的差异，首都师范大学的刘屹曾撰文论述，参见《佛灭之后：中国佛教末法思想的兴起》，《唐研究》第23卷，北京：北京大学出版社，2017年，第492—516页。这一问题还需深入探讨。

② 噶当派僧人的一个重要宗教实践，就是每天晚上入睡前，通过数白石子和黑石子来计算自己当日所做的善业和恶业，以此策励自己逐渐减少黑业，增长善业。

延续性，宁玛派在时间和空间两方面都着力进行自身的宗教建构，时间上的表现是伏藏文化，即认为莲花生传承下来的部分密法需要后人去挖掘，去开启，因此出现了众多的伏藏文本和掘藏师；空间上的表现是圣地文化，即莲花生授记的许多隐秘空间需要后人去发现，去开启，因此藏区出现了各种各样的圣地。循着这一思路，我们对康巴、安多地区的石经墙，尤其是甘孜、果洛一带石经文化的认识就不再是孤立片面的，而应该将其放到这一大传统下来解释。

五、传统的延续

房山云居寺石经的镌刻虽然历经千年，但随着时间的流逝已成绝响。藏区以巴格嘛呢为代表的石经镌刻则至今仍是一个活的传统，旧有的石经墙在修补，新的石经也在雕刻之中。例如，甘孜州色达县东嘎寺堪布白玛沃色塔耶（padma'od gsal mtha'yas，1957—）2003 年在四川民族出版社出版了题为《藏青果园》的文集，其中有一篇《石堡法蕴历史·信仰补药》（rdo mkhar chos kyi phung po'i lo rgyus dad pa'i gsos sman），讲述的正是由他牵头修造石经的经历，文章分礼敬、在何圣地修造、修造情况、修造利益、结尾迴向五个方面进行了叙事。同样地，在讲到神圣地理空间时，他利用了传为吐蕃时期的密教大师毗卢遮那所写、由掘藏师白玛勒哲泽（pad ma las'brel rtsal）开启的宗日穆波（'brong ri smug po）圣地志。该圣地志说，如果在此地奉献石刻的阿弥陀佛像，死后就会往生极乐；如果奉献石刻的六字真言，死后就会往生观音刹土；如果奉献石刻的莲花生大士真言，死后就会往生铜色山。基于这些授记以及一些掘藏师对白玛沃色塔耶的授记，作者于 1998 年开始修造石经。在修造利益部分，作者引用了巴珠·邬金晋美曲吉旺波谈及的石经镌刻相较其他供养形式的好处。这一宗教实践说明圣地因石经而进一步提升了神圣性，而石经也因地处圣地而进一步彰显其利益。二者相辅相成，相得益彰，共同促成了藏族人对传统的记忆与延续。

石鼓文刻于“元魏说”再研究

魏广平

摘　要　石鼓文刻于先秦，几乎是学术界主流共识。但清代学者俞正燮曾提出“元魏说”。笔者以中外古代文字石刻史的视野，在石鼓文实物考察的基础上，参照历史文献，分析北魏鲜卑王朝迁都洛阳前错综复杂的民族关系、特殊的文化氛围，尝试还原北魏复古风“古文”和颁布“太武新字”的社会背景，排查崔浩镌刻石鼓文的动机；论证冶金史、石刻工艺史、书法史等多条历史延长线交汇于北魏成就石鼓文的合理性。提议在石鼓文研究中采用微腐蚀断代法等现代科技手段。

关键词　石鼓文　试错法　石刻工艺　花岗岩　崔浩　“太武新字”　微腐蚀法断代

Abstract　It was in the pre－Qin period when the inscriptions on drum－shaped stone blocks began to appear. This seems to have been the mainstream consensus of the academia. However, Zhengxie Yu, a scholar of Qing Dynasty, once proposed “Yuan Wei” theory about the inscription dating. In this paper, from the perspective of the history of ancient chinese and foreign stone inscription, according to historical documents, and on the basis of the actual inspection on the inspection relics, the author analyzes the intricate ethnic relations and special cultural atmosphere of the XianBei dynasty in Northern Wei period before moving the capital to Luoyang, restores the social background of retro ancient texts and invention of “Taiwu New Words”, and investigates the motive of Hao Cui to carve stone drums. Further, the author demonstrates that the histories of metallurgy, stone carvings, calligraphy, and other historical development lines intersect in the Northern Wei Dynasty to achieve the rationality of the appearance of inscriptions on drum－shaped stone blocks. Finally, the author proposes that some modern technologies, such as micro－erosion dating analysis method, should be applied in the study of inscriptions on drum－shaped stone blocks.

Keywords　inscriptions on drum－shaped stone blocks, trial and error procedure, stone carving technique, granite, Hao Cui, Taiwu New Words, micro－erosion dating analysis method

缘　起

1984 年在北京孔庙第一次看到的石鼓，连鼓钉都惟妙惟肖，清晰的诗文刻在石灰岩（limestone）平整的鼓面。笔者作为国旅总社的"全陪"跟在日本团队的后面，断断续续地听到讲解，以为那就是郭沫若先生流亡日本时的大作《石鼓文研究》中的石鼓实物。1998 年 9 月，陪同日本爱媛大学菊川国夫教授去故宫看石鼓文，笔者才知道了石鼓的来龙去脉。那时石鼓不在常设展之列，一番周折后，终于看到了十通文字剥落残缺的石鼓，最初感到些许失望，大名鼎鼎的石鼓竟然是随型"非标鼓"！文字刻在花岗岩（granite）石鼓的弧形侧面，其中一鼓斑驳无字，一鼓凿成石臼。听着故宫专家的解说，脑子里却有了疑问：先秦已有花岗岩刻石？后来看到李学勤先生的论述："从唐至今，异说纷纭，莫衷一是……上起周宣，下至北周，实令人目迷五色，无所适从……不管结果如何，这不影响石鼓上面的诗篇作于东周初年的推论，因为作诗与刻石的年代未必是一致的，近来已有学者悟到了这一点。"①于是以为石鼓文有可能是后人刻的东周诗。

笔者自 1982 年以来参与了北齐石刻经研究。曾在房山石经博物馆、房山石经与云居寺文化研究中心所编《石经研究》第二辑发表过《北齐石刻经现状及其历史背景》，2017 年在修订《北齐石刻经现状一览表》的过程中，联想到"文革"期间跑回祖籍莱芜（旧时出铁匠的地方）山区生活的两年，常围看铁匠们锻打农具（包括錾子）、淬火、渗碳，也曾和石头打过交道；后来在部队当工程兵，有使用多种錾子的体验；又受益于退伍后在工厂期间，曾得热处理车间技术员李信的教诲。于是，注意到了刻经的年代、石质、镌刻工艺的关联性，首次给各地北齐石刻经标注了石质。②那时脑中又浮出了"故宫石鼓也是花岗岩"的老问题，感到也可以借助工科实验中常用的试错法（trial and error procedure），在冶金史、文字书法史、中外石刻工艺史、历史人物四条线上查找实证；广泛收集文献，排查关联事件、人物；选择中外有纪年的石刻遗存对比参照，找出石鼓文镌刻工艺的时代特征，再度探讨石鼓文的断代。

一、古代文字石刻的石质

古代文字石刻的石质有花岗岩、玄武岩、云母片岩、石灰岩、砂岩。按照岩石的坚固度（仅参照摩氏硬度 mohs hardness 测试它们在标准物上的划痕，不能准确反映各种岩石的可雕刻性），依次可分为以下三类。

1. 岩浆岩（magmatic rock）

含花岗岩、玄武岩（basalt）。地壳运动时，喷出地面的岩浆急剧不均匀冷却，造成气泡结构，凝固成玄武岩；地面以下缓慢凝固的是花岗岩，它又在以后的造山运动中，隆起露出地表。英语中，花岗岩 granite 的语源是拉丁文的 granum，原意为谷粒、颗粒。汉语中"花岗岩"一词来自日本。花，形容颗粒结构的美丽斑纹；岗，表示岩石坚固。石鼓文刻于花岗岩。"玄武岩"一词也来自"和制汉语"。"汉谟拉比法典"、"燕然山摩崖"刻于玄武岩。

2. 变质岩（metamorphic rock）

含云母片岩（mica schist）、角页岩（hornfels）。"鄐君开通褒斜道摩崖"即刻于云母片岩。

---

① 李学勤. 石鼓新响 · 序〔M〕. 陕西：三秦出版社，1994：4—7.

② 魏广平. 北齐石刻经现状及其历史背景〔C〕. 房山石经博物馆、房山石经与云居寺文化研究中心编《石经研究》第二辑. 北京：华夏出版社，2018：193—197.

3. 沉积岩（sedimentary rock）

含石灰岩（limestone）、砂岩（malmstone）。我国古代著名的书法石刻，以石灰岩居多。

《中国大百科·地质卷》是这样分析“常见岩石的某些物理特性”的：

表 18－1　常见岩石的某些物理特性

岩石类型	密度 g/cm^3	孔隙度 %	抗压强度 kg/cm^2	抗拉强度 kg/mm^2
花岗岩	2.5—2.8	0.3—1.5	1500—2100	20—100
闪长岩	2.7—3.0	0.5＋－	2300—2700	
玄武岩	2.2—3.0	1—30	1500—2000	77
砂　岩	1.9—2.5	1—10	900—2000	20—60
页　岩	1.9—2.4	2.5—8	500—600	13—30
石灰岩	2.2—2.7	1—15	700—1600	5—15
大理岩	2.6—2.8	0.5—2	700—2000	50—90
石英岩	2.64＋－	0.5＋－	1500—2400	
板　岩	2.7—2.854＋		600—1400	

摘自中国大百科编辑部编《中国大百科·地质卷》．中国大百科出版社．1993．4．第1版582页。

二、借鉴地中海文明和印度文明的石刻工艺

以中外文字石刻史的视野，打破砂锅璺到底，找出石刻文字的地域文化背景和时代特征。

1. 地中海文明的古代文字石刻

约公元前3100年，古埃及人用“闪长岩”（diorite）（在前述上表第二行可以看出它的密度、抗压强度都高于花岗岩）石制工具，创造了宏伟的金字塔、巨大的神像。这些石刻材质既有石灰岩，也有花岗岩。古埃及石刻规模宏大，作品的细微部尺寸也较大，这样既降低了工艺精度，又增加了凿刻工位，加快了工程进度，弥补了石凿强度不足的短板。

图18－1、图18－2、图18－3就是古埃及人使用的闪长岩刻石工具。

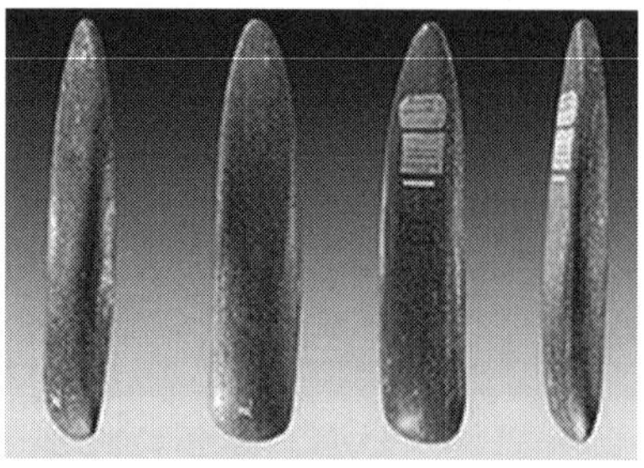

图18－1　古埃及闪长岩石凿

（埃及王刚 Khaled Shenrif 提供）①

图18－2　古埃及闪长岩石斧

（埃及王刚 Khaled Shenrif 提供）

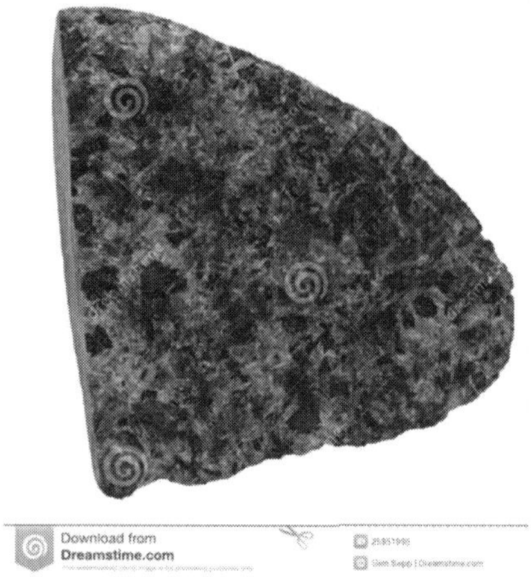

图18－3　古埃及闪长岩石刀

（埃及王刚 Khaled Shenrif 提供）

图18－4、图18－5是世界上最早的象形文字——“纳尔迈”石板（palette of narmer），刻于公元前3000年左右，石灰岩。现陈列在开罗的埃及国家博物馆。图18－6是埃及萨赫勒岛（Sehel Island）上的花岗岩碑，刻于公元前27世纪。至今

① 本文图片未注明出处者均为笔者自拍。

还可以看到它的“世俗体”象形文字的笔画中，当初石凿留下的“麻点”。

图 18－4　埃及纳尔迈石板 A 面

图 18－5　埃及纳尔迈石板 B 面

图 18－6　埃及花岗岩碑
（埃及王刚 Khaled Shenrif 提供）

大英博物馆的陈列图录如此评价阿蒙涅赫特三世（Amenemhat III，埃及第十二王朝法老，约公元前 1842 年—公元前 1797 年在位）花岗岩头像（77.5cm，这在古埃及石刻中已属袖珍型）表面粗糙的效果：“散发出令人敬畏的气氛”。但笔者认为这是受限于当时的石刻工艺条件。

图 18－7 是陈列在巴黎罗浮宫的古巴比伦人于公元前 18 世纪刻在玄武岩上的《汉谟拉比法典》（The Code of Hammurabi），图 18－8 是它楔形文字部分的局部。

图 18－7　《汉谟拉比法典》石柱
（百度下载）

图 18－8　《汉谟拉比法典》局部
（百度下载）

这是世界上最古老、最完整的法典，无论在法律史还是石刻艺术史上，都是人类文明的瑰宝。它通高 2.25 米，上部周长 1.65 米，底部周长 1.90 米，上部是太阳神、正义神沙马什授予汉谟拉比王权杖的浮雕，高 0.65 米、宽 0.6 米；下部是环绕石碑垂直镌刻的楔形文字，共 3500 列。楔形文字是用芦苇秆、木棒在泥板上划、压，所以它的笔画字口到字沟底呈V型（石鼓文是均匀的U型，而且文字的弯曲笔画自然流畅，拙文后有详述）。正是因为它的珍贵，才在公元前6世纪被波斯帝国国王大流士掠到了他的首都苏撒。1901年12月，又被法国人搬到了罗浮宫。从图18－7和图18－8可以看出，《汉谟拉比法典》石柱表面被研磨得平整光滑，字口比较清晰，刻出了它特有的楔形笔画，虽然受到当时雕刻工艺所限，有的笔画多的字符，字沟底不规整，笔画排列不均，但是整体刻得精致清晰。

以上地中海文明的古代文字石刻使用了原料丰富的闪长岩凿子，再由沙漠采集来的天然刚玉砂和石榴石砂研磨而成。至于其中少数较为精致的雕刻作品或作品的部分工序，应当考虑他们还可能使用了稀有的天然金刚石刃具以及陨铁材料加工的錾子。人类最早的陨铁器（meteoric iron）是在尼罗河流域的格泽（Gerzeh）和幼发拉底河流域乌尔（Ur）出土于公元前4000多年前的铁珠和匕首，它的主要成分是铁和镍。

2. 印度文明的古代文字石刻

公元前250年，阿育王在印度各地立了30余根砂岩法敕石柱，它们高十几米，重数十吨。石柱（图18－9）上刻着婆罗米文（Brāhmī）的尊佛诏令，昭示佛教“正法”精神，为阿育王纪功颂德，宣示疆域。

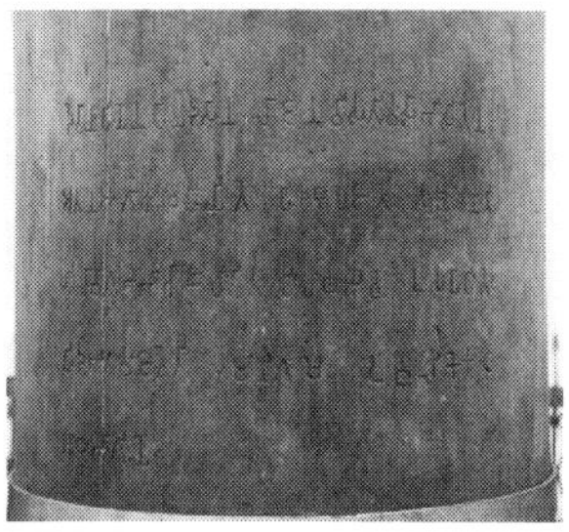

图18－9　阿育王法敕石柱婆罗米文

（维基下载）

其中最著名的是贝拿勒斯城外的鹿野苑考古博物馆陈列的石柱柱头（lion capital of Asoka，210×283cm，图18－10）。

图18－10　阿育王法敕石柱柱头

（维基下载）

其上层刻有四只背对背蹲踞的雄狮，中间层刻有一头大象、一匹奔马、一头瘤牛和一只老虎，它们之间用象征佛法的宝轮隔开。下层是钟形倒垂的莲花。阿育王法敕石柱是孔雀王朝时期雕刻艺术的代表作，使用钢制錾子和金刚砂研磨并用的工艺才可能完成这些雕刻。同期还在各地用婆罗米文和佉卢文（Kharosthī）刻了法敕摩崖，其中既有砂岩，也有石灰岩。

美国旧金山市亚洲艺术博物馆三楼的“公元600年以前的南亚”展区，陈列着一尊刻于公元100—200年之间的红砂岩佛像（图18－11）为最早。其后陈列着（眼镜）蛇神的砂岩雕像（图18－12），它的台座上刻着婆罗米文题记（图18－13），德国柏林自由大学（Free University of Berlin）哈里·弗克（Harry Falk）教授考证它刻于207年。

图18－11　南亚红砂岩佛像

图 18－12　南亚红砂岩蛇神像

图 18－13　南亚红砂岩蛇神像台座刻有婆罗米文

此展区的最后，陈列着公元500—700年之间镌刻的角页岩佛像（图18－14），它的台座（图18－15）也刻着婆罗米文：“为父亲和师父以及一切众生修得智慧，此像由出家人（名字不祥）供奉。”

图 18－14　角页岩佛像正面台座刻有婆罗米文

它的背面（图18－16）表达了供养人的舍利佛塔信仰，上部是线刻的佛塔，下部刻婆罗米文的“缘起法颂”偈文“诸法从缘起/如来说是因/彼法因缘尽/是大沙门说”。

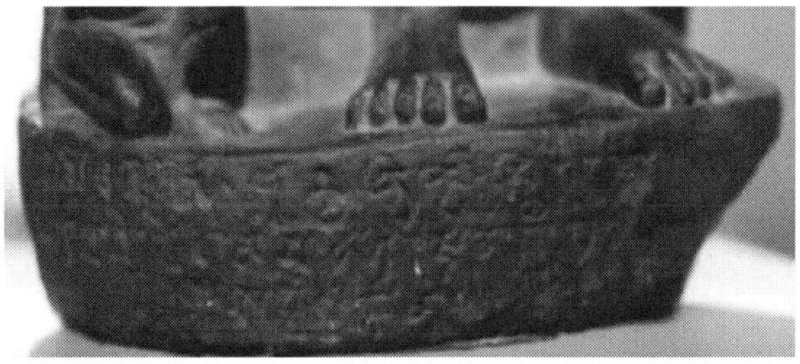

图 18－15　角页岩佛像台座刻有婆罗米文

图 18－16　角页岩佛像背面下部刻有婆罗米文

此馆最早的花岗岩雕像在“公元600—1600年的印度东部”展区，刻于公元1000年左右。

三、我国最早的花岗岩岩画

20世纪90年代，笔者陪同日本艺术家访华团考察新疆昭苏等地刻凿在砂岩、玄武岩上的凿刻岩画。印象最深的是2002年，笔者陪同日本古事记学会会长中村启信教授现场考察连云港将军崖岩画（图18－17）。此岩画尺寸大，圆形图案、弧线居多，刻线圆滑。当地学者介绍，自1980年发现以来，关于它的断代，有4000年前至10000

年前种种说法；至于内容，国内外学界众说纷纭，有祭祀说、天文说、外星人留言说等。

图 18－17　连云港将军崖史前岩画
（百度下载）

笔者注意到，它和石鼓文一样都刻在花岗岩上。根据刻痕分析，它可能像地中海文明的石刻作品那样，由硬质岩石（闪长岩、燧石或其他石质）工具凿刻、研磨而成。

四、梳理我国古代文字石刻历史，析出石鼓文的时间坐标

笔者讨教中国冶金地质总局山东局的高级工程师魏文昌先生，请孔府的石匠世家出身的杜洪军师傅赴邹城尖山做花岗岩镌刻文字的量化类比试验①。花岗岩主要由石英（mohs hardness 摩氏硬度 7）、长石、辉石、云母（摩氏硬度 2—3）等硬度不一的颗粒混合组成，其抗拉强度为 20—100 kg/mm^2（见表 18－1）。正因为如此结构，它既有较高的硬度，还有相对较好的雕刻性；既具有碑刻材料的良好属性，又耐风化。

“在类似花岗岩硬度的石鼓上刻字，青铜难以胜任，必须质坚刃锐的铁制工具。”② 按照现行国标，俗称的“铁”即低碳钢。铸铁（castl ron），含碳量 2.5%；低碳钢（mild steel）含碳量 0.5%；中碳钢含碳量 0.25%—0.60%；高碳钢（high carbon steel）含碳量 0.60%—1.70%。低碳钢錾子难以胜任镌刻石鼓文。只有使用相当于中碳钢、高碳钢强度和硬度的錾子，并且掌握热处理技术淬火、回火、渗碳，使得錾子芯部硬度低、耐冲击，刃部表面有较高的硬度，克服花岗岩结构中的软弱颗粒成分，以冲击力和冲击方向，使得颗粒结构、黏结力等因素瞬间剧变，尽管石英成分硬度高于錾子，但它的抗拉强度终被突破，于是镌刻出文字笔画来。

研究表明，任何古代石刻作品都有清晰的时代印记和源流发展脉络，为我们的断代研究提供了重要依据。单从石刻工艺分析，它需要逐代师承，不可能在先秦突然出现精雕细刻的十通花岗岩的石鼓文，其后数百年却不见类似作品出现。这个空前绝后的石刻绝唱，使得古今学界争论了逾千年。

1. 商代

我国文字镌刻的载体先是甲骨，后为青铜。最早的青铜器发现于河南偃师二里头遗址，其年代约为公元前 21 世纪至前 17 世纪。商周被称为青铜器时代。在红铜中加入铅锡成分能够冶炼出硬度更高的青铜，但随着硬度增加，一旦超过了临界点就会变脆。当时人们用含铅锡合金多、硬度高的青铜錾子，在含铅锡合金少、硬度低的青铜器上镌刻图案和文字。那时还没有严格区分黄金和铜，把铜也称为金，称刻字工具为“錾子”，意为“斩金”工具，至今与金属有关的汉字多采用“金”做部首。所以在传统金石学中，把在石头上刻字精确表达为“镌刻”，因为“钢铁冶金技术从冶铜技术演变而来，所以钢铁器具的形制与青铜制品相同”。③

---

① 魏广平．北齐石刻经现状及其历史背景〔C〕．房山石经博物馆、房山石经与云居寺文化研究中心编《石经研究》第二辑．北京：华夏出版社，2018：219—220.

② 高明．论石鼓文年代〔J〕．考古学报，2010（3）320.

③ 韩汝玢 柯俊主编．中国科学技术发展史·矿冶卷〔M〕．北京：中国科学出版社，2007：365.

1972 年，在河北省石家庄藁城区西台遗址出土了 3400 年前的铁刃铜钺，经检测铜钺的刃部为陨铁，它使用了将锻打陨铁（此过程不仅改变形状而且能调整含碳量）再铸造于青铜的包嵌工艺，是我国最早使用陨铁锻造器物的实证，目前陈列在河北博物院。

1973 年，江西省樟树市吴城村发现了商代遗址，"在陶器和石范上，不少刻有文字和符号……它们都是早于殷墟甲骨文卜算文字的一种商代前期文字和符号"。① 这是我国最早的石刻文字。

2. 周朝

子曰："工欲善其事，必先利其器。"两周因冶金技术的发展、刻石工艺的进步和书法水平的提高，文字石刻作品的艺术表现力更加丰富了。

（1）春秋

春秋早期（约公元前 8 世纪）就已经掌握了块炼渗碳钢的技术。对同时期的湖南长沙杨家山 65 号墓发掘出土的剑进行金相分析，结果显示剑的制作材料为块炼渗碳钢。目前可以看到春秋中期用钢制錾子镌刻出了坚固度较低的沉积岩石磬：1976 年发掘的秦景公一号大墓出土了 34 件石磬（图 18－18—24）。其中 17 件刻着铭文 26 条、206 字（包括重文 6 字），有几枚石磬铭文相同。其内容记载了春秋晚期秦国君——景公即位行冠礼亲政时的庆典："汤汤氒商，百乐咸奏，允乐孔煌。段虎（鉏铻）载入，又（有）饥载羕（漾）"；有纪年"惟四年八月初吉甲申"，即秦景公四年（公元前 573 年）八月初二或初三②（图 18－23）。其笔画趋向圆融，呈现出籀文"丁头鼠尾"的特点。但文字大小不一，笔画浅而细。

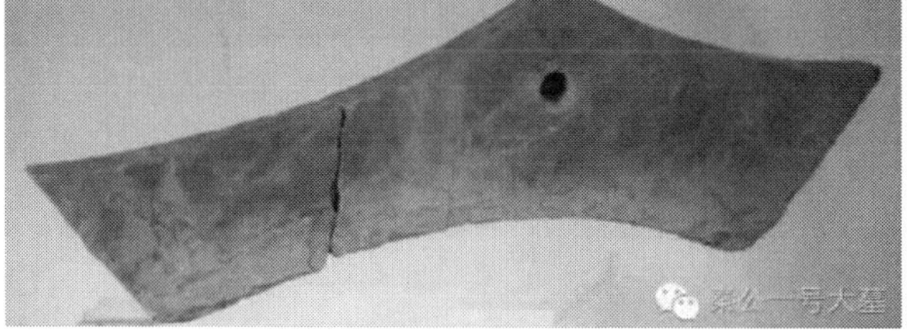

图 18－18　秦景公石磬

（百度下载）

图 18－19—20　秦景公石磬铭文拓片 1—2

（百度下载）

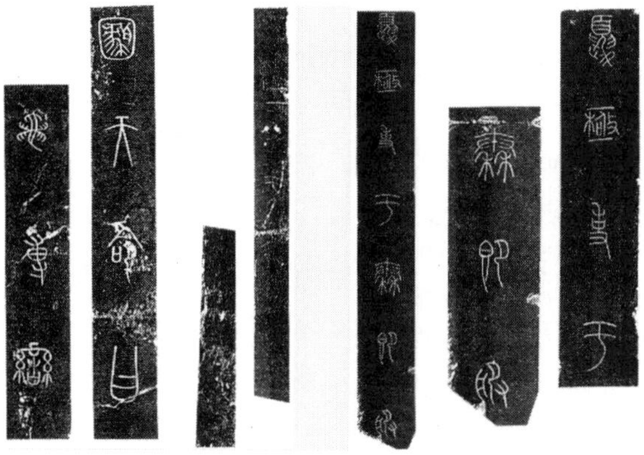

图 18－21—22　秦景公石磬铭文拓片 3—4

（百度下载）

图 18－23—24　秦景公石磬铭文拓片 5—6

（百度下载）

---

① 江西省博物馆 北京大学考古专业 清江县博物馆．江西清江吴城商代遗址发掘简报〔J〕．文物，1975，(7)：56—57．

② 李学勤．秦公编磬的缀联及其历日〔C〕．夏商周年代学札记．沈阳：辽宁大学出版社，1999：114—116．

以上珍贵的早期石刻作品，文字少，笔画细且浅，大小不一，刻石文字属性皆为题记类；而石鼓文多达10通一组，为700余字的四言诗系列作品，刻石文字属性是诗文类。

（2）战国

战国时期开始使用铸铁脱碳钢技术，可以制作不同含碳量的钢。河南省登封市告成铸铁遗址中发现了战国时期铸造陶范，专家们对10件铁器取样进行金相分析，其中有8件已脱碳成中碳钢、低碳钢，表明铸铁制钢技术在战国时期已发明并使用。“战国时期，采矿业中，锛、斧、锄、锤、耙、錾等铁制凿岩工具完全代替了铜制工具。”①但是我们还应当考虑到冶金科技在各诸侯国并非同步发展。《史记》载，秦昭王（前306年—前251年在位）曾临朝叹息：“吾闻楚之铁剑利而倡优拙。”可见当时秦国冶铁技术水平落后于楚国。

1935年河北省平山县前七汲村（古中山国属地）的农民，在村头田地里挖出了一块石灰岩河光石，搬回家当了石凳。后来偶然看到石面上有刻字，于1974年捐献给了河北省考古队。目前收藏在河北省文物研究所。据考证，这个被称为“公乘得守丘”的石刻（图18－25），共19字，刻于公元前386至公元前296年之间，局部图中的“丘”字保存状态比较完好：纵向35mm，横向30mm，笔画字沟宽约2mm、深度约1mm。考虑到它近处的藁城西台遗址出土过3400年前的铁刃铜钺，分析“公乘得守丘”刻石的镌刻痕迹，当是使用了钢制錾子。

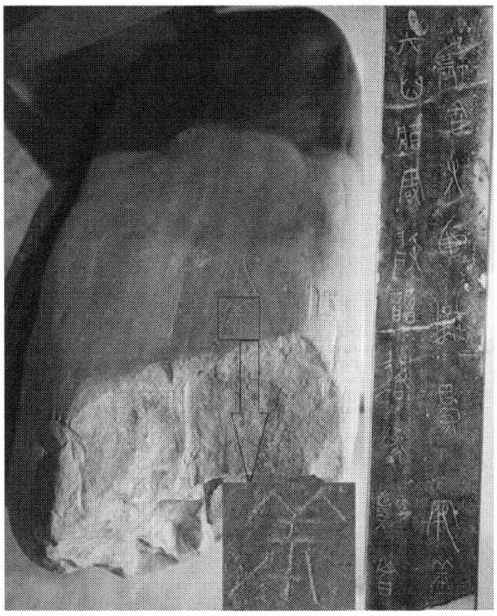

图18－25　公乘得守丘刻石

如果推定石鼓文刻于先秦，把它与上述先秦刻石放在一起，无论书法的时代感、刻石文字属性、镌刻工艺水平，都让人感到突兀。石鼓文曲高和寡，空前绝后。

（3）用“砣机”琢刻玉石印章的工艺难以完成石鼓文这种大型作品

古人把骨头器物加工称为“切”，把象牙器物加工称为“磋”，把玉器加工称为“琢”，把石器加工称为“磨”。虽然我国约六千年以前的良渚文化时期就使用“砣机”的石质砣轮旋转琢刻玉器，战国时期用砣机＋解玉砂研磨的工艺琢刻玉石印章（摩氏硬度6—6.5，密度2.95—3.17克/cm^3），这种工艺可用于直径10mm左右、单字6mm左右、仅有几个字的加工件，却难以琢刻单字尺寸约40mm、多达700余字、高度约530至960mm、直径约800mm的花岗岩石鼓。当然石鼓文表面和字沟也做过精心研磨，后面将再做多角度的考证。

现在各地景点可以看到，艺人用小型高速电机装上人工合成金刚石的刀头在各种材质上刻字、刻印章，俨然古代砣机琢刻的现代版。但先秦砣机的转速不可能达到凿刻花岗岩石鼓文所需的高速，更不可能超前使用耐高温的高强度刀头。

3. 秦朝

有石鼓文“秦始皇说”，其根据是《史记》载“（二十八年）始皇东行郡县，上邹峄山立石，与鲁诸儒生议刻石颂秦德”。但是司马迁记的是秦始皇在东方的（今山东省邹城市）峄山上，与儒生们谈论“刻石颂秦德”。而陈仓（今陕西省宝鸡市）在咸阳之西。司马迁在《史记》中详记了秦始皇东巡在峄山、泰山、琅琊、芝罘、东观、碣

① 韩汝玢、柯俊主编．中国科学技术发展史·矿冶卷〔M〕．北京：中国科学出版社，2007：70.

石、会稽七处勒石记功，却只字未提咸阳之西、近在咫尺的陈仓有洋洋洒洒700余字的十通石鼓巨作。这反证出石鼓文在汉武帝时期尚未出现！

孔子周游列国不入秦，先秦不可能用秦风“十首一什”这种孔子晚年编撰《诗经》的编辑体例来撰写石鼓诗文。

陈列在泰安岱庙的“秦泰山刻石”（图18－26）、国博的“秦琅琊刻石”（图18－27），是仅存的秦代石刻。它们都是石灰岩，虽易雕刻，但不耐风蚀。泰山整体为海拔1545米的花岗岩山体，“秦泰山刻石”原来立于泰山顶峰。如果当时镌刻花岗岩难度不大，完全可以就地取材，何必费时在山下另择石灰岩，再劳民伤财地搬上去？

图18－26　秦泰山刻石

图18－27　秦琅琊刻石

秦兵马俑坑出土的4万件兵器，绝大部分由青铜铸成，仅有极少量的“铁器”即低碳钢。这证明在秦朝钢铁器具的使用并不像文献上表述的那么普及。

4. 汉朝

炒钢工艺始于西汉。春秋至汉代各种钢铁錾子的性能，笔者借用王文广先生的“秦汉钢铁特性对比表”如下：

表18－2　秦汉时期几种钢铁材料特性对比表

名称	过程	原理	特点	能否克石
块炼铁（春秋早期）	固体状态铁矿石经过很长时间的冶炼而得到的铁块	还原反应，所得铁块杂质含量较高，铁不可能富集起来	硬度低、不能淬火的软铁、含碳量很低	不能用作克石
生铁（春秋早期）	燃料燃气里的碳成分渗溶到铁水里	基本同上，冶炼时加碳	含碳量很高、非常脆、容易折断或开裂	不能用作克石
铸铁脱碳钢（战国）	生铁放在炉内长时间能得到脱碳的铁块；得铸铁后长时间高温退火，得铸铁脱碳钢	生铁高温退火	铸铁与生铁一样脆性	能克石灰岩之类岩石
炒钢（西汉）	生铁加热到半熔融状态，大力搅动（所谓的“炒”），让粥状生铁脱碳而成	先进的用生铁炼钢的两步炼钢法，进而到东汉时期成熟起来并获得了普遍的应用	硬度强、韧性好、成型易、能普及	可克坚固的石材，普及后为东汉通用克碑石工具

引自王文广著《中国古代碑之设计》第285页. 荣宝斋出版社. 2013.7。

（1）西汉

西汉年间炒钢的含碳量、性能在逐步提高，我们现在还能看到曲阜九龙山鲁王墓群、徐州狮子山墓等巨大石灰岩汉墓以及以曲阜孔庙的“北陛石”（公元前149年）和“五凤二年”（公元前56年）为代表的西汉书法石刻。这些遗存综合反映了当时的冶金技术、书法艺术和石刻工艺水平。

（2）王莽新朝的“西海郡虎符石匮”是我国最早的花岗岩石刻文字

20世纪三四十年代，在青海省海晏县偶然发现昂首蹲伏的石虎，刻有“西海郡/始建国/工河南”。1958年青海省文物管理委员会将石虎从荒野移到海晏县文化馆院内。1987年又发现了虎符石匮的下半部，与石虎完璧符合（图18－28）。

图18－28　西海郡虎符石匮
（白佳灵馆长提供）

石刻从右至左刻有大篆3列22个字：“西海郡虎符石匮/始建国元年十月癸卯/工河南郭戎造”，方知它是王莽新朝元年（公元9年）所刻。其中最左行第一字“工”，字高70mm、宽120mm；第二字“河”，字高120mm、宽140mm；文字笔画字沟宽约10mm、深约5mm。石匮上部的石虎高0.46米；下部对应相连，为中空的长方形石匮，长1.38米，（文字的一面）宽1.14米，高1.86米。目前陈列在海晏县西海郡博物馆。

王莽新朝的石刻遗存还有始建国年间的“连云港苏马湾界域刻石”（公元12年）、邹城博物馆陈列的莱子侯刻石（公元16年，图18－29），这两处石刻均为石灰岩。

图18－29　莱子侯刻石

（3）东汉

以下四处东汉摩崖刻石各具特色，较为典型。

1）鄐君开通褒斜道摩崖刻石

东汉永平六年（公元63年）“鄐君开通褒斜道摩崖”（图18－30）的石质为云母片岩（mica schist），是纪念开通要道的勒石记功之作。

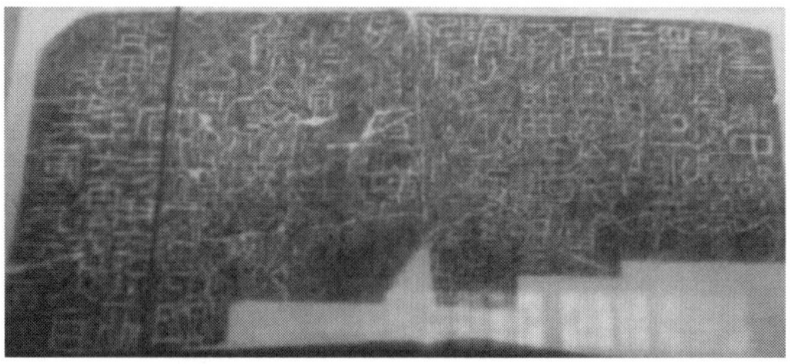

图18－30　鄐君开通褒斜道摩崖
（原石上覆盖着拓片）

它的表面没有研磨加工，字口浅细，笔画石崩多，字距行距较为随意；与表面平滑、文字规整、行距均匀的石鼓文镌刻工艺相比，确实有很大差距。在汉中博物馆，常虹副馆长告诉我们：为贯通褒斜栈道而开凿的“石门”用的是“火烧水激”的原始技术；长13.6米、宽4.2米、南口高3.45米、北口高3.75米，是世界最早的人工通车隧洞。由此可见当时钢制錾子数量少、强度低。从勉县“鄐君开通褒斜道摩崖”的所在地到宝鸡（陈仓）石鼓山的最短路程约220公里。

2）汉建初元年买地刻石

2019年10月7日国务院公布的“第八批全国重点文物保护单位”中39处石窟寺及石刻之一：浙江省绍兴市越城区“汉建初元年买地刻石”（公元76年）（图18－31）。此摩崖为石灰岩。

图18－31　买山地建初元年摩崖

3）燕然山铭摩崖刻石

1990年，在蒙古国的杭爱山（我国古称“燕然山”）的山崖上，牧民偶然发现字迹。2016—2017年中蒙学者曾联合做实地考察，图18－32是现场工作照。2017年7月31日内蒙古大学的齐木德道尔吉教授宣布“这就是中国古代著名文学家、史学家班固所著的《封燕然山铭》石刻真迹”。图18－33是《封燕然山铭》石刻（公元89年）拓片。《后汉书·窦融列传》“封燕然山铭”的开头即是“惟永元元年秋七月”，与摩崖纪年一致。但是摩崖石刻与《后汉书》有些文字差异，正因如此，更凸显了摩崖石刻的珍贵。

图18－32　中蒙学者联合考察燕然山摩崖现场
（齐木德道尔吉教授提供）

图18－33　燕然山摩崖拓片局部
（齐木德道尔吉教授提供）

此处摩崖刻石是坚硬的玻质玄武岩，但玄武岩的气泡结构造成的脆性是它能用钢制錾子镌刻的原因所在。

4）通湖山摩崖刻石

1986年在阿拉善左旗腾格里苏木草原东北，发现了“通湖山摩崖刻石”（图18－34）。因运往旗博物馆时措施不当，风化砂岩刻石成为残片。根据网上的照片，可以看出书体为汉隶。北京大学辛德勇教授在2018年3月16日《澎湃新闻》的《辛德勇漫谈“燕然山铭”》一文中指出，通湖山摩崖刻石“应是刊刻于永初元年（公元107年）或其稍后一段时间之内”。

图18－34　通湖山摩崖
（百度下载）

从这期间的摩崖石刻作品可以看出，由于镌刻工具的制约，使得文字出现了不规整的断线和“石崩”，书体既介于篆书、隶书之间，笔画又显得较直，甚至呈现出楷书萌芽。正是由于摩崖石刻书者和镌刻者相互妥协所造成的文字变形，赋予了这个时期的摩崖石刻文字以金石之气，产生了可遇不可求的书法艺术效果。

（4）碑碣形制始于东汉

东汉年间，书写工具笔墨纸的改善使得书法作品的艺术表现力更加丰富；炒钢技术日趋成熟，石刻工艺水平得以大幅提升。“后汉以来，碑碣云起”（《文心雕龙》），碑体形制日趋规范，表面平滑、石质细腻的石灰岩让隶书的艺术表达如同在纸上一样完美，笔画波磔、蚕头雁尾跃然石上，其代表作是曲阜孔庙“乙瑛碑”（153 年，图 18－35）和“礼器碑”（156 年）、洛阳博物馆“熹平石经”（175—183 年）残石、泰安岱庙“张迁碑”（186 年）以及雅安“高颐阙”题记（209 年，在现存 30 座汉代石阙中属于最为完整地保留了碑、阙、墓、神道、石兽等）。《后汉书·窦宪传》有注曰：“方者谓之碑，圆者谓之碣。”后人称石鼓为先秦“猎碣”，仅是对石鼓诗文的浪漫图解。历代入主中原的草原民族皇帝不但好狩猎，还常把战事美化为“狩猎”。清廷甚至把八国联军攻破北京、西太后仓皇逃往西安的糗事美其名曰“两宫西狩”。

（5）参考两汉画像石断代

在世界美术史中，汉画像石闻名于世。许多汉画像石本身没有题记，但学者们综合研究墓的形制、故事出典、风格特点、工艺特征，作推测断代，得到国内外学界的认可。笔者看到的汉画像石绝大部分分布在山东、河南、江苏，石质均为石灰岩；少部分在四川、重庆、陕西等地，多是坚固度更低的风蚀砂岩；西汉作品是线刻，石面没有精磨，自东汉才出现了石面平整的立体浮雕。

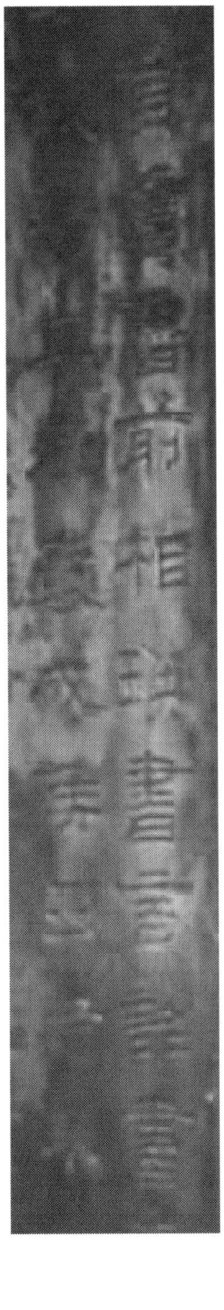

图 18－35　曲阜孔庙乙瑛碑局部

至两汉的国内石刻遗存中，仅有王莽新朝的“西海郡虎符石匮”是花岗岩，其他历代石刻包括万余块汉画像石，没有出现过石鼓文这么精致的花岗岩文字石刻。

5. 曹魏至北朝文字石刻

“百炼钢”冶金技术在魏晋逐步达到顶峰：把炒钢反复折叠锻打，使之细化晶粒金相，成分均匀，减少了残留杂质；由于当时使用的燃料是木炭，又“方便”用固体渗碳工艺调整含碳量。除“百炼”外，还有“七十二炼”“五十炼”“三十炼”“九炼”等。

曹魏时期的石刻代表作是陈列在西安碑林博物馆的曹魏“三体石经”（241 年）残石。它镌刻了《尚书》《春秋》两经和部分《左传》；书体为古文、小篆、汉隶；石质仍是石灰岩。图 18－36 是其拓片。

十六国至北朝，礼佛刻窟之风东渐，促进了各地冶金技术的发展。热处理（淬火、退火）工艺有了明显进步；当时在锻打钢铁錾子过程中使用的燃料是木炭，“方便”固体渗碳，又使得錾子的性能得到了进一步强化。这可以在各地始于这一时期的佛教石刻遗存中得到印证。

印度孔雀王朝、中国北朝都创造了近年来被登录为世界文化遗产的佛教大型石刻艺术瑰宝，它们都出自残酷的民族战争、乱世图治的历史阶段，这种特殊现象值得深入研究。

6. 崔浩与石鼓文

崔浩（381—450 年），字伯渊，清河郡东武城（今河北故城县）人。曹魏司空崔林七世孙，北魏司空崔宏长子。崔浩先后仕道武、明元、太武三帝，官拜太常卿，迁司徒，封东郡公。辅佐太武帝灭胡夏、平北凉、破柔然，打通北魏与西域往来的商道，重开东西文明交流。450 年因“国史之狱”被诛，时年七十。崔浩一生不仅曾在

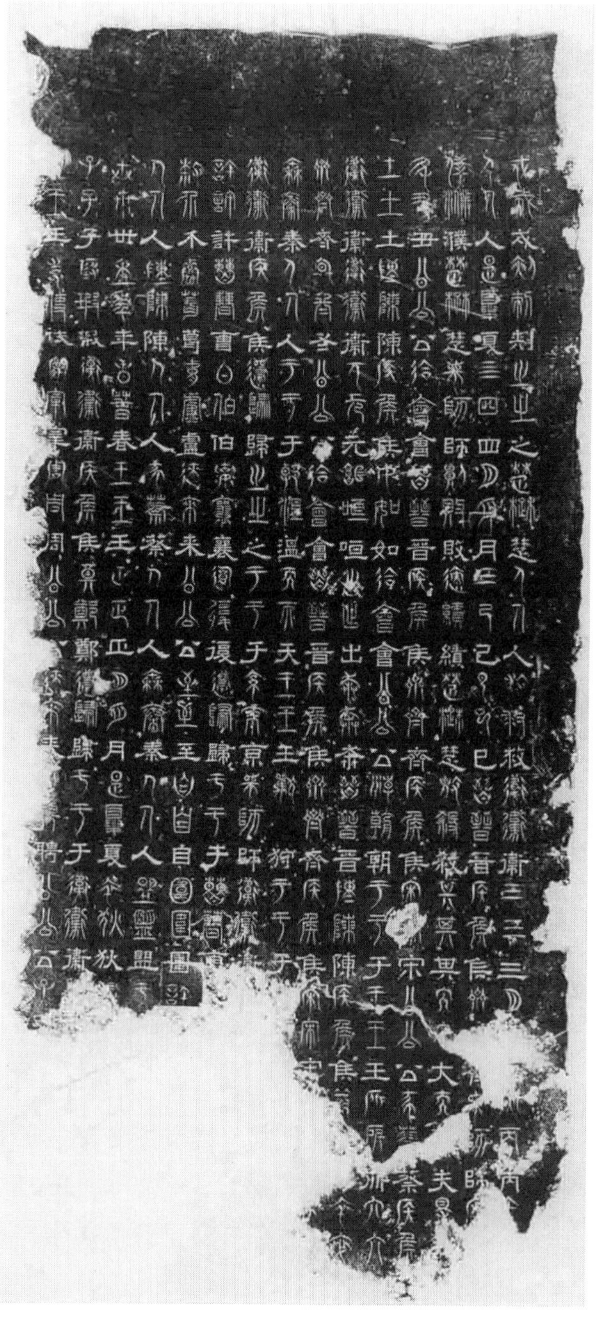

图 18－36　曹魏《三体石经》残石拓片
（百度下载）

政治上得势，而且在道教儒学、星象占卜、诗赋书法等诸多方面都有很高造诣，曾注《五经》，制定《五寅元历》，著《汉书音义》2 卷、《急就章》2 卷、《赋集》86 卷。

（1）崔浩的“广德殿碑颂”，与石鼓文诗作的文脉相通

郦道元（472—527 年）在《水经注》中，引用过崔浩撰文的“广德殿碑颂”：“魏太平真君三年，刻石树碑，勒宣时事，碑颂云：‘肃清帝道，振摄四荒。有蛮有戎，自彼氐羌。无思不服，重译稽颡。恂恂南秦，敛敛推亡。峨峨广德，奕奕焜煌。’侍中、司徒东郡公崔浩之辞也。”将此“崔浩之辞”，对照石鼓“吾车既工，吾马既同。吾车既好，吾马既阜。君子员猎，员猎员游，麀鹿速速，君子之求。骍骍角弓，弓兹以寺。吾驱…”两作文脉相通，足可以证明崔浩有能力作石鼓之诗。

（2）崔浩曾主持营造《国书》与《五经注》碑林

429 年，太武帝为使皇室后代了解鲜卑历史（至此鲜卑王朝无文字记载的正史），命崔浩负责“直书”《国书》。439 年，参与编撰《国书》的著作令史闵湛等，提议将《国书》三十卷、崔浩著作《五经注》石刻刊出。这迎合了崔浩轻狂喜功、名传千古的心理，于是，“乃请立石铭，刊载《国书》并勒所注《五经》。浩赞成之。恭宗善焉，遂营于天郊东三里，方百三十步，用功三百万乃讫……石铭显在衢路，往来行者咸以为言”。① 由于崔浩直录拓跋氏祖上陋习恶迹，终成被诛杀的借口。不过，此事证明了崔浩曾主持了中国有史以来的三大石经工程之最，其规模之巨，远超熹平石经（46 碑）、“三体石经”（28 碑）。此案例可为石鼓文“元魏说”在石刻工艺史中找到间接支撑。

（3）歌颂太武帝西巡平盖吴是崔浩镌刻石鼓文的动机

太平真君七年（446 年）初，“世祖西巡，诏浩与尚书、顺阳公兰延都督行台中外诸军事”。② 太武帝到达长安时，因在一所寺院发现兵器，怀疑沙门与盖吴通谋，大为震怒，下令诛杀全寺僧

① 魏收．魏书〔M〕：第三册．北京：中华书局出版社，1974．826．

② 魏收．魏书〔M〕：第三册．北京：中华书局出版社，1974．824．

众，并采纳司徒崔浩的建议，下诏灭佛（这也为诛杀崔浩埋下了伏笔），“先尽诛天下沙门，毁诸佛像。今后再敢言佛者，一律满门抄斩”，史称“太武法难”。交战前，太武帝问崔浩：“盖吴在长安北九十里。渭北地空，谷草不备。欲渡渭南西行，何如?”浩对曰：“盖吴营去此六十里，贼魁所在。击蛇之法，当须破头，头破则尾岂能复动？宜乘势先击吴。今军往，一日便到。平吴之后，回向长安，亦一日而至。一日之内，未便损伤。愚谓宜从北道。若从南道，则盖吴徐入北山，卒未可平。”①“庚午，围薛永宗营垒。永宗出战，大败。六军乘之，永宗众溃。永宗男女无少长赴汾水死。”②崔浩在石鼓文中把盖吴、薛永宗众人蔑称为“小鱼”、“吾水既清，吾道既平”，寓意“鼓舞”太平盛世；“吴人”当为盖吴，元魏也蔑称南朝人为“吴人”；“天子永宁，日维丙申”中的“天子”当是“太武帝”；石鼓诗托狩猎之名，颂征战盖吴凯旋之实。崔浩熟读兵书，深谙十面埋伏的典故，伴驾征战先秦龙兴之地，得胜仿《诗经》作《秦风》一什，勒鼓明志，预示太武帝如同当年秦始皇那样实现一统天下的愿景，讨圣上欢心。既在平城都造碑林，何妨陈仓游留石鼓？但是崔浩没料到世事无常，三年后落得命赴黄泉。

（4）崔浩书写石鼓文的社会背景

崔浩初仕道武帝，即因书法得宠，“太祖以其工书，常置左右”。③历练三朝，“浩书体势及其先人，而妙巧不如也。世宝其迹，多裁割缀连以为模楷”。④崔浩是当时的书法大家，其作品为人争相模仿。

宋代至今陆续发现的曹魏“三体石经”残石反映出曹魏至北魏初期，书法崇尚复古风，“古文”回潮，流行突破汉时隶书（《说文解字》释：“隶者及也。及，逮也。”“隶”是逮住的意思，适用于隶徒的、身份地位不是很高的人写，所以称为“隶书”）的束缚。当时“在传统文人心目中，古篆被视为一切字体的根本……特别在北朝它成了宫殿题榜的书体，当时善于题榜者多是善于篆书者。宫殿所以多用篆书题榜，大概篆书乃是古体，宫殿乃是严肃场所，因此得用严肃书体装饰……直到北魏迁都洛阳之后，才有用隶书榜题的例子”。⑤

不能因为石鼓文的书法风格类似籀文篆书，就推断它是先秦之物，这就像邓石如（1743—1805 年）写得篆书好，我们也不能就说他是先秦人物。

“秦以降，书同文。历朝历代都刻意维护汉字的标准化和权威性。在北朝异族统治阶段，出现了大量异体字、俗体字，尤其在碑刻中得以保存”。⑥始于东汉末年的社会动荡、民族迁徙、文化冲击，延绵数百年，这种错综复杂的社会背景不可避免地影响到表记文化的汉字。

《魏书》载：“太武帝始光二年（425 年）三月初造新字千余（“太武新字”即源于此），颁之远近，以为楷式。”太子拓跋晃笃信佛教，而崔浩谏灭佛，太武帝从之，可见崔浩在“国史之狱”之前的权重。在鲜卑王朝首都平城“造新字千余”，崔浩作为司徒⑦当是亲力亲为，可以说太武新字就是崔浩书法的 LOGO。

如前述，太武帝在太平真君七年（446 年）

---

① 魏收．魏书〔M〕：第三册．北京：中华书局出版社，1974．824.

② 魏收．魏书〔M〕：第一册．北京：中华书局出版社，1974．100.

③ 魏收．魏书〔M〕：第三册．北京：中华书局出版社，1974．807.

④ 魏收．魏书〔M〕：第三册．北京：中华书局出版社，1974．827.

⑤ 王元军．北朝书法与文化〔M〕．上海：上海书画出版社，2002：351—352.

⑥ 魏广平．北齐石刻经现状及其历史背景〔C〕// 房山石经博物馆、房山石经与云居寺文化研究中心编《石经研究》第二辑．北京：华夏出版社，2018：205.

⑦ 北魏不设宰相，司徒处理全国日常行政事务，考核地方官吏。

初灭佛、平盖吴，还值颁行"太武新字"一秩（十年），崔浩曾作《五经注》，熟知《周礼》，深谙古仪，用太武新字镌刻前所未有的十通花岗岩石鼓，既为太武帝歌功颂德，又能再次自我炫耀。

（5）石鼓文书法的时代特征

目前石鼓陈列在故宫的石鼓馆，十通石鼓分别置于全封闭的大玻璃罩中，笔者无法准确测量，目测它高度约45—90mm、直径约800mm，各鼓文字的单字尺寸约40mm，纵向大于横向，文字的U型笔画字沟最大深度约2mm，宽度约2—3mm。

我们把东周"秦公钟"（图18－37）和"秦公簋"的青铜铭文（图18－38）、"秦景公一号大墓石磬"（图18－19—24）、"公乘得守丘刻石"（图18－25的石刻铭文）与石鼓文对照（图18－39、图18－42、图18－43），可以看出石鼓文与先秦文字在书体、书写工具、镌刻工具的不同：没有了籀文"丁头鼠尾"的笔画，行距适中，字距匀称，当为北魏"古文"。王国维先生在《史籀篇疏证序》中指出："疑战国时秦用籀文，六国用古文，并以秦时古器遗文证之。后反复汉人书，益知此说之不可易也。"笔者以为石鼓文虽在唐朝出现于先秦之地，却非籀文，王国维先生之言，亦能佐证石鼓文并非先秦时期所刻。

图18－37　秦公钟拓片

（百度下载）

王莽新朝的"西海郡虎符石匮"的大篆还有"丁头鼠尾"的痕迹，尤其"河"字的"水字旁"的起笔处最为明显；它的"工"字中间一竖，近似"S"（图18－28），"河"字的竖钩弯曲更甚。而石鼓文"吾车"鼓"工"字的竖笔则是直笔，更类似仅晚它数十年的魏碑体。

图18－38　秦公簋拓片

（百度下载）

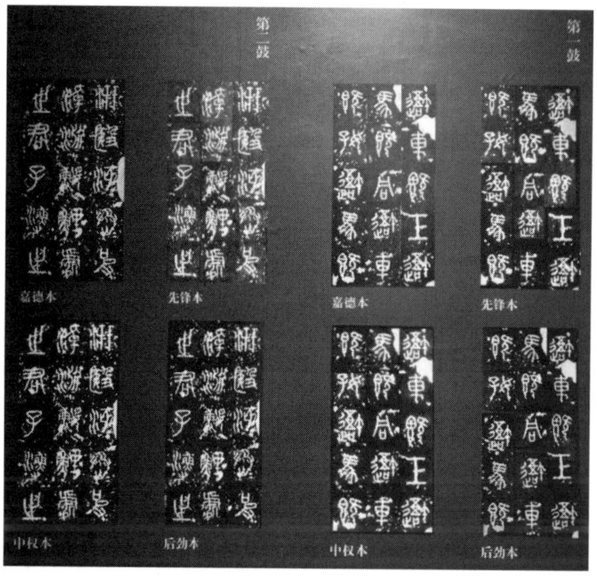

图18－39　石鼓文拓本

（日本城间小采提供）

东汉以后，书者使用的毛笔和墨的性能优于先秦，文字的载体进步为柔软的纸，比起先秦的木牍、竹简，更便于发挥艺术表现力、宣泄情怀，镌刻于石鼓的北魏"古文"，反映了书法的进步，呈后来居优的书风。

关于"太武新字"，以石鼓文中多次出现的"吾"字为例（图18－40），右侧的"午"表示读音。我们逐字分析石鼓文，能看到很多类似字体。

"太武新字"虽然笔画多，显得繁杂，但是它更能发挥象形、指事、会意、形声等结构的综合作用，有利于

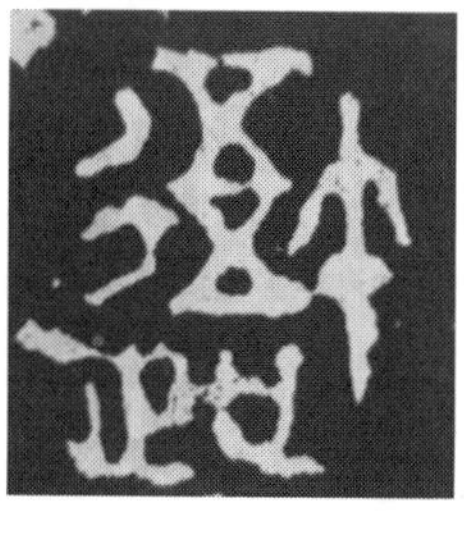

图18－40　石鼓文"吾"字

鲜卑人认识汉字，笔者认为这是北魏太武帝颁布“太武新字”最主要的社会背景。

清代学者俞正燮（1775—1840 年）指出：“始光二年初造新字千余，今检石鼓文非籀文，又与说文异，自始光二年至太平真君七年，新字已二十年，推石鼓为太武时物，其地和，其事和，其日和，其字画和。”① 首次提出“石鼓文元魏说”。姚大荣（1860—1939 年）从出土石鼓的地理环境、太武帝西巡、北魏勒石记铭和石鼓的书法，多方深入考证石鼓文为崔浩所作，详列 21 条证据。②

笔者还就“太武新字”请教了日本福冈教育大学书法专业的名誉教授小原俊树先生。他回复，“要弄清楚新字概念：①迄今没有的‘新文字’？②只在原有汉字上加部首、偏旁或仅仅加减笔画的异体字？请斟酌……”笔者认为所谓“太武新字”，就是在当时的特殊历史条件下由北魏鲜卑王朝颁布、由司徒崔浩具体实施的汉字异体字和当时的俗体字。

我们再以石鼓文中的“涉”字（图 18－41）为例，《说文》释“徒行沥水也”；甲骨文，中间是水，两边两只脚，象趟水过河，会意为，金文为，小篆为。

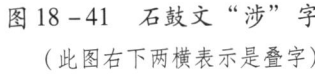

我们再看周康王二十九年的大盂鼎铭文的（奔）字下面是三个（止），石鼓文“霝雨”鼓则把（奔）写成三个

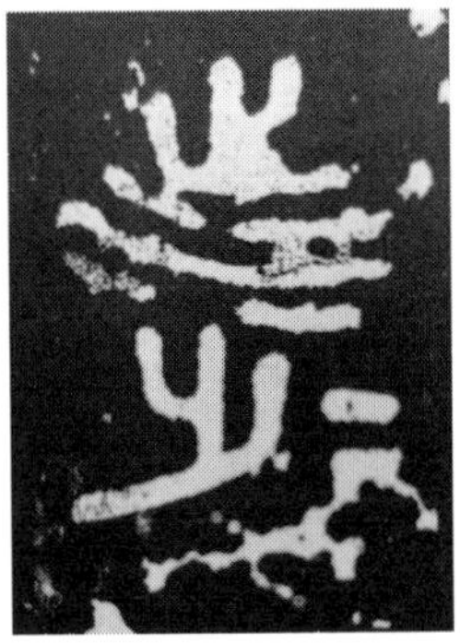

图 18－41　石鼓文“涉”字
（此图右下两横表示是叠字）

（草），这并非误写，而是“太武新字”在提示来自北方草原的鲜卑人会意：人在草上走为“奔”。

所以说，石鼓文由北魏复古风的“古文”和“太武新字”写就。

（6）石鼓文石刻工艺的时代特征

考证石鼓文的年代，仅依靠拓片或拓片的照片作推论，难以令人信服。当今可以便捷地考察实物、查询文献、利用现代科技手段开展综合研究，找出石鼓文石刻工艺的时代特征。

1）在花岗岩石刻工艺史上承前启后的石鼓文

王莽新朝的“西海郡虎符石匮”同为花岗岩，它的文字尺寸大于石鼓文，镌刻难度小于后者，精度低于后者；还可以看出后者的表面和字沟进行过精心的研磨加工（图 18－42）。

图 18－42　故宫石鼓馆十通石鼓之一——“田车鼓”
（风蚀较轻的一面）

图 18－43 的“楊”字右上方“日”的横折与图 18－19—20 秦景公石磬拓片中第 5 列里笔画纤细、横折圆滑的“是”字相比，石鼓文的笔锋更为犀利，横折近乎直角，与郑道昭（下）碑（图 18－44）右面第 3 列第 1 字“聖”字“口”的横折相似。

图 18－43
“汧殹鼓”的“楊”字

再看图 18－44 的右

---

① 俞正燮《与成翦园君瓘书》见于姚大荣著《惜味道斋集·石鼓文足征记》宣统三年版，第二页至第三页的引用文。

② 姚大荣．宣统三年版《惜味道斋集·石鼓文足征记》，第三页至第十四页。

4列第2字“武”字的“止”，方笔结体，字口清晰，并在花岗岩上刻出了尖锐的“V”字沟底线；右2列第3字“非”字的左边竖起笔锋芒毕露；右1列第4字“之”字，平底回笔波磔苍劲有力；右1列第1字“仰”字，横折凸出斜肩棱角分明。

图18－44　郑道昭魏碑（下）局部

再后来，北齐应用性能更佳的“灌钢”錾子①，564年在邹城峄山顶峰的巨大花岗岩石蛋上镌刻了《文殊般若经》节录；575年在尖山镌刻了自石刻文字出现以来最大的花岗岩石刻文字“大空王佛”；579年在邹城铁山摩崖刻约1500余字（“大集经·穿菩提品”“石颂”“东岭僧安道壹署经”等同期题记的合计字数），创造了有明确纪年的花岗岩石刻字数最多的纪录。

石鼓文在石刻工艺史上，前承王莽新朝的“西海郡虎符石匮”，后启北魏郑道昭摩崖、北齐石刻经。

2）十通石鼓镌刻工艺的一致性

北魏时期冶金技术的进步，让书法艺术和石刻工艺相得益彰，十通石鼓一气呵成，才能书风一致。不可能历经秦公、秦王甚至直到秦始皇数代百年，都去某个固定地点，在大小相近的花岗岩上，作同一格式的诗，用同一种书体，先后刻700余字、十通石鼓，却找不到当时的任何记载。

《史记·秦始皇本纪》载“数以六为纪，符法冠皆六寸，而舆六尺，六尺为步，乘六马”，十通随型石鼓，无论在数量还是每通石鼓的尺寸，都不符“数以六为纪”。

3）石鼓文反映了当时的刻石工艺水平

后汉镌刻在石质细腻的石灰岩上的“乙瑛碑”等隶书堪称完美，但是北魏初期工匠们使用的錾子在更为坚固而且颗粒粗糙的花岗岩石鼓上难以镌刻隶书的波磔、蚕头雁尾，相比之下“古文”均匀的U型字沟较为容易。

笔者认为石鼓文的镌刻工艺如下：石工用钢制錾子加工出随型的花岗岩石蛋（所以十通石鼓的规格虽然在一定尺寸以内，但并非完全相同），研磨石鼓表面，书者在平整的石鼓表面上书写文字，石工用钢制錾子镌刻文字、研磨文字笔画的字沟，再研磨石鼓表面。

（7）石鼓文没有避讳明元帝拓跋嗣之“嗣”字的原因

否定“元魏说”的论据之一是石鼓文没有避讳明元帝拓跋嗣之“嗣”字。但是，北魏孝文帝拓跋宏在太和十八年（494年）迁都洛阳后，才在朝中废鲜卑语，改拓跋姓为汉姓“元”，崔浩仕鲜卑朝廷时都城尚在平城（今大同），尚无中原汉制的繁文缛节、禁忌避讳的礼制规矩，所以石鼓文无须避讳太武帝拓跋焘之父拓跋嗣之“嗣”字。②孝文帝拓跋宏是献文帝拓跋弘（鲜卑名是第豆胤）的长子，没有避讳与其父名字同音，也可证实元魏迁都洛阳以前无须避讳。

（8）石鼓散失在宝鸡荒塬上，符合崔浩的悲剧结局

北魏鲜卑皇族之所以笼络、重用汉族门阀士族，不过是利用他们的软实力，达到开拓疆土、治理汉人的目的。崔浩虽是依附鲜卑政权的汉臣，

---

① 魏广平．北齐石刻经现状及其历史背景〔C〕// 房山石经博物馆、房山石经与云居寺文化研究中心编《石经研究》第二辑．北京：华夏出版社，2018：218—219.

② 参见《东方早报·上海书评》2015年3月7日网载北京大学罗新教授的论述。

但在政治上过于强势，屡遭嫉妒诋毁。在宗教信仰上，灭佛树敌过多。450年6月，太武帝以“国史之狱”为借口，自崔浩以下、僮吏以上百二十八人皆夷五族（仅高允幸免）。崔浩赴刑场途中，“使卫士数十人溲其上，呼声嗷嗷，闻于行路。自宰司之被戮辱，未有如浩者，世皆以为报应之验也……诛浩，清河崔氏无远近，范阳卢氏、太原郭氏、河东柳氏，皆浩之姻亲，尽夷其族。……谋虽盖世，威未震主，末途邂逅，遂不自全。岂鸟尽弓藏，民恶其上？将器盈必概，阴害贻祸？何斯人而遭斯酷，悲夫!”①

崔浩的悲剧实为鲜卑皇族对汉族门阀士族的一次政治绞杀，首都平城的碑林等石刻被毁，远在陈仓的石鼓文（刻石上相关崔浩的痕迹，此时被消除）销声匿迹于秦陕塬上，直至百余年后的唐代初年才被发现。

（9）古陈仓出现石鼓的地理因素及花岗岩石蛋的形成及其表面风蚀的特点

在秦岭山脉分布着大片花岗岩山体，山谷、道旁不乏自然形成的花岗岩“石蛋”以及各种石质的河光石。石鼓就是由花岗岩石蛋随型雕刻而成，大小不一。如前所述，花岗岩是由石英、长石、辉石和云母等颗粒构成的岩浆岩。剧烈的造山运动形成的不均衡隆起，使得花岗岩山体孕育出断面节理，它的表面坚固度低于岩心，局部混合更粗糙，形成团块结构。在此后20多亿年间经受了翻滚、冲击、研磨，云母颗粒多的断裂团块形成了天然石蛋。天然石蛋再经长年风蚀，逐渐发生了颗粒性脱落，所以花岗岩石蛋的表面分布着许多微小甚至用眼可以看到的盲孔缺欠，因此虽然用硬度计在某一点上打的硬度较高，但石面上的坚固度还是有隙可乘，使得碳钢錾子可以镌刻，以致北朝时期多处花岗岩石刻，无一例外都刻在裸露山体摩崖的风蚀表面。迟至现代出现了合金钢錾子以后，才可以使用更美观、更坚固的花岗岩心打造石碑。

（10）石鼓文字脱落原因分析

石鼓文由唐初发现时的700余字，逐渐减少，如今仅可辨认272字。②分析石鼓文损坏的原因，主要有如下两种：

1）自然风蚀

石鼓屡次失落荒野，裸露面风蚀严重，如图18－45所示的弥漫性颗粒脱落，致使文字消失，被遮住的一面风蚀相对较轻，因此即便是同一石鼓，不同的位置也差别很大。

图18－45　“吾车鼓”风蚀严重的一面

2）人为破坏

唐末失落民间，其中一鼓已被凿成了石臼。石鼓在宋代失而复得，文人墨客竞相採拓也给石鼓文造成了损害，无良商人甚至採拓后，为使自己的拓片日后“升值”，有意敲掉石鼓文的某处，图18－41右侧下方那样的垂直断面片状脱落明显是人为创击造成。宋徽宗为石鼓免遭拓印之害将文字镶金，“靖康之变”金兵掠夺剔金后弃之荒野，至元代才被收入大都文庙。

---

① 魏收．魏书〔M〕．上海古籍出版社，1986．2264．

② 仲威．石鼓文善本举要〔J〕中国书法．中国书法杂志社，2019年（2），封面、封2（乍原鼓）、封底（上海博物馆藏“项源小天籁阁藏本”《石鼓文音训》）和4—34。除封2的乍原鼓是原石照片以外，其余均为拓片照片。

五、现存石鼓文是原刻

现存石鼓文各鼓甚至同一鼓的损坏状态差别很大，但是从目前石鼓文的残存状态和花岗岩石质的特性来分析，石鼓文当是北魏原刻。笔者在历史文献中没有查到十通石鼓原石复刻的记载。

石鼓文的原石是花岗岩石蛋，千余年来的天灾人祸，石鼓表面结构甚为脆弱，如果原石复刻，稍加震动将会造成大面积的片状脱落，原石复刻没有可行性。

乾隆年间另石复刻的石鼓文，未再使用颗粒粗大坚固难刻的花岗岩，而选择了石质细腻的石灰岩。台北故宫博物院藏有清代雍正八年（1730年）王澍摹写的《临石鼓文册》，其上按捺"乾隆御览之宝""乾清宫鉴藏宝"收藏章（图18－46)，它很可能是乾隆复刻石鼓文的参照物。乾隆复刻石鼓文不仅仅因为"书法爱好"，还在于清朝也有北方草原游牧民族入主中原的政治基因。

图18－46　王澍《临石鼓文册》（百度下载）

20世纪80年代初，笔者曾在铁山摩崖问过当时的文管所王轩所长："这么剥落不清的刻字，何不按字迹补刻?"军人出身的他随即应道："不可能!"文物干部出身的泰山管委路宗远主任也给我解释过：风化严重的花岗岩，文字笔画稍加震动很容易成块脱落，原石复刻无异于破坏文物。

2016年，山东省邹城市尖山的北齐摩崖刻经异地复刻于鸿山。笔者数度实地勘测对照，更坚定了石鼓文是原刻的观点。

六、提议采用微腐蚀断代法

20世纪，国外学者在遗迹和石刻断代研究领域，开始应用叠压断代法、碳十四断代法、微腐蚀断代法等现代科技手段进行考古学研究。南京师范大学汤惠生教授（世界岩画组织联合会执委)，在17年前开展了岩画的微腐蚀断代研究，发表的论文中有青海唐摩崖石刻微腐蚀断代研究的案例。① 他的团队开展岩画等石刻断代研究，成果颇丰。

2014年6月以来，世界岩画组织联合会执行主席罗伯特·贝德纳里克（Bednarik Robertgerhard）等国外学者每年来华，与多地多处院校合作开展岩画微腐蚀断代研究，频见报道。

我国石刻文物丰富，其中不少重要石刻没有纪年。上述已开展微腐蚀断代法得出的数据显示：在花岗岩的表面有结晶石英和长石两类矿物质，适合做微腐蚀断代。是否可以考虑参照有纪年题记的自然岩石、碑刻的表面，对比微腐蚀断代法测试结果，结合文献分析，为石鼓文推断年代，解开历史谜团。

结　语

北魏迁都以前的书法复古风"古文"和"太武新字"，是鲜卑王朝社会转型期的特殊文化现象；崔浩为天子歌功颂德，撰写并主持镌刻了石鼓文。石鼓文是冶金技术、石刻工艺、书法艺术等多条历史延长线在北魏鲜卑王朝交汇的代表作。

---

① 汤惠生. 岩画断代技术手段的检讨—兼论青海岩画的微腐蚀断代〔J〕. 南京师大学报（社会科学版)，2002，(4)：165—173。

致　谢

本文在写作过程中，中国社会科学院世界宗教研究所罗炤研究员从初稿到数次修订稿全程无私地给予指引和鼓励；北京大学叶少勇副教授、李崇峰教授赐教印度阿育王法敕石柱和摩崖的相关内容；日本龙谷大学市川良文副教授提供美国旧金山亚洲艺术博物馆石刻文字的释读资料；桂林航天工业学院李强副教授提供冶金史相关资料；日本爱媛大学菊川国夫教授、东京都立高校北岛信一讲师给予书法指导；青海省海晏县西海郡博物馆白佳灵馆长提供“西海郡虎符石匮”资料和照片；内蒙古大学蒙古学研究中心齐木德道尔吉教授在燕然山摩崖研究上的指导；日本福冈教育大学名誉教授小原俊树先生在“太武新字”研究上拨冗赐教；中国冶金地质总局山东局魏文昌高级工程师在岩石结构强度属性方面提出建议；孔府石匠世家杜洪军师傅在石刻工艺上毫无保留地帮助；埃及金吉旅业（Ginger option）王刚（Khaled Shenrif）先生提供古埃及石刻的相关资料和照片；首都师范大学研究生城间小采同学提供石鼓文拓片展的照片；首都师范大学徐忠雨同学提议修改商代石刻文字的内容；多次劳烦山东省邹城市文物局胡新立研究员、曲阜市文化和旅游局管荣斌同志修改润色；在此一并表示衷心感谢。

2019 年 3 月 30 日初稿

2019 年 9 月 9 日修订

2019 年 12 月 26 日 再修订

赵道德事迹——墓志所见高欢家族的鹰犬人生

刘 勇

摘 要 高欢家族以六镇鲜卑武力建立东魏北齐政权。北齐由胜转衰，进而被北周灭亡的历史过程，历代史家多从恩倖势力膨胀、胡汉冲突、统治阶层内部争夺等角度分析。本文以《赵道德墓志》资料为基础，与传世文献互证，试图说明当时还活跃着一个仓头阶层。这些地位低微的鹰犬，依附于最高统治者，虽未对北齐政局嬗变发生根本影响，但错综复杂的诸多隐秘历史细节是由他们完成的，赵道德就是其中的代表。

关键词 魏晋南北朝 东魏北齐政权 高欢家族 鹰犬 赵道德墓志铭

北魏末年，历史变局。六镇余众继尔朱家族而兴，国家分裂为东西政权。这一变幻多端的历史时期因史料稀缺，后人研究时多有巧妇难为之憾。

金石证史是我国传统史学的优良传统。近年来，随着文物考古工作的发展，新发现的金石资料极大地丰富了我们对魏晋南北朝历史复杂性的认识。

东魏北齐是高欢家族依靠六镇鲜卑余众建立的。与其出身和六镇鲜卑影响有关，高氏家族的统治有很多独特之处。导致高氏政权由盛转衰的历史原因，历来研究者多以恩倖、胡汉冲突等不同统治者之间的斗争为线索进行讨论。但是，在这些政治斗争中，同时还有一个地位低贱的仓头鹰犬集团依附于最高统治者，活跃在当时的政治舞台上。

本文以《赵道德墓志》为基础，结合文献，梳理高家鹰犬中的典型人物赵道德的履历。见微知著，从中窥见赵道德的人生轨迹以及鹰犬集团深为高氏家族所用的历史细节。

《赵道德墓志》载：

君讳□，字道德，安定临泾人也。……祖众爱，冠军将军行益州事，……父天安，龙骧将军益州长史。……公早怀义烈……属太祖悬饵掩罔，潜招英异，似鱼游壑，如龙值云。蒙除直荡都督，加征虏将军中散大夫，转副都督，寻除正都督右将军太中大夫。外当御侮，内侍帷幄，常典禁兵，有迈余勇。世宗嗣业……补帐内亲信正都督兼左右直长、安西将军，封河阴县开国男，邑二百户。加中军将军行定州六州，又加镇东将军，寻除征西将军，进男为子，增户二百。高祖揖让受图，更新宝，茂功茂德，唯器唯名。除卫将军，别封戎安县开国子，邑四百户。迁主都统，出为广武内史。……迁假节泾州刺史。寻授持节都督南营州诸军事南营州刺史。……加英雄城六州大都督除仪同三司，又为上仪同三司。入为备身正都督，食高密郡干。……肃宗御极，赏册弥优，改河阴子为伯，增二百户。除车骑大将军假仪同三司。大宁初，除仪同三司，又授定州六州都督定州中军都督开府仪同三司骠骑大将军。……天统初，授使持节北徐州诸军事本将军北徐州刺史。……天统元年五月十日薨于晋阳。诏赠使持节、都督赵安二州诸军事、骠骑大将军、赵州刺史、开府仪同三司、中书令、河阴县开国伯戎安县开国子。其年十月十二日葬于邺城西北十里……"①

墓志载，墓主赵道德为安定临泾人，祖、父两代均有益州地区重要军政官衔。一般来说，北朝墓志铭中的祖先职官多为赠官。由此，似乎赵道德是来自西北安定的汉人地方大族。

实际上墓主赵道德的出身极为低微。高欢早年在手下豢养了一批任由驱使的仓头鹰犬多人，赵道德即为其中之一。史载："神武时有仓头陈山提、盖丰乐，俱以驱驰便僻，颇蒙恩遇。魏末，山提通州刺史，丰乐尝食典御。又有刘郁斤、赵道德、刘桃枝、梅胜郎、辛洛周、高舍洛、郭黑面、李铜鍉、王恩洛，并为神武驱使。……仓头始自家人，情寄深密，及于后主，则是先朝旧人，以勤旧之劳，致此叨窃。"② 可见，赵道德本是高欢鹰犬，墓志载所谓安定临泾郡望应系伪托。

由墓志可知，赵道德在高欢手下初任掌握宿卫的直荡都督，即所谓"外当御侮，内侍帷幄，常典禁兵，有迈余勇"。后为"征虏将军中散大夫，转副都督，寻除正都督、右将军、太中大夫"，是霸府宿卫部队的中级军官。高澄时赵道德任"帐内亲信正都督兼左右直长、安西将军，封河阴县开国男，邑二百户"，③ 职务不断升迁。但在高澄眼里，赵道德等人是忠实奴仆，高家与这一鹰犬群体之间是主奴关系，与一般的君臣关系还是有区别的。④

加中军将军行定州六州，又加镇东将军，寻除征西将军，进男为子，增户二百。

此处所谓行定州六州，即行定州六州大都督。东魏北齐时在安置六镇鲜卑的核心山西地区，设置了恒、燕、云、朔、蔚、显六个侨州。同时，在其他若干军事交通要点分派来自六州的鲜卑军人驻守。派到定州的鲜卑军人就称为定州六州，同时设置相应的管理机构，长官即六州大都督。⑤此处的"行定州六州"，应即为行定州六州大都督职。

高祖揖让受图，更新宝，茂功茂德，唯器唯名。除卫将军，别封戎安县开国子，邑四百户。迁主都统，出为广武内史。……迁假节泾州刺史。寻授持节都督南营州诸军事南营州刺史。……加英雄城六州大都督除仪同三司，又为上仪同三司。入为备身正都督，食高密郡干。

北齐建立后，赵道德继续得到高洋宠信。从墓志看，赵道德的别封为开国子爵，并没有受到当时普降东魏封爵政策的影响。

赵道德出任英雄城六州大都督职务亦为极要之职。英雄城（今河北徐水西遂城镇）即侨治南营州治所，与定州一样，作为河北地区交通和军事要地，东魏北齐时也由六镇鲜卑军人驻守。统

① 录文参见赵超《汉魏南北朝墓志汇编》，天津古籍出版社，1992年版，第428—429页。

② 《北史》卷92《恩倖传》，中华书局1974年版，第3055页。

③ 此处左右直长应为领左右直长，省领字。领左右为北魏末年的禁军高级职务。参见张金龙《魏晋南北朝禁卫武官制度研究》，中华书局2004年版，第801—804页。

④ 《北史》卷八九《艺术·上》，中华书局1974年版，第2938—2939页：文襄时有吴士双盲，妙于声，文襄历试之。闻刘桃枝声曰："有所系属，然当大富贵。王侯将相，多死其手。譬如鹰犬，为人所使。"闻赵道德声曰："亦系属人，富贵翕赫，不及前人。"闻侯吕芬声，与道德相似。闻太原公声曰："当为人主。"闻文襄声，不动。崔暹私掐之，乃谬言："亦国主也。"文襄以为我家群奴犹极贵，况吾身也。

⑤ 王仲荦《北周地理志》，中华书局1980年版，第1149—1152页。

领长官即英雄城六州大都督。赵道德先任南营州刺史，后为六州大都督，是地方民政和军事合于一。

备身正都督是北齐禁军中领左右府的重要中级军官。从墓志记录看，赵道德先后担任过直荡都督和备身都督，两职在霸府和禁军中是掌握实际兵权的中级军官，职位不高但地位重要。

肃宗御极，赏册弥优，改河阴子为伯，增二百户。除车骑大将军假仪同三司。大宁初，除仪同三司，又授定州六州都督定州中军都督开府仪同三司骠骑大将军。……天统初，授使持节北徐州诸军事本将军北徐州刺史。……天统元年五月十日薨于晋阳。诏赠使持节、都督赵安二州诸军事、骠骑大将军、赵州刺史、开府仪同三司、中书令、河阴县开国伯、戎安县开国子。其年十月十二日葬于邺城西北十里……

北齐中后期，孝昭帝短暂执政时墓主升为伯爵，武成帝初年再次担任定州六州军事长官。天统元年（565 年）五月十日赵道德在晋阳去世。此年四月，武成帝高湛禅位于后主，大权仍在武成手上。不久赵道德去世，墓志记载无异样，应属自然死亡。

赵道德去世于晋阳，安葬于邺城，可见其在并、邺两地均有宅邸。葬在首都邺城，或有政治上的考虑。其赠官中出现赵州刺史或因其姓氏之故，封爵开国伯和开国子并录。墓主封爵河阴县地望从男、子至伯，戎安县开国子爵为北齐初年别封。

据墓志，赵道德先后三次出任统领驻扎河北六镇鲜卑军事长官，可见高家对其宠信。但总的来看，赵道德担任禁军军职，更多是代替高氏方便行事，并不是真正意义上的军事将领。

作为高氏皇家贴身鹰犬，可能限于出身和能力，赵道德政治野心不高，和刘桃枝一样常以皇权的坚决执行者面目出现。旧史记事简约，赵道德这类低微人物并无专门记载，零星提及也无人物背景信息，一时难以确认。现有墓志资料为基础，以下文献记载中的赵道德可认定为同一人：

魏齐禅代之际，魏孝静帝出宫，赵道德担任领左右直长，同车陪侍。与其说是陪伴不如说是监视，引起孝静帝的极大反感，并遭到呵斥。①

孝昭帝时期，赵道德代表皇帝出面惩戒顽劣的安德王高延宗：“使赵道德就州杖之一百。道德以延宗受杖不谨，又加三十。”②

赵道德一生服务高家，不仅忠实执行皇帝旨意，而且还曾多次劝谏：如在高澄围观进攻王思政的战阵时，赵劝其注意个人安全；③ 在高洋恣意

---

① 《北史》卷五《魏本纪五·东魏孝静帝纪》，中华书局 1974 年版，第 197 页：直长赵德以故犊车一乘，候于东上园。帝上车，德超上车持帝。帝肘之，曰：“朕畏天顺人，授权相国，何物奴，敢逼人。”赵德尚不下。

《北齐书》卷三〇《高德政传》，中华书局 1972 年版，第 409 页：“魏静帝登车出万春门，直长赵道德在车中陪侍，百官在门外拜辞。”可见上引《北史》载赵德即赵道德，脱道字。

② 《北史》卷五二《齐宗室诸王下·文襄诸子安德王延宗传》，中华书局 1974 年版，第 1880 页：“安德王延宗，文襄第五子也。……为定州刺史。于楼上大便，使人在下，张口承之。以蒸猪糁和人粪以饲左右，有难色者鞭之。孝昭帝闻之，使赵道德就州杖之一百。道德以延宗受杖不谨，又加三十。又以囚试刀，验其利钝。骄纵多不法。武成使挞之，杀其昵近九人，从是深自改悔。”

③ 《太平御览》卷三一八《兵部·攻围·下》引《三国典略》，中华书局影印本 1960 年版，第 1463—1464 页：周王思政固守颍川，高岳久围不解。陈元康言于齐王澄曰：“公自匡辅朝政，未有殊功，虽败侯景，本非外贼，颍城将陷，愿公因而乘之，足以取威定业。”王从之。于是亲至颍川，益发其众，号曰“决命夫”。更起土山，王坐於堰上。赵道德言於王曰：“箭头有铁，不避大王。”引王带而下，箭集於王坐之所。

骑马驱驰、酗酒时，赵多次警示劝止；[①]在孝昭帝高演意图夺废帝权时，赵也提醒过娄太后。[②]

这些历史细节中的赵道德俨然是个正面人物。

赵道德出身低微，忠于高氏，本不足道，但作为高氏得力鹰犬，赵道德服务高欢、高澄、高洋、高演、高湛父子兄弟，几十年间宠信无间断，远远超出了一般的君臣关系，成为当时这类鹰犬中的典型代表。其行事较为平衡持重，或许是几十年间能得到高家信任的重要缘由。

高家的诸多仓头鹰犬，“天保、大宁之朝，渐以贵盛。至武平时，山提等皆以开府封王。其不及武平者则追赠王爵。虽赐与无赀，顾眄深重，乃至陵忽宰辅，然皆不得干预朝政……”[③]

赵道德去世稍早，生时没有封王。据此，武平时仍可能得到追赠王爵。但墓志早埋，无法体现。这一批高澄语为“群奴”的家臣在皇权牢牢掌控之下，加上地位限制，没有发展到操纵朝政、败坏政治的地步。阶层出身决定了他们与韩长鸾、高阿那肱等为首的恩倖集团还是有区别的。

---

①《资治通鉴》卷一六六《梁纪·梁敬帝太平元年（556年）》，中华书局1956年版，第5149页：帝游宴东山，以关陇未平，投杯震怒，召魏收于前，立为诏书，宣示远近，将事西行。魏人震恐，常为度陇之计。然实未行。一日，泣谓群臣曰：“黑獭不受我命，奈何？”都督刘桃枝曰：“臣得三千骑，请就长安擒之以来。”帝壮之，赐帛千匹。赵道德进曰：“东西两国，强弱力均，彼可擒之以来，此亦可擒之以往。桃枝妄言应诛，陛下奈何滥赏！”帝曰：“道德言是。”回绢赐之。帝乘马欲下峻岸入于漳，道德揽辔回之。帝怒，将斩之。道德曰：“臣死不恨！当于地下启先帝：论此儿酣酗颠狂，不可教训！”帝默然而止。他日，帝谓道德曰：“我饮酒过，须痛杖我。”道德挟之，帝走。道德逐之曰：“何物人，为此举止！”

②《资治通鉴》卷一六八《陈纪·陈文帝天嘉元年（560年）》，中华书局1956年版，第5206页：丞相从事中郎陆杳将出使，握晞手，使之劝进。晞以杳言告演，演曰：“若内外咸有此意，赵彦深朝夕左右，何故初无一言？”晞乃以事隙密问彦深，彦深曰：“我比亦惊此声论，每欲陈闻，则口噤心悸。弟既发端，吾亦当昧死一披肝胆。”因共劝演。演遂言于太皇太后。赵道德曰：“相王不效周公辅成王，而欲骨肉相夺，不畏后世谓之篡邪？”太皇太后曰：“道德之言是也。”未几，演又启云：“天下人心未定，恐奄忽变生，须早定名位。”太皇太后乃从之”。

③《北史》卷92《恩倖传》，中华书局1974年版，第3055页。

《石经研究》投稿注意事项及撰稿体例要求

《石经研究》采用以书代刊的形式出版，每年一辑。

投稿注意事项及撰稿体例要求如下：

1. 来稿务必论点明确，文字精炼，征引文献、引用数据准确可靠。

2. 投稿要素（按顺序）：题目、作者姓名、作者单位、电话、地址及邮政编码、中文摘要、关键词（3—8 个）、正文、注释。

3. 适合国际交流推广的文章另需英文信息（题目、作者姓名、摘要和关键词），并建议全文使用标准繁体字。

4. 中英文摘要须用第三人称撰写，英文摘要应和中文摘要对应，并符合英语语言规范。

5. 正文版式请使用 A4 篇幅，格式建议宋体、小四号字、1.5 倍行距；不加书眉；古文献引文请使用繁体字，石经、石刻、铭文的文字保存原样（繁体字、异体字、草书简体字等）。

6. 标题应简短明确，级别限制三级之内，采用“（一）、1、（1）”的形式；段内分层采用“1）”的形式。

7. 帝王年号须加公元纪年，公元前纪年使用“（公元前 x x 年）”，公元后纪年使用“（x x 年）”。例如：甘露二年（公元前 52 年）、上元二年（675 年）。

8. 第一次提及外国人名、地名、书刊名等，须附加原名。

9. 使用图片须有版权所有人正式授权文件、并标明详细出处，或注明自拍。插图除插入正文合适位置外，须将原始图片单独打包发送，图片命名须与正文图注文字一致。

10. 使用地图须有绘制人、出版社等版权所有相关人的正式授权文件；单位所有权人使用授权书须加盖红章，并注明使用费已由作者支付。

11. 引用其他文献的照片和图片，应首选高分辨率扫描纸本，为保证显示效果和内容准确严谨，要求分辨率不能低于 300 像素/英寸，且以绘制、扫描、拍摄时设定的分辨率为准，请勿采用不提高图片清晰度而单纯提高分辨率设置、增大文件的办法。慎用来源不明的电子版文献。图片上添加文字、线条等标识，要求同时提供不加标识的原始照片。

12. 文章注释采用脚注形式，直接使用阿拉伯数字上标形式（^{1}）。

脚注格式如下：

1）现代图书：傅熹年. 中国科学技术史 · 建筑卷〔M〕. 北京：科学出版社，2008：316.

2）原本古籍：〔清〕孙承泽. 春明梦余录. 清代光绪七年刻本，卷 64.

3）期刊文章：刘畅. 故宫藏样式雷图概述. 故宫博物院院刊〔J〕，2006（6）：120—125.

4）学位论文：武求实．法籍天津近代建筑师保罗·慕乐研究〔D〕．天津大学硕士学位论文，2011：42.

5）图书文章：李鸿斌．李渔与北京园林〔C〕//北京市园林局史志办公室编．京华园林丛考〔M〕．北京：北京科学技术出版社，1996：94—99.

13. 稿件中凡涉及版权部分，引用前请预先征得原作者或出版者正式同意，引用他人论点或材料，需做明确的注释或说明。来稿文责自负，本刊不负版权责任。

14. 来搞一经采用，出版后三个月内支付稿酬，并寄赠样书2册，多个作者的每人1册。

15. 电子稿件请发至：13439951061@163. com；

纸质文件请用顺风快递至：北京市房山区大石窝镇水头村南云居寺文物管理处房山石经与云居寺文化研究中心（邮编：102407；电话：010－61367880）。